CADERNOS IVA
2019

CADERNOS IVA 2019

Afonso Arnaldo • Alexandra Coelho Martins • Álvaro Silveira de Meneses • Andreia Gabriel Pereira • Carlos Baptista Lobo • Cláudia Reis Duarte • Conceição Gamito • Daniel Bobos-Radu • Diogo Ortigão Ramos • Filipe Gomes Silva • Isabel Vieira dos Reis • Joana Branco Pires • Joana Maldonado Reis • José Rijo • Liliana Teixeira Barbosa • Luísa Casimiro da Costa • Mariana Coentro Ribeiro • Mariana Gouveia de Oliveira • Mariana Magalhães Rapoula • Mário Silva Costa • Marta Machado de Almeida • Pedro Costa Monteiro • Raquel Montes Fernandes • Rita Simão Luís • Sara Carmo • Sara Soares • Sérgio Vasques • Sofia Rijo • Sofia Saraiva de Menezes • Soraia João Silva • Susana Claro • Teresa Roque

Coordenação: Sérgio Vasques

ALMEDINA

CADERNOS IVA 2019
Coordenação: Sérgio Vasques
EDITOR
EDIÇÕES ALMEDINA, S.A.
Rua Fernandes Tomás, n.ºs 76, 78 e 79
3000-167 Coimbra
Tel.: 239 851 904 · Fax: 239 851 901
www.almedina.net · editora@almedina.net
DESIGN DE CAPA
FBA.
PRÉ-IMPRESSÃO
João Jegundo
IMPRESSÃO E ACABAMENTO
ACD Print, S.A.
Julho, 2019
DEPÓSITO LEGAL
459288/19

ALMEDINA | GRUPOALMEDINA

Nota Prévia

O ano de 2018 foi um ano cheio de novidade no que toca ao IVA e sobre o qual há seguramente muito que relatar. Além dos avanços da agenda europeia e das alterações da iniciativa do legislador nacional, sobressai no ano passado o avolumar dos processos de reenvio junto do TJUE originados em Portugal e, muito em particular, o avolumar dos que têm origem nos tribunais arbitrais. Em matéria de IVA, o CAAD foi em 2018 o órgão que maior número de decisões em processos de reenvio originou, sobrelevando aos tribunais superiores de estados-membros com maior dimensão.

Os números do ano passado confirmam uma tendência que se tinha vindo a evidenciar ao longo dos últimos anos, a do recurso aos tribunais arbitrais como via rápida de acesso ao TJUE. Estando em causa questões relativas ao IVA, com maior complexidade e alcance, em que a aplicação da lei nacional exija interpretação do direito europeu, os contribuintes tendem a olhar para a arbitragem como a forma mais expedita de despoletar a intervenção do TJUE. Essa rapidez, além da natural especialização, seguramente explicam que muitos dos temas que hoje discutimos nos *Cadernos IVA* se prendam com questões que passaram pelos tribunais arbitrais e desembocaram no TJUE.

Olhando a decisões recentes como os acórdãos *MEO*, *Biosafe* ou *Imofloresmira*, é evidente que nisto não há vantagem apenas para os contribuintes e administração portugueses. Através desta via rápida, conseguimos fazer chegar ao TJUE questões com grande actualidade, que tem consequência também para contribuintes e administrações de outros estados-membros e que, muito justamente, têm posto a comunidade dos especialistas, dentro e fora de Portugal, a debater coisas novas e cheias de interesse. Dessas e de outras coisas dá-se conta em mais esta edição dos *Cadernos IVA*.

Sérgio Vasques
Professor da Universidade Católica Portuguesa
sergiovasques@ucp.pt

APRESENTAÇÃO DOS AUTORES

Afonso Arnaldo. Sócio da divisão de impostos indirectos da Deloitte & Associados, SROC, S.A. Licenciado em Direito pela Faculdade de Direito da Universidade Católica Portuguesa. É autor de diversos artigos na área dos impostos indirectos. Lecciona em vários programas de formação e pós-graduações nacionais e internacionais na área fiscal. Exerceu as funções de membro da Comissão para a Reforma da Fiscalidade Verde em 2014.

Alexandra Coelho Martins. Advogada e árbitro em matéria tributária no Centro de Arbitragem Administrativa (CAAD), é licenciada pela Faculdade de Direito da Universidade Católica de Lisboa, mestre em Direito pela Faculdade de Direito da Universidade de Lisboa (menção de ciências jurídico-económicas) e Doutoranda na Faculdade de Direito da Universidade Nova de Lisboa. Anteriormente integrou o departamento fiscal da KPMG na qualidade partner responsável pelo Grupo de Tributação Indirecta (2006-2017), desempenhou funções públicas como magistrada dos Tribunais Administrativos e Fiscais de Lisboa (2003-2006) e exerceu funções jurídicas e de consultoria fiscal em multinacionais de auditoria e numa sociedade de advogados (1992-2002).

Álvaro Silveira de Meneses, LL.M, Advogado, licenciado em Direito pela Faculdade de Direito da Universidade de Lisboa (FDUL). *Adv. LL.M* em *International Business Law* (2017) pela *Católica Global School of Law*.

Pós-graduado em *Corporate Finance* (2016) e *Corporate Governance* (2017) pelo Centro de Investigação de Direito Privado da FDUL. Frequentou a *VAT Summer School* (2018), lecionada pelo Professor Ben Terra, entre outros cursos de especialização. Dedica-se predominantemente a temas de tributação do rendimento de pessoas coletivas e IVA, assessorando empresas nacionais e multinacionais nos seus investimentos em diversas jurisdições. Foi orador convidado no Mestrado em Fiscalidade do ISCAL (2018), com um tema sobre a interacção de FinTech e IVA. Autor de diversos artigos nas áreas do direito fiscal e direito societário, como *Tributação de Garantias em Imposto do Selo: algumas notas sobre incidência objetiva, acessoriedade material e constituição simultânea, a propósito da Decisão Arbitral proferida no âmbito do Processo n.º 464/2017-T* (Revista de Arbitragem Tributária, n.º 9), *O Regime Especial de IVA das PME* (Cadernos IVA 2017), ou *Leading the way through: the role of European Central Bank as Pendulum, Shield and Supervisor of the Euroarea* (Revista Concorrência e Regulação, n.º 29).

Andreia Gabriel Pereira. Advogada. Associada Principal na Morais Leitão, onde integra a equipa de Direito Fiscal. Autora de vários artigos e oradora convidada regular sobre temas de Direito Fiscal. Licenciada em Direito pela Faculdade de Direito da Universidade de Lisboa e pós-graduada em Fiscalidade pela Faculdade de Direito da Universidade Católica Portuguesa.

Carlos Baptista Lobo. *Tax Partner* da EY em Portugal, responsável pela área de *Tax Policy* na área do mediterrâneo. Possui uma experiência de 16 anos na área fiscal, integrando os quadros da EY desde 2011. Foi Secretário de Estado dos Assuntos Fiscais entre 2008 e 2009, Adjunto do Gabinete do Ministro das Finanças entre 1995 e 1999 e Assessor do Gabinete do Ministro das Finanças até 2001. Doutor em Direito pela Faculdade de Direito da Universidade de Lisboa, na qual foi Vice-Reitor. Professor do Grupo de Jurídico-Económicas da FDUL.

Cláudia Reis Duarte. Licenciada em Direito pela Universidade Nova de Lisboa, Pós-Graduada em Fiscalidade pelo INDEG/ISCTE. Advogada na Uría Menéndez – Proença de Carvalho, exercendo a sua atividade exclusivamente na área do Direito Fiscal e essencialmente na área do contencioso tributário. Integra a lista de árbitros em matéria tributária do CAAD – Centro de Arbitragem Administrativa e desempenha funções como docente desde 2004, lecionando atualmente na Universidade Católica Portuguesa de Lisboa as cadeiras de IRC e de Contencioso Tributário na Pós-Graduação em Fiscalidade, bem como a cadeira de IRC do Mestrado em Direito Fiscal. É autora de diversos artigos na área do direito tributário.

Conceição Gamito. Senior Advisor, lidera a equipa de tributação indireta integrada na Área Fiscal da Vieira de Almeida & Associados – Sociedade de Advogados, SP RL. Integra a lista de árbitros em matéria tributária do CAAD – Centro de Arbitragem Administrativa. Partner do VAT Forum, no âmbito do qual anualmente leciona na International School on Indirect Taxation, é oradora na Annual VAT Summit e participa em vários grupos de trabalho. Expert trainer na International VAT Expert Academy. Membro da Global Legal Customs Association. Correspondente para Portugal da publicação on-line VAT in Europe, do IBFD – International Bureau of Fiscal Documentation e co-autora do capítulo desta publicação sobre Portugal. Co-autora dos seguintes trabalhos com relevância na área da tributação indireta: "Facturação Electrónica: Instrumento da Sociedade da Informação", Relatório apresentado pelo Grupo de Trabalho constituído pela APDSI – Associação para a Promoção e Desenvolvimento da Sociedade da Informação (2008), "Novo Regulamento de execução que estabelece medidas de aplicação da Diretiva IVA" (Fiscalidade 47, julho-setembro 2011), "A incidência do IVA sobre o trespasse de estabelecimento" (Cadernos IVA 2013), "European VAT Handbook", Capítulo sobre Portugal (The VAT Consultancy Firm, 2013, 2014 e 2017) e "2015: Localização dos Serviços de Telecomunicações, dos Serviços de Radiodifusão e Televisão e dos Serviços Eletrónicos" (Cadernos IVA 2014), "Bitcoins e IVA" (Cadernos IVA 2015), "Indemnizações por Não Cumprimento do Período de Fidelização" (Cadernos IVA 2016), "Digital Economy Taxation: the quest for a perfect solution" (International Taxation: New Challenges, Universidade do Minho, fevereiro de 2017), "IVA e Economia Digital" (Cadernos IVA 2017) e "The Financial Technology Law Review", Capítulo sobre Portugal (2018), "IVA no imobiliário: a dedução do IVA suportado na construção e a posição da Autoridade Tributária e Aduaneira" (Cadernos IVA 2018).

Daniel Bobos-Radu. Assistente Convidado e doutorando na Faculdade de Direito da Universidade de Lisboa (Grupo de Jurídico-Económicas). *Tax Manager* da EY, integrando atualmente a equipa de *Government & Public Sector*. Anteriormente, colaborou com a sociedade de advogados Alves Pereira, Teixeira de Sousa & Associados, R.L. Advogado. Membro do LxLTG (*Lisbon Legal Theory Group*).

Diogo Ortigão Ramos. Advogado. Sócio responsável em Portugal pela área de Direito Fiscal da Cuatrecasas, Gonçalves Pereira. Licenciado em Direito pela Faculdade de Direito da Universidade Lusíada, em 1989. Pós-graduado em Fiscalidade, Instituto Superior de Gestão. Iniciou a sua prática profissional em 1989, sendo advogado especialista em Direito Fiscal, título atribuído pela Ordem dos Advogados. Tem centrado a sua actividade no Direito Fiscal Nacional, Comunitário e Internacional, nomeadamente em fusões e aquisições, *buy-outs*, reorganizações empresariais, operações financeiras, estruturação e transacção de investimentos imobiliários e estruturação de patrimónios familiares. Tem também desenvolvido a sua actividade na área do contencioso tributário e aduaneiro. Membro da Associação Fiscal Portuguesa, da Associação Portuguesa de Consultores Fiscais e da *International Fiscal Association*. Foi correspondente português do *Foreign Lawyers Forum* da *American Bar Association* e da *EC Tax Review*. *National Reporter* na 68.ª Reunião Internacional da IFA, em Bombaim (2014). Membro do *European Tax Law Group* (grupo independente de consultores fiscais em Direito Fiscal Europeu) e do *Europe VAT Group* (grupo independente de consultores fiscais em Direito Fiscal Europeu em matéria de tributação indirecta). Foi membro do júri da Ordem dos Advogados para a atribuição do título de Advogado Especialista em Direito Fiscal. Leccionou Direito Fiscal em vários cursos de pós-graduação e foi orador em diversos eventos da especialidade. Tem várias publicações em matéria fiscal em revistas nacionais e internacionais da especialidade.

Filipe Gomes Silva. Senior consultant da divisão da Divisão de Impostos Indiretos da Deloitte & Associados, SROC, S.A., na qual iniciou a sua atividade profissional como consultor fiscal. Licenciado em Direito pela Faculdade de Direito da Universidade Nova de Lisboa (2013) e mestre em Ciências Jurídicas Forenses pela mesma instituição (2015).

Isabel Vieira dos Reis. Licenciada pela Faculdade de Direito da Universidade Católica Portuguesa (2000), pós-graduada em direito fiscal pelo Instituto Superior de Gestão (2002) e em direito comercial pela Universidade Católica Portuguesa (2003). Inscrita como advogada no Conselho Distrital de Lisboa da Ordem dos Advogados (2002). Associada principal na sociedade Garrigues Portugal. É autora, em Portugal e no Brasil, de diversos artigos em direito fiscal. É correspondente do IBFD nas publicações International VAT Monitor e EU VAT Compass. Docente do Instituto de Direito Económico Financeiro e Fiscal (IDEFF).

Joana Branco Pires. Consultora na Área Fiscal na sociedade de advogados Vieira de Almeida & Associados – Sociedade de Advogados, SP RL. Mestre em Direito Fiscal pela Universidade de Direito da Universidade Católica Portuguesa. Curso de Value Added Tax Law no International Tax Center da Universidade de Leiden, Holanda (abril 2015). É co-autora do capítulo sobre Portugal da publicação on-line VAT in Europe, do IBFD – International Bureau of Fiscal Documentation e dos seguintes trabalhos com relevância na área da tributação indireta: "Bitcoins e IVA" (Cadernos IVA 2015), "Indemnizações por Não Cumprimento do Período de Fidelização" (Cadernos IVA 2016), "Digital Economy Taxation: the quest for a perfect solution" (International Taxation: New Challenges, Universidade do Minho, fevereiro de 2017), "IVA e Economia Digital" (Cadernos IVA 2017), "IVA no imobiliário: a dedução do IVA suportado na construção e a posição da Autoridade Tributária e Aduaneira" (Cadernos IVA 2018).

Joana Maldonado Reis. Licenciada em Direito pela Faculdade de Direito da Universidade Católica Portuguesa de Lisboa, obteve aprovação no MBA pela Faculdade de Economia da Universidade Católica Portuguesa do Porto. Pós graduada em Direito Fiscal pelo Instituto de Direito Económico, Financeiro e Fiscal da Faculdade de Direito de Lisboa e em Contabilidade Avançada e Fiscalidade pelo INDEG IUL – ISCTE Executive Education. Iniciou a sua atividade profissional como consultora fiscal na KPMG e posteriormente na Deloitte, onde permaneceu até 2012. Foi oradora em diversas conferências, de que se destaca o Congresso do IVA em 2014 (Regime do IVA de Caixa). É atualmente Associada Sénior na área de prática fiscal na PLMJ.

José Rijo. Licenciado em Direito pela Faculdade de Direito da Universidade Católica Portuguesa (Porto). Pós-Graduado em Direito dos Contratos também pela Universidade Católica Portuguesa. Titular do Diploma de Estudos Avançados em Direito Tributário Europeu pela Universidade de Santiago de Compostela. Docente na Porto Business School. Sócio da SPCA – Sociedade de Advogados, SP, RL. Membro fundador da Greenlane, The. Alliance of European Customs and International Trade Law firms. Árbitro no Instituto de Arbitragem Comercial da Associação Comercial do Porto.

Liliana Teixeira Barbosa. Licenciada em Economia, pós-graduada em Finanças Internacionais pela Universidade Portucalense e em Administração de Insolvências e Recuperação de Empresas pelo ISCAC – Coimbra Business School. Atualmente é mestranda em fase de dissertação no mestrado em Economia e Políticas Públicas pelo ISEG – Lisbon School of Economics & Management. Integra o corpo técnico da área operacional da inspeção tributária da Autoridade tributária e Aduaneira onde para além das suas funções é ainda formadora de IVA.

Luísa Casimiro da Costa. Licenciada em Direito pela Faculdade de Direito do Porto da Universidade Católica Portuguesa. Pós-graduada em Direito Fiscal das Empresas pela Faculdade de Direito da Universidade de Coimbra e em Direito Fiscal pela Faculdade de Direito da Universidade do Porto. Foi advogada associada na sociedade de advogados Telles de Abreu e Associados e Experienced Senior Tax Consultant na EY. É atualmente Associada na área de prática fiscal na PLMJ.

Mariana Coentro Ribeiro. Licenciada em Direito pela Universidade Nova de Lisboa, mestre em Direito e Gestão na Universidade Católica Portuguesa de Lisboa e pós-graduada em Fiscalidade também pela Universidade Católica Portuguesa de Lisboa. Advogada do departamento de Direito Fiscal na Uría Menéndez – Proença de Carvalho desde 2014.

Mariana Gouveia de Oliveira Docente Convidada da Faculdade de Direito da Universidade Católica Portuguesa, Associada Coordenadora da Miranda & Associados, integra ainda a lista de árbitros do Centro de Arbitragem Administrativa (CAAD) em matéria tributária. Autora e co-autora de diversos artigos em direito fiscal, tais como , *A dedutibilidade do IVA e a aquisição de participações sociais por sociedades operacionais* (*in* Fiscalidade, n.º 46 -2012); *As SGPS e o direito à dedução em sede de IVA* (*in* Cadernos do IVA 2013); *O princípio da territorialidade nas operações financeiras com não residentes, em sede de Imposto do Selo*, (Estudos IAB, Almedina , Junho de 2013); *O IVA e os Preços de Transferência: Breves notas sobre o regime Português* (*in* Cadernos do IVA 2014); *Ainda ... o pecado original do IVA: Das prestações de serviços conexas realizadas por corretores ou intermediários de seguros* (*in* Cadernos do IVA 2015); *A tributação do factoring em sede de IVA, (in Cadernos do IVA 2016); O IVA nas indemnizações – o caso da resolução de contratos de concessão,* (*in* Cadernos do IVA 2015); *Tributação de garantias em imposto do selo: algumas notas sobre incidência objetiva, acessoriedade material e constituição simultânea, a propósito da decisão arbitral do processo n.º 464/2017-T (in* Revista Arbitragem Tributária CAAD n.º 9 , Junho 2018).

Mariana Magalhães Rapoula. Tax Consultant no Departamento de Indirect Taxes (VAT, Excises & Customs) da PwC. Licenciada em Direito pela Faculdade de Direito da Universidade de Lisboa, Mestre em Direito Fiscal pela Universidade de Direito da Universidade Católica Portuguesa tendo escrito a sua tese subordinada ao tema "Indirect Taxation of Beer and other Deadly Sins". Co-autora do estudo "Imposto sobre o Tabaco: Análise Jurídica e Económica" com Sérgio Vasques, Joaquim Miranda Sarmento e Carmen Silva (2016).

Mário Silva Costa. Licenciado em Direito pela Faculdade de Direito da Universidade de Coimbra (2004) e pós-graduado em Fiscalidade pelo Instituto Superior de Gestão (2007). Inscrito como advogado na Ordem dos Advogados desde 2006. Foi jurista na Direcção de Serviços do IVA (2006-2007) e *Senior Tax Consultant* da Divisão de Impostos Indirectos da *Deloitte & Touche* (2007-2010). Actualmente é associado sénior da área de prática de direito fiscal da *Cuatrecasas, Gonçalves Pereira* – Sociedade de Advogados, RL, em Lisboa. Membro do *Europe VAT Group* (grupo independente de consultores fiscais em Direito Fiscal Europeu em matéria de tributação indirecta). É autor de vários trabalhos em matéria de tributação indirecta em diversas publicações nacionais e internacionais. Foi orador em diversos eventos da especialidade, em particular em matéria de tributação indirecta.

Marta Machado de Almeida é advogada, licenciada em Direito pela Universidade Nova de Lisboa (2003). Frequentou a pós-graduação em Fiscalidade Avançada, da Faculdade de Direito da Universidade de Lisboa (2006) e concluiu o QLTT (*Qualified Lawyers Transfer Test*), após ter participado no *International Lawyers Diploma Programme*, no *College of Law*, em Londres, tendo também estagiado no *Her Majesty Revenue and Customs* (2007). Concluiu o Mestrado em Ciências Jurídicas e Empresariais, na Faculdade de Direito da Universidade Nova de Lisboa (2011). Iniciou a sua actividade profissional como consultora fiscal, na área do IVA, na Deloitte, onde permaneceu até 2006. Mais tarde, passou a exercer a sua actividade como advogada, na Miranda (2007-2009), tendo também passado pela PLMJ (2009-2012), onde integrou a área de prática de direito fiscal coordenada por Rogério M. Fernandes Ferreira. Actualmente, é sócia na RFF & Associados – Sociedade de Advogados, RL, e "Tax correspondent" do *International Bureau Fiscal Documentation* para Moçambique, desde 2011.

Pedro Costa Monteiro. Professor convidado do Instituto Superior de Ciências da Administração. Doutorando do Curso de Ciências Jurídico-Económicas da Faculdade de Direito da Universidade de Lisboa. Autor do Código de IRC 2010 – Edição Anotada (Ed. Infogest). Membro do corpo técnico da Direção de Serviços do Imposto sobre o Valor Acrescentado, da Autoridade Tributária e Aduaneira.

Raquel Montes Fernandes. Consultora da *CMS Rui Pena & Arnaut* e coordenadora da área dos impostos indiretos do escritório, em colaboração estreita com o *VAT Group* dos escritórios da rede *CMS*. Licenciada em Direito pela Faculdade de Direito da Universidade de Lisboa, pós-graduada em Gestão Fiscal pelo ISEG e mestre em *Law and Management* pela Universidade Nova de Lisboa – School of Business and Economics. Inscrita na Ordem dos Advogados desde 2001, desenvolveu sempre a sua atividade profissional na área da fiscalidade, nacional e internacional, tendo concluído o estágio na PLMJ – A. M. Pereira, Sáragga Leal, Oliveira Martins, Júdice & Associados, e exercido funções de consultora fiscal na Deloitte na área dos impostos indiretos em Lisboa e em Chicago. Exerceu, ainda, funções de assessora na Secretaria de Estado dos Assuntos Fiscais entre 2012 e 2013. É árbitro em matéria fiscal no CAAD e membro do Grupo de Peritos do IVA junto da Comissão Europeia em representação da CMS.

Rita Simão Luís. Advogada estagiária na Área Fiscal na sociedade de advogados Vieira de Almeida & Associados – Sociedade de Advogados, SP RL. Mestranda em Direito Fiscal pela Universidade de Direito da Universidade Católica Portuguesa com a parte letiva concluída.

Sara Carmo. Licenciada e Mestre em Direito pela Faculdade de Direito da Universidade do Porto. Especialização em Ciências Jurídico-Económicas. Co-autora do *Código Aduaneiro da União – Anotado e Remissivo, Almedina, 2018.*

Sara Soares. Licenciada e mestre em Direito (2008 e 2011), pela Escola de Direito do Porto da Universidade Católica Portuguesa e pós-graduada em Direito Fiscal (2014) pelo IDEFF. Associada na Abreu Advogados, onde integra a equipa de Direito Fiscal desde o início do seu estágio, com especial enfoque no contencioso tributário e no IVA. Oradora convidada na Faculdade de Direito da Universidade do Porto em palestras e cursos de formação avançada relacionados com o contencioso tributário. Autora e co-autora de diversos artigos em matéria fiscal.

Sérgio Vasques. Professor da Faculdade de Direito da Universidade Católica Portuguesa e doutorado em Direito Fiscal pela Universidade de Lisboa. Lecciona o Direito Fiscal há cerca de 20 anos e é autor de variados artigos e monografias neste domínio, entre os quais *Manual de Direito Fiscal*, *O Imposto sobre o Valor Acrescentado* e *Os Impostos Especiais de Consumo*. Em Portugal, coordena a publicação periódica *Cadernos IVA*. As suas áreas de investigação principais são as da tributação indirecta, tributação ambiental, taxas locais e taxas de regulação económica. Exerceu as funções de Secretário de Estado dos Assuntos Fiscais entre 2009-2011. Actualmente, é consultor do Banco Mundial.

Sofia Rijo. Licenciada em Direito pela Faculdade de Direito da Universidade Católica Portuguesa (Porto). Pós-Graduada em Direito Aduaneiro da União Europeia pela Faculdade de Direito da Universidade de Valencia. Advogada na SPCA – Sociedade de Advogados, SP, RL. Membro fundadora da Greenlane, The. Alliance of European Customs and International Trade Law Firms.

Sofia Saraiva de Menezes. Licenciada em Direito pela Escola de Direito da Universidade do Minho (2008), tendo frequentado também a Universidade Autónoma de Madrid. É Mestre em Direito Público pela Faculdade de Direito da Universidade Nova de Lisboa (2010) e Pós-Graduada em Fiscalidade pela Faculdade de Direito da Universidade Católica de Lisboa (2014). Iniciou o seu percurso profissional como consultora fiscal na *Ernst & Young*, tendo ingressado posteriormente como Inspetora Tributária na Autoridade Tributária e Aduaneira (AT). Exerceu funções como técnica especialista no Gabinete do Secretário de Estado dos Assuntos Fiscais do XXI Governo Constitucional entre 2016 e 2018. Colabora com o IBFD desde 2019. Encontra-se a concluir o LLM em Fiscalidade Europeia e Internacional na Universidade do Luxemburgo.

Soraia João Silva Licenciada em Direito pela Faculdade de Direito da Universidade de Lisboa (2011). Pós-graduada Fiscalidade Avançada pelo Instituto de Direito Financeiro e Fiscal da Faculdade de Direito da Universidade de Lisboa (2012). Frequentou o Mestrado em Direito Fiscal da Faculdade de Direito da Universidade de Lisboa (2012). Iniciou a sua actividade profissional na Abreu Advogados onde permaneceu até 2016. Actualmente, é Advogada Associada na RFF & Associados – Sociedade de Advogados, SP, RL.

Susana Claro. Partner da PwC responsável pelo Departamento de Indirect Taxes (VAT, Excises & Customs). Licenciada em Organização e Gestão de Empresa pela ISCTE – Business School, com Pós-graduação em Contabilidade Avançada e Fiscalidade pelo Overgest-ISCTE e com componente curricular da Ordem dos Revisores Oficiais de Contas concluída. Árbitra na área fiscal do Centro de Arbitragem Administrativa. Colabora em pós-graduações e Executive Masters enquanto formadora na área da tributação indireta. Autora de diversos artigos sobre tributação indireta em publicações especializadas.

Teresa Roque. Licenciada em Direito pela Faculdade de Direito da Universidade de Lisboa. Pós-graduada em Contencioso Administrativo pelo Instituto de Direito Económico Financeiro e Fiscal (IDEFF) da Faculdade de Direito da Universidade de Lisboa. Em 2011, ingressou nos quadros da Autoridade Tributária e Aduaneira, como Inspetora Tributária, desempenhando atualmente funções na Divisão de Administração da Direção de Serviços do IVA, na área do contencioso administrativo do IVA.

O IVA no Turismo de Negócios

AFONSO ARNALDO & FILIPE GOMES SILVA*

ÍNDICE: 1. Introdução 2. Principais dificuldades técnicas 2.1. Exclusões do direito à dedução – artigo 21.º do Código do IVA 2.2. Regime especial das agências de viagem e dos organizadores de circuitos turísticos 2.3. Regime de reembolso de IVA a não residentes no Estado Membro de consumo 3. Proposta de soluções tendentes a incrementar a competitividade do setor em matéria de IVA 4. Conclusões

1. Introdução

O acentuado crescimento do turismo em Portugal nos últimos anos é do conhecimento comum. De acordo com os dados divulgados pelo Turismo de Portugal em março de 2019[1], no ano de 2018 o setor do turismo gerou receitas (de origem internacional) de 16,6 mil milhões de Euros, o que representou um crescimento de quase 10% face a 2017 e uns impressionantes 60% face a 2014, representando 8,2% do PIB nacional (6% em 2014) e 18,6% das exportações nacionais (51,5% das exportações de serviços).

Tem contribuído para este sucesso o denominado turismo de negócios, apoiado pelo setor empresarial *MICE* (*Meetings, Incentives, Conferences*

---

* As posições assumidas pelos autores neste artigo são pessoais e não refletem, necessariamente, a posição da Deloitte.

[1] https://travelbi.turismodeportugal.pt/pt-pt/Paginas/turismo-em-portugal-2018.aspx.

and Events), caracterizado, essencialmente, pela prestação de serviços de organização e gestão de reuniões, conferências e eventos de natureza profissional – *e.g.*, eventos de cariz e dimensão internacional, como a *Web Summit*, o lançamento mundial de veículos automóveis ou congressos científicos[2].

Tendo a concorrência no setor do turismo uma escala global, muitos são os fatores que influenciam a competitividade dos destinos concorrentes, apresentando-se a fiscalidade (com preponderância do IVA) como um elemento determinante na componente do custo. É nesta perspetiva de análise da competitividade fiscal, em sede de IVA, inerente ao turismo de negócios que nos propomos refletir neste artigo.

Com vista a prestar os seus serviços, as empresas do setor *MICE* recorrem a diversos fornecedores (nas áreas de hotelaria, catering, transportes de passageiros, animação, entre outras), estruturando a sua ação como intermediários destes serviços, seja adquirindo e prestando os mesmos em nome próprio (aglutinando-os num só serviço), seja atuando em nome e por conta dos seus clientes, cobrando depois os seus honorários pela respetiva coordenação.

A diversidade de soluções e o ambiente de constante inovação que este setor da economia global acarreta promove a coexistência e cruzamento de diversos regimes de IVA. Tal facto implica o surgimento, em sede deste imposto, de diversas questões e dificuldades aos operadores nacionais e seus clientes, muitas vezes tendo por consequência desvantagens competitivas face a concorrentes localizados noutros países (desde logo Espanha, um concorrente natural, por força do tipo de oferta e localização geográfica). Tendo em consideração que esta atividade se insere num mercado geográfico global, importa analisar as principais questões que se colocam em IVA nesta área, procurando identificar os pontos de possível melhoria que permitam uma maior atratividade do nosso país.[3]

---

[2] Embora com um carácter limitado, por força dos dados utilizados para efeitos das estatísticas geradas, de acordo com a informação disponibilizado pela International Congress and Convention Association (ICCA), em 2017 Portugal foi o 7.º país europeu com maior número de eventos internacionais desta natureza (10.º no ranking em 2014). Nesta análise a ICCA tem apenas em conta os eventos registados na sua base de dados, com um mínimo de 50 participantes, organizados de forma regular (estão excluídos eventos esporádicos) e que tenham uma rotação por, pelo menos, três países.

[3] Embora as taxas de crescimento e os indicadores do turismo em Portugal sejam um sucesso nos últimos anos, demonstram igualmente que ainda existe muito espaço para cres-

Efetivamente, são várias as penalizações em sede de IVA com que nos deparamos neste setor de atividade. Reflita-se, desde logo, no tipo de gastos incorridos para a realização destes eventos que sofrem de limitações no direito à dedução, não pela via normal do mecanismo do imposto, *i.e.*, pela ausência a jusante de operações que conferem tal direito, mas antes por limitações generalistas e contrárias ao princípio da neutralidade do imposto, definidas pelo legislador português através do artigo 21.º do Código do IVA (e.g. serviços de transporte, alojamento, *catering* e, em geral, relativos à receção a terceiros).

Por outro lado, muitas vezes revela-se aplicável às operações desenvolvidas nesta área o regime especial de IVA das agências de viagens e organizadores de circuitos turísticos (transposto para a legislação nacional através do Decreto-Lei n.º 221/85, de 3 de Julho), o que acarreta adicionais limitações do direito à dedução dos destinatários dos serviços adquiridos ao abrigo deste regime da margem (além das questões e dificuldades de enquadramento que muitas vezes se colocam a quem tem de fazer uso do mesmo).

O setor vê-se ainda limitado pela opção do legislador português no âmbito do regime de reembolsos de IVA a sujeitos passivos estabelecidos fora da União Europeia, onde a condição de existência de um imposto geral sobre o volume de negócios no país de quem solicita o reembolso e a exigência de reciprocidade de tratamento no mesmo colocam uma barreira adicional aos clientes deste setor que não se encontrem estabelecidos em Portugal.

A tudo isto acresce o facto de Portugal ter a sétima taxa de IVA mais elevada da UE[4], razão pela qual diversos operadores do setor em Portugal

cer (aliado também ao crescimento constante da oferta no território nacional). De acordo com os dados do Turismo de Portugal (ver nota 1), em 2018 a taxa de ocupação das camas disponíveis no nosso país fixou-se em 52,1%, pelo que o turismo de negócios poderá ser um excelente contribuinte para a ocupação nos meses menos fortes do turismo de lazer, em concreto, entre novembro e março (ainda que 97,1% do crescimento da taxa de ocupação em 2018 tenha ocorrido fora da denominada *época alta*).

[4] À data do presente estudo, apenas Dinamarca, Grécia, Finlândia, Croácia, Suécia e Hungria têm taxas de IVA mais elevadas que Portugal. De todo o modo, apenas dois países da UE têm taxas de IVA aplicáveis às estadias em hotel mais baixas do que Portugal (Luxemburgo e Roménia, com 3% e 5%, respetivamente), o que se revela como uma vantagem, ainda que esta desapareça nos casos em que países com taxas de IVA mais elevadas permitem o direito à dedução do IVA em causa aos seus sujeitos passivos. Ao nível da restauração e do transporte de passageiros, encontramo-nos a meio da tabela, posição igualmente relativa na

têm-se mostrado vocais no sentido de aliviar a tensão fiscal, por forma a tornar o setor ainda mais competitivo, também por esta via.

Considerando que o IVA não deveria, por essência, representar um custo nos consumos intermédios (princípio que é já colocado em causa pela existência de isenções incompletas), cumpre avaliar em que medida essa neutralidade se encontra hoje comprometida pelos mecanismos e regimes do imposto acima mencionados e apresentar, quando possível, soluções suscetíveis de mitigar ou eliminar tais entraves ao continuado desenvolvimento económico e da competitividade do setor.

2. Principais dificuldades técnicas

Conforme referido, os operadores e utilizadores de serviços na área do turismo de negócios em Portugal enfrentam, atualmente, um conjunto de desafios para determinar qual a melhor forma de estruturar as suas operações, tendo em vista minimizar o impacto negativo que representa o IVA não dedutível na sua esfera ou na esfera dos seus clientes. Seguidamente e de forma individualizada, analisamos cada um dos principais entraves identificados em sede de IVA, dando, sempre que possível, uma breve perspetiva em matéria de direito comparado com outros Estado-Membros da UE.

2.1. Exclusões do direito à dedução – artigo 21.º do Código do IVA

Nos termos dos artigos 168.º e 169.º da Diretiva 2006/112/CE, de 28 de novembro, relativa ao sistema comum do imposto sobre o valor acrescentado ("Diretiva IVA"), os sujeitos passivos podem deduzir o IVA em que incorrem na aquisição de bens e serviços utilizados para os fins das suas operações tributadas, bem como para os fins das suas operações isentas ou não sujeitas, quando a legislação preveja que ambas conferem direito à dedução. Esta regra basilar do mecanismo do imposto encontra-se fortemente

área do turismo de negócios, considerando a possibilidade de dedução conferida aos sujeitos passivos em países com taxas mais elevadas.

protegida pela Diretiva IVA e pela interpretação que o Tribunal de Justiça da União Europeia ("TJUE") tem feito das suas normas. Assim, importa sublinhar que cada Estado-Membro dispõe de uma limitada margem de manobra quando pretende restringir o direito à dedução dos sujeitos passivos.

A este respeito, o artigo 176.º da Diretiva IVA estabelece que o Conselho determinará quais as despesas que não conferem direito à dedução, algo que não aconteceu até à data, ainda que esta obrigação do Conselho já venha de 1977[5]. Entretanto, enquanto se aguarda pela uniformização comunitária das despesas que não conferem direito à dedução, o primeiro parágrafo do mesmo artigo 176.º determina que sempre se considerarão excluídas do direito à dedução as despesas que não tenham caráter estritamente profissional, tais como despesas sumptuárias, recreativas ou de representação. Por outro lado, o segundo parágrafo deste artigo permite que, até àquela uniformização, os Estados-Membros mantenham em vigor as exclusões do direito à dedução que estivessem previstas na sua legislação em 1 de janeiro de 1979 ou, no caso de Estados-Membros que tenham aderido à Comunidade após esse dia, à data da respetiva adesão (no caso de Portugal, 1 de janeiro de 1986)[6].

Quanto ao tipo de despesas a que se refere o primeiro parágrafo do artigo 176.º da Diretiva IVA (aquelas que não tenham caráter estritamente profissional, tais como despesas sumptuárias, recreativas ou de representação) parece pretender o legislador comunitário prevenir o risco de ocorrerem consumos privados de tais bens ou serviços, entendendo que os mesmos são

---

[5] O n.º 6 do artigo 17.º da Diretiva 77/388/CEE do Conselho, de 17 de maio de 1977, relativa à harmonização das legislações dos Estados-Membros respeitantes aos impostos sobre o volume de negócios – sistema comum do imposto sobre o valor acrescentado: matéria coletável uniforme ("6.ª Diretiva"), já estabelecia que o Conselho tinha um prazo de 4 anos para cumprir esta obrigação.

[6] Esta regra da Diretiva IVA constitui uma cláusula *standstill*, permitindo aos Estados-Membros manter as exclusões ao direito à dedução previstas na sua legislação nacional à data da entrada em vigor da 6.ª Diretiva no seu ordenamento jurídico, impedindo, ao mesmo tempo, a introdução de novas limitações após essa data (nem tão pouco retirar uma limitação e voltar a introduzir a mesma posteriormente). Neste âmbito, refira-se a possível interpretação de que algumas regras do artigo 21.º do Código do IVA português (aquelas que não respeitam a despesas sumptuárias, recreativas ou de representação) são contrárias à Diretiva IVA, pelo facto de não serem anteriores à adesão de Portugal à Comunidade, mas sim concomitantes a esta (inicialmente prevista a entrada em vigor do Código do IVA português para 1985, foi a mesma adiada para 1 de janeiro de 1986).

facilmente desviáveis do âmbito exclusivo da atividade económica e empresarial dos agentes económicos. Note-se que a redação da norma, ao utilizar a expressão "tais como", permite, numa interpretação literal, afirmar que o tipo de despesas elencado é meramente exemplificativo, sendo possível aos Estados-Membros afastar do direito à dedução o IVA incorrido com todas as despesas que não tenham carácter estritamente profissional. Contudo, como determina o TJUE em diversa jurisprudência[7], cumpre analisar as situações de limitação do direito à dedução apelando ao primado do direito à dedução e à aplicação dos princípios da neutralidade, efetividade e, neste caso em particular, da proporcionalidade. Assim, a transposição de tal norma para o ordenamento jurídico interno dos Estados-Membros deve respeitar as salvaguardas resultantes da aplicação adequada daqueles princípios.

Desta forma, no espírito da Diretiva e da interpretação que o TJUE dela tem feito, entendemos que sempre ficará vedado aos Estados-Membros implementarem regras de limitação do direito à dedução desproporcionadas, nomeadamente sem que permitam aos sujeitos passivos comprovar o carácter estritamente profissional das despesas efetuadas, mesmo que no âmbito do primeiro parágrafo do artigo 176.º da Diretiva IVA. Entendemos, aliás, que mesmo no que se refere às limitações do direito à dedução que cada Estado-Membro tenha adotado antes de 1 de janeiro de 1979 ou da sua data de adesão à Comunidade (cláusula *stand still*), legitimadas pelo segundo parágrafo do mesmo artigo 176.º (conforme já comentado, a aguardar, desde 1977, por uma tomada de decisão do Conselho quanto à determinação das despesas que não conferem direito à dedução), não pode negar-se aos sujeitos passivos a possibilidade de comprovarem a natureza estritamente profissional das mesmas, no sentido de lhes ser admitido o exercício do direito à dedução do IVA que as onerou. Suportamos este nosso entendimento com a evolução que a jurisprudência do TJUE tomou e a inércia de mais de 30 anos dos Estados-Membros na determinação de regras uniformes quanto a esta matéria, em clara violação do Direito Comunitário e prejuízo dos sujeitos passivos europeus.

---

[7] A título exemplificativo, os acórdãos TJUE, *Gabalfrisa*, C-110/98 e C-147/98, *Ampafrance e Sanofi*, C-177/99 e C-181/99, *Ecotrade*, C-95/07 e C-96/07, *EMS Bulgaria Transport*, C-284/11, *Giuseppe Astone*, C-332/15 e *Tibor Farkas*, C-564/15.

É neste enquadramento que devemos considerar o caso específico do artigo 21.º do Código do IVA, no qual o legislador nacional consagrou um conjunto de despesas relativamente às quais os sujeitos passivos que nelas incorrem veem o seu direito à dedução limitado, designadamente pela eventual ou potencial facilidade em desviar-se o consumo dos bens ou serviços adquiridos para atividades de índole privada e não empresarial.

Para os sujeitos passivos que atuam como intermediários no setor *MICE* ou que diretamente organizam os seus eventos em Portugal, diversas dúvidas se suscitam quanto à dedutibilidade do IVA subjacente a várias despesas incorridas para a preparação organização, gestão e realização dos eventos, nomeadamente porque uma fatia significativa dos gastos incorridos corresponde, tipicamente, a despesas previstas pelo artigo 21.º do Código do IVA. Na realização de eventos, sobretudo os de vocação internacional, as empresas incorrem frequentemente em despesas relacionadas com alojamento (dos participantes e do próprio *staff* afeto à organização), *catering*, transportes, sistemas de audiovisual, entretenimento e aluguer dos espaços para realização dos eventos, encontrando-se todas elas abrangidas pela limitação do direito à dedução do artigo 21.º do Código do IVA.

É certo que nas situações em que estas despesas sejam adquiridas em nome próprio, mas por conta de um terceiro, com vista ao seu débito ao mesmo, o legislador nacional expressamente permite a recuperação do IVA ao operador intermediário, todavia a limitação do direito à dedução (numa interpretação literal do artigo 21.º do Código do IVA) recairá sempre sobre aquele terceiro, ainda que este afete tais despesas à sua atividade tributável (e.g. um construtor automóvel que organize um evento de lançamento de um novo modelo, convidando para o mesmo os seus parceiros e jornalistas, sem que estes paguem qualquer valor para participar no evento).

Tendo o legislador português entendido que as despesas *supra* mencionadas podem ser inequivocamente conexas com a atividade económica prosseguida pelos sujeitos passivos quando relacionadas com a organização e participação em congressos, feiras e exposições (como no exemplo referido no parágrafo anterior), empreendeu uma alteração ao artigo 21.º do Código do IVA, através da Lei do Orçamento do Estado para 2005 (Lei n.º 55-B/2004, de 30 de dezembro), no sentido de autorizar a recuperação integral do imposto quando tais despesas, contribuindo comprovadamente para a realização de operações tributáveis, tivessem um valor mínimo por fatura de € 5.000 e, consoante o tipo de despesa, fossem contratadas diretamente com agências de viagens[8] ou empresas de hotelaria e restauração.

Adicionalmente, também através da Lei do Orçamento do Estado para 2005, o legislador introduziu outras duas regras, em parcial sobreposição às acima mencionadas (naquilo que parece ter sido uma técnica legislativa deficiente). Por um lado, permitiu a dedução parcial do IVA, na proporção de 50%, de despesas de transporte e viagens de negócios (incluindo as portagens), alojamento, alimentação, bebidas e despesas de receção, incluindo as relativas ao acolhimento de pessoas estranhas à empresa e as despesas relativas a imóveis ou parte de imóveis e seu equipamento, destinados principalmente a tais receções, desde que afetas às necessidades diretas dos participantes, no âmbito da organização de congressos, feiras, exposições, seminários, conferências e similares e resultem de contratos celebrados diretamente com o prestador de serviços (ou através de entidades legalmente habilitadas para o efeito). Por outro lado, introduziu a possibilidade de recuperação do IVA, na proporção de 25%, relativamente a despesas de transporte e viagens de negócios (incluindo as portagens), alojamento, alimentação e bebidas, relativas à participação em congressos, feiras, exposições, seminários, conferências e similares, quando resultem de contratos celebrados diretamente com as entidades organizadoras dos eventos e comprovadamente contribuam para a realização de operações tributáveis.

Posteriormente, em clara violação da cláusula *stand still*, prevista no segundo parágrafo do artigo 176.º da Diretiva IVA (à data o n.º 6 do artigo 17.º da 6.ª Diretiva), em dezembro do mesmo ano 2005 (através da Lei n.º 57/2005, de 13 de dezembro), o legislador português revogou as duas regras que permitiam a recuperação integral de IVA quando as despesas fossem de valor superior a € 5.000. Conforme tivemos já oportunidade de referir, a cláusula *stand still* deve ser interpretada no sentido de que não

---

[8] Esta solução com referência a agências de viagens deveria, a nosso ver, ter sido acompanhada de uma alteração ao regime do IVA das agências de viagens e organizadores de circuitos turísticos (Decreto-Lei n.º 221/85, de 3 de julho), uma vez que o n.º 2 do seu artigo 4.º estatuía, à data, que “As faturas emitidas pelos mesmos sujeitos passivos podem não discriminar o IVA e não conferem, em qualquer caso, direito à dedução do mesmo imposto” (desde 1 de janeiro de 2013, a mesma norma passou a proibir a discriminação do IVA).

permite aos Estados-Membros a revogação de uma regra de limitação do direito à dedução e posterior reintrodução dessa mesma regra limitadora. Neste sentido, consideramos o artigo 21.º do Código do IVA claramente contrário ao Direito Comunitário e aos princípios sobre os quais o mesmo se rege, quanto às limitações impostas ao direito à dedução do IVA que se encontrava garantido pelas duas regras introduzidas e posteriormente revogadas pouco menos de um ano depois, o que se afigura ostensivamente atentatório da essencialidade do direito à dedução enquanto mecanismo basilar do funcionamento do imposto.

No que se refere às regras que se encontram ainda em vigor (dedução em 50% ou 25%, consoante se trate de um organizador ou de um participante), cumpre efetuar a sua interpretação, por forma a delimitar o seu alcance. Ora, se nos parece simples a interpretação da alínea *e)* do n.º 2 do artigo 21.º, no sentido de permitir ao participante nos eventos aí referidos a dedução de 25% do IVA suportado com as despesas mencionadas, sempre será de criticar a exigência legal de terem as mesmas que ser contratadas com as entidades organizadoras dos eventos, sob pena de, não o sendo, não se conferir a possibilidade de dedução dos 25% do IVA em causa (a título de exemplo, um participante num congresso realizado no Porto que adquira um bilhete de comboio diretamente à companhia de transportes ferroviários para se deslocar desde Lisboa para aquela cidade, o qual é tributado à taxa de 6%, não poderá deduzir os 25% do IVA em causa, ainda que facilmente se demonstre que aquele transporte teve como intuito a deslocação até ao referido congresso). Por outro lado, em muitas situações sucederá que a contratação do conjunto de despesas em causa a uma só entidade (organizadora do evento) poderá resultar, como veremos em ponto mais adiante, na obrigação de esta aplicar o regime de IVA das agências de viagens e organizadores de circuitos turísticos, o que, desde logo, implicará que a mesma não possa deduzir o IVA incorrido com a organização do evento, apenas liquidando imposto sobre a sua margem, originando uma situação (pretendida pelo legislador europeu!) de IVA oculto. E mesmo no que respeita ao IVA da margem do organizador do evento, sempre haverá que conciliar a regra do artigo 21.º do Código do IVA com o n.º 2 do artigo 4.º daquele regime, o qual estabelece que as faturas emitidas no âmbito desse regime da margem "podem não discriminar o IVA" (o da margem, porque o dos serviços adquiridos a terceiros já não foi deduzido, pelo que incorpora o custo) "e não conferem, em qualquer caso, direito à dedução do mesmo imposto". Limita-se, assim, o alcance da regra da alínea *e)* do n.º 2 do artigo 21.º do Código do IVA.

No que se refere à possibilidade de dedução de 50% do IVA por parte dos organizadores dos eventos, prevista na alínea *d)* do n.º 2 do artigo 21.º, além das dificuldades mencionadas no parágrafo anterior quanto à conciliação com o regime das agências de viagens e organizadores de circuitos turísticos (também aqui poderá ocorrer que o prestador do serviço ao organizador do evento se veja obrigado a aplicar o regime da margem), coloca-se a questão de saber se a regra se dirige às situações em que o organizador do evento cobra um preço aos participantes (ou seja, o organizador presta um serviço ao participante) ou se apenas está pensada para as situações em que aos participantes nada é cobrado. Entendemos ser este último o caso, uma vez que, nas situações em que o organizador do evento cobra um preço aos participantes, não se aplica, *ab initio*, a restrição da alínea *c)* do n.º 1 quanto a despesas de transportes e viagens de negócios, uma vez que as mesmas não são "do sujeito passivo e do seu pessoal", mas antes dos terceiros participantes, a quem o organizador cobra um preço para o efeito. Por outro lado, quanto às despesas previstas na alínea *d)* do mesmo n.º 1, fazendo uso da interpretação restritiva que cabe efetuar quanto às normas limitadoras do princípio geral e central do direito à dedução, por um lado, e, por outro, socorrendo-nos do princípio subjacente à regra prevista na alínea *c)* do n.º 2 do mesmo artigo 21.º (aquisições em nome próprio mas por conta de terceiros), podemos chegar a igual conclusão, ou seja, a de que, sempre que as despesas em causa sejam incorporadas no preço cobrado aos participantes no evento, o IVA relativo às mesmas é totalmente dedutível na esfera do organizador do evento (ainda que ganhem uma natureza distinta com a sua inclusão no serviço de participação no evento). Ainda assim e mais uma vez, sempre teremos que conciliar o que acabamos de concluir com o regime das agências de viagens e organizadores de circuitos turísticos, uma vez que no caso de o organizador do evento ter de aplicar este regime, por força do modelo de composição do serviço que presta ao participante, logo o seu direito à dedução do IVA das despesas em que incorre e que aqui analisamos será limitado por força desse mesmo regime da margem. Um quebra-cabeças!

Ainda quanto às limitações impostas pelo artigo 21.º, devemos fazer nota de que as mesmas tanto se aplicam aos sujeitos passivos registados para efeitos de IVA em Portugal, como aos que aqui não se encontram registados e pretendam recorrer ao mecanismo do reembolso a sujeitos passivos não estabelecidos em território nacional. A este propósito tecemos algumas considerações, em ponto próprio, quando o sujeito passivo em causa não se encontra estabelecido no território da UE.

Elencadas as principais temáticas quanto ao artigo 21.º, na perspetiva do turismo de negócios, há que concluir que a interpretação das normas limitadoras do direito à dedução aí contidas deve ser efetuada de forma restritiva, não apenas porque os princípios do imposto assim o determinam, mas também porque o desígnio nacional assim o impõe, na medida em que tratamos de um setor fundamental para a economia portuguesa, com forte concorrência internacional, onde a fiscalidade assume um papel muito relevante no capítulo dos custos. Tal impõe que todos os agentes nacionais (incluindo a AT e os tribunais portugueses) contribuam positivamente para este desígnio, efetuando a sua interpretação das normas tendencialmente para apoiar o setor, inclusivamente considerando que o legislador nacional violou o direito comunitário ao revogar, em 2005, duas regras que haviam acabado, no início desse ano, com a limitação do direito à dedução em determinadas condições.

Finalmente, devemos realçar que, não obstante as restrições no direito à dedução consubstanciarem um mecanismo eminentemente comunitário, abrangente e adotado na maioria dos Estados Membros, muitos destes fizeram-no de forma menos rígida do que Portugal, assim obtendo uma vantagem concorrencial face ao nosso país, neste setor do turismo de negócios, o qual já tem que lutar com outras adversidades na atração de eventos (algumas dificilmente ultrapassáveis, como a nossa localização geográfica eminentemente periférica). Assim e a título de exemplo, Itália (país que concorre diretamente com Portugal no turismo de negócios) adotou um regime que respeita, integralmente, o princípio da neutralidade, possibilitando aos sujeitos passivos a dedução integral do IVA incorrido com despesas de alojamento e alimentação, se relacionadas com a atividade empresarial destes. Outro exemplo surge-nos da Alemanha, onde o legislador estabeleceu como critério essencial à exclusão do direito à dedução a afetação das despesas incorridas à atividade empresarial de um ponto de vista lato, não especificando com excessiva rigidez quais as despesas que possam cair no conceito de gastos normalmente associados a consumos privados e não empresariais (com exceção das despesas de alimentação relacionadas com a atividade, as quais apenas são dedutíveis na proporção de 70% no imposto sobre o rendimento[9]).

E mesmo em várias das situações em que outros Estados-Membros adotaram, na letra da lei, limitações semelhantes às portuguesas, tem-se verificado alguma flexibilidade por parte das respetivas autoridades tributárias na aplicação das mesmas, fazendo-o de forma casuística quando as despesas comportem um objetivo eminentemente empresarial. A título de exemplo, em Espanha, não obstante o conjunto de despesas abrangido pelo normativo nacional no que respeita a exclusões no direito à dedução se assemelhar às regras portuguesas, verifica-se que tais exclusões apenas operam se o gasto não for dedutível para efeitos do imposto sobre o rendimento, consoante o caso, para pessoas singulares ou coletivas.

Tudo isto aconselha, igualmente, a uma reponderação do artigo 21.º do Código do IVA português ou, pelo menos, a uma interpretação das mesmas no sentido acima exposto.

2.2. Regime especial das agências de viagem e dos organizadores de circuitos turísticos

No âmbito da sua atividade, as empresas que atuam no setor *MICE* frequentemente procuram comercializar os seus produtos agregando um conjunto diverso de prestações de serviços e/ou bens (e.g., alojamento, alimentação e bebidas, transporte, disponibilização de espaço, entretenimento, *merchadising*), para isso recorrendo, se não no todo, pelo menos em parte considerável, à subcontratação de terceiros, característica da sujeição objetiva do regime do IVA das agências de viagens e organizadores de circuitos turísticos, previsto nos artigos 306.º a 310.º da Diretiva IVA e transposto para o ordenamento português pelo Decreto-Lei 221/85, de 3 de julho.

[9] Fonte *Tax Research Platform* do *International Bureau of Fiscal Documentation* (IBFD).

Conforme tivemos já oportunidade de referir, este normativo estabelece um regime da margem, segundo o qual os sujeitos passivos obrigados à sua aplicação não deduzem o IVA incorrido com os bens e serviços adquiridos em nome próprio, mas por conta de clientes terceiros que deles farão uso, e apenas liquidam IVA sobre a margem que obtêm no serviço prestado a estes. Não cabendo aqui uma descrição exaustiva do regime, mas antes dar relevo às dificuldades acrescidas que o mesmo acarreta para o setor do turismo de negócios, há que realçar duas características essenciais do mesmo. Desde logo, o facto de o regime se aplicar a um qualquer sujeito passivo, mesmo que este não tenha por objeto social a atividade de agência de viagens ou organizador de circuitos turísticos[10]. Por outro lado e conforme já mencionado, o facto de os destinatários dos serviços prestados ao abrigo deste regime ficarem impedidos de deduzir o IVA que os mesmos contêm (não apenas o IVA oculto não deduzido pelo prestador do serviço, mas igualmente o IVA da sua margem), de acordo com o n.º 2 do artigo 4.º do regime em análise.

Ora, conforme anteriormente referido, consoante a forma como o organizador do evento estruture a sua prestação de serviços (atuando em nome próprio ou em nome dos seus clientes), poderá ver-se confrontado com a necessidade imperativa de aplicar este regime da margem, o que, a suceder, o IVA envolvido acarretará, automaticamente, um custo para os seus clientes sujeitos passivos do imposto que desenvolvam operações que, de outra forma, lhes conferem direito à dedução do imposto incorrido no âmbito da sua atividade[11].

Neste âmbito não tem Portugal margem individual para estabelecer regras que contrariem o regime da margem em causa, cabendo antes aos operadores procurar evitar o mesmo na estruturação das suas operações, com vista a obviar a que, por via da aplicação do mesmo, se agrave o custo da realização dos eventos.

---

[10] Esta é matéria assente por parte do TJUE. Para tanto, conferir o Acórdão TJUE, *Madgett and Baldwin*, C-308/96 e C-94/97, 22.10.1998.

[11] Já se pronunciou o TJUE no sentido de que o regime em causa se aplica independentemente de o destinatário do serviço ser o cliente final do mesmo (o "viajante") ou um outro intermediário que o adquire e, por sua vez, o presta ao efetivo viajante. Confira-se, a este propósito, a decisão acórdão TJUE, *Comissão/Espanha*, C-189/11, 26.09.2013.

A este propósito recorde-se que ao longo dos anos os Estados-Membros e a Comissão Europeia têm procurado chegar a acordo quanto às alterações que devem ser introduzidas no regime, na consciência da necessidade das mesmas. Assim, em 2002 a Comissão propôs alterar a 6.ª Diretiva[12], no sentido de, entre outros pontos, introduzir a possibilidade de as agências de viagens optarem por não aplicar o regime, em determinadas situações, por forma a garantir o princípio da neutralidade e a funcionalidade do imposto no espaço comunitário. Infelizmente, nunca os Estados-Membros chegaram a acordo quanto a esta proposta, pelo que a mesma acabou por ser retirada pela Comissão anos mais tarde.

Mais recentemente, produziu a Comissão Europeia um relatório referente ao estudo para revisão deste regime[13]. Neste se reconhece que muitos operadores do setor *MICE* têm procurado atuar como intermediários (não atuando em nome próprio na aquisição dos bens e serviços), por forma a evitar a complexidade decorrente da aplicação do regime da margem e, assim, aplicar o regime geral de tributação. Conclui o estudo que para avaliar, em conformidade com os princípios comunitários, o correto tratamento em IVA das operações *supra* descritas, haverá que determinar se os serviços típicos de viagem correspondem, em rigor, a serviços acessórios do serviço principal dos organizadores dos eventos – no fundo, o acesso ao evento e todos os restantes serviços ou bens subjacentes a tal acesso – ou se, *a contrario,* os mesmos devem ser percecionados individualmente, porquanto o consumidor/destinatários dos mesmos não os observa como algo essencial ao evento. Questiona-se, desta forma, a Comissão se sempre deverá o organizador do evento aplicar o regime da margem, mesmo quando os elementos típicos de viagem não sejam preponderantes.

A este propósito a Comissão recorda o Caso *Minerva kulturreisen* (C-31/10), onde o TJUE concluiu que a venda de bilhetes de opera por uma agência de viagens, quando ocorra de forma isolada, não deverá considerar-se abrangida pelo regime especial da margem, mas que, por outro lado, quando vendidos os bilhetes juntamente com serviços típicos de viagem, a

---

[12] COM(2002) 64 final – 2002/0041(CNS)

[13] Relatório da Comissão Europeia de dezembro de 2017 – "Study on the review of the VAT Special Scheme for travel agents and options to reform, TAXUD/20016/AO-05".

transação dos mesmos será incluída na tramitação especifica daquele regime especial.

Na mesma lógica de elementos principais e elementos acessórios, haverá, então, que analisar se não poderão os serviços típicos de viagem, como o transporte e o alojamento, considerar-se acessórios dos elementos principais, que serão a própria organização do evento (fim essencial pretendido pelos clientes) e, neste sentido, concluir-se pela não aplicação do regime das agências de viagens e organizadores de circuitos turísticos à unidade assim constituída. Em consonância com o entendimento exposto no relatório da Comissão, entendemos que nestes casos nem sequer deverá considerar-se que os organizadores dos eventos estão obrigados à adoção de dois regimes distintos (i.e., uma parte sujeita ao regime especial da margem e outra sujeita ao regime normal do IVA), porquanto a admitir esta hipótese como solução, seria tornar-se demasiado complexa a tributação neste tipo de operações, com as demais consequências ao nível do cumprimento declarativo por parte dos sujeitos passivos e, diga-se, da própria cobrança efetiva pelos Estados-Membros e da necessária arrecadação de receita.

Ademais, conforme conclui, e bem, a Comissão Europeia no relatório em referência, será natural determinar-se que os serviços de alojamento não constituem um fim em si mesmo para quem participa nos eventos, mas sim um meio de beneficiar nas melhores condições possíveis do serviço principal, *in casu* o evento, congresso ou seminário em que pretendem participar (ou para o qual pretendem convidar participantes).

Face ao exposto, apesar de ser impossível ao legislador português contrariar as regras impostas pela Diretiva IVA no que respeita ao regime em referência, sempre poderá o setor do turismo de negócios encontrar uma alternativa através da interpretação útil do mesmo, no sentido de que os serviços de organização de eventos são unos e aos mesmos não será de aplicar o regime da margem, pelo facto de a componente de viagem incluído nos mesmos não ser o fator essencial pretendido quer pelo prestador do serviço, quer pelo adquirente do mesmo. Naturalmente, esta alternativa sempre terá que ser analisada caso a caso e com as devidas cautelas.

2.3. Regime de reembolso de IVA a não residentes no Estado Membro de consumo

A Diretiva n.º 79/1072/CEE do Conselho, de 6 de dezembro de 1979 (coloquialmente designada por "8.º Diretiva"), procurou harmonizar os dispositivos aplicáveis ao reembolso do imposto sobre o valor acrescentado aos sujeitos passivos não estabelecidos no país de consumo[14]. Conforme explicitado nos considerandos do referido diploma comunitário, a necessidade de harmonização nesta matéria servia o propósito de obstar a que um sujeito passivo residente num determinado Estado-Membro incorresse em IVA noutro Estado-Membro com referência à aquisição de bens ou serviços, no qual não detém qualquer presença, e que este imposto constituísse, para si, um gasto efetivamente suportado, em prejuízo da neutralidade intrínseca à funcionalidade do IVA.

Por outro lado, verificando-se divergências fundamentais entre os diversos regimes de reembolso a não residentes adotados pelos Estado-Membros, pretendeu a referida Diretiva harmonizar as regras aplicáveis a nível comunitário, por forma a obstar a distorções de concorrência ou, como refere o legislador comunitário num dos seus considerandos, evitar desvios de tráfego de tributação que possam colocar em causa a coesão do mercado único e a integração económica. Se este desiderato é razoavelmente atingido em termos de uniformização destas regras de reembolso a sujeitos passivos estabelecidos em Estados-Membros distintos daquele em que o IVA é incorrido[15], o mesmo não se pode dizer quando o sujeito passivo se encontra estabelecido fora do território da UE.

A este respeito, o legislador comunitário fez aprovar a Diretiva n.º 86/560/CEE do Conselho, de 17 de novembro de 1986 (usualmente denominada por "13.º Diretiva"), tendo como objetivo primordial garantir um desenvolvimento harmonioso das relações comerciais da Comunidade

[14] Estas regras encontram-se hoje plasmadas na Diretiva IVA e na Diretiva 2008/9/CE do Conselho, de 12 de fevereiro de 2008.

[15] O objetivo visado com esta uniformização de regras de reembolso acaba por ser colocado em causa pela coexistência de normas muito dispares entre os Estados-Membros no que se refere à limitação do direito à dedução, equivalentes ao artigo 21.º do Código do IVA português.

com os países terceiros, atenta a disparidade de regimes e mecanismos à data aplicáveis neste âmbito. Sucede que o legislador comunitário concedeu aos Estados-Membros a opção de sujeitarem o reembolso à existência de um imposto sobre o volume de negócios no país do sujeito passivo não estabelecido na UE e à concessão por este de vantagens comparáveis (possibilidade de reembolso) aos sujeitos passivos do Estado-Membro em que o IVA em causa foi liquidado (regra de reciprocidade). Adicionalmente, previu ainda o legislador europeu a possibilidade de os Estados-Membros excluírem certas despesas do direito ao reembolso e de condicionarem este a exigências suplementares às previstas na 13.ª Diretiva. Tudo visto, o resultado foi uma disparidade considerável entre as regras implementadas pelos vários Estados-Membros.

Efetivamente, coexistem no espaço europeu Estados-Membros que, para procederem ao reembolso de IVA incorrido no seu território a sujeitos passivos estabelecidos fora da UE exigem que nesses países esteja em vigor um imposto sobre o volume de negócios e reciprocidade de tratamento para os seus sujeitos passivos (é o caso de Portugal[16]) e países que não o fazem[17]. Se à primeira vista esta parece ser uma regra de justiça elementar, entendemos ser a mesma limitadora da capacidade de atração de despesa estrangeira, em concreto daqueles sujeitos passivos estabelecidos em países que não cumpram aquelas exigências. E é neste ponto que este regime coloca mais uma dificuldade ao setor do turismo de negócios, que assim fica concorrencialmente prejudicado face a outros Estados-Membros em que estas exigências não se colocam e onde se garante o fácil reembolso do IVA a estes sujeitos passivos. Sempre se diria que muitas das despesas com a organização de um evento incorridas por um destes sujeitos passivos estabelecido num país não pertencente à UE se enquadram no artigo 21.º do Código do IVA ou estão abrangidas pelo regime do IVA das agências de viagens e dos organizadores

[16] Confira-se o Decreto-Lei n.º 186/2009, de 12 de agosto, que aprova o Regime de reembolso do IVA a sujeitos passivos não estabelecidos no Estado membro de reembolso.

[17] São oito os Estados-Membros da UE que não exigem reciprocidade: Áustria, Bélgica, Dinamarca, Finlândia, Holanda, Irlanda, Luxemburgo e Suécia. A estes juntam-se Malta, que apesar de o exigir nos termos da Lei não o faz na prática (tal verificação não é solicitada pelas autoridades) e o Reino Unido, que apenas exige reciprocidade no caso de o país terceiro em causa ter em vigor um regime de reembolsos e não o garantir a sujeitos passivos do Reino Unido.

de circuitos turísticos, pelo que o imposto nelas contido não seria, de qualquer forma, recuperável. Contudo, como vimos atrás, a interpretação que propomos fazer daquelas regras permite minimizar os casos de limitação do direito à dedução, realçando a questão aqui analisada.

Assim, Portugal apresenta-se em autoinfligida desvantagem competitiva quando lida com investidores originários de países terceiros onde estas exigências não são cumpridas, face a outros Estados-Membros que não fizeram uso (e bem, defendemos nós) da possibilidade concedida pela 13.ª Diretiva de exigir ao Estado terceiro a existência de um imposto sobre o volume de negócios e a reciprocidade de tratamento.

3. Proposta de soluções tendentes a incrementar a competitividade do setor em matéria de IVA

Em face de tudo o que acima fica exposto, entendemos estar em condições de sugerir um conjunto de medidas com vista a ultrapassar algumas das dificuldades com que o setor do turismo de negócios se depara em Portugal em sede de IVA, o que fazemos seguidamente, de forma sumária, uma vez que quanto à maior parte já foram detalhadas as motivações nos pontos anteriores:

- Considerar contrária à cláusula *stand still* da Diretiva IVA a revogação que o legislador nacional efetuou, em dezembro de 2005, das duas normas que haviam entrado em vigor no dia 1 de janeiro desse mesmo ano e que restringiam a limitação do direito à dedução de vários tipos de despesas consideradas no artigo 21.º do Código do IVA (e.g., que beneficiavam os sujeitos passivos que incorressem em despesas de valor superior a € 5.000, permitindo a recuperação integral do IVA subjacente). Para este efeito, o atual legislador português deverá repristinar tais normas. Não o fazendo, deverão os tribunais fazer-se valer da constatação desta violação, quando com ela confrontados. Simultaneamente, poderão os operadores invocar este facto perante a Comissão Europeia, que deverá, investigando, chegar a tal conclusão e intimar Portugal para repristinar as normas;

- As normas limitadoras do direito à dedução consagradas no artigo 21.º do Código do IVA português deverão ser interpretadas restritivamente pelos operadores de todos os setores (sujeitos passivos, AT e tribunais);
- A aplicação do regime do IVA das agências de viagens e organizadores de circuitos turísticos deverá ser efetuada tendo em conta a bem fundamentada posição da Comissão Europeia quanto à realidade dos operadores do setor *MICE* (estudo publicado em 2017);
- No âmbito do regime de reembolso do IVA a sujeitos passivos não residentes na UE, Portugal deverá optar por não exigir a existência de um imposto sobre o volume de negócios e reciprocidade de tratamento no país terceiro por forma a assegurar a sua competitividade em face de outros Estados-Membros com um regime mais permissivo e menos restritivo;
- Promover o estudo, análise e investigação profunda (por todos os agentes, incluindo o legislador e a AT) das práticas legislativas adotadas, em sede de IVA, quanto a estas matérias noutros Estados-Membros, ponderando-se a adoção daquelas que melhor contribuam para a competitividade e desenvolvimento do setor do turismo de negócios em Portugal (a título de exemplo, em Espanha o setor chegou a acordo com a autoridade tributária deste país, no sentido de ser pacífica a aplicação da regra B2B a este tipo de serviços, quando debitado a um cliente sujeito passivo não estabelecido em Espanha);
- Mesmo a nível nacional o legislador poderá procurar identificar boas práticas já ocorridas no passado, ainda que em momentos específicos e pensados para os mesmos. Recordemos o exemplo do regime fiscal excecional da EXPO 98[18], através do qual Portugal concedeu a possibilidade de recuperação do IVA incorrido pelos participantes oficiais sem exigência de aplicação das regras de existência de um imposto sobre o volume de negócios e de reciprocidade no país terceiro. Ora, que melhor exemplo aqui trazer, se não aquele em que o Estado, organizador de um evento, entendeu a vantagem de ultrapassar aquelas regras.

---

[18] *Vide* artigo 51.º da Lei n.º 127-B/97, de 20 de dezembro (Orçamento do Estado para 1998).

4. Conclusões

Atento tudo o que se expôs quanto à complexidade dos regimes legais aplicáveis à organização de eventos no âmbito do turismo de negócios (muitas das vezes em prejuízo da neutralidade do IVA), conclui-se que em matéria de competitividade para o país o legislador português deverá implementar soluções que procurem balancear, adequadamente, as prerrogativas previstas pela Diretiva IVA de combate à fraude e à evasão fiscal, com a redução dos obstáculos fiscais aos operadores portuguesas, por forma a potenciar ainda mais o nosso setor do turismo, motor essencial da nossa economia.

Pese embora não seja o âmago do presente estudo verificar se as soluções apresentadas se encontram vocacionadas ao desenvolvimento económico efetivo, ao crescimento do volume de negócio das empresas e ao subsequente aumento da receita do Estado por via dos impostos indiretos e por via do IRC (desde logo pelo aumento do lucro tributável das empresas), a verdade é que nos parece incontornável que limitar o direito à dedução dos operadores em despesas essenciais à prosseguição da sua atividade impacta negativamente o respetivo sucesso comercial dos mesmos, mais não seja pelo facto de se verem obrigados a recuperar esse imposto através da adotação de preços mais elevados e menos competitivos face a operadores não residentes no país (ou, normalmente, por via da obtenção de uma menor margem no negócio, o que enfraquece as empresas nacionais).

Como tal, por simples associação lógica, é possível concluir que menos gastos efetivos com o IVA permitem aos operadores reduzir os custos associados à realização dos eventos em território nacional. Ademais, considerando que alguns Estados-Membros se mostram menos restritivos e rígidos na limitação no direito à dedução do IVA incorrido nos respetivos territórios, facilmente se admitirá que esses se encontram em vantagem competitiva, neste aspeto.

Ademais, não obstante a liberdade do legislador português se encontrar limitada ao espaço de atuação deixado em aberto pela legislação comunitária, a mesma não impede, em bom rigor, que este tome medidas de defesa da economia nacional e que promova o investimento no nosso território, sem obstar ostensivamente à integridade do mercado único europeu. Aliás, tanto assim é que o legislador português consagrou (e bem) um regime de exceção durante a EXPO 98, demonstrando, claramente, que entende o custo que o IVA comporta para a realização de eventos de tal dimensão.

É exatamente neste contexto que deixámos um conjunto de sugestões para ponderação e visando tornar o país economicamente mais competitivo, por via da simplificação e neutralidade do IVA.

A Isenção de IVA nas Cessões de Créditos

ALEXANDRA COELHO MARTINS

ÍNDICE:

1. Introdução

As operações relativas a créditos revestem hoje particular importância[1]. No entanto, o seu caráter multifacetado e as diversas modalidades que podem revestir, abrangendo, nomeadamente, créditos com distinta probabilidade e *status* de cobrança (créditos de cobrança duvidosa ou incobráveis, créditos vencidos, vincendos, ou a mera expetativa de créditos futuros); créditos sujeitos a condição ou incondicionais; créditos litigiosos (judicialmente reclamados ou objeto de ações executivas) e não litigiosos; créditos prescritos e não prescritos; créditos garantidos e créditos desprovidos de garantia, entre muitas outras classificações possíveis, suscitam dificuldades de qualificação e consequente aferição do regime jurídico tributário aplicável.

---

[1] Seja pelo volume, frequência e transversalidade das transações, que abrangem entidades financeiras e não financeiras, privadas e públicas, incluindo os próprios Estados.

Apesar de terem decorrido mais de 30 anos sobre a introdução do IVA em Portugal, o enquadramento das operações relativas a créditos, nas quais se inclui a conhecida figura da cessão de créditos, não teve, até agora, clara expressão no Código do IVA português.

Em regra, preconiza-se a não tributação destas operações, mas os fundamentos que subjazem a um tal entendimento são diversos e oscilam entre a não sujeição e a isenção do imposto. Os dois regimes, sem prejuízo da identidade de efeitos relativamente à (não) liquidação da prestação tributária, têm consequências distintas em matéria de obrigações acessórias, como as de faturação, de reporte nas declarações periódicas e no ficheiro SAF-T e, em determinadas circunstâncias, no exercício do direito à dedução[2], parecendo resultar da deficiente redação da norma portuguesa.

Neste âmbito, importa fixar o enquadramento do conceito-paradigma da cessão de créditos e respetivo regime de IVA, a partir dos quais se pode construir e alcançar a solução de casos mais complexos, de periferia ou de penumbra, como o dos créditos litigiosos que envolvam a transação de bens ou direitos associados.

2. As Operações de Cessão de Créditos – Caracterização Geral

A cessão de créditos constitui, na definição de Pires de Lima e Antunes Varela, "a transmissão do direito de crédito, no todo ou em parte, feita pelo credor a um terceiro", cuja causa é "variável ou policausal, podendo ter por base uma venda, uma doação, uma dação pro solvendo, um negócio de garantia em benefício doutro crédito, etc." (*Código Civil Anotado*, Volume I, 1987, Coimbra, p. 593).

Está em causa a transferência da relação obrigacional pelo lado ativo, *i.e.*, de uma modificação subjetiva operada na relação creditícia, pelo que a

[2] Se, em princípio, quer os regimes de isenção (incompleta), quer os de não sujeição, não conferem o direito à dedução, esse direito pode ser exercido, por exemplo, quanto a operações financeiras *isentas* cujos destinatários estejam estabelecidos ou domiciliados fora da União Europeia, de acordo com o artigo 20.º, n.º 1, alínea *b)*, V) do Código do IVA. Tal direito não subsiste no caso de operações fora do campo do imposto.

cessão de créditos não é, em si, um contrato, "antes um efeito de um negócio jurídico causal de contornos e de âmbito variável" (Acórdão do Supremo Tribunal de Justiça, de 4 de julho de 2017, processo n.º 5297/12.0TBMTS.P1.S1; Acórdão do Tribunal da Relação de Coimbra, de 22 de novembro de 2016, processo n.º 3956/16.8T8CBR.C1; e ASSUNÇÃO CRISTAS, *Transmissão Contratual do Direito de Crédito*, 2005, Almedina, pp. 77 e 78).

O Código Civil dedica a Secção I do Capítulo IV, sob a epígrafe "Transmissão de créditos e de dívidas", à figura da cessão de créditos que considera admissível e, portanto válida, independentemente do consentimento do devedor, produzindo efeitos em relação a este logo que lhe seja comunicada, constituindo a notificação mera condição de eficácia externa em relação ao devedor, nos termos do disposto nos artigos 577.º e 583.º do referido Código.

Como condições negativas de validade do negócio de cessão de créditos, a lei civil exige tão-só que o crédito não esteja, pela natureza da prestação, ligado à pessoa do credor, e que a respetiva cessão não seja interdita por determinação da lei ou por convenção das partes, sendo esta última condição inoponível ao cessionário, exceto se este a conhecesse no momento da cessão.

O regime-regra da cessão de créditos importa ainda a transmissão para o cessionário das garantias e outros acessórios do crédito transmitido, com ressalva dos que forem inseparáveis da pessoa do cedente, ou de convenção em contrário (artigo 582.º, n.º 1 do Código Civil). Encontra-se, de igual modo, prevista a possibilidade de cedência de créditos ou direitos litigiosos com a delimitação dos casos em que essa cessão é proibida (artigos 579.º e 581.º do Código Civil).

Não deve confundir-se a transmissão de créditos ou modificação subjetiva da relação creditícia, aqui em análise, com o contrato de cessão de posição contratual, negócio jurídico bilateral, fonte de obrigações, tipificado nos artigos 424.º a 427.º do Código Civil, que tem por objeto a posição contratual de uma parte num contrato com prestações recíprocas e implica a transmissão de um feixe de direitos e obrigações e não apenas de um direito de crédito. Ao contrário da cessão de créditos, a cessão de posição contratual requer o consentimento do outro contraente como condição de validade da transmissão.

Distinta é também a figura da transmissão de dívidas, regulada no artigo 595.º e seguintes do Código Civil, mediante a qual a dívida é assumida por um novo devedor que passa a responder por ela. Esta figura não prescinde de declaração expressa do credor, para que se produza o efeito liberatório de dívidas em relação ao primitivo devedor, e o seu enquadramento em IVA não é isento de dúvidas, como concluem Bruno Santiago e Andreia Gabriel Pereira (*O Iva Transmissão de Dívidas: Algumas Notas*, Cadernos IVA 2016, Almedina, pp. 32-49).

Acresce referir que a cessão de créditos pode ser associada a operações de titularização dos créditos que envolvem, para além da operação inicial de transmissão de créditos, a subsequente emissão de títulos de dívida negociáveis, cuja garantia ou colateral, de que são beneficiários os respetivos investidores, são os próprios créditos transmitidos.

A titularização de créditos tem uma disciplina jurídica própria, que consta do Decreto-lei n.º 453/99, de 5 de novembro[3], e o seu regime fiscal também foi consagrado em diploma autónomo, o Decreto-lei n.º 219/2001, de 4 de agosto[4], cujo artigo 5.º estabelece a isenção de IVA para as operações de administração e gestão dos fundos de titularização de créditos e para as prestações de serviços de gestão dos créditos, além de permitir que o cessionário regularize o IVA relativamente aos créditos que se revelem incobráveis, verificados que sejam determinados requisitos, faculdade que, por via de regra, é restrita ao titular originário dos créditos, sujeito passivo do imposto, à face do princípio da indisponibilidade dos créditos tributários, vertido no artigo 29.º, n.º 1 da LGT, e da imutabilidade dos elementos essenciais da relação jurídico tributária, que não podem ser alterados por mera vontade das partes, nos termos do artigo 36.º, n.º 2 da mesma lei.

Convém assinalar que apesar de a disciplina fiscal da titularização de créditos contemplar uma norma dedicada ao IVA, esta é omissa relativamente à própria cessão de créditos, o que postula uma remissão implícita para o regime geral do imposto.

---

[3] Com as alterações ulteriores do Decreto-lei n.º 303/2003, de 5 de dezembro; do Decreto-lei n.º 82/2002, de 5 de abril; do Decreto-lei n.º 52/2006, de 15 de março e do Decreto-lei n.º 211-A/2008, de 3 de novembro.

[4] Com as alterações ulteriores do Decreto-lei n.º 303/2003, de 5 de dezembro; da Lei n.º 107-B/2003, de 31 de dezembro e da Lei n.º 53-A/2006, de 29 de dezembro.

3. A Isenção das Operações Relativas a Créditos na Diretiva IVA e no Código do IVA

A delimitação da figura de cessão de créditos no direito civil português constitui um importante ponto de partida, designadamente para a sua pré-compreensão, mas não é determinante para a qualificação ou enquadramento das *operações relativas a créditos* em IVA, designadamente para efeitos de aplicação das isenções previstas no artigo 135.º da Diretiva IVA e correspetivo artigo 9.º, n.º 27 do Código deste imposto. A harmonização deste imposto pela Diretiva IVA[5] e o postulado de aplicação uniforme do direito europeu são assegurados por apelo a conceitos delimitados e aplicados de forma autónoma pelo direito europeu, independentemente do que estabelecem os sistemas jurídicos nacionais.

A Diretiva IVA isenta um conjunto de operações de natureza financeira destacando-se, em matéria de créditos, duas alíneas, *b)* e *d)*, do n.º 1 do seu artigo 135.º, com correspondência nas alíneas *a)* e *c)* do n.º 27 do artigo 9.º do Código do IVA.

No primeiro caso, exoneram-se do imposto as operações de concessão e de negociação de créditos e, bem assim, a gestão de créditos efetuada por parte de quem os concedeu, que o Código do IVA transpôs quase literalmente, acrescentando apenas que essa concessão ou negociação pode revestir "qualquer forma" e que compreende as "operações de desconto e redesconto".

O campo de aplicação desta norma de isenção, relativa à concessão, negociação e gestão de créditos, tem em vista operações de financiamento, usualmente concretizadas através de contratos de mútuo, podendo, não obstante, abranger outras figuras, como o crédito concedido por um fornecedor de bens, sob a forma de diferimento do pagamento, segundo a interpretação do Acórdão do Tribunal de Justiça, de 27 de outubro de 1993, processo n.º C-281/91, *Muys en De Winter*[6]. Logo, a concessão de um

[5] Diretiva 2006/112/CE, de 28 de novembro de 2006, publicada no JOUE 347, de 11 de dezembro de 2006, e alterações subsequentes.

[6] Em reforço deste entendimento, o Acórdão TJUE, *Ludwig*, C-453/05, 21.06.2007, pronunciou-se mais tarde no sentido de que as operações de concessão e negociação de créditos, então isentas por força do artigo 13.º, B, alínea *d)*, ponto 1, da Sexta Diretiva, "são

prazo para pagamento mais alargado, por parte de um fornecedor ao seu cliente, é passível de ser considerada uma operação de crédito isenta para efeitos de IVA, que pode ou não ser acessória (e eventualmente consumida pela operação principal a que respeita), mas isso já é outra questão.

Afigura-se que a referida norma não tem, contudo, vocação para abarcar as cessões de créditos, não vislumbráveis na sua hipótese normativa, exceto na circunstância de tal cessão poder ser encarada como uma operação de gestão de créditos o que, admite-se, a suceder nalguns casos, deixaria, ainda assim, a descoberto a maioria das operações de cessão de créditos.

A segunda isenção acima identificada respeita à alínea *d)* do n.º 1 do artigo 135.º da Diretiva IVA e compreende as operações, incluindo a negociação, "relativas a depósitos de fundos, contas correntes, pagamentos, transferências, créditos, cheques e outros efeitos de comércio, com exceção da cobrança de dívidas". Conclui-se, pois, que o direito europeu isenta, de forma razoavelmente ampla, todas as *operações relativas a créditos*, nas quais não podemos deixar de entender abrangidas as cessões de créditos, dada a sua evidente conexão com os créditos que constituem precisamente o seu objeto.

Da leitura das versões da Diretiva IVA nas línguas românicas (incluindo, para além da língua portuguesa, o espanhol, o francês, o italiano e o romeno), verifica-se que todas fazem referência explícita, no artigo 135.º, n.º 1, alínea *d)*, às operações relativas a créditos. No segmento final desta alínea *d)*, a versão portuguesa apresenta uma diferença e refere, como exceção à isenção, as operações de cobrança de "dívidas", quando as demais versões linguísticas derivadas do latim, se reportam à cobrança ou recuperação de "créditos".

Por outro lado, a versão inglesa da Diretiva, emprega o termo *debts* e a expressão *debt collection*, conforme ilustrado no quadro seguinte.

definidas em função da natureza das prestações de serviços que são fornecidas e não em função do prestador ou do destinatário do serviço."

IVA – Isenção – art. 135.º, n.º 1, alínea *d)* da Diretiva IVA		
	Operações Relativas a:	Operações não Abrangidas:
Português	créditos	com exceção da cobrança de dívidas
Espanhol	créditos	con excepción del cobro de créditos
Francês	créances	à l'exception du recouvrement de créances
Italiano	crediti	ad eccezione del ricupero dei crediti
Romeno	creanțe	exceptând recuperarea creanțelor
Inglês	debts	but excluding debt collection

Interessa assinalar que, ao excluir da isenção a cobrança de *dívidas*, o legislador comunitário tencionou tributar em IVA somente as operações efetuadas a título oneroso por sujeitos passivos cuja atividade consiste em assistir outras entidades na cobrança dos seus créditos, designadamente sociedades especializadas em cobranças.

No mais, parece ser indiscutível a conclusão de que o âmbito da isenção abrange as operações relativas a créditos, ou seja, as operações que apresentem uma conexão suficientemente relevante com os créditos, de molde a suscitarem alterações jurídicas e financeiras na esfera dos sujeitos da relação, como a que se verifica com a transferência dos créditos e a modificação subjetiva a que induz.

Justifica-se aqui o paralelismo com a jurisprudência do Tribunal de Justiça de 13 de dezembro de 2001, processo n.º C-235/00, *CSC Financial Services*, sobre a clarificação do conceito de operações *relativas a títulos* no âmbito da isenção do artigo 135.º, n.º 1, alínea *f)* da Diretiva IVA[7].

Dispõe a este propósito aquele Tribunal que a expressão "«operações relativas a títulos» se refere a operações suscetíveis de criar, modificar ou extinguir os direitos e obrigações das partes relativos aos títulos", afastando simples prestações materiais, técnicas ou administrativas que não impliquem alterações jurídicas e financeiras. Idêntica asserção é extrapolável para as operações *relativas a créditos*, que devem, nos mesmos termos e para beneficiarem da isenção, produzir efeitos jurídicos constitutivos, modificativos ou extintivos dos direitos de crédito subjacentes.

[7] À data artigo 13.º, B, alínea *d)*, n.º 5 da Sexta Diretiva.

A versão portuguesa da Diretiva diverge, contudo, quanto às operações excluídas da isenção de cobrança de créditos, que designa por "cobrança de dívidas", à semelhança da versão inglesa que segue parcialmente (apenas) neste segmento. Não conseguimos encontrar explicação para tal facto, quer no tocante à adoção da terminologia anglo-saxónica ("dívidas"), quer quanto à utilização inconsistente, na mesma alínea, de termos distintos ("créditos" e "dívidas"), que não sucede em nenhuma das outras versões linguísticas mencionadas, incluindo na inglesa.

Curiosamente, o Código do IVA, a propósito do regime de regularizações dos artigos 78.º a 78.º-D, faz referência a créditos incobráveis e a créditos de cobrança duvidosa, e não emprega o termo "dívidas" (que utiliza na exceção à norma de isenção que consta do seu artigo 9.º, n.º 27), posicionando-se, com acerto, do ponto de vista do credor, sujeito passivo do imposto.

O Tribunal de Justiça, ainda no âmbito da interpretação do artigo 135.º, n.º 1, alínea *d)*, declarou, em relação às operações de factoring, que o fator "fornece incontestavelmente um serviço ao cliente aderente, que consiste essencialmente em exonerar este último das operações de cobrança dos créditos e do risco de falta de pagamento destes. Por outro lado, em contrapartida do serviço assim recebido, o aderente deve pagar ao factor uma remuneração, que corresponde à diferença entre o valor nominal dos créditos que cedeu ao factor e o montante que este lhe paga pelos créditos" considerando, que a noção de *cobrança de dívidas* respeita a operações circunscritas, destinadas a obter o pagamento de uma dívida em numerário, atividade de natureza claramente diferente das isenções enumeradas na primeira parque do preceito contido na alínea *d)* – Acórdão de 26 de junho de 2003, processo n.º C-305/01, *MKG*.

Convém notar que a exclusão da isenção sob pronúncia no aresto *MKG* se refere à atividade exercida pelo adquirente ou cessionário dos créditos e não à atividade desenvolvida pelo cedente, que é a que está em discussão nas operações de cessão de créditos. Como se verá adiante, a AT incorre neste equívoco.

Para além da dissonância linguística identificada na própria Diretiva, com o uso indistinto na versão portuguesa das palavras "créditos" e "dívidas", a transposição da norma de direito europeu[8] para a alínea *c)* do n.º 27

[8] Referimo-nos ao artigo 135.º, n.º 1, alínea *d)* da Diretiva IVA.

do artigo 9.º do Código do IVA afigura-se imperfeita, pois omite a referência às operações relativas a créditos. O diploma nacional menciona como isentas as operações (compreendendo a negociação) relativas a "depósitos de fundos, contas correntes, pagamentos, transferências, recebimentos, cheques, efeitos de comércio e afins, com exceção das operações de simples cobrança de dívidas".

Assim, a palavra "créditos", que delimita o pressuposto objetivo da isenção na Diretiva IVA, é substituída, na legislação nacional, pelo termo "recebimentos", sem que, porém, seja possível considerá-los sinónimos ou equiparáveis. Com efeito, os créditos (ou dito de outro modo, os direitos de crédito) remetem-nos para prestações que (ainda) devem realizar-se, que não estão satisfeitas (ou que já deviam ter sido realizadas, se estivemos perante créditos vencidos). Dito de outro modo, os "créditos", vincendos ou vencidos, têm por objeto prestações ainda não materializadas e a realizar no futuro, prospectivamente. Por outro lado, os recebimentos referem-se à efetivação contemporânea dessas prestações, extinguem os créditos (ou direitos de crédito) a que respeitam, e são, nesse sentido, correspondentes a pagamentos: estes, na perspetiva do devedor (o devedor paga), aqueles (os recebimentos) no ponto de vista do credor (o credor recebe).

Crê-se que operações relativas a créditos e operações relativas a recebimentos/pagamentos não são manifestações idênticas, ou equivalentes, pelo que a correta receção da norma de isenção pela ordem jurídica nacional continua a reclamar uma redação que incorpore as operações relativas a créditos.

Convém notar que o regime de isenção de IVA reveste cariz necessariamente excecional num imposto que tem a vocação universal de tributar todas as transações económicas até ao estádio de consumo final, um *broad based tax*. Ao contrário do que sucede com a aplicação de taxas reduzidas que, nas condições permitidas pela Diretiva IVA, constituem uma prerrogativa dos Estados-Membros (ao abrigo do disposto no artigo 98.º da Diretiva), a conformação das isenções apresenta caráter obrigatório para os Estados-Membros.

No caso vertente das operações financeiras, a aplicação da isenção justifica-se por dificuldades técnicas, designadamente as relacionadas com a "determinação da matéria coletável assim como do montante de IVA dedutível" e para "evitar um aumento do custo do crédito ao consumo", pelo que são usualmente designadas "isenções técnicas" (Acórdão do Tribunal de Justiça, de 19 de abril de 2007, processo n.º C-455/05, *Velvet & Steel*[9]). Neste sentido, salienta SÉRGIO VASQUES que "as isenções internas previstas nos artigos 132.º a 137.º da Diretiva IVA não só dão corpo a uma listagem fechada como possuem caráter imperativo para os estados-membros" referindo de igual modo a complexidade da explicitação do valor tributável que fundamenta a isenção das operações financeiras e de seguros e que as transforma em "hard to tax" *itens* (*O Imposto sobre o Valor Acrescentado*, 2015, Almedina, pp. 310 e 316-320).

Além do seu caráter imperativo para os Estados-membros, as normas de isenção de IVA têm um significado independente e a definição dos conceitos que integram os seus enunciados deve ser efetuada de forma autónoma, como reitera a jurisprudência constante do Tribunal de Justiça, que considera que estes *conceitos autónomos do direito da União* têm por objetivo "evitar divergências na aplicação do regime do IVA de um Estado-Membro para outro" (vejam-se a título ilustrativo, entre muitos outros, os Acórdãos do Tribunal de Justiça, de 10 de março de 2011, processo n.º C-540/09, *Skandinaviska Enskilda Banken*; de 22 de outubro de 2015, processo n.º C-264/14, *Hedqvist*; e de 26 de maio de 2016, processo n.º C-607/14, *Bookit*).

É, de igual modo, jurisprudência cristalizada que os termos utilizados para designar as referidas isenções devem ser interpretados estritamente, uma vez que constituem derrogações ao princípio geral de que o IVA é cobrado sobre qualquer prestação de serviços efetuada a título oneroso por um sujeito passivo (cf. designadamente, os Acórdãos do Tribunal de Justiça, de 28 de julho de 2011, processo n.º C-350/10, *Nordea Pankki Suomi*, e os acima citados, *Hedqvist*, e *Bookit*).

No entanto, interpretação estrita não equivale a restrita. Visa obstar a interpretações desprovidas de suporte literal, mas não impõe uma contração do âmbito de aplicação das isenções, ou que os conceitos devam ser interpretados de um modo que prive as normas de isenção dos seus efeitos

---

[9] Sobre esta matéria veja-se também *Clotilde Celorico Palma*, "Enquadramento das Operações Financeiras em Imposto sobre o Valor Acrescentado", *Cadernos IDEFF*, n.º 13, Almedina, 2011.

(cf. Acórdãos do Tribunal de Justiça, de 13 de dezembro de 2001, processo n.º C-267/00, *Zoological Society*; e de 21 de fevereiro de 2013, processo n.º C-18/12, *Město Žamberk*), ou do seu efeito útil, na terminologia do Acórdão do Tribunal de Justiça, de 28 de outubro de 2010, processo n.º C-175/09, *AXA UK*.

Assim, esses termos devem ser interpretados à "luz do contexto em que se inscrevem, das finalidades e da economia" da Diretiva IVA, tendo especialmente em conta a *ratio legis* da isenção em questão, ou, como refere Sérgio Vasques, a ponderação do elemento finalístico (que acresce aos elementos sistemático e histórico, ob.cit., pp. 328 e 329).

Constata-se, por esta via, uma tendência prevalecente de interpretação teleológica na obtenção do significado autónomo dos conceitos, normalmente orientada ao princípio da neutralidade inerente ao sistema comum do IVA, no sentido de uniformidade e igualdade de tratamento de situações materialmente idênticas e de eliminação de distorções de concorrência, como preconizam os Acórdãos do Tribunal de Justiça, de 18 de novembro de 2004, processo n.º C-284/03, *Temco Europe*; de 14 de junho de 2007, processo n.º C-434/05, *Horizon College*; e de 16 de outubro de 2008, processo n.º C-253/07, *Canterbury Hockey*.

Retomando a questão em análise, relativa à cessão de créditos, impõe-se concluir, à face do exposto, que as mesmas são enquadráveis como operações relativas a créditos, isentas de IVA ao abrigo do artigo 135.º, n.º 1, alínea *d)* da Diretiva IVA, e constituem, na aceção deste imposto, um conceito autónomo de direito europeu, cuja interpretação deve observar os parâmetros enunciados e não pode ser influenciada por condicionalismos dos direitos internos dos Estados-Membros, muito menos, por uma insuficiente transposição para as ordens jurídicas internas, das normas do direito europeu, que no caso português substitui, a nosso ver indevidamente, o termo *créditos* por *recebimentos*.

4. A Posição Tradicional da AT

Ao longo dos últimos 30 anos, a AT tem reiteradamente afirmado que as operações de cessões de créditos não devem comportar IVA por não caírem no âmbito de incidência deste imposto, sedimentando o respetivo enquadramento de não sujeição a IVA, através da emanação de ofícios e de informações prestadas em casos concretos.

A origem deste equívoco reside provavelmente na omissão, atrás escrutinada, das operações relativas a créditos, por parte das normas de isenção do Código do IVA, que impeliu à construção, por via administrativa, de uma solução que fundasse a não tributação em IVA destas operações e se conformasse ao princípio da legalidade, de cariz quase axiomático (cf. artigos 103.º, n.º 2 e 165.º, n.º 1, alínea *i)* da Constituição).

Neste contexto, na recente informação, sancionada por despacho de 5 de fevereiro de 2018, da Diretora de Serviços do IVA, no processo n.º 12798, a cedência de créditos entre uma associação e uma sociedade, realizada ao valor nominal, continua a ser considerada como excluída do campo do IVA, para o que foi invocado, como fundamento jurídico, o artigo 1.º, n.º 1, *a contrario*, do Código deste imposto.

A referida informação invoca, também, o Acórdão do Tribunal de Justiça, de 27 de outubro de 2011, *GFKL*, parecendo laborar num equívoco. Com efeito, este Acórdão (*GFKL*), à semelhança do *MKG* relativo ao factoring, pronuncia-se sobre a eventual identificação de uma prestação de serviços na esfera do cessionário do crédito e não sobre a prestação de serviços realizada pelo cedente desse crédito, que aliena um ativo (incorpóreo) de que é titular.

Posteriormente, na Informação relativa ao processo n.º 12692, com despacho de 7 de março, a AT persiste na conclusão de que a cedência de créditos não constitui uma operação sujeita a IVA, em linha com a orientação tradicionalmente adotada de que é exemplo a Informação n.º 340/2002, de 3 de julho de 2002, com despacho do Subdirector-Geral dos Impostos. Nesta última, refere a AT que "na cessão de créditos, o cessionário não se compromete perante o cedente a qualquer obrigação de resultado. Trata-se de uma mera transmissão de direitos de crédito, tendo, pois, o montante pago pelo cessionário a natureza de um preço e não a contrapartida de uma prestação de serviços".

5. Um Caso Particular: a Cessão de Créditos Litigiosos

Encontra-se pendente no Tribunal de Justiça, uma questão prejudicial de interpretação da Diretiva IVA (processo n.º 692/17) suscitada pelo Supremo Tribunal Administrativo no âmbito do recurso de revista excecional n.º 674/16, com Acórdão de reenvio proferido em 8 de novembro de 2017, relativa a uma operação de cessão de créditos litigiosos que a AT qualificou como tributável em IVA.

A situação fáctica respeita a um direito de crédito que, perante o inadimplemento do devedor, culminou numa ação executiva, com vista à cobrança da prestação em dívida.

No decurso da ação executiva, foi penhorado um bem imóvel na titularidade do devedor, para garantia do pagamento da quantia em dívida. O valor do imóvel era consideravelmente superior ao da dívida e o credor exequente licitou-o pelo montante correspondente a 70% da respetiva avaliação, tendo-lhe o imóvel sido adjudicado.

Em momento precedente ao do trânsito em julgado e da consequente extinção da instância executiva, o credor cedeu o crédito exequendo a um terceiro, que o adquiriu por uma importância superior à do valor nominal do crédito e assumiu, em simultâneo, a posição de adjudicatário na ação executiva, ou seja, de aquirente do imóvel, com a inerente obrigação de pagar a parte ainda em dívida do valor de adjudicação daquele.

A AT veio a enquadrar a referida cessão de crédito litigioso como uma *cedência de posição processual* por referência à ação executiva de cobrança de créditos ainda pendente, e qualificou-a como prestação de serviços tributável para efeitos de IVA, de acordo com a noção lata e residual prevista no artigo 4.º, n.º 1 do Código deste imposto.

É inegável que a situação fáctica descrita encerra uma cessão de créditos, pois o crédito exequendo foi alienado.

A dúvida suscita-se relativamente à questão de saber se a concomitante substituição processual derivada da modificação subjetiva operada (pela transferência, por ato entre vivos, da relação substantiva em litígio) e o consequente ingresso, na esfera do cessionário do crédito, de um direito sobre um ativo imobiliário (pelo simples facto da aquisição do crédito e da assunção da posição processual que o tem por objeto), altera, ou não, a qualificação da operação.

Em caso afirmativo, interessa ainda esclarecer o sentido da alteração da qualificação jurídico-fiscal. Nomeadamente, se a operação passa a configurar um *tertium genus*, não subsumível ao conceito de cessão de créditos e, em consequência, não isenta de IVA, ou se, mantendo-se a cessão de créditos (bem como o regime de isenção de IVA), acresce uma outra operação, autónoma e identificável, reportada aos bens ou direitos que, por sua via, passam a integrar a esfera patrimonial do cessionário, com o regime de IVA que especificamente lhe couber.

Nesta última alternativa, em que estaríamos perante operações diferenciadas – a cessão de créditos e a simultânea aquisição do imóvel – suscita-se um problema adicional, relativo ao valor tributável das duas tipologias de operações, individualmente consideradas, pois o cessionário fez um negócio abrangente, pelo qual pagou um só preço, o que implicaria ter de encontrar-se um critério *objetivo* de repartição da contraprestação pelas duas operações, solução que se afigura sem acolhimento e base legal na disciplina comum do IVA.

No que se refere à posição preconizada pela AT de que estaríamos perante um negócio jurídico de transmissão de uma posição processual, propende-se para a sua rejeição. A substituição processual é um efeito que decorre *ope legis* de normas adjetivas, relativas a pressupostos processuais, no caso, de legitimidade, conforme previsto nos artigos 262.º e 263.º do Código de Processo Civil.

Não se vendem, nem se compram, posições processuais. O que é passível de ser objeto de negócios jurídicos de direito privado são os bens ou direitos, desde que disponíveis, em discussão nos processos, dos quais provém a legitimidade para o exercício do correspondente direito de ação (e correlativamente, para a contradizer), dada a posição das partes como sujeitos da relação jurídica controvertida.

Por outro lado, a solução que passa por desconsiderar a cessão de créditos e que conduz à tributação unitária da operação em IVA afigura-se manifestamente distorciva, pois nenhuma das transações que lhe subjaz – seja a cessão de créditos, seja a transmissão de um imóvel[10] – é tributada em IVA.

---

[10] A adjudicação e consequente transmissão do imóvel constituem um facto tributário sujeito a IMT pelo que beneficiam da isenção de IVA prevista no artigo 9.º, n.º 30 do Código

Este caso suscita questões novas, com projeção em múltiplas cessões de créditos litigiosos, aguardando-se com expetativa as conclusões do advogado-geral, H. Saugmandsgaard Øe.

Espera-se, no entanto, que o debate central se desloque do conceito, convocado pelo órgão jurisdicional de reenvio (a que não será, por certo, alheia a imperfeita transposição da norma da Diretiva para o Código do IVA), de concessão, negociação ou gestão de créditos, para o das operações relativas a créditos, no âmbito do qual devem ser enquadradas as cessões de créditos, *i.e.*, que incida sobre a isenção do artigo 135.º, n.º 1, alínea *d)* da Diretiva IVA e não sobre a da sua alínea *b)*.

De notar que esta derivação cabe nos poderes de cognição do Tribunal de Justiça, que proclamou em diversas ocasiões a missão de "interpretar todas as disposições do direito da União de que os órgãos jurisdicionais nacionais necessitem para decidirem os litígios que lhes são submetidos, ainda que essas disposições não sejam expressamente indicadas nas questões que lhe são apresentadas por esses órgãos jurisdicionais" a fim de dar uma resposta útil que permita decidir o litígio (Acórdão do Tribunal de Justiça, de 16 de julho de 2015, processo n.º C-544/13, *Abcur*.

Acresce referir, a título de nota final, a similitude ou paralelismo deste caso com o das cessões de créditos (mesmo que ainda) não litigiosos, quando o seu cumprimento está assegurado, no todo ou em parte, por garantias reais, com destaque, pela sua relevância, para as hipotecárias. Nestas circunstâncias, a transmissão dos créditos, *maxime* hipotecários, não deixa de encerrar posições jurídicas substantivas relativas aos imóveis dados em garantia, sem que, todavia, as mesmas resultem (pelo menos assim o entendemos) na descaracterização da cessão de créditos.

É caso para dizer *be careful what you wish for...*

---

do IVA. A este respeito estabelece o artigo 23.º do Código do IMT que "nas transmissões operadas por divisão, partilha, arrematação, venda judicial ou administrativa, adjudicação, transação ou conciliação, servem de base à liquidação os correspondentes instrumentos legais", sendo que se os bens se transmitirem por adjudicação "o imposto será pago dentro de 30 dias contados da assinatura do respetivo auto ou da sentença que homologar a transação" (artigo 36.º, n.º 3 do Código do IMT).

O IVA no Alojamento Local: Alguns Aspectos Específicos

ANDREIA GABRIEL PEREIRA

1. Introdução

Elegemos como objecto de análise deste texto a incidência de Imposto sobre o Valor Acrescentado (IVA) com referência ao alojamento local, análise que se torna cada vez mais relevante face ao enorme desenvolvimento desta actividade.

Pretendemos, em síntese, proceder a uma avaliação suportada, depois de percorridos os aspectos de enquadramento legal essenciais, sobre os termos da incidência de IVA na actividade do alojamento local, com recensão de alguma jurisprudência relevante neste domínio. Neste percurso procuraremos identificar algumas das questões que se levantam no seio do tratamento desta realidade tributária em IVA e o sentido da sua resposta.

2. Enquadramento Legal

A actividade de alojamento local é fruto da evolução sentida no sector do turismo, em que os turistas, cada vez mais informados, procuram espaços alternativos para as suas férias, privilegiando a comodidade e a flexibilidade proporcionada pelo alojamento local, que vem contribuindo, em larga medida, para o esforço de reabilitação das nossas principais cidades, em particular as suas zonas históricas.

Em termos legais, a figura do alojamento local foi criada pelo Decreto-Lei n.º 39/2008, de 7 de Março, alterado pelos Decretos-Leis n.ºs 228/2009, de 14 de Setembro, e 15/2014, de 23 de Janeiro. Permitiu-se através destes diplomas a prestação de serviços de alojamento temporário em estabelecimentos que não reúnam as condições legalmente exigidas para os empreendimentos turísticos.

A regulamentação desta realidade foi feita através da Portaria n.º 517/2008, de 25 de Junho, portaria que foi alterada pela Portaria n.º 138/2012, de 14 de Maio, que, no seguimento da transposição da Directiva n.º 2006/123/CE, do Parlamento Europeu e do Conselho, de 12 de Dezembro de 2006, operada pelo Decreto-Lei n.º 92/2010, de 26 de Julho, veio consagrar a possibilidade de inscrição dos estabelecimentos de alojamento local através do Balcão Único Electrónico.

Mediante a identificada Portaria procurou dar-se enquadramento a várias realidades que ofereciam serviços de alojamento a turistas de modo informal e à margem da lei, garantindo-se, simultaneamente, que alguns dos empreendimentos entretanto extintos (como sejam pensões, motéis, albergarias e estalagens) e que não reuniam condições para serem empreendimentos turísticos, pudessem ainda assim continuar a oferecer serviços de alojamento, evitando-se que estes viessem a encerrar com as potenciais consequências negativas que daí adviriam.

Porém, o enquadramento legal e regulamentar assim efectuado veio a mostrar-se insuficiente, tornando-se rapidamente obsoleto.

Com efeito, a evolução do mercado da procura e oferta de alojamento conduziu à criação e proliferação de um conjunto de novas realidades de alojamento, o que implicou a necessidade de se proceder à actualização do regime aplicável ao alojamento local. Tal necessidade resultou da constatação de que as identificadas novas realidades de alojamento, sendo até formalmente equiparáveis àquelas que já estavam previstas na Portaria n.º 517/2008, de 25 de Junho, assumiam relevância turística e fiscal própria e não se tratavam de fenómeno passageiro.

A referida actualização foi levada a cabo pela aprovação do Decreto-Lei n.º 128/2014, de 29 de Agosto, o qual elevou a figura do alojamento local a categoria autónoma e não apenas residual, reconhecendo a sua importância turística e estabelecendo para esta um tratamento jurídico próprio.

Assim, as figuras dos empreendimentos turísticos e do alojamento local tornaram-se duas figuras independentes e diferenciadas.

Em 2015, a necessidade de regulamentar o regime dos *hostels* conduziu à primeira alteração ao Decreto-Lei n.º 128/2014, de 29 de Agosto, através do Decreto-Lei n.º 63/2015, de 23 de Abril.

Já em 2018, pela Lei n.º 62/2018, de 22 de Agosto, procedeu-se à segunda alteração ao Decreto-Lei n.º 128/2014, de 29 de Agosto, tornando-se o regime mais restritivo face à sua redacção inicial, nomeadamente através da previsão de novas limitações e obrigações oponíveis a quem tem (ou pretende iniciar) negócios neste sector.

3. O Alojamento Local em sede IVA: Aspectos Gerais

O exercício de uma actividade económica constitui o pressuposto em que assenta toda a incidência subjectiva e objectiva do IVA. Dito isto, nenhuma pessoa pode ser considerada como sujeito passivo para efeitos de IVA se não levar a cabo uma actividade económica, sendo que na sua ausência não podemos estar perante transmissões de bens ou prestações de serviços tributáveis [1].

Contudo, saber em que é que se consubstancia uma actividade económica para efeitos de IVA não é, e não tem sido, uma tarefa técnica, e desde logo técnico-jurídica, isenta de dificuldades, na medida em que aquele conceito é consagrado de modo amplo na Directiva n.º 2006/112/CE do Conselho, de 28 de Novembro de 2006 (Directiva IVA), como já sucedia nas anteriores Directivas com o mesmo objecto de regulação. Tem, por isso, cabido ao Tribunal de Justiça da União Europeia (TJUE) a tarefa de delimitar o que se deve entender por actividade económica, tendo sido várias as vezes em que aquele Tribunal foi chamado a pronunciar-se sobre a matéria.

[1] Sérgio Vasques (Coimbra, 2015), *O Imposto sobre o Valor Acrescentado, 129.*

Em resultado do que tem vindo a ser julgado pelo TJUE ao longo dos anos, para aferir se certa actividade é uma *actividade económica* deve indagar-se, designadamente, "se a actividade é remunerada, se é formada por genuínas transacções, se integra o mercado ou respeita à vida privada e familiar do contribuinte, se possuiu carácter continuado ou ocasional, se gera receitas com relevou ou simbólicas, se exige comportamento positivo ou abrange também uma abstenção" [2].

A esta luz, podemos assumir, sem necessidade de mais alongadas considerações, que a actividade de exploração de um estabelecimento de alojamento local, ou seja, um estabelecimento que presta serviços de alojamento transitório a turistas, mediante remuneração, constitui uma actividade económica para efeitos de IVA.

Actividade essa que, não constituindo uma transmissão, aquisição intracomunitária ou importação de bens, deverá ser qualificada como uma prestação de serviços nos termos do artigo 4.º do Código do IVA.

Neste ensejo, e quanto à qualificação daquele que explora o estabelecimento de alojamento local, decorrendo a incidência subjectiva de IVA, pelo menos num primeiro momento, da conclusão no sentido da prossecução de actividade económica, então aquele que explora estabelecimento de alojamento local será, por *inerência*, qualificado como sujeito passivo deste imposto.

Em suma, a actividade de alojamento local encontra-se, à partida, sujeita a IVA e quem explora um estabelecimento de alojamento local qualificar-se-á como sujeito passivo deste imposto.

Dito isto, a prática tem-nos mostrado que muitos sujeitos passivos têm optado pela aplicação do regime de isenção de IVA previsto no artigo 53.º do Código do IVA e não pelo regime normal de tributação.

O regime de isenção do artigo 53.º do Código do IVA será aplicável caso o sujeito passivo em causa: (i) não possua, nem seja obrigado a possuir, contabilidade organizada, para efeitos de IRS ou IRC; (ii) não pratique operações de importação, exportação ou actividades conexas; (iii) não efectue transmissões de bens ou prestações de serviços previstas no anexo E do Código do IVA (lista dos bens e serviços do sector de desperdícios, resíduos

---

[2] Sérgio Vasques (Coimbra, 2015), *O Imposto sobre o Valor Acrescentado*, 132.

e sucatas recicláveis); (iv) não tenha um volume de negócios anual superior a € 10.000,00.

Se o relevante sujeito passivo não reunir alguma das condições vindas de enunciar, ficará enquadrado no regime normal de tributação em IVA.

Mesmo reunindo as identificadas condições, o sujeito passivo pode optar pelo regime normal, opção que poderá até mostrar-se vantajosa no caso do alojamento local.

Com efeito, constituindo a isenção vertente do artigo 53.º do Código do IVA uma isenção incompleta, o sujeito passivo não liquida IVA nas suas operações activas, mas também não tem direito à dedução do IVA que suporta com referência às suas operações passivas (aquisições de bens e serviços).

Ora, como melhor analisaremos abaixo, a prestação de serviços de alojamento local está, em princípio, sujeita à taxa reduzida de IVA, ao passo que a maioria dos bens e serviços adquiridos, importados ou utilizados pelo sujeito passivo para a prestação daquele primeiro serviço de alojamento local estará sujeita à taxa normal de IVA. Será este, por exemplo, o caso da aquisição de mobiliário e equipamentos para o alojamento ou ainda dos serviços de divulgação e reserva do mesmo, sobre as quais também melhor e mais detidamente nos debruçaremos adiante.

No que respeita à determinação da localização da prestação de serviços de alojamento local, de acordo com a alínea *a)* do n.º 8 do artigo 6.º do Código do IVA, as prestações de serviços relacionados com um imóvel sito no território nacional, incluindo a prestação de serviços de alojamento efectuadas no âmbito da actividade hoteleira ou de outras com funções análogas, são tributadas em Portugal.

Assim, encontrando-se o imóvel onde são prestados os serviços de alojamento localizado em território português, tais serviços devem considerar-se *prestados* em Portugal, tendo como consequência imediata a sua tributação nos termos e às taxas previstas no Código do IVA.

No que respeita às regiões autónomas, o n.º 2 do artigo 1.º do Decreto-Lei n.º 347/85, de 23 de Agosto, prevê que "as operações tributáveis considerar-se-ão localizadas no continente ou nas Regiões Autónomas dos Açores e da Madeira, de acordo com critérios estabelecidos pelo artigo 6.º do Código do Imposto sobre o Valor Acrescentado, com as devidas adaptações". Quer isto dizer que, situando-se o imóvel em causa nas Regiões Autónomas dos Açores ou da Madeira, os serviços de alojamento dever-se-ão entender aí localizados pelo que serão tributados de acordo com as taxas respectivas, conforme dispõe o n.º 3 do artigo 18.º do Código do IVA.

Relativamente às taxas, releva a verba 2.17 da Lista I em anexo ao Código do IVA, nos termos da qual é aplicável a taxa reduzida do IVA ao "Alojamento em estabelecimentos do tipo hoteleiro. A taxa reduzida aplica-se exclusivamente ao preço do alojamento, incluindo o pequeno-almoço, se não for objecto de facturação separada, sendo equivalente a metade do preço da pensão completa e a três quartos do preço da meia pensão".

A expressão *estabelecimento de tipo hoteleiro* utilizada na redacção desta verba é mais inclusiva do que a expressão *estabelecimentos hoteleiros*, já que o conceito de *estabelecimento do tipo hoteleiro* deverá abranger, para além dos estabelecimentos hoteleiros a que se refere o artigo 11.º do Decreto-lei n.º 39/2008, de 7 de Março (que aprovou o regime jurídico da instalação, exploração e funcionamento dos empreendimentos turísticos), outros estabelecimentos com funções equiparáveis, como sejam os incluídos no âmbito de aplicação do Decreto-Lei n.º 128/2014, de 29 de Agosto.

À luz da indicada verba, no alojamento com pequeno-almoço aplicar-se-á a taxa reduzida exclusivamente ao preço do alojamento, incluindo o pequeno-almoço no caso de este não for objecto de facturação autónoma.

Já na chamada meia pensão, aplicar-se-á a taxa reduzida aos três quartos do preço do alojamento e a taxa intermédia, de acordo com a verba 3.1 da Lista II anexa ao Código do IVA, ao restante valor.

No caso da pensão completa, a taxa reduzida aplicar-se-á a metade do preço da pensão completa e a taxa intermédia, também ao abrigo da verba 3.1 da Lista II anexa ao Código do IVA, incidirá sobre a outra metade.

4. O Alojamento Local em sede de IVA: O Caso das Comissões de Reserva

No ponto anterior dissemos já que, para a realização da prestação de serviços de alojamento local, o sujeito passivo terá (e irá), muito provavelmente, de adquirir serviços de promoção e divulgação do alojamento. Mais especificamente, o sujeito passivo irá adquirir serviços a plataformas de reservas on-line, pagando as respectivas comissões de reserva.

Para efeitos de IVA, tais serviços, consubstanciando uma *actividade económica* conforme definição acima aludida neste texto, incluem-se na norma de incidência objectiva que reflecte um conceito amplo e residual de prestação de serviço do n.º 1 do artigo 4 do Código do IVA. Consequentemente, as entidades que gerem as identificadas plataformas devem ser consideradas sujeitos passivos de IVA igualmente à luz da definição desta noção, à qual nos referimos também anteriormente neste trabalho.

Deste modo, as comissões cobradas pelas entidades que gerem as plataformas de reservas on-line serão, pois, objecto de tributação em sede de IVA.

Feito este enquadramento, cabe atentar na circunstância de muitas das plataformas de reservas on-line serem geridas por entidades não residentes e sem estabelecimento estável em Portugal. Pelo que, se concluímos que estas comissões estarão, em princípio, sujeitas a IVA, teremos, ainda assim, de determinar se as prestações de serviços correspondentes se devem considerar realizadas em Portugal. E se, localizando-se as prestações de serviços em território português, o são no Continente, nos Açores ou na Madeira.

A regra geral de localização das prestações de serviços entre dois sujeitos passivos de IVA encontra-se expressa na alínea *a)* do n.º 6 do artigo 6.º do Código do IVA.

De acordo com esta norma, são sujeitas a IVA em Portugal as prestações de serviços realizadas a sujeito passivo cuja sede, estabelecimento estável ou, na sua falta, o domicílio, para o qual os serviços são prestados, se situe no território nacional, independentemente de onde se situe a sede, estabelecimento estável ou, na sua falta, o domicílio do prestador.

Donde, à luz desta regra geral, a operação será tributada em IVA no local da sede, estabelecimento estável ou, na sua falta, o domicílio do adquirente do serviço de reserva, local que poderá não coincidir com o local do imóvel afecto ao alojamento local.

Porém, isto só será assim se concluirmos ser de afastar a regra prevista na alínea *a)* do n.º 8 do artigo 6.º do Código do IVA que, como vimos previamente, estabelece que são tributadas em Portugal as prestações de serviços relacionadas com imóvel aí sito.

Ora, a norma constante da alínea *a)* do n.º 8 do artigo 6.º do Código do IVA, espelha aquela vertente do artigo 47.º da Directiva IVA onde se prevê que o lugar das *prestações de serviços relacionadas com bens imóveis* é o lugar onde está situado o bem imóvel.

Importa, pois, determinar se as prestações de serviços de reserva de alojamento se consideram relacionadas com os imóveis respectivos, ou seja os imóveis onde se concretiza o alojamento, caso em que seriam as comissões cobradas objecto de tributação no local do imóvel e de acordo com as taxas aí aplicáveis.

Adiantemos, desde já, que a resposta a esta questão deverá ser negativa: os serviços de reservas não são *serviços relacionadas com o imóvel.*

O que se entende imediatamente face ao disposto no Regulamento de Execução (UE) n.º 282/2011, do Conselho, de 15 de Março, que estabelece as medidas de aplicação da Directiva IVA.

Desde logo, o Regulamento de Execução (UE) n.º 282/2011, do Conselho, de 15 de Março, esclarecia já na sua redacção inicial, especificamente, no ponto 25 da parte introdutória, o seguinte: "(25) Importa especificar que as prestações de serviços efectuadas por um intermediário agindo em nome e por conta de outrem que participe na prestação de um serviço de alojamento no sector hoteleiro não são abrangidas pela regra específica relativa às prestações de serviços relacionadas com bens imóveis".

Por sua vez, o Regulamento de Execução (UE) n.º 1042/2013, do Conselho, de 7 de Outubro, que alterou aquele Regulamento de Execução (UE) n.º 282/2011 relativamente ao lugar das prestações de serviços, refere no seu ponto 18 da parte introdutória que: "(18) Deverá ser introduzido o conceito de bens imóveis, para garantir um tratamento fiscal uniforme pelos Estados-membros das prestações de serviços relacionadas com bens imóveis. Essa introdução poderá ter um impacto considerável nas práticas legislativas e administrativas dos Estados-membros. Sem prejuízo das regras ou práticas já aplicadas nos Estados-membros, tais alterações deverão ser introduzidas numa data posterior, a fim de assegurar uma transição suave para as novas regras".

Nesta sequência, o Regulamento de Execução (UE) n.º 1042/2013 do Conselho, de 7 de Outubro, veio aditar ao Regulamento de Execução (UE) n.º 282/2011, do Conselho, de 15 de Março, entre outros, os artigos 13.º- B, 31.º-A e 31.º-B.

A introdução destes preceitos teve como objectivo justamente garantir, pelos vários Estados-Membros, o tratamento uniforme das prestações de serviços relacionadas com bens imóveis.

Com a apontada finalidade foi definido o conceito de bens imóveis, especificando-se que apenas os serviços que tenham *uma relação suficientemente directa* com tais bens se podem considerar relacionados com os mesmos. Por razões de comodidade e maior facilidade na respectiva aplicação prática, o artigo 31.º-A do Regulamento de Execução (UE) n.º 282/2011, do Conselho, de 15 de Março, passou a incluir uma lista não exaustiva de exemplos-padrão de operações identificadas como serviços relacionados com bens imóveis a que se refere o artigo 47.º da Directiva IVA e de operações que se devem ter por não relacionadas com bens imóveis.

Em concreto, o n.º 3 deste artigo 31.º-A do Regulamento de Execução (UE) n.º 282/2011, do Conselho, de 15 de Março, vem clarificar na sua alínea *d)* que não se consideram prestações de serviços relacionadas com imóveis "a intermediação nas prestações de serviços de alojamento no sector hoteleiro ou em sectores com funções similares, como os campos de férias ou os terrenos destinados a campismo, se o intermediário agir em nome e por conta de outra pessoa".

Em Portugal, mediante o ofício-circulado n.º 30 191, de 8 de Junho de 2017, a Administração Tributária divulgou os termos e as regras constantes do identificado Regulamento de Execução, clarificando que foi entendido que as alterações relativas às prestações de serviços relacionadas com bens imóveis seriam introduzidas apenas em 1 de Janeiro de 2017, sem prejuízo das regras ou práticas já aplicadas nos Estados-Membros.

Deste modo, apesar de, em Portugal, os critérios constantes das normas a que acima fizemos referência já serem aplicados facultativamente antes daquela data, aqueles critérios passaram a ser, em 1 de Janeiro de 2017, de aplicação obrigatória para a determinação do lugar das prestações de serviços relacionadas com bens imóveis.

Afastada que fica a regra da alínea *a)* do n.º 8 do artigo 6.º do Código do IVA, tendo o adquirente do serviço de reserva sede, estabelecimento estável ou, na sua falta, o domicílio em território português, aquele serviço será tributado em Portugal à taxa normal, de 23%, se a operação se localizar no Continente, conforme alínea *c)* do n.º 1 do artigo 18.º do Código do IVA, de 18% ou de 22% se a operação se localizar nos Açores ou Madeira nos termos das alíneas *a)* e *b)* do n.º 3 do mesmo artigo, respectivamente.

Como vimos acima, sendo, em regra, a entidade que opera a plataforma de reservas on-line um sujeito passivo de IVA sem sede ou estabelecimento estável no território nacional a partir do qual possa prestar os seus serviços e assumindo que tem sede em outro Estado-Membro e não é, por isso, sequer obrigada a nomear representante, o imposto terá de ser liquidado pelo destinatário dos serviços em Portugal.

Todavia, como igualmente se referiu *supra*, muitos dos sujeitos passivos que exploram estabelecimentos de alojamento local estão enquadrados no regime da isenção previsto no artigo 53.º do Código do IVA, não liquidando, como tal, IVA nas suas operações activas.

Simplesmente, segundo o disposto na alínea *e)* do n.º 1 do artigo 2.º do Código do IVA, ao adquirirem serviços a sujeitos passivos sem sede, estabelecimento estável ou, na sua falta, domicílio em território português, as pessoas singulares ou colectivas que se dedicam à actividade de alojamento local assumem-se, também nesta medida, como sujeitos passivos de IVA, devendo proceder à liquidação deste imposto em regime de substituição.

Em termos práticos, e de acordo com o disposto no n.º 3 do artigo 27.º do Código do IVA, os sujeitos passivos abrangidos pela alínea *e)* do n.º 1 do artigo 2.º do Código do IVA, que não estejam obrigados à apresentação da declaração periódica nos termos do artigo 41.º do mesmo compêndio legal, devem enviar, por transmissão electrónica de dados, a declaração correspondente às operações tributáveis realizadas e efectuar o pagamento do respectivo imposto, nos locais de cobrança legalmente autorizados, até ao final do mês seguinte àquele em que se torna exigível.

Apesar desta obrigação de liquidação do IVA em regime de substituição, o sujeito passivo em causa, beneficiando de isenção incompleta de IVA, não poderá deduzir o IVA assim liquidado que terá de suportar e entregar ao Estado Português. O que já não sucederá se o sujeito passivo for tributado no regime normal de IVA, caso em que poderá deduzir o IVA suportado nas suas operações passivas.

5. O Alojamento Local em Sede de IVA: O Caso dos Serviços Acessórios

O Decreto-Lei n.º 128/2014, de 29 de Agosto, que aprovou, como já referido, o regime jurídico da exploração dos estabelecimentos de alojamento local, alterado e republicado pela Lei n.º 62/2018, de 22 de Agosto, estabelece, no seu artigo 2.º, que se consideram estabelecimentos de alojamento local aqueles em que são prestados serviços de alojamento temporário nomeadamente a turistas, mediante remuneração, e que reúnam os requisitos previstos nesse diploma.

O n.º 1 do artigo 4.º do aludido diploma determina que, para todos os efeitos, a exploração de estabelecimento de alojamento local corresponde ao exercício, por pessoa singular ou colectiva, da actividade de prestação de serviços de alojamento.

Por sua vez, o n.º 2 daquele artigo 4.º presume existir exploração ou intermediação de estabelecimento de alojamento local quando um imóvel ou fracção deste: "seja publicitado, disponibilizado ou objecto de intermediação, por qualquer forma, entidade ou meio, nomeadamente em agências de viagens e turismo ou sites da Internet, como alojamento para turistas ou como alojamento temporário;" ou "estando mobilado e equipado, neste sejam oferecidos ao público em geral, além de dormida, serviços complementares ao alojamento, nomeadamente limpeza ou ressecção, por períodos inferiores a 30 dias".

Assim sendo, à luz deste normativo, deve entender-se por *serviços de alojamento* não só o alojamento propriamente dito, mas também as prestações de serviços acessórios a esse mesmo alojamento.

Estamos, pois, ante uma operação composta tratada como uma operação única. E a essa operação única, aos *serviços de alojamento*, mostra-se aplicável, conforme enunciado acima, a taxa reduzida do IVA ao abrigo do disposto na verba 2.17 da Lista I anexa ao Código do IVA.

Naturalmente, nem todos os serviços oferecidos com referência ao alojamento propriamente dito podem ser qualificados como serviços acessórios, incluídos naquela prestação principal e, como tal, sujeitos à taxa reduzida de IVA.

O que significa, em direitas contas, que a determinação de quais as prestações que compõem ou podem compor a prestação de *serviços de aloja-*

mento pode ter consequências importantes não só no que respeita à determinação da taxa de IVA aplicável, mas também no que respeita, por exemplo, às regras de localização das operações que poderão ser díspares conforme ao tipo de serviços em causa.

No sentido de orientar a decisão sobre o tratamento destas operações compostas, foram já várias as vezes que o TJUE se pronunciou sobre a matéria.

Como princípio essencial, o TJUE vem entendendo de forma constante que, em sede de incidência de IVA, cada operação deve, à partida, ser considerada distinta e independente. É este sentido que o TJUE entende defluir do citado artigo 1.º, n.º 2, da Directiva IVA, que estabelece que o imposto em causa é aplicável em cada uma das operações até à fase do retalho.

Porém, e como igualmente tem sido entendido pelo TJUE, existem certas prestações de serviços que encerram outras prestações de serviços ou a transmissão de bens, podendo o mesmo ser dito por referência a algumas transmissões de bens. Nesses casos, se, no plano económico, estamos perante uma prestação única, esta não deve ser decomposta, ao jeito de uma *césure* artificial, para não alterar a funcionalidade do sistema do IVA.

Como decorre da jurisprudência do TJUE, quando uma operação é constituída por um conjunto de elementos e de actos, importa, em primeiro lugar, procurar os elementos característicos da mesma para determinar se o sujeito passivo fornece ao cliente diversas prestações principais distintas ou uma prestação única, tomando-se para o efeito em consideração todas as circunstâncias em que se desenvolve a relevante operação – *v.*, entre outros, acórdão TJUE, *Levob Verzekeringen BV and OV Bank NV*, C-41/04, n.º 19.

No âmbito deste quadro problemático, o TJUE vem sustentando que estará em causa uma prestação única quando dois ou vários elementos ou actos fornecidos pelo sujeito passivo ao cliente estão ligados de forma tão estreita que formam, objectivamente, uma única prestação económica indissociável, cuja decomposição mostrar-se-ia artificial – *cfr.* acórdão TJUE, *Levob Verzekeringen BV and OV Bank NV*, C-41/04, n.º 22.

Isto sucede, mais uma vez de acordo com a jurisprudência do TJUE, desde logo nos casos em que se verifica que uma ou várias prestações constituem uma prestação principal e que a outra prestação ou as outras prestações constituem uma ou várias prestações acessórias que partilham do destino fiscal da prestação principal. As segundas prestações estão, assim, numa relação de subordinação face às primeiras.

Assim, e em especial, uma prestação deve ser considerada acessória face a uma prestação principal quando não constitua para a clientela um fim em si mesma, mas tão-somente um meio de beneficiar nas melhores condições do serviço principal do prestador – *cfr.*, por exemplo, acórdão TJUE, *Part Service*, C-425/06, n.º 52 e acórdão TJUE, *RLRE Tellmer Property sro*, C-572/07, n.º 18.

Pela sua relevância prática, destacamos aqui o último dos acórdãos referidos, em que o TJUE se debruçou sobre a questão de saber se as despesas com a limpeza dos espaços comuns de um imóvel para arrendamento estão, à semelhança da locação, isentos do IVA. Estava em causa, portanto, saber se a limpeza das partes comuns de um imóvel é caracterizável como uma prestação acessória face à prestação principal de arrendamento do imóvel, devendo ou não, em função da conclusão alcançada a montante, partilhar do seu destino fiscal.

A propósito desta questão, o TJUE procurou, em primeiro lugar, densificar a prestação principal, *i.e.*, o arrendamento, adoptando o entendimento de que este consiste, substancialmente, no facto de um locador conferir a um locatário, por um período acordado e em contrapartida de remuneração, o direito de ocupar um imóvel como se fosse o seu proprietário, excluindo qualquer outra pessoa do benefício desse direito.

Assente esta noção material da prestação, o TJUE vem depois concluir que as prestações de limpeza das partes comuns de um imóvel, embora estejam associadas à utilização do bem locado, não integram necessariamente o conceito de locação na acepção, à data, do artigo 13.º, B, alínea *b)*, da Directiva 77/388/CEE do Conselho, de 17 de Maio (Sexta Directiva).

Por outro lado, o TJUE destaca ainda que o serviço de limpeza das partes comuns de um imóvel pode ser fornecido segundo modalidades diversas, como seja por um terceiro que factura o custo desse serviço directamente aos locatários ou pelo locador que utiliza, para o efeito, o seu próprio pessoal ou recorre a uma empresa de limpezas, sendo que, no caso concreto submetido à apreciação do Tribunal, as prestações de limpeza eram facturadas aos locatários separadamente da renda.

Com base nestas premissas, o TJUE acabou por concluir que a locação dos apartamentos e a limpeza das partes comuns de um imóvel podem, em circunstâncias como as que estavam concretamente em causa naquele processo, ser dissociadas uma da outra, não se podendo por conseguinte considerar que essa locação e a referida limpeza constituem uma prestação única de acordo com a jurisprudência do TJUE.

Assim, a prestação de serviços de limpeza não estava, naquele caso, abrangida pela isenção aplicável à locação do imóvel, devendo-lhe ser aplicado e cobrado IVA à taxa relevante nos termos gerais.

Dito de outro modo, entendeu o TJUE que as prestações em causa devem ter o tratamento em sede de IVA que sempre teriam se oferecidas de forma totalmente autónoma.

Que é exactamente o que não acontece quando são combinadas prestações diferentes numa operação que se possa dizer única. Nesta última situação, a isenção que aproveite à prestação principal poderá passar a abranger também as prestações acessórias; de outro passo, às prestações acessórias podem passar a ser aplicáveis as taxas reduzidas de que beneficia a prestação principal [3].

Sublinhe-se que, conforme entende o TJUE, para saber se existe relação de subordinação entre os componentes que formam uma operação composta releva a perspectiva do consumidor *médio* ou *típico*, cumprindo ter em conta a "importância qualitativa desses vários componentes, que não apenas à sua importância quantitativa"[4].

Posto isto, e regressando ao caso do alojamento local e, em particular, aos *serviços de alojamento*, importa recordar que a própria lei define estes serviços por referência não apenas ao alojamento *stricto sensu*, mas igualmente quanto aos *serviços complementares ao alojamento*, indicando como tal, e a título de exemplo, os de limpeza.

Este facto permite-nos imediatamente distinguir esta situação daquela que estava subjacente ao mencionado acórdão *RLRE Tellmer Property sro*. É que aqui, ao contrário do que ali acontecia, considerou-se que os serviços acessórios, como os de limpeza, integravam o conceito de *serviços de alojamento*.

Importa a este propósito acentuar que, do ponto de vista do consumidor médio, o serviço de limpeza do alojamento, e mesmo das partes comuns,

---

[3] Sérgio Vasques (Coimbra, 2015), *O Imposto sobre o Valor Acrescentado*, 219.

[4] Sérgio Vasques (Coimbra, 2015), *O Imposto sobre o Valor Acrescentado*, 219.

não configurará um fim em si, mas somente um meio de beneficiar nas melhores condições do serviço principal do prestador, *i.e.*, do serviço de alojamento, sendo, pois, os serviços em causa economicamente indissociáveis.

Em conformidade com a jurisprudência do TJUE anteriormente citada, nestas situações será então de aplicar um regime de IVA único, correspondente ao da prestação principal, nomeadamente para efeitos de aplicação das taxas do imposto, o que significa, no caso concreto, e no actual enquadramento legal em Portugal, a aplicação da taxa reduzida de IVA nos termos da verba 2.17 da Lista I anexa ao Código do IVA.

Este tem sido o entendimento perfilhado pela Administração Tributária que, por várias vezes, e também recentemente, se tem pronunciado no sentido de que os serviços acessórios ao alojamento estão subordinados aos *serviços de alojamento* em si mesmos e, por isso, são tributados com recurso à aplicação da taxa reduzida de IVA.

Igualmente com recurso à jurisprudência do TJUE a que acima fizemos referência, sustenta a Administração Tributária que se consideram, ainda, incluídos na verba 2.17 os serviços disponibilizados no âmbito do serviço de alojamento sem acréscimo do valor tributável, como sejam a portaria/recepção, a limpeza dos espaços comuns e o acesso às várias valências mencionadas no pedido.

Em acréscimo, entende a Administração Tributária que os *serviços de alojamento*, referidos na verba 2.17 da Lista I, anexa ao Código do IVA, incluem, além do alojamento em si mesmo, as prestações de serviços acessórias típicas a esse alojamento, destacando-se a limpeza de quartos e das áreas comuns, o fornecimento de água, gás e electricidade, a disponibilização de ligação à internet ou de televisão e outras prestações de serviços de apoio [5].

Diferentemente, tem a Administração Tributária entendido que se, para além das prestações principais e acessórias, forem disponibilizados serviços com um carácter de complementaridade que, não se destinando apenas a possibilitar o melhor usufruto da prestação principal, têm como objectivo enriquecer ou valorizar a experiência do cliente, estes não se podem enten-

[5] *Cfr.* Informação vinculativa emitida no processo n.º 14369 com despacho de 28 de Setembro de 2018, do Sub-Director Geral do IVA.

der como intrínsecos e indissociáveis da actividade, pelo que não beneficiam do enquadramento na citada verba 2.17 da Lista I anexa ao Código do IVA.

Entre os indicados serviços tem a Administração Tributária incluído os serviços de lavandaria adicionais solicitados pelo cliente que, segundo esta, consubstanciam prestações de serviços complementares à actividade de hotelaria, mas não indissociáveis da mesma, sendo, por conseguinte, tributáveis à taxa normal, nos termos da alínea *c)* do n.º 1 do artigo 18.º do Código do IVA[6].

6. Balanço Final

Sujeito a constante evolução e inserindo-se em sector extremamente dinâmico, o alojamento local levantará constantes e sucessivas questões, muitas de enorme relevância, quanto à sua tributação em sede de IVA. O que se torna tanto mais evidente ante a constatação da susceptibilidade da participação nesses serviços, do lado activo ou passivo, de várias pessoas, singulares e colectivas, com residência em diversos países, Estados-Membro ou não.

Fundamental, para efeitos do devido e rigoroso enquadramento jurídico, será sempre a densificação e aplicação prática das regras de localização das várias prestações de serviços envolvidas nesta actividade, assim como a compreensão de quais exactamente as prestações de serviços que a enformam.

Não sendo possível, na economia deste texto, tratar todas as questões pertinentes que a este respeito de colocam, e continuarão a colocar-se, resta-nos esperar que os caminhos aqui traçados e explorados possam contribuir em alguma medida para a relevante reflexão jurídico-fiscal que a importância e densidade do tema do alojamento local impõe agora e no futuro.

[6] *Cfr.* Informação vinculativa emitida no processo n.º 12475 com despacho de 29 de Novembro de 2017, da Directora de Serviços do IVA.

O IVA nas Redes Contratuais: do *Valor Acrescentado* à *Eficiência Acrescida*?

CARLOS BAPTISTA LOBO & DANIEL BOBOS-RADU

1. Introdução*

O IVA é um imposto transacional, proporcional ao preço dos bens e serviços, seja qual for o número de operações ocorridas no processo de produção e de distribuição anterior ao estádio de tributação. Sendo transacional, incide, essencialmente, sobre contratos de troca, servindo-lhe de facto gerador o momento da efetivação da despesa. Visando tributar o consumo final de bens e serviços, pretende ser neutro não apenas para as empresas, mas também para os particulares, no sentido de não influenciar de forma distorciva as suas escolhas racionais – é também daí que lhe advém o seu caráter eficiente.

Sendo certo que a economia nunca evoluiu tanto como nas últimas décadas – ou, se preferirmos, nos últimos 60 anos, desde a implementação do

* O presente artigo apenas expressa a opinião dos seus autores.

primeiro sistema de IVA (e 50 anos desde a criação do sistema comum do IVA) –, também será certo que a fiscalidade *não* tem vindo a acompanhar essa mudança em tempo real. Os modelos de circuitos económicos tradicionais, fundamentalmente alicerçados em relações de troca e de interesses antagónicos, cedem o lugar a estruturas integradas, essencialmente, numa ótica de colaboração ou, no limite, de rede.

De acordo com o considerando (7) da Diretiva IVA[1], o sistema comum do IVA deverá conduzir a uma neutralidade concorrencial, independentemente da extensão do circuito de produção e de distribuição. Não tendo o legislador europeu delimitado a extensão do circuito de produção e de distribuição, o princípio é válido tanto para cadeias de valor integradas vertical ou horizontalmente[2].

Com a presente reflexão pretende-se indagar acerca da compatibilidade do modelo tradicional do IVA no âmbito da mudança de paradigma corporizada na progressiva organização dos operadores económicos segundo modelos de estratégia cooperativa – mais do que não-cooperativa. Não obstante a dimensão económica do problema, fica o leitor desde já advertido: trata-se de uma reflexão *de lege ferenda* e não necessariamente de uma tentativa de enquadramento no regime constituído e a vigorar atualmente no nosso ordenamento.

2. Redes Contratuais

2.1. A mudança de paradigma na teoria geral do contrato

A primeira ideia que se retira, quando consultamos as definições de dicionário do vocábulo "rede", é necessariamente a de *unidade* – sobretudo uma *unidade funcional* ou *funcionalmente orientada*. Outra definição comum nos dicionários é "complicação de coisas". Quando falamos em *rede* para

---

[1] Diretiva 2006/112/CE do Conselho, de 28 de novembro de 2006.

[2] Peter Mason, "There is no such thing as a 'Transfer of a Going Concern'", in Michael Lang, Pasquale Pistone, Josef Schuch, Claus Staringer, Donato Raponi (eds.), *ECJ – Recent Developments in Value Added Tax: Schriftenreihe IStR Band 84*, Linde Verlag, Wien, 2014, 143.

descrever um determinado fenómeno, notar-se-á que os conceitos recolhidos se situam no primeiro grau da escala de abstração do sistema conceptual[3]: aqueles que, enquanto operadores cognitivos, assumem uma função ordenadora e cuja apreensão do sentido não depende de outros conceitos mais abstratos. Assim, uma complicação de coisas *estruturalmente ligada* e *funcionalmente orientada* pressuporá que todos os entes que a compõem se encontram numa relação de dependência (em princípio, funcional), podendo ou não ser autónomos uns dos outros – mas ainda que difiram *per genus et diferentiam*, farão, em princípio, parte da mesma *unidade*.

A referida escala hierárquica quanto ao grau de abstração dos conceitos também se verifica na lógica dos sistemas normativos, na medida em que estes, inevitavelmente, fundam a racionalidade do seu sistema conceptual no sistema conceptual geral. A diferença, porém, reside no facto de os conceitos situados no primeiro grau de abstração do sistema conceptual geral (*v.g.*, *identidade*, *diferença*, *relação*, *etc.*) raramente e de forma pouco explícita serem acolhidos pelo sistema de conceitos do sistema jurídico, sendo antes utilizados de uma *perspetiva externa*, *v.g.* na tarefa interpretativa, como elementos de enquadramento lógico ou ontológico.[4]

Um exemplo, entre muitos, do uso de conceitos de elevado grau de abstração com função *ordenadora* pode ser encontrado na teoria geral do contrato a propósito do estudo da *coligação negocial*. O que se irá constatar adiante – e daí a necessidade de fazer esta referência inicial – é que a literatura jurídica, perante a crescente complexidade que fenómenos de cooperação têm vindo a demonstrar, se viu confrontada com a necessidade de empregar também uma linguagem mais complexa, apoiando-se em conceitos cuja ambiguidade contribui para uma compreensão fenoménica mais precisa.

Reconhecendo que *rede* não é um conceito jurídico[5], importa constatar, no quadro da referida mudança de paradigma, que se assiste hoje "a um cada vez mais frequente recurso, pelos participantes no tráfego jurídico, à regulação convencional de determinadas operações económicas, dotadas de

[3] Cf. Dietmar Von Der Pfordten, "About Concepts in Law", in Jaap C. Hage/Dietmar von der Pfordten (eds.), *Concepts in Law*, Springer, 2009, 27ss.

[4] Cf. Dietmar Von Der Pfordten, *op. cit.*, 29ss.

[5] Cf. M. Buxbaum, "Is 'Network' a Legal Concept?", *Journal of Institutional and Theoretical Economics*, 149, 1993, 698-705 (p. 704).

maior ou menor complexidade, mediante a celebração de diversos contratos (aparentemente) autónomos"[6], mas dotados de uma *unidade funcional*[7]. Esta constatação revela, desde já, a primeira coordenada do problema, que é a inevitável tensão existente entre a *estrutura* e a *função* do complexo negocial. A análise do fenómeno segundo uma *conceção atómica* cuidará tendencialmente dos vários contratos de índole bipolar que compõem o todo, centrando-se na estrutura, ao passo que a compreensão do fenómeno segundo uma *conceção unitária* implicará a relegação da estrutura para um segundo plano para se centrar na função. Logo aqui se compreende a dificuldade metodológica que assiste à segunda conceção, tendo em conta os princípios do *consenso* e da *relatividade* dos contratos, que obstariam, em princípio a uma visão unitária.

Do mesmo modo, o sistema do IVA também assenta a sua lógica na análise de cada vínculo contratual de índole bipolar, pelo que cada transação, em princípio, deve ser analisada de forma individual e independente, apenas preenchendo os pressupostos da incidência real se existir entre as partes uma relação jurídica no âmbito da qual são transacionadas prestações recíprocas[8], assim como um nexo direto entre o que é transacionado e a contrapartida recebida[9].

A literatura clássica da teoria geral do contrato tem, assim, centrado a sua análise no aspeto estrutural do fenómeno da coligação negocial, descurando a realidade funcional[10]. E, dentro dessa conceção estrutural, a abor-

---

[6] Francisco Manuel de Brito Pereira Coelho, "Coligação negocial e operações negociais complexas. Tendências fundamentais da doutrina e necessidade de uma reconstrução unitária", *Boletim da Faculdade de Direito* [da Universidade de Coimbra] – *Volume comemorativo do 75.º tomo*, Coimbra, 2003, 233.

[7] Algumas causas subjacentes a este fenómeno podem consubstanciar-se na crescente complexidade dos processos de distribuição e comercialização, na cada vez mais intensa especialização, na circulação cada vez mais rápida e num cada vez maior espaço geográfico (*v.g.*, o mercado interno europeu), na expansão das entidades e meios de financiamento, no crescimento do consumo, na procura de mais seguros meios de garantia, *etc.* Cf. Francisco Manuel de Brito Pereira Coelho, *Coligação negocial...*, 234, nota 3.

[8] Acórdão TJUE, *Tolsma*, C-16/93, 03.03.1994, ponto n.º 14.

[9] Cf., *inter alia*, Acórdãos TJUE, *Coöperatieve Aardappelenbewaarplaats*, C-154/80, 05,02.1981, ponto n.º 12; *Naturally Yours Cosmetics*, C-230/87, 23.11.1988, ponto n.º 11; *Apple and Pear Development Council*, C-102/86, 08.03.1988, pontos n.º11 e 12.

[10] Nesta linha, compreende-se a dificuldade sentida em reconhecer utilidade prática à *causa-função* do contrato, fruto do jusracionalismo, que fundava a sua eficácia jurídica no

dagem tem sido predominantemente classificatória, partindo sobretudo do modelo propugnado por ENNECCERUS/LEHMANN[11] que distinguem entre *união externa*, *união interna* e *união alternativa*. Contrariamente, na doutrina italiana – e de certa forma porque esta concedeu especial atenção ao conceito de *causa* enquanto *função económico-social*[12] – é patente a preocupação em compreender a *operação económica complexa* que subjaz ao fenómeno da coligação negocial[13], em que as partes têm em vista a regulação dos interesses relacionados com um programa económico unitário cuja disciplina jurídica se encontra pulverizada por diversos contratos estruturalmente autónomos[14].

Esta noção de *operação económica*, refere ENRICO GABRIELLI[15], contribui efetivamente para a identificação de uma sequência unitária e compósita na regulação levada a cabo pelas partes e dos comportamentos que se interligam na prossecução dos resultados desejados, bem como da própria *situação objetiva* em que aquela regulação e estes comportamentos encontram localização. Assim, as noções de *contrato* e de *operação económica*, não se encontrariam, à partida, numa posição antagónica, na medida em que ambas expressam um ato de autonomia privada: a primeira fá-lo de um modo mais simples, ao passo que a segunda de uma forma mais complexa.

Todavia, não pode deixar de se referir que tal orientação objetivista do fenómeno apenas pode ser compreendida se se aceitar que a *unidade contratual* não resulta da vontade das partes, sendo antes uma *competência metodológica* de arrumação dos efeitos empíricos visados pelas partes[16]. Naturalmente, o juízo de unidade ou pluralidade contratual parte do *texto* e, por conseguinte, das *declarações de vontade* das partes. No entanto, a vontade negocial, enquanto *declaração* (perspetiva interna), não seria apta

---

consenso. Cf. Pedro Pais de Vasconcelos, *Contratos Atípicos*, Coimbra, Almedina, 2.ª ed., 2009, 125.

[11] Cf. Enneccerus/Lehmann, *Recht der Schuldverhältnisse*, Tübingen, 1958, 394 ss.

[12] Cf., M. Giorgianni, "Causa del negozio giuridico (Diritto privato)", in *Enciclopedia del Diritto*, IV, Giuffrè, 1960, 547-577; G. B. Ferri, *Causa e tipo nela teoria del negozio giuridico*, Giuffrè, 1966, *passim*; F. Galgano, *Diritto Privato*, CEDAM, 2.ª ed., 1983, 226 ss.

[13] Cf. G. B. Ferri, *Causa e tipo...*, 402-406.

[14] Cf. Enrico Gabrielli, "Il contratto e l'operazione economica", *Rivista di diritto civile*, 2003, n.º 2, 93 ss.

[15] Enricco Gabrielli, *Contratto e Contratti. Scritti*, UTET, 2010, 20-21.

[16] Cf. Francisco Manuel de Brito Pereira Coelho, *Coligação negocial...*, 252.

para se pronunciar sobre a unidade ou pluralidade contratual enquanto *efeito* (perspetiva externa). A questão de saber se o juízo de unidade ou pluralidade contratual resulta ou não da vontade das partes tem divido a doutrina, havendo orientações subjetivistas que se pronunciam em sentido positivo[17]. O debate é complexo e não será este o lugar adequado para o integrar.

A moderna discussão sobre o fenómeno da coligação negocial encontra-se, todavia, na doutrina alemã. Impulsionada, numa primeira fase, por autores como Joachim Gernhuber[18], Wernhard Möschel[19] e Mathias Rohe[20], terá sido após a reforma de 2002 do BGB que o debate assumiu proporções mais arrojadas. Isto porque, com a introdução de normas como as constantes, *v.g.*, dos arts. §311, n.º 3, §358, n.º 3, §676b, n.º 3 e §676e, do BGB, foi equacionada a possibilidade de se encontrar um argumento sistemático que permitisse reconhecer fenómenos de *rede* que transcendem a lógica do *contrato* – em parte, fruto de uma lenta evolução de uma jurisprudência que cada vez mais se via confrontada com a falta de soluções normativas que oferecessem uma resposta aos novos desenvolvimentos socioeconómicos do *contrato* –, sendo que o debate se encontra longe de estar encerrado, tendo por objeto, *v.g.*, contratos de patrocínio, contratos com prospeto, contratos de projeto ou de *expertise* relacionado com um projeto, contratos de engenharia global, contratos relacionados com redes de transporte, redes bancárias, sistemas de cartões de crédito, crédito ao consumo, *franchising*, *just-in-time*, empresas virtuais, *etc.*[21]

Na verdade, os termos *rede* e *nexo* de contratos haviam sido empregues na doutrina alemã desde muito cedo por Joachim Gernhuber[22], que en-

---

[17] É o caso de W. Fikentscher, *Schuldrecht*, 8 Aufl., Berlin – New York, 1992, 394 ss.

[18] J. Gernhuber, "Austausch und Kredit im rechtsgeschaftlichen Verbund. Zur Lehre der Vertragsverbindungen", in *Festschrift für Karl Larenz: zum 70. geburtstag,* München, Beck, 1973, 455-494.

[19] W. Möschel, "Dogmatische Strukturen des bargeldlosen Zahlungsverkehrs", *Archiv für die civilistische Praxis*, 186, 1986, 87-236.

[20] M. Rohe, *Netzverträge – Rechtsprobleme komplexer Vertragsverbindungen*, Tübingen, 1998, *passim*.

[21] G. Teubner, "«So ich aber die Teufel durch Beelzebub austreibe, ...»: Zur Diabolik des Netzwerkversagens", in Ingo Augsberg (ed.), *Ungewissheit als Chance. Perspektiven eines produktiven Umgangs mit Unsicherheit im Rechtssystem*, Mohr Siebeck, Tübingen, 2009, 117.

[22] Cf. G. Teubner, *op. cit.*, *ibidem*.

saiou inclusivamente uma definição de *coligação de contratos* que descreve "...qualquer pluralidade de contratos com referências recíprocas, quer se trate de relações bipolares, quer multipolares, cuja interligação dá azo a efeitos jurídicos diretos (de natureza genética, funcional ou condicional), seja de um contrato relativamente a outro(s), seja entre todos os contratos, reciprocamente."[23]

Como faz notar GÜNTHER TEUBNER[24], as relações em que, para além dos efeitos dos contratos de estrutura bipolar que as compõem, surgem efeitos multilaterais constituem fenómenos extraordinariamente confusos de coordenação jurídico-privada que não são facilmente enquadráveis no sistema conceptual do direito privado, ao que o conceito de *rede* é, por conseguinte, transversal. Transversal, na medida em que tanto poderá assumir configurações obrigacionais, societárias ou relativas à responsabilidade civil. No entanto, qualquer tentativa de importar o conceito (seja numa perspetiva económica, seja numa sociológica) estaria condenada ao fracasso – reconhece o autor.[25].

Todavia, TEUBNER é um autor que foca a sua análise em paradoxos e não se satisfaz com respostas simples[26]. Tendo por base o §358.º, n.º 3,

---

[23] J. Gernhuber, *Das Schuldverhältnis: Begründung und Änderung, Pflichten und Strukturen, Drittwirkungen*, Mohr & Siebeck, Tübingen, 1989, 710 (trad. dos aa.).

[24] Cf. G. Teubner, *Netzwerk als Vertragsverbund: Virtuelle Unternehmen, Franchising, just-in-time in sozialwissenschaftlicher und juristischer Sicht*, Nomos, Baden-Baden, 2004, 9.

[25] Cf. G. Teubner, *Netzwerk...*, 58 ss.

[26] É interessante notar que, na sua análise, a problemática de se encontrar um fundamento para a *vinculação* em contextos de rede, sem que tal ideia de vínculo se funde num contrato, tem como ponto de partida a *culpa in contrahendo* de R. von Jehring, que serviu para estabelecer, em determinados casos, vínculos jurídicos sem que existisse um contrato, uma promessa, um ato de consenso, mas tão-somente um fundamento de coordenação social. Esta ideia, pensada para as relações contratuais bilaterais, terá sido progressivamente desenvolvida de forma a ser aplicada em contextos de redes multilaterais sem contrato. E, se se atentar numa evolução quer jurisprudencial, quer legislativa, constatar-se-á que nos regimes mais exóticos, caracterizados pela existência de relações em rede num contexto de vários contratos bilaterais interligados, se assistiu a um ênfase acrescido no que toca ao grau de intensidade do regime da responsabilidade. O autor dá como exemplos a responsabilidade pelo prospeto (*Prospekthaftung*) nos chamados "mercados cinzentos de capitais", a responsabilidade do fiduciário em operações complexas (*Sachwalterhaftung*) e, como paralelismo a estas construções, ainda que não alicerçadas na *culpa in contrahendo*, a responsabilidade civil dos peritos (*Expertendritthaftung*), a responsabilidade do banco nas cadeias de transferências (*Überweisungsketten*), bem como, enfim, os contratos coligados (*Vertragsverbin-*

do BGB[27], o autor ensaiou a construção de um conceito de *rede contratual* partindo da ideia de que a *unidade económica* de vários contratos bilaterais é determinante para a compreensão do fenómeno da coligação, constatando que o referido conceito de unidade económica implica um importante paradoxo, no sentido em que os vários contratos se encontram coordenados tendo em vista um objetivo económico que apenas pode ser atingido se aqueles forem cumpridos, o que, por sua vez, depende inteiramente da in(ter)dependência jurídica de cada contrato. Esta insustentável contradição – a unidade económica de distintos contratos – por conseguinte, não deve ser vista pela dogmática jurídica como uma necessidade de solucionar uma incongruência lógica, mas antes como uma inevitável exigência de construir um conceito que não só a acolha, como a cultive e a intensifique.[28]

Questionando, então, de que forma poderia o direito fornecer uma resposta a esta transformação de contradições externas numa orientação interna, simultaneamente individual e coletiva, Teubner[29] afirma que a solução passaria por uma *dupla atribuição*[30] seletiva, em termos de consequências jurídicas, tanto para as partes individualmente consideradas como para a rede. Ou seja, considerando a *rede* como uma figura de natureza híbrida entre o *contrato* e a *organização societária*, a solução jurídica deveria ter em conta não só os interesses individuais opostos nos vários contratos, mas também a *rede* como um todo, sendo as consequências jurídicas recortadas em função da fenomenologia das contradições estruturais verificadas na rede (*v.g.*, trocas bilaterais *versus* associação multilateral; concorrência *versus* cooperação; responsabilização individual *versus* coletiva, *etc.*)[31].

---

dungen) numa grande variedade de contextos (cf. G. Teubner, «*So ich aber die Teufel durch Beelzebub austreibe...*»..., 116).

[27] Sobre este regime, cf. M. Habersack, *Münchener Kommentar zum BGB*, 6. Aufl., 2012, § 358.

[28] Cf. G. Teubner, *Netzwerk...*, 110 ss.

[29] Cf. G. Teubner, *Netzwerk...*, 114 ss.

[30] Sobre o conceito de *Doppelattribution*, cf. G. Teubner, "Verbund, Verband oder Verkehr? Zur Außenhaftung von Franchising-Systemen", *Zeitschrift für das gesamte Handelsrecht und Wirtschaftsrecht*, 154, 1990, 295-324; *idem*, "Den Schleier des Vertrags zerreißen? Zur rechtlichen Verantwortung ökonomisch 'effizienter' Vertragsnetzwerke", *Kritische Vierteljahresschrift für Gesetzgebung und Rechtswissenschaft*, 8, 1993, 367-393.

[31] Acerca destas contradições estruturais cf. G. Teubner, *Netzwerk...*, Caps. 4, 5 e 6, respetivamente.

De acordo com o autor, estaríamos perante uma coligação negocial – num sentido mais amplo, enquanto *rede* –, quando se verificassem as seguintes propriedades: multilateralidade (*Mehrseitigkeit*), no sentido de referências mútuas entre os vários contratos bilaterais, extrapoladas quer do *texto* quer da *execução*; propósito relacional (*Verbundzweck*), no sentido de uma relação material dos referidos contratos com um projeto comum subjacente; e unidade económica (*wirtschaftliche Einheit*), no sentido de uma relação próxima e cooperativa entre as partes no âmbito da relação multilateral. [32]

Esta conceção, entre outras semelhantes que proliferam nas escolas alemã e italiana desde finais do século passado, acaba por refletir o caráter incompatível da coligação de contratos enquanto *rede híbrida* com as categorias jurídicas do *contrato* e da *sociedade* – que, na essência, correspondem à divisão entre *mercado* e *empresa*, predominante desde os primórdios da Revolução Industrial[33].

O problema é que uma estrutura dogmática no que toca aos *efeitos* da rede contratual e aos *deveres* das partes, bem como à *execução*, está longe de ser desenvolvida, acabando por se traduzir numa *seleção* de consequências jurídicas que se desviam do pensamento dogmático clássico. É também de difícil compreensão em que termos é que o ânimo de rede (*Netzzweck*) se torna uma parte integrante do *contrato*: é certo que tal dependerá – admitindo que a configuração unitária ou plural do negócio é competência metodológico-jurídica – pelo menos de uma perceção das partes. Mas elevar esta *perceção* a um fenómeno de imputação *quasi-societário* acabaria, em última análise, por colidir com a própria autonomia privada.[34] Todavia, "sem redes contratuais não há economia de mercado"[35], pelo que a sua apreensão e correto enquadramento – admitindo ser tarefa difícil para a doutrina juscivilista, ancorada numa dogmática tradicional –, não podem ser descurados pelo sistema fiscal, que deve acompanhar o funcionamento do mercado de acordo com um mandamento de eficiência.

---

[32] Cf. G. Teubner, *Netzwerk...*, 117 ss.

[33] Simon Deakin, "The Return of the Guild? Network Relations in Historical Perspective", in Marc Amstutz / Gunther Teubner (eds.), *Networks Legal Issues of Multilateral Co-operation*, Hart Publishing, 2009, 53.

[34] Sobre estas críticas e outras, cf. Stefan Grundmann, "Die Dogmatik der Vertragsnetze", *Archiv für die civilistische Praxis*, 207, 2007, 718-767.

[35] Stefan Grundmann, *idem*, 721.

Posto isto, atendendo ao caráter transacional do IVA, que assenta a sua lógica na análise de cada vínculo contratual de índole bipolar, importará compreender, a propósito das redes contratuais e dos fenómenos de cooperação, em que medida a estrutura concetual do imposto se afigura suficiente para funcionar numa lógica subsuntiva (*i.e.*, de silogismo lógico), ou se, pelo contrário, carece de um raciocínio de ponderação (*i.e.*, aritmético) entre os princípios em jogo.

2.2. Redes 2.0 – a era da economia digital

A evolução das redes contratuais na nova economia atinge o seu expoente máximo com a economia digital. Não obstante as várias tentativas de mapeamento da economia digital, a elaboração de uma taxonomia precisa, do prisma das redes contratuais, não é tarefa fácil tendo em conta a volubilidade do fenómeno[36]. Em todo o caso, a classificação é simultaneamente um processo e um resultado e, em si mesmas, não existem classificações melhores do que outras: a classificação é tão boa quanto as dimensões ou variáveis em que se baseia[37].

O que importa reter é que o surgimento de novos fenómenos, vulgarmente apelidados de *economia colaborativa* (*sharing economy*), têm por base uma coligação negocial que, independentemente do aspeto estrutural da rede, não seria possível sem a componente digital. Por isso, as mesmas dificuldades sentidas pela teoria geral do contrato, *in limine*, acabam por se verificar um pouco por todas as áreas do conhecimento que estudam o fenómeno: por detrás da tarefa classificatória, surge sempre a dificuldade da qualificação, *i.e.*, da recondução a categorias pré-existentes.

Assim, a transição de um modelo linear de negócio, caracterizado pela transmissão da propriedade dos bens em cada estádio do circuito económico, em que o valor é sucessivamente acrescentado até ao retalho, para

---

[36] Cf., *inter alia*, Rachel Botsman/ Roo Rogers, *What's Mine Is Yours: The Rise of Collaborative Consumption*, Harper Business, New York, 2010; Jenny Kennedy, "Conceptual boundaries of sharing", in *Information, Communication & Society*, 19(4), 2016, 461-474.

[37] Kenneth D. Bailey, "Typologies and taxonomies: An introduction to classification techniques", *Sage University Paper series on Quantitative Applications in the Social Sciences*, 07-102, Thousand Oaks, Sage, 1994, 2.

um novo modelo, caracterizado pela colaboração horizontal (*peer-to-peer*) entre vários operadores económicos, possibilitada por uma plataforma, e em que as operações assumem caráter cooperativo, de troca em espécie ou até de liberalidade, acaba por consubstanciar a erosão do próprio conceito de *empresa*, demonstrando o seu caráter de ficção institucional e criando um quebra-cabeças político e regulatório face à necessidade de um enquadramento satisfatório deste fenómeno de *redes híbridas*.

Não sendo o principal propósito deste estudo abordar um enquadramento detalhado, em sede de IVA, das plataformas digitais na economia colaborativa[38], não podemos deixar de constatar a sua importância e atualidade na temática das redes contratuais. Por outro lado, entendemos que a compreensão das redes contratuais e do conceito de *cooperação* se afigura fundamental para uma abordagem séria e consistente dos vários fenómenos de economia colaborativa.

3. Algumas Problematizações na Perspectiva do IVA

O principal problema metodológico de enquadramento das redes contratuais em sede de IVA, mais do que na vertente objetiva-transacional, situa-se na vertente subjetiva-organizacional[39]. Desde logo, entre outros motivos, porque o sistema lógico do imposto, tal como o sistema lógico do direito geral das obrigações, desconhece o conceito de *cooperação*[40]. Na perspetiva das ciências sociais e comportamentais, a *cooperação* pode ser definida como um comportamento coordenado entre vários participantes com vista à obtenção de vantagens que seriam obtidas de forma menos

---

[38] A respeito, cf. European Commission, *VAT Treatment of Sharing Economy*, Working paper no. 878, 2015; Ivo Grlica, "How the Sharing Economy is Challenging the EU VAT System", *International VAT Monitor*, IBFD, 2017, 124-131; Georg Kofler/Gunter Mayr/ Christoph Schlager, "Taxation of the Digital Economy: 'Quick Fixes' or Long-Term Solution?", *European Taxation*, IBFD, 2017, 523-532; G. Beretta, "VAT and the Sharing Economy", *World Tax Journal*, IBFD, 2018(10).

[39] Adotamos esta terminologia sem ter necessariamente em vista uma correspondência com o regime da incidência, respetivamente, objetiva e subjetiva, do imposto.

[40] Adrianus Johannes (a.k.a. Ad) Van Doesum, *Contractuele samenwerkingsverbanden in de BTW*, Tilburg University, policop., 2009, 127 ss.

eficiente (ou não seriam obtidas de todo) numa ótica individual[41] – é aqui inevitável o paralelismo com a constatação de Günther Teubner: o conceito de *unidade económica* implica um importante paradoxo, no sentido em que os vários contratos se encontram coordenados tendo em vista um objetivo económico que apenas pode ser atingido se aqueles forem cumpridos, o que, por sua vez, depende inteiramente da in(ter)dependência de cada contrato.[42]

Do ponto de vista objetivo-transacional, a própria questão de saber se, perante uma operação que integra elementos de operações distintas – perdendo a sua independência e dando lugar a uma operação composta – estaríamos, afinal, perante uma entrega de bens ou uma prestação de serviços[43], acaba por ser uma antecipação do problema das redes contratuais, enquanto dificuldade metodológica decorrente da ausência de normas-regra e da consequente necessidade de recorrer a normas-princípio[44].

Todavia, na perspetiva subjetiva-organizacional, o problema surge em toda a sua plenitude, na medida em que assume um pendor institucional: é a própria relação jurídico-tributária que não comporta a complexidade das redes contratuais, já que o ente que lhe serve de referência é o *sujeito passivo*, invariavelmente reconduzido a uma pessoa singular ou coletiva[45] legalmente constituída. A partir daqui, ainda que se pudesse ajuizar da operação composta, não seria possível dar o passo metodológico seguinte, *i.e.*, reconhecer a unidade funcional e orgânica da rede contratual para efeitos do imposto, ficando o intérprete-aplicador refém da estrutura conceptual deste último. Como tal, o resultado interpretativo acaba por se reconduzir

---

[41] Ad Van Doesum, *op. cit.*, 686.

[42] Cf. G. Teubner, *Netzwerk...*, 110 ss.

[43] De acordo com o TJUE, ou os elementos se organizam em torno de um principal, o elemento preponderante, caso em que vale a regra *accessorium principale sequitur*, ou então existe uma relação de complementaridade entre todos os elementos, de modo que a sua decomposição seria artificial. Cf. Acórdãos TJUE, *Faaborg-Gelting Linien*, C-231/94, 02.05.1996; *CPP*, C-349/96, 25.02.1999; *Levob*, C-41/04, 27.10.2005; *Bog e. o.*, C-497/09, 10.03.2011; com referências, Sérgio Vasques, *O Imposto sobre o Valor Acrescentado*, Coimbra, Almedina, 2015, 216 ss.

[44] Acerca da distinção, cf., *inter alia*, Robert Alexy, *A Theory of Constitutional Rights*, Oxford University Press, Oxford, 2002, 44 ss.; Riccardo Guastini/Vito Velluzzi, *Filosofia del diritto positivo. Lezioni*, Giappichelli, Torino, 2017, 57 ss.

[45] Excetuando a opção conferida aos Estados-Membros pelo artigo 11.º da Diretiva IVA.

à desagregação da operação económica complexa, fruto da simplificação da realidade em função das possibilidades lógico-subsuntivas do catálogo, descurando-se as possibilidades argumentativas em torno da ponderação de princípios. A tudo isto acresce o caráter *sui generis* do imposto, cujo principal motor de evolução tem sido o mecanismo do reenvio prejudicial, com todas as limitações patentes na lógica da *integração negativa* e na teoria do *ato claro*[46].

Uma primeira teorização em torno do tratamento das formas de cooperação contratual em sede de IVA foi apresentada por AD VAN DOESUM, onde o autor identifica três níveis distintos de cooperação, em função da interdependência e do controlo hierárquico entre os operadores económicos. No primeiro nível (nível meramente contratual), teríamos formas de cooperação contratual caracterizadas por uma coordenação básica, limitada a evitar conflitos de interesses. Num segundo nível (nível relacional), situar-se-iam as formas de cooperação caracterizadas por uma coordenação comportamental dos participantes, sem que tal resulte na criação de uma nova entidade separada dos seus participantes. No último nível (nível integrado), as formas de cooperação dariam azo ao aparecimento de uma nova entidade, podendo os operadores económicos fazer parte dessa entidade (*v.g.*, concentrações empresariais) ou subsistir autonomamente (*v.g.*, partilha de custos).[47] Assim, o autor constata a existência de dois arquétipos possíveis nas relações de cooperação, respetivamente, um caracterizado pela ausência de uma entidade (primeiro e segundo níveis) e outro, em que a cooperação ocorre através de uma entidade (terceiro nível).

Na impossibilidade de elaborar, nesta sede, uma teoria geral sobre a matéria, a questão que, por conseguinte, se coloca prende-se com saber se, e em que circunstâncias, as redes contratuais caracterizadas pela existência de fenómenos de cooperação estão a ser tratadas de forma adequada à luz dos princípios subjacentes ao sistema do imposto. Na escassa jurisprudência do TJUE sobre o assunto, o Tribunal veio a entender, no caso *EDM*, que os trabalhos efetuados pelos membros de um consórcio nos termos

[46] Cf. Koen Lenaerts/Ignace Maselis /Kathleen Gutman, *EU Procedural Law*, Oxford University Press, Oxford, 2014, 215 ss.; Paul Craig/Gráinne de Búrcia, *EU Law. Text, Cases and Materials*, 6.ª ed., Oxford University Press, Oxford, 2015, 464 ss.

[47] Ad Van Doesum, *op. cit.*, 687 ss.

das cláusulas de um contrato de consórcio e que correspondem à parte atribuída neste contrato a cada um deles, não constituem uma entrega de bens ou uma prestação de serviços efetuadas a título oneroso nem, consequentemente, uma operação tributável.[48] Não obstante decorrer da matéria de facto que as operações entre os membros do consórcio eram efetuadas a título gratuito, o caso *EDM* pode configurar um ponto de partida para sustentar o enquadramento de outras operações pautadas pela cooperação como fora do âmbito do imposto.

Retomando a análise *supra,* Ad van Doesum sustenta que, no caso de relações de cooperação estabelecidas em redes contratuais híbridas (estruturas mistas situadas entre o *contrato* e a *organização societária*) poderá ser sustentável o tratamento como operações fora do âmbito do imposto que, todavia, não limitam o direito à dedução, contanto que se encontrem reunidos os seguintes pressupostos[49]:

- A existência de um número considerável de participantes na rede contratual;
- Evidência objetiva de que os operadores económicos envolvidos não têm como intenção principal a entrega de bens ou a prestação de serviços com o intuito de beneficiar diretamente dessas operações, mas antes a intenção de beneficiar indiretamente, em circunstâncias tais que esse benefício indireto teria sido obtido de forma menos eficiente (ou não teria sido de todo obtido) caso os operadores económicos não estivessem organizados daquela forma;
- Todos os participantes devem contribuir, assim como todos os participantes devem beneficiar da estrutura contratual em que se encontram envolvidos; e
- No âmbito da participação na rede contratual, não haver lugar a pagamentos em dinheiro por quaisquer atividades levadas a cabo dentro do perímetro da rede contratual (não obstante haver lugar a prestações recíprocas).

---

[48] Acórdão TJUE, *EDM*, C-77/01, 29.04.2004, ponto n.º91.

[49] Ad Van Doesum, *op. cit.*, 701 ss.; Ad Van Doesum/ Herman Van Kesteren/Gert-Jan Van Norden, *Fundamentals of EU VAT Law*, Kluwer Law International, Alphen aan den Rijn, 2016, 145.

A constatação a que chega o autor é, inevitavelmente, fruto de uma ponderação de princípios. Efetivamente, quando as normas-regra se tornam insuficientes para a resolução de um problema, torna-se necessário efetuar escolhas fundadas em normas-princípio, justificando a prevalência de um princípio sobre outro(s) num determinado estado de coisas. Desde logo, quando em detrimento de vários níveis de integração dos operadores económicos ou de diferentes interpretações da mesma regra por parte da administração fiscal de uma determinada jurisdição se verifica uma disparidade da carga fiscal sobre produtos idênticos, o operador económico confrontado com a carga fiscal acrescida deixará de ser competitivo a partir do momento em que repercutir essa carga fiscal no preço final, colocando-se em tensão o princípio da neutralidade, na sua vertente concorrencial[50].

Por outro lado, decorre da norma constitutiva do sistema comum do IVA[51] que o seu princípio consiste em aplicar aos bens e serviços um imposto geral sobre o consumo exatamente proporcional ao preço dos bens e serviços, seja qual for o número de operações ocorridas no processo de produção e de distribuição anterior ao estádio de tributação, com prévia dedução do montante do imposto que tenha incidido diretamente sobre o custo dos diversos elementos constitutivos do preço.

Assim, desde logo, haveria que garantir a efetividade do direito à dedução seja em estruturas autónomas assentes em interesses divergentes, seja em estruturas integradas assentes em interesses convergentes. A não ser que outros fatores determinassem a não sujeição ao IVA, *v.g.*, a ausência de contrapartida, de nexo direto entre prestações recíprocas ou de independência, *prima facie*, a única razão para distinguir entre os arquétipos da cooperação contratual vs. integração organizacional estaria relacionada com motivos institucionais atinentes à própria administração do imposto – que dificilmente passariam pelo crivo do princípio da neutralidade ou da efetividade (no sentido da norma constitutiva do imposto, que o descreve como visando tributar o consumo final, garantindo o direito à dedução).

[50] Cf. Ben Terra/Julie Kajus, *A Guide to the European VAT Directives*, Vol. 1, IBFD, Amsterdam, 2019, 7.3.1.2.

[51] Cf. artigo 1.º, n.º 2, da Diretiva IVA.

No contexto da economia colaborativa, a Comissão Europeia procedeu a uma categorização genérica de transações, através de uma repartição, em substância, entre entregas de bens e prestações de serviços, trocas de bens e de serviços e entregas de bens e prestações de serviços sem contrapartida[52]: tal categorização afigura-se útil para ajuizar do enquadramento e, consequentemente, da suficiência das normas-regra disponíveis no sistema normativo referente ao IVA.

De acordo com o Advogado-Geral Sir Gordon Slynn nas suas Conclusões em *Apple and Pear Development Council* (102/86), "[p]ara que exista sujeição ao IVA, deve existir simultaneamente uma transação e uma pessoa, tributáveis. Existe um nexo entre estas duas noções, como o demonstra o acórdão do Tribunal no processo 89/81 (processo *Hong-Kong Trade Development Council*, Récueil 1982, p. 1277), e a tomada em consideração de uma pode ajudar a estabelecer a outra em cada caso específico. São, no entanto, noções distintas." Sendo a *transação* e o *sujeito passivo* noções distintas, a distinção objetiva-transacional vs. subjetiva-organizacional assume especial relevância no âmbito da ponderação de princípios – desde logo, poderá questionar-se a qual das perspetivas se refere o princípio da neutralidade quer na sua vertente interna (jurídica, concorrencial e económica), quer na sua vertente externa.

Retomando o exemplo atualmente mais paradigmático de redes contratuais – a economia digital –, praticamente todas as abordagens têm vindo a partir dum pressuposto inicial: as operações devem ser tratadas de forma individual e independente, tomando a plataforma o papel de intermediário em praticamente todo o tipo de operações – seja de contrapartida pecuniária, de prestações recíprocas de troca ou de prestações com caráter de liberalidade – assumindo-se, quanto a estas últimas, que estarão fora do âmbito do imposto[53]. *Prima facie*, nada mais correto.[54] Todavia, as dificul-

---

[52] Cf. European Commission, *VAT Treatment of Sharing Economy*, Working paper no. 878, 2015, 9.

[53] O que, em várias hipóteses, não deixa de ser controverso – cf., a propósito, N. Melan/B. Wecke, "Umsatzsteuerpflicht von ‚kostenlosen' Internetdiensten und Smpartphone-Apps", *Deutsches Steuerrecht*, 41, 2015, 2267-2269; Sebastian Pfeiffer, "VAT on 'Free' Electronic Services?", *International VAT Monitor*, IBFD, 2016, 158-164.

[54] Aliás, é nesse mesmo sentido que se concebeu o aditamento dos artigos 14.º-A e 242.º-A à Diretiva IVA, operado pela Diretiva 2017/2455 do Conselho, de 5 de dezembro de 2017.

dades surgem nos passos subsequentes, ao se constatar que, num *oceano de tributação*, existem várias *ilhas de não tributação*.[55]

Desde logo, no plano subjetivo-organizacional, poderemos não estar perante *qualquer pessoa*[56] ou estarmos perante operações em *circuito fechado*, não participando os entes envolvidos num mercado propriamente dito[57]. Em todo o caso, a dúvida tem incidido sobre a questão da *independência*. Desde logo, em nosso ver, a noção de *atuação independente* não deve ser concretizada exclusivamente nos termos do artigo 10.º da Diretiva IVA[58] – apesar de a norma aí contida esclarecer o sentido do termo "de modo independente", não se trata de uma regra definitória. Por conseguinte, é possível extrair da jurisprudência do TJUE[59] um significado autónomo para a noção de *atuação independente*, como, aliás, também sintetizam Ben Terra/Julie Kajus: uma atividade económica assume um caráter independente quando, cumulativamente, seja exercida por uma pessoa ou entidade que não se encontre organicamente integrada com caráter de dependência numa estrutura organizativa; essa pessoa possua adequada liberdade de organização no que respeita aos meios técnicos e humanos utilizados no exercício da atividade económica em causa; e suporte o risco económico inerente a essa atividade.[60] Ainda no plano subjetivo-organizacional, colocar-se-ia a questão da *continuidade* (a exploração de um bem corpóreo ou incorpóreo com o fim de auferir receitas com carácter de permanência). Assim, se o caráter de independência se assume que possa ser aferível (não obstante o caráter vago tanto do *definiendum* como do *definiens*), o problema da con-

---

[55] A expressão é de Ad Van Doesum, *op. cit.*, 131 ss.

[56] Cf. artigo 9.º, n.º 1, da Diretiva IVA.

[57] G. Beretta, *op. cit.*, 404-405. Ainda que, no caso de algumas plataformas, sejam elas próprias a criar o mercado.

[58] «A condição de a atividade económica ser exercida de modo independente, tal como referido no n.º 1 do artigo 9.º, exclui da tributação os assalariados e outras pessoas na medida em que se encontrem vinculados à entidade patronal por um contrato de trabalho ou por qualquer outra relação jurídica que estabeleça vínculos de subordinação no que diz respeito às condições de trabalho e de remuneração e à responsabilidade da entidade patronal.»

[59] Cf., *inter alia*, acórdãos TJUE, *Van der Steen*, C-355/06, 18.10.2007 e *Gmina Wrocław*, C-276/14, 29.09.2015.

[60] Ben Terra/Julie Kajus, *op. cit.*, 9.4.

tinuidade desemboca num autêntico paradoxo sorítico: a partir de quantas operações se poderá considerar um ente como sujeito passivo do imposto[61]?

Quanto à perspetiva objetiva-transacional, a problematização em torno da qualificação surge de forma correlativa: o sujeito passivo encontra-se a agir *enquanto tal* – ou será que a rede contratual em que se encontra inserido apenas lhe proporciona um rendimento passivo? Qual seria então a diferença entre a participação na rede contratual vs. a posição de investidor numa sociedade comercial? Havendo prestações recíprocas em espécie, deve considerar-se haver lugar a uma contrapartida? E, em caso afirmativo, existe um nexo direto entre a as mesmas? A estas acrescem as dificuldades geradas pela segregação *quasi*-artificial da operação económica complexa em matéria de aplicação das regras de localização das operações e da diversidade de taxas do imposto que possam concorrer para cada uma das componentes, o que, neste último caso, poderá colocar em tensão o princípio da neutralidade, desta vez, na sua vertente económica, pois que o funcionamento do imposto estaria a interferir com a alocação ótima dos meios de produção.

Ainda no plano objetivo-transacional, o TJUE, em *Uber Systems Spain* (C-434/15), foi chamado a esclarecer se um serviço de intermediação que tem por objeto, através de uma aplicação para telefones inteligentes, estabelecer a ligação, mediante remuneração, entre motoristas não profissionais que utilizam o seu próprio veículo e pessoas que pretendam efetuar uma deslocação urbana, deve ser qualificado de *serviço no domínio dos transportes*, na aceção do artigo 58.º, n.º 1, do TFUE, e, por conseguinte, excluído do âmbito de aplicação do artigo 56.º do TFUE, da Diretiva 2006/123 e da Diretiva 2000/31, ou se, pelo contrário, esse serviço está abrangido por essas disposições. O Tribunal, seguindo as Conclusões do Advogado-Geral M. Szpunar, constatou que, numa situação em que o transporte de passageiros é assegurado por motoristas não profissionais que utilizam o seu próprio veículo, o prestador desse serviço de intermediação cria, ao mesmo tempo, uma oferta de serviços de transporte urbano, que torna acessível designadamente através de ferramentas informáticas, tais como a aplicação em causa no processo principal, e cujo funcionamento geral organiza a favor das pes-

[61] Não obstante as normas sobre limiares de volume de negócios.

soas que pretendam recorrer a essa oferta para efeitos de deslocação urbana, sem a qual, por um lado, esses motoristas não seriam levados a prestar serviços de transporte e, por outro, as pessoas que pretendessem efetuar uma deslocação urbana não teriam acesso aos serviços dos referidos motoristas. [62] Além disso, o Tribunal constatou que a plataforma exerce uma influência decisiva nas condições da prestação desses motoristas, fixando, através da aplicação, pelo menos, o preço máximo da corrida, cobrando esse preço ao cliente antes de entregar uma parte ao motorista e exercendo um certo controlo sobre a qualidade dos veículos e dos respetivos motoristas, assim como sobre o comportamento destes últimos, que pode implicar, sendo caso disso, a sua exclusão.[63] Por conseguinte, o Tribunal concluiu que um tal serviço de intermediação faz parte integrante de um serviço global cujo elemento principal é um serviço de transporte e, portanto, corresponde à qualificação, não de *serviço da sociedade da informação*.[64]

Acerca deste aresto e da sua relevância em sede de IVA, o seguinte excerto de G. BERETTA pauta-se pela sua exemplar clareza:

> "The consequence of the application of this "primacy of facts" doctrine (i.e. a doctrine that looks more at "economic reality" rather than just at contractual obligations) is that not only the intermediation service, but also the underlying service would be recharacterized as if it were supplied directly by the sharing platform through its bogus independent contractors. The platform would therefore have to account for VAT also in respect of the underlying service. As stated above, under this scenario, there would be only two transactions (or, alternatively, a single composite supply), both of which between the platform and the end consumer: the first for the use of the app, the second for the underlying service. By contrast, no supply would exist between the platform and the individual service provider, since the relationship of employment makes it irrelevant for VAT purposes.[65]"

[62] Acórdão TJUE, *Uber Systems Spain*, C-434/15, 20.12.2017, pontos n.º38-39.
[63] Acórdão TJUE, *Uber Systems Spain*, C-434/15, 20.12.2017, ponto n.º39.
[64] Acórdão TJUE, *Uber Systems Spain*, C-434/15, 20.12.2017, ponto n.º40.
[65] G. Beretta, *op. cit.*, 413.

Por último, poderá eventualmente opor-se que a interpretação operada pelo TJUE em *Uber Systems Spain* não vincula para efeitos de IVA, uma vez que não está em causa o esclarecimento de uma disposição do sistema comum do IVA. Não obstante, conforme já tivemos a oportunidade de aventar[66], nas situações em que um conceito, termo ou noção for objeto de definição na legislação ou jurisprudência da União Europeia sobre outra matéria, essa definição deverá servir de referência ao intérprete-aplicador em sede de IVA – ou seja, a não ser que haja uma eminente colisão de regras ou de princípios (o que não parece ser o caso), deve primar-se pela aplicação uniforme e coerente dos conceitos de direito da União Europeia.

4. Conclusão: *do Valor Acrescentado à Eficiência Acrescida?*

Após este périplo, importa sumariar as principais conclusões e lançar uma reflexão final. Conforme se apontou inicialmente, o considerando (7) da Diretiva IVA determina que o sistema comum do IVA deverá conduzir a uma neutralidade concorrencial, independentemente da extensão do circuito de produção e de distribuição, consistindo num imposto geral sobre o consumo exatamente proporcional ao preço dos bens e serviços, seja qual for o número de operações ocorridas no processo de produção e de distribuição anterior ao estádio de tributação, com prévia dedução do montante do imposto que tenha incidido diretamente sobre o custo dos diversos elementos constitutivos do preço.

Ora, no âmbito da já referida transição de um modelo linear de negócio, caracterizado pela transmissão da propriedade dos bens em cada estádio do circuito económico, em que o valor é sucessivamente acrescentado até ao retalho, para um novo modelo, caracterizado pela colaboração horizontal (*peer-to-peer*) entre vários operadores económicos, possibilitada por uma plataforma, e em que as operações assumem caráter cooperativo, de troca em espécie ou até de liberalidade, cumpre questionar se ainda nos encontra-

[66] Cf. Daniel Bobos-Radu, "Os conceitos autónomos de direito da União Europeia na interpretação das normas e isenção do IVA", in Eduardo Paz Ferreira, Clotilde Celorico Palma, Heleno Taveira Torres (eds.), *Estudos em Homenagem ao Professor Doutor Alberto Xavier*, Vol. 1, Coimbra, Almedina, 2013, 312.

mos numa lógica de tributação do valor acrescentado ou se, pelo contrário, não se estará perante o surgimento de uma nova forma de tributação indireta cujo referencial passa a ser a eficiência acrescida.

A tónica deverá, assim, ser colocada no princípio da neutralidade nas suas vertentes concorrencial (não diferenciar a rede contratual face à organização societária, mas antes tomar em linha de conta a sua eficiência acrescida) e económica (não decompor artificialmente uma operação económica unitária), mas simultaneamente no princípio da tributação do consumo final, com as necessárias implicações daí decorrentes (princípio do destino e efetividade do direito à dedução).

Nesta medida, enquanto a mudança de paradigma não se verificar no plano legislativo ou jurisprudencial, o intérprete-aplicador do sistema comum do IVA assemelhar-se-á aos estudiosos da teoria geral do contrato que, constatando o fenómeno das redes contratuais, se deparam com as limitações normativas dos códigos civis. Todavia, é importante compreender que qualquer sistema fiscal moderno encontra o seu fundamento constitucional em dois fins últimos – esses sim, antagónicos –, a saber, o fim financeiro (angariação de receitas tributárias para fazer face a despesas públicas) e o fim social (redistribuição da riqueza e eliminação das desigualdades). Por isso, se atendermos à racionalidade intrínseca do princípio da eficiência vs. princípio da igualdade, será bastante intuitivo concluir que, ao abrigo do primeiro, o cumprimento do imposto não deverá gerar ineficiências numa rede bem organizada de operadores económicos, e que, ao abrigo do segundo, não deverá haver espaços de não tributação injustificada face aos operadores económicos tradicionais. Como tal, admitimos que, num futuro próximo, se caminhe para um sistema de tributação digital em que a própria plataforma (ou outra entidade que coordena a rede contratual) funcione duplamente como representante (tributário) dos sujeitos passivos que nela atuam e como substituto tributário por excelência, na medida em que detém toda a informação de forma mais agregada e eficiente do que qualquer um dos operadores económicos que participam na rede, em cumprimento total do princípio do destino.

Como coordenadas desta mudança de paradigma, para compreendermos se estamos perante uma lógica de tributação do valor acrescentado, de eficiência acrescida, ou até mista, devemos ter em conta a (in)divisibilidade das prestações recíprocas no âmbito da rede bem como a estratégia cooperativa ou não cooperativa dos operadores económicos que compõem a rede, conforme ilustra o diagrama *infra*.

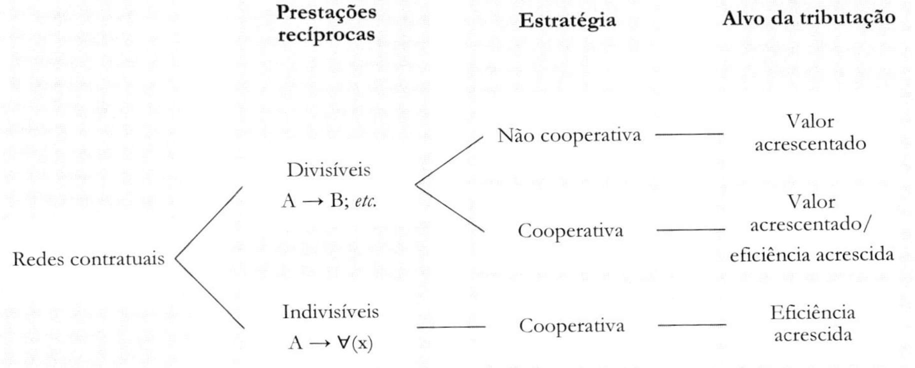

Em todo o caso, a tributação deverá ser realizada no momento final da despesa para consumo (*front end*), seguindo o princípio do destino e garantindo-se a neutralidade a montante – uma única taxa de imposto para o serviço como um todo, cumprindo a finalidade funcional da rede ou da plataforma, obstando a situações de proliferação acumulada de tributações distorcivas e outras figuras de caráter atípico e duvidosa fundamentação constitucional, propiciando ineficiências e desigualdades.

Ainda assim, e uma vez alcançada uma solução de equilíbrio à luz dos princípios enformadores do sistema fiscal, o intérprete-aplicador deverá questionar-se: não será a tributação da eficiência acrescida uma contradição com os princípios gerais do Estado Regulador e do Estado Bem Estar?

A Caducidade do Direito à Dedução ou a Negação da Neutralidade do Imposto?

CLÁUDIA REIS DUARTE & MARIANA COENTRO RIBEIRO

1. O problema

O tema mais amplo da caducidade do direito à dedução do IVA (que em seguida nos propomos tratar numa das suas problemáticas) é de inegável interesse e atualidade, como de resto o demonstram as anteriores edições desta publicação, que têm vindo a dedicar-lhe especial atenção nas suas várias vertentes[1].

---

[1] Inês Pinto Leite, "A Caducidade do Direito à Dedução do IVA" in *Cadernos IVA 2013*, Almedina, 2013, 217; Afonso Arnaldo/Tiago Albuquerque Dias, "Afinal qual o prazo para deduzir o IVA? Regras de caducidade e (in)segurança jurídica" in *Cadernos IVA 2014*, Almedina, 2014, 17; Alexandra Martins/ Pedro Moreira, "Regularizações de IVA: a alteração superveniente dos elementos da operação, o erro material ou de cálculo e o erro de enquadramento ou de direito" *in Cadernos IVA 2014*, Almedina, 2014, 55; João Canelhas Duro, "Dedução de IVA, regularizações e revisão da autoliquidação" *in Cadernos IVA 2015*, Al-

O IVA é na sua génese e essência um imposto de tributação do consumo, que é liquidado por cada operador económico da cadeia, mas que é para os mesmos operadores neutro (porque em regra o liquidam a jusante e deduzem a montante, sempre que desenvolvam uma atividade sujeita a imposto), sendo por esse motivo um imposto plurifásico e não cumulativo.

Apenas compreendendo o imposto nestas suas características enformadoras (plurifásico e não cumulativo), se alcança de forma evidente que o direito à dedução do imposto suportado a montante (esse sim, objeto do presente estudo) é precisamente o mecanismo que assegura o funcionamento do IVA[2] quanto à sua natureza e característica essencial – a neutralidade[3].

Do que de forma simplista acaba de se referir decorre com inegável clareza que o direito à dedução é a *trave mestra*[4] ou a *pedra de toque* – como vem sendo apelidado – do sistema comum do IVA (Diretiva n.º 2006/112/CE, de 28 de novembro – Diretiva)[5].

Apesar de amplamente reconhecida na doutrina e na jurisprudência a essencialidade do direito à dedução, o exercício desse direito pode ser condicionado, e assim acontece quer na regulamentação do IVA no seio da União Europeia ("UE") quer nas regulamentações nacionais, à verificação

---

medina, 2015, 327; Serena Cabrita Neto/Leonardo Marques dos Santos/Priscila Santos, "A regularização do IVA em caso de erro no apuramento do *pro rata*: questões processuais" *in Cadernos IVA 2015*, Almedina, 2015, 359; Alexandra Martins/André Areias, "Os prazos para a regularização de erros: análise à luz dos princípios da efetividade e da equivalência" *in Cadernos IVA 2017*, Almedina, 2017, 41.

[2] Nos termos do artigo 1.º, n.º 2, da Diretiva n.º 2006/112/CE, de 28 de novembro ("Diretiva"), a "prévia dedução do montante do imposto que tenha incidido diretamente sobre o custo dos diversos elementos constitutivos do preço".

[3] Nos termos da jurisprudência consolidada, "o direito de os sujeitos passivos deduzirem do IVA de que são devedores o IVA devido ou já pago sobre os bens adquiridos e os serviços que lhes foram prestados a montante constitui um princípio fundamental do sistema comum do IVA instituído pela legislação da União" (cf. § 37 do C-533/16, de 21/03/2018 – Acórdão *Volkswagen*).

[4] É "esta técnica do crédito de imposto que constitui a trave-mestra do sistema do imposto sobre o valor acrescentado" e que veio permitir o aperfeiçoamento do IVA e garantir a sua neutralidade, já que levou o IVA a "imposto cumulativo que deixou de o ser" (cf. Xavier de Basto, "A tributação do Consumo e a sua coordenação internacional", *Ciência e Técnica Fiscal 361*, Janeiro – Março de 1991, 44 e 45).

[5] Por esse motivo, como regra geral, e precisamente "a fim de preservar a neutralidade do IVA, as taxas aplicadas pelos Estados-Membros deverão permitir a dedução normal do imposto aplicado no estádio anterior" – cf. § 30 do preâmbulo da Diretiva.

de determinados pressupostos substanciais, formais e temporais, muito embora tais restrições devam, nos termos já amplamente densificados pela jurisprudência do Tribunal de Justiça da UE ("TJUE"), ser limitadas, proporcionais e reservadas à proteção de interesses e princípios que mereçam especial tutela no seio do sistema comum do IVA nos termos da Diretiva (*e.g.*, combate à evasão e à fraude fiscal).

É sobre uma dessas restrições em concreto – a caducidade do direito à dedução, como condicionante temporal ao exercício do direito à dedução – que pretendemos debruçar um olhar mais atento nesta sede.

Dentro do tema mais amplo da caducidade do direito à dedução, elegemos como mote para este trabalho as situações em que, paradigmaticamente na sequência de um procedimento de inspeção tributária, a Autoridade Tributária e Aduaneira ("AT") entende ser devido adicionalmente imposto, que liquida. O contribuinte destinatário de tal liquidação adicional *corrige* a fatura originária e repercute o IVA liquidado adicionalmente ao destinatário dos bens ou dos serviços.

Como esta repercussão (pelas vicissitudes próprias do encadeamento de procedimentos aqui em causa e pela prática dos serviços) ocorre, via de regra, mais de quatro anos após a emissão da fatura originária, a AT tem vindo consistentemente a negar o direito à dedução do IVA ao adquirente (sobre o qual é repercutido o IVA adicionalmente liquidado) com fundamento no artigo 98.º, n.º 2, do CIVA, recusa que baseia no facto de se encontrar já caducado o prazo para o exercício do direito à dedução nos termos em que o entende e computa a AT, *i.e.*, como contando-se do momento em que o IVA adicionalmente liquidado se torna exigível e, portanto, por referência ao momento da transmissão de bens ou prestação de serviços original[6].

[6] A título de exemplo, veja-se o Despacho do Subdiretor Geral de IVA no processo n.º 3949, de 8 de novembro de 2012, nos termos do qual "se o fornecedor dos bens/prestador de serviços vier a repercutir o imposto devido ao adquirente, em fatura que obedeça aos requisitos dos artigos 19.º e 36.º do IVA" e os demais requisitos do exercício ao direito à dedução estiverem reunidos, "concretiza-se na esfera do adquirente o direito à dedução do imposto, devendo, porém, tal direito, ser exercido até ao decurso do prazo a que se refere o n.º 2 do artigo 98.º deste diploma" pois "a exigibilidade do imposto ocorreu nas datas da emissão das faturas" originais, e por isso "não obstante o prestador dos serviços não ter procedido, aquando da emissão das faturas, à respetiva liquidação do imposto, o mesmo é devido naquelas datas".

Do que temos presenciado na experiência de assessoria legal em situações como a que vem de descrever-se, o transmitente ou prestador, confrontado com a liquidação adicional e conhecendo esta prática dos serviços – e sabendo de antemão que o adquirente irá, muito provavelmente, recusar o pagamento do IVA que sabe que não poderá deduzir -, o mais das vezes suporta por si o imposto adicionalmente liquidado, que não repercute, quer por assumir que o erro na origem da liquidação adicional foi seu, quer por razões comerciais para a manutenção da boa relação com o cliente; ou alternativamente, negoceia com o adquirente um pagamento do imposto a repercutir, sem que a questão alguma vez seja colocada perante uma instância judicial.

Temos pois como certo que a falta de repercussão nestes casos esconde um número de situações desta natureza muitíssimo superior ao que os casos conhecidos e objeto de pronúncia por um tribunal (que se cingem àquelas situações em que há repercussão do imposto adicionalmente liquidado e o adquirente recusa pagar a fatura ou em que a AT recusa ao adquirente a dedução do imposto, sendo um tribunal chamado a dirimir o conflito) deixam antever. O tema que aqui trazemos é pois mais amplo e reveste grande atualidade e aplicação prática.

Em qualquer dos cenários que vimos de descrever (não repercussão ou repercussão e impedimento do exercício do direito à dedução pelo adquirente/repercutido), verifica-se inevitavelmente uma quebra da neutralidade do IVA, sem que encontremos, no entanto, especial razão, interesse ponderoso ou princípio que justifique essa mesma restrição, ou ainda norma no ordenamento jurídico da UE ou nacional que recomende tal solução jurídica como impõe a Diretiva e o TJUE nos termos mencionados *supra*.

O que propomos com o presente artigo, que tem o seu âmbito e extensão limitados, é contribuir para a reflexão sobre este tema, em particular sobre a solução que a prática dos serviços vem retirando da lei e aplicando às situações de repercussão após liquidação adicional de IVA, que apesar da parca jurisprudência que tem gerado, se adivinha que assume uma dimensão prática muitíssimo mais ampla que as vicissitudes da vida das empresas (avessas a litígios pendentes com os seus clientes ou com a AT) levam a resolver pela via pragmática, em prejuízo claro do funcionamento do imposto e que motiva e justifica a presente reflexão.

2. Enquadramento Legal

Na medida em que a discórdia aqui em análise resulta, em grande medida, da diferente interpretação conferida aos ínsitos legalmente aplicáveis pelos vários intervenientes no sistema comum do IVA – TJUE, tribunais nacionais, AT e agentes económicos -, deixamos uma breve análise do regime legal da UE e interno aplicável ao caso aqui em análise e aquela que é, segundo entendemos, a melhor e mais conforme interpretação dos ínsitos legais aplicáveis segundo as finalidades e interesses prosseguidos no seio do sistema comum do IVA.

2.1. O direito à dedução de IVA

No que ao caso importa, e enunciando apenas a regra geral, estabelece o CIVA que os sujeitos passivos poderão subtrair, ao imposto sobre as operações tributáveis que efetuaram, o imposto que tenham suportado na aquisição de bens ou serviços[7].

Em regra, o direito à dedução nasce no momento em que o imposto dedutível se torna exigível[8]. Tal exigibilidade, nos termos dos artigos 7.º e 8.º do CIVA, está naturalmente prevista por referência ao transmitente ou prestador, a quem cabe liquidar o imposto e entregá-lo ao Estado (e que o repercutirá no operador seguinte da cadeia, que sendo um sujeito passivo, terá direito a deduzi-lo).

Compreende-se pois que não exista direito à dedução antes de o imposto (entretanto repercutido) existir e se tornar exigível.

O facto gerador do imposto verifica-se, em regra, no momento da transmissão dos bens ou prestação dos serviços e torna-se exigível, sendo obrigatória a emissão de fatura, no momento em que esta foi (ou deveria ter sido) emitida[9].

---

[7] Nos termos do artigo 22.º do CIVA, plasmando na norma interna o disposto no artigo 179.º da Diretiva.

[8] Nos termos do mesmo artigo 22.º, n.º 1, do CIVA, em adesão ao artigo 167.º da Diretiva.

[9] Nos termos dos artigo 7.º e 8.º do CIVA, em adesão aos artigo 63.º da Diretiva.

É este momento – o da exigibilidade – que marca a obrigação do transmitente ou prestador de entregar o imposto ao Estado (independentemente de ter sido liquidado e repercutido esse imposto no adquirente e de ter sido emitida a correspondente fatura) – e é também nesse momento que surge o direito à dedução.

Contudo, o direito existir (em abstrato) – porque o imposto foi liquidado e é exigível ao transmitente ou prestador – e o mesmo poder ser exercido são coisas distintas.

Desde logo, porque o direito à dedução é a outra face da repercussão, e não há como deduzir imposto não repercutido (o adquirente só deduz imposto que lhe haja sido exigido – por repercussão – pelo transmitente ou prestador).

O direito à dedução do IVA como paradigma da neutralidade deste imposto apenas se verifica porque o IVA é repercutido no adquirente[10]. É esta repercussão do IVA que se revela igualmente indispensável na garantia de que nem o transmitente ou prestador, nem o adquirente, suportam o encargo do IVA, um porque repercute o imposto no adquirente, e o outro porque tem a possibilidade de deduzir o imposto suportado a montante[11], ao longo de toda a cadeia até ao consumidor final, que suporta o encargo do imposto[12].

Parece evidente que se o transmitente ou prestador (e sem ajuizar neste ponto se o faz de acordo ou não com o que a lei prescreve) simplesmente optar por não repercutir (suportando o encargo económico do imposto), ainda que o direito à dedução tenha "nascido" (na terminologia do artigo 22.º, n.º 1 do CIVA), o adquirente não pode exercer tal direito (já que não

---

[10] Nos termos do artigo 37.º do CIVA.

[11] "[E]sta transferência legal do imposto (do sujeito passivo para ao repercutido), a que o Código chamou de repercussão, é indispensável para permitir, por um lado, que não seja o sujeito passivo a suportar a carga económica do imposto e, por outro lado, para permitir que os repercutidos que sejam igualmente sujeitos passivos do imposto, o possam deduzir" (cf. Clotilde Celorico Palma/ António Carlos dos Santos [Coord.], *CIVA e RITI: Notas e Comentários*, Almedina, 2014, 347).

[12] Como refere a própria AT, "Em sede de IVA observa-se a chamada repercussão progressiva ou descendente que se verifica quando em relação a todo o ciclo produtivo, há tentativa de repercussão do sacrifício fiscal por parte de quem está numa fase ou estádio anterior para quem se encontra na fase ou estádio seguinte." (Despacho IVA Informação n.º 1523, de 12/08/2002).

é legítimo nem faz sentido deduzir o que não lhe foi repercutido e não suportou).

Repercussão e dedução são, pois, dois mecanismos que devem funcionar de forma simbiótica e que asseguram a neutralidade da tributação em sede de IVA[13] (ao garantir que o imposto liquidado é exigido por repercussão ao operador seguinte da cadeia e se permite que este o deduza, não suportando o seu encargo económico).

Em qualquer caso, e como refere a AT[14], independentemente da repercussão ou não do IVA no adquirente, a obrigação de entrega do imposto pelo sujeito passivo transmitente ou prestador subsiste, já que a relação jurídico-tributária existe entre este último e o Estado[15]. Já a relação que se estabelece quando o transmitente ou prestador repercute o imposto no adquirente configura um interesse próprio do sujeito passivo, que deverá reger-se pelo direito privado e não pelo direito público e, por isso, a natureza da relação jurídica entre o sujeito passivo do imposto e o repercutido é uma relação de natureza civil[16]. A jurisprudência cível tem, aliás, confirmado

[13] De onde resulta que sempre que, por qualquer motivo, deixe de ser repercutido o IVA no adquirente, é comprometida a neutralidade do imposto. De igual modo, sempre que a repercussão não seja acompanhada do correspondente direito à dedução na esfera do adquirente, é inevitavelmente comprometida a neutralidade do imposto. Apenas assim é possível alcançar "a neutralidade perfeita quanto à carga fiscal de todas as actividades económicas, independentemente dos respectivos fins ou resultados, desde que essas actividades estejam elas próprias sujeitas a IVA" (cf. Acórdão TJUE, *Bonic,* C-285/11, 06.12.2012).

[14] Cf. Despacho do SDG IVA no Processo n.º 3335, de 28/06/2012, quando refere que "por regra, incumbe ao fornecedor dos bens/prestador dos serviços, a obrigação de entrega ao Estado do imposto que se mostre devido na operação tributável, obrigação que subsiste, quer o tenha repercutido, ou não, ao seu cliente".

[15] Essa conclusão decorre do artigo 18.º, n.º 4, al. *a)* da Lei Geral Tributária (LGT), nos termos do qual se determina que o repercutido não é sujeito passivo do imposto e, portanto, não será sujeito da relação jurídica tributária.

[16] Como explica Diogo Leite de Campos, "a relação entre o sujeito passivo do imposto e o repercutido é de natureza civil, em que o repercutido é o devedor e o sujeito passivo de IVA é o credor", pois "o montante (do imposto) repercutido é devido ao credor que o recebe em nome e interesse próprio. Não é entregue para o Estado" ("Repercussão e abuso de confiança em IVA", Ciência e Técnica Fiscal, n.º 404, 95). Referindo ainda que o repercutido "é devedor do sujeito passivo que é um credor actuando em nome e no interesse próprios. Não em nome e no interesse do Estado. Este nem sequer tem interesse na cobrança do montante repercutido, pois o sujeito passivo deverá entregar-lhe o montante do imposto, independentemente de obter o cumprimento do seu crédito perante o repercutido" (*in op. cit*, 99). Tal não significa, em nossa opinião, que o repercutido não possa recorrer aos meios contencio-

este entendimento, afirmando-se competente para conhecer os diferendos entre sujeito passivo e repercutido em matéria de IVA.

Há pois que distinguir estas duas realidades:

a) a relação jurídica de imposto, que se desenvolve entre o transmitente ou prestador e o Estado. É esta a relação jurídico-fiscal em que se verifica o facto gerador do imposto e é por referência a esta relação que o imposto é exigível. Naturalmente que a exigibilidade deste imposto marca a virtualidade (potencial e dependente da verificação das condições materiais, formais e temporais) de subsequente e posterior dedução do imposto, sempre que este seja objeto de repercussão;

b) a relação que se estabelece entre transmitente ou prestador e adquirente, em que o primeiro repercuta no segundo o imposto liquidado (adicionando-o ao preço). Esta é uma relação comercial de direito privado, que tem a particularidade (que é característica do sistema do IVA como brevemente descrito acima) de se exigir do operador seguinte da cadeia (o adquirente) o pagamento de um imposto, que este por sua vez (sendo um sujeito passivo que atua no âmbito da sua atividade) poderá deduzir (entrando nesta fase no âmbito de outra, e diferente, relação jurídico-fiscal: a que se estabelece, quanto ao direito à dedução, entre o adquirente e o Estado).

Serve o anterior para concluir que facilmente se compreende que a lei estabeleça que o direito à dedução não existe sem que o imposto seja exigível.

Diferente é aquilatar e determinar da possibilidade (e dos requisitos materiais, formais e temporais) do exercício de tal direito.

Cremos, aliás, que é precisamente a confusão sobre estes dois conceitos e momentos – o do nascimento do direito à dedução e o do surgimento da possibilidade do seu exercício – que se gera a particular confusão que se instalou na doutrina e na jurisprudência sobre a caducidade do direito à dedução em análise nesta sede e que leva a entendimentos suscetíveis de distorcer a neutralidade do imposto e que não encontram, em nossa opinião, amparo na lei nem razão ou princípio atendível que pudessem justificar tal restrição.

---

sos tributários para defender os seus interesses, em particular quando esteja em discussão entre o sujeito passivo e a AT imposto que será repercutido.

Atentemos pois nos termos legalmente estabelecidos para que possa ser exercido o direito à dedução, assente que foi nas linhas que antecedem que o seu pressuposto primeiro é a repercussão.

O artigo 22.º, n.º 2 do CIVA[17] (lido em conjunto com o artigo 19.º, n.º 2, al. *a)* do CIVA), como em igual medida o artigo 178.º da Diretiva que está na base dos primeiros, erigem a receção ou posse de fatura como condição essencial da qual depende o exercício do direito à dedução, e assim é porque só a fatura traz ao conhecimento do adquirente (titular do direito à dedução) que o imposto foi liquidado (pelo transmitente ou prestador) e lho exige (por repercussão).

A fatura (ou outro documento de igual valor) é o elemento que consubstancia e efetiva a repercussão, e sem o qual (por isso) a dedução não pode ser exercida[18].

Como bem sumaria a Advogada-geral Juliane Kokott nas suas conclusões apresentadas em 30 de novembro de 2017 ("Conclusões"), que vão mais além do que a posição assumida pelo TJUE no correspondente acórdão proferido no processo C- 8/17, de 12/04/2018 (Acórdão *Biosafe*) e que seguimos inteiramente, "o aumento do IVA ainda não faturado (isto é, ainda não indicado na fatura) não constitui, portanto, uma simples correção de um erro formal. Pelo contrário, este aumento é comparável à primeira

---

[17] Pois como resulta de forma amplamente clara do artigo 179.º da Diretiva, "para poder exercer o direito à dedução, o sujeito passivo deve (...) possuir uma fatura emitida em conformidade com os artigos 220.º a 236.º, 238.º, 239.º e 240.º", e "Só confere direito a dedução o imposto mencionado nos seguintes documentos, em nome e na posse do sujeito passivo: *a)* em faturas passadas na forma legal", nos termos do artigo 19.º, n.º 2, al. *a)* do CIVA.

[18] Nas palavras de Nuno Pinto Fernandes/Francisco Pinto Fernandes, "segundo este artigo, o direito à dedução nasce no momento em que o imposto dedutível se torna exigível na esfera do fornecedor de harmonia com as regras dos artigos 7.º e 8.º. Esta disposição tem, contudo, de ser relacionada com os pressupostos formais do n.º 2 do artigo 19.º, segundo o qual só confere direito à dedução o imposto mencionado em facturas, documentos equivalentes em forma legal e recibos de pagamentos do IVA que fazem parte das declarações de importação na posse dos sujeitos passivos", pelo que "no que concerne ao direito à dedução do imposto por parte do adquirente, temos que, sendo as facturas ou documentos equivalentes um dos pressupostos do direito à dedução, o momento do nascimento desse direito se verifica não no momento em que os bens são colocados à disposição do adquirente ou no momento da prestação dos serviços, mas sim no momento da sua facturação (...)" (*Código do Imposto sobre o Valor Acrescentado e Regime do IVA nas Transacções Intracomunitárias Anotado e Comentado*, Rei dos Livros, 1997, 552).

emissão de uma fatura. Com efeito, também no caso em apreço, o prestador comunica, pela primeira vez, qual o montante (adicional) de IVA que repercute. O próprio adquirente toma conhecimento, pela primeira vez, do montante do seu encargo (adicional) de IVA decorrente da operação, que suportará (adicionalmente) ao pagar esta fatura posterior" (cf. § 62).

Antes desse momento, o sujeito passivo não está autorizado a deduzir qualquer IVA, pois não se pode considerar que uma determinada operação está sujeita a IVA (ou sujeita a uma taxa distinta) quando este não foi sequer liquidado[19]. Enquanto o sujeito passivo prestador não repercutir o IVA liquidado adicionalmente pela AT e emitir a correspondente fatura, o adquirente não está obrigado ao seu pagamento (não lhe é exigível) e, portanto, não está autorizado a efetuar a correspondente dedução[20].

Bem se compreende, neste quadro, que a posse da fatura seja pressuposto do exercício do direito e marque o momento a partir do qual tal exercício pode ocorrer.

A confirmá-lo pode mencionar-se, desde logo a exceção consagrada no artigo 22.º, n.º 3, do CIVA[21], em que se admite o direito à dedução em período anterior ao da receção da fatura (desde que o sujeito passivo já tenha na sua posse a referida fatura no momento da entrega da declaração periódica[22]).

---

[19] Nos termos das Conclusões, "isto ressalta claramente da jurisprudência anterior, na qual o Tribunal de Justiça declara expressamente que o exercício imediato do direito a dedução pressupõe que, em princípio, os sujeitos passivos não efetuem pagamentos e, portanto, não liquidem o IVA a montantes antes de terem recebido uma fatura, ou um documento que a substituta, e que não se pode considerar que o IVA onera uma determinada operação antes da sua liquidação" (cf. § 45).

[20] Seguindo novamente as Conclusões, "sem um acordo correspondente e sem uma fatura (correspondente a esse acordo), o adquirente não pode pagar e não pagará o IVA ao prestador", pelo que "enquanto o prestador – como sucede no caso em apreço – não tiver integrado a taxa normal de imposto no seu preço e enquanto não a tiver repercutido no adquirente por meio da contraprestação (em 2008, tal ainda não acontecia), o adquirente também não estará sujeito ao IVA neste montante" (cf. § 47 e § 48).

[21] No uso da faculdade conferida no artigo 180.º aos Estados-Membros de conformar o exercício do direito à dedução em termos distintos dos previstos na Diretiva.

[22] Como bem explicam Nuno Pinto Fernandes/Francisco Pinto Fernandes, "Pode acontecer, designadamente quando a emissão das facturas tenha lugar nos últimos dias do período de imposto, que a recepção se verifique já no período seguinte, prevendo o n.º 3 essa eventualidade e admitindo que a dedução possa efectuar-se no período de declaração em que a emissão teve lugar, para evitar o adiamento da dedução para o período seguinte, ou se tal

No mesmo sentido militam as regras estabelecidas para os casos em que, posteriormente à entrega de imposto, haja lugar à retificação de faturas[23], em que naturalmente o exercício do direito à dedução sempre dependerá da receção da fatura com a referida correção por parte do adquirente, nos termos do artigo 22.º, n.º 2, do CIVA[24].

Qualquer dos exemplos mencionados (que configuram desvios), dão amparo e confirmam a regra de que para exercer o direito à dedução é necessário possuir uma fatura de que conste o imposto a deduzir. Note-se que a posse da fatura, muito embora seja um requisito formal do direito à dedução, é igualmente um seu pressuposto pois, como antes se referiu, só quando a recebe é que o adquirente sabe que o imposto em causa foi liquidado pelo transmitente ou prestador e foi repercutido, não se estranhando por isso que só a partir desse momento possa exercer o direito à dedução do imposto[25,26]. Antes disso, aliás, nem se vê que função teria a possibilidade de

---

não for possível, no período da recepção. O que se exige, em qualquer dos casos, é que a factura, no momento em que é feita a dedução, se encontre já em poder do declarante" (*in op. cit.*, 553).

[23] De que são paradigmáticos os casos elencados no artigo 78.º do CIVA no âmbito dos quais o sujeito passivo poderia corrigir as deduções efetuadas e regularizar o IVA deduzido, e que são (i) a alteração superveniente da operação sujeita a IVA que conduzam à alteração ou anulação do seu valor tributável (cf. artigo 78.º, n.º 4, do CIVA); (ii) a inexatidão da fatura ou o erro material ou de cálculo ou de passagem da fatura para a contabilidade ou para a declaração periódica (cf. artigo 78.º, n.º 5, do CIVA); e (iii) o erro no enquadramento da operação, seguindo a divisão tripartida adotada por Martins, Alexandra; e Moreira, Pedro, *in op. cit.*, 61-62.

[24] Sobre se a regularização de IVA integra ou não o próprio direito à dedução, vide João Canelhas Duro, no sentido de que apenas será dedução a primeira declaração de IVA na qual o direito à dedução é exercido (in op. cit.) e, em sentido contrário, com o qual tendemos a concordar, Alexandra Martins e André Areias, defendendo que a própria regularização de IVA é ainda direito à dedução e dele incindível, quando refere que "ainda que o artigo 98.º, n.º 2, do CIVA consagre um prazo geral de 4 anos para o exercício do direito à dedução, nele se devem compreender quaisquer deduções, sem distinções formais ou valorativas entre deduções iniciais e regularizações das deduções, uma vez que, conforme referido, o direito à dedução é indivisível e deve ser exercido na sua plenitude" (*Cadernos do IVA 2017*, 53).

[25] Nas palavras de José Xavier Basto, "assentando o direito a deduzir o imposto suportado a montante nas faturas emitidas pelos sujeitos passivos – o que justifica a designação de «método das faturas» como caracterizador do IVA existente – esses documentos acabam por constituir, quando deles sejam destinatários sujeitos passivos do imposto, «cheques sobre o Tesouro», liquidados quer sob a forma de dedução do respetivo valor ao imposto a jusante, quer inclusivamente sob a forma de reembolso, quando, em circunstâncias e condições que

dedução, já que não tendo sido suportado imposto, não haveria encargo a eliminar, nem neutralidade a respeitar com tal eliminação.

Basta pensar, de resto, numa situação em que o transmitente ou prestador, por erro seu, enquadre a operação como isenta e não liquide qualquer imposto. Consequentemente, emitirá ao adquirente (também ele sujeito passivo) uma fatura com a indicação de que a operação é isenta de IVA, obviamente não repercutindo imposto (que não liquidou). O adquirente não tem, como é bom de ver, direito à dedução, mesmo que o enquadramento da operação seja errado e se venha a demonstrar que era devido IVA (e exigível por referência à data da operação).

Serve o exemplo para concluir que, segundo defendemos, o recebimento da fatura pelo adquirente não se reconduz apenas (em termos meramente formalistas) a dotar o sujeito passivo de um requisito de forma que lhe permite a dedução do imposto, sendo antes um verdadeiro pressuposto do direito à dedução.

2.2. *A caducidade do direito à dedução de IVA*

Sendo a esta altura claro que a receção da fatura marca a repercussão do imposto (e com ela o surgimento da possibilidade de exercício do direito à dedução), faz-se neste ponto um pequeno desvio para olhar às regras sobre a limitação temporal do exercício do direito à dedução.

A caducidade traduz a repercussão do tempo na relação jurídica, motivo pelo qual é um tema que geralmente suscita reservas e controvérsia, sendo que as normas a este propósito estabelecidas no ordenamento jurídico português (que nos ocuparão em seguida) não constituem exceção, sobretudo

variam de Estado para Estado na UE, este imposto a jusante se revela inferior ao imposto dedutível constante das aludidas faturas" ("O direito à dedução do IVA em jurisprudência recente do TJUE", in *Contabilista* n.º 203, fevereiro de 2018, 33).

[26] Também como escreve Sérgio Vasques, as faturas são "no sistema europeu do IVA (...), o elo com o qual se constrói a cadeia da liquidação-dedução e o mecanismo dos pagamentos fraccionados do imposto. O legislador presume, afinal, que o IVA mencionado em cada factura é repercutido para diante, até que o peso integral do imposto chegue ao consumidor final no circuito. E só porque o presume admite que o direito à dedução seja exercido com base na factura" (*O Imposto sobre o Valor Acrescentado*, Almedina, 2015, 182).

atendendo a que os sujeitos passivos e a AT vêm aplicando e defendendo diferentes soluções e interpretações jurídicas sobre o início do referido prazo.

Na prática, a caducidade traduz o período de tempo durante o qual determinado direito pode ser validamente exercido, ou, dito de outra forma, o prazo para além do qual tal direito deixa (por decurso do tempo) de poder exercer-se[27].

Disso mesmo tratamos neste ponto: de saber a partir de quando e até quando pode exercer-se o direito à dedução de imposto suportado (assumindo, para efeitos desta análise, que todos os demais requisitos, substanciais e formais, estão verificados, e que estamos em presença de sujeitos passivos atuando de boa fé e sem qualquer intenção evasiva ou fraudulenta).

Porque de caducidade aqui tratamos, importará convocar o artigo 329.º do CC – que aqui se reproduz pela sua essencialidade na compreensão do tema em apreço -, segundo o qual "o prazo de caducidade, se a lei não fixar outra data, começa a correr no momento em que o direito puder legalmente ser exercido".

Do antedito cremos ser evidente – e a redação do n.º 2 do artigo 22.º do CIVA não parece abrir margem a grandes discussões sobre este tema – que o direito à dedução só pode ser exercido após a receção da fatura.

Porém, recebida a fatura, o mesmo direito não pode ser exercido a qualquer momento, antes conhecendo limitações temporais.

A regra, consagrada no n.º 2 do artigo 22.º do CIVA, e sem prejuízo de outros prazos especialmente previstos no artigo 78.º do CIVA aplicáveis nos casos de regularização, estabelece que a dedução do imposto suportado (por dedução ao montante total de imposto devido) deve ser efetuada na declaração do período em que ocorre a receção da fatura ou de período posterior.

Esclareça-se que a Diretiva prevê apenas a possibilidade da dedução no período em que se torna suscetível tal exercício[28], permitindo porém aos Estados-Membros ("EM") que autorizem a mesma dedução em momentos distintos[29].

---

[27] Nos termos do artigo 298.º, n.º 2, do Código Civil (CC), a caducidade é aplicável "quando, por força da lei ou por vontade das partes, um direito deva ser exercido dentro de certo prazo".

[28] Cf. artigo 179.º da Diretiva, remetendo, quanto às condições do exercício do direito, para o artigo 178.º da Diretiva.

[29] Cf. Artigo 180.º da Diretiva.

Assim fez Portugal, admitindo a dedução como regra no período em que for repercutido o imposto (correspondente ao da receção da fatura) ou em período posterior, consagrando um conjunto de situações para as quais previu limitações temporais mais restritas (as regularizações previstas no artigo 78.º do CIVA) e um prazo geral de 4 anos (diremos que nos casos não especialmente previstos no artigo 78.º do CIVA), consagrado no artigo 98.º, n.º 2, do CIVA[30].

Sempre que se verifique alguma incorreção no IVA deduzido, – *e.g.*, quando à operação sobrevenham quaisquer vicissitudes que alterem as condições em que esta ocorreu ou se verifiquem erros (sejam materiais ou de cálculo ou erros de enquadramento da operação) – compreende-se que estas situações sejam acauteladas e reguladas e se estabeleçam prazos para que as situações se cristalizem, nos termos aliás expressamente previstos nos artigos 184.º e 185.º da Diretiva[31].

A aplicação destes prazos em concreto levanta inúmeras questões do ponto de vista doutrinário e jurisprudencial e é suscetível de gerar muita litigiosidade entre os sujeitos passivos e a AT, contrárias à justa administração do imposto e geradoras de uma incerteza inimiga da neutralidade do

---

[30] A este propósito, refira-se que a previsão de prazos distintos para a regularização (aqui tomada em sentido amplo como pretendendo abranger qualquer alteração ao imposto inicialmente liquidado) de IVA é por si só bastante para gerar prolífera discussão sobre qual o fundamento de cada regularização em específico, gerando interesses conflituantes e um braço de ferro entre a AT, que tende a tentar reconduzir a situação a um erro material, com um prazo de caducidade de exercício do direito à dedução de 2 anos; e o sujeito passivo, que tende a defender que se trata de um erro de direito e que por isso dispõe do prazo mais amplo de 4 anos para exercer o direito à dedução. Sobre este tema, v. jurisprudência arbitral (117/2013-T, de 06/12/2013, 245/2013-T, de 28/03/2014, 185/2014-T, de 24/10/2014, 277/2014-T, 30/10/2014, 251/2014-T, de 03/11/2014, 502/2014-T, de 19/12/2014, 350/2015-T, de 11/01/2015, 794/2014-T, de 08/05/2015 (entretanto veio acórdão do STA a decidir em sentido inverso a esta decisão no regime de renúncia à isenção), 608/2014-T, de 18/05/2015, 664/2014-T, de 01/07/2015, 56/2015-T, de 24/08/2015, 203/2015-T, de 17/11/2015, 309/2015-T, de 14/12/2015, 549/2016-T, de 06/02/2017, 85/2017-T, de 29/09/2017, 28/2017-T, de 27/10/2017, 252/2017-T, de 20/11/2017, 489/2017-T, de 01/02/2018, 649/2017-T, de 28/05/2018, 138/2018-T, de 03/09/2018, e 159/2018-T, de 13/11/2018).

[31] A Diretiva não regula as condições nas quais o IVA incorretamente deduzido pode ser regularizado, deixando-se antes aos Estados-Membros a liberdade de concretização das normas relativas ao direito de regularização das deduções pelo sujeito passivo (cf. artigo 186.º da Diretiva).

IVA[32], motivo pelo qual defendemos que seria útil à economia e operacionalidade do imposto a consagração legal de um prazo único de caducidade do exercício do direito à dedução para todas as vicissitudes posteriores à ocorrência da operação[33].

Não obstante, parece claro que a lei estabelece (i) um regime e um prazo regra para o exercício do direito à dedução (que deve ser exercido na declaração do próprio período em que é recebida a fatura ou no período da sua emissão, quando ainda esteja a decorrer o prazo para apresentação da declaração periódica desse período); e (ii) vários regimes (e diferentes prazos de exercício do direito à dedução) para vicissitudes que sobrevenham ao momento da ocorrência da operação e que determinem um valor diferente de imposto a deduzir, previstos nos artigos 78.º e 98.º, n.º 2, do CIVA.

Em qualquer caso, parece-nos certo que no decurso do prazo de caducidade, e sem prejuízo dos casos especialmente previstos no artigo 78.º do CIVA, tal direito pode ser exercido a todo o tempo, com a limitação última do prazo de 4 anos.

Não se ignora que alguma jurisprudência vem decidindo em sentido diverso, e afirmando que o momento para o exercício da dedução se limita à declaração do período em que a fatura foi recebida[34] e, decorrido o período

---

[32] A própria AT assim o admite quando refere que é relevante "encontrar a forma mais adequada de materializar as correções a efetuar, de modo a promover a uniformização de procedimentos, quer pelos Serviços, quer pelos sujeitos passivos", pois admite que "dada a diversidade de situações aí contempladas [no artigo 78.º do CIVA], nem sempre tem sido fácil, quer para os sujeitos passivos, quer para os Serviços, encontrar uma posição de equilíbrio, o que origina, não raras vezes, interpretações diversas, em prejuízo de uma boa administração do imposto e da transparência que é desejável existir nas relações entre a Administração Tributária e os sujeitos passivos" (cf. Ofício-Circulado n.º 30082/2005, de 17 de novembro, da Direção de Serviços de IVA)

[33] No mesmo sentido pode ler-se Alexandra Martins/André Areias, *Cadernos do IVA 2017*, 62.

[34] Não seguimos, assim, a jurisprudência que tem sido proferida nesta matéria, de que elencamos, a título de exemplo, a decisão arbitral preferida no processo n.º 647/2017-T, de 05/09/2018, que segue o acórdão do STA proferido no processo n.º 0966/10, de 18/05/2011, quando decide que "a dedução do imposto não pode ser efectuada em qualquer momento, à escolha do sujeito passivo, sendo o alcance útil das normas referidas que indicam os momentos adequados para a dedução precisamente o de excluir que esta se possa fazer em momentos diferentes, quando tal não esteja especialmente previsto". É que não apenas este acórdão foi proferido sobre momento no qual ainda não se encontrava expressamente prevista a possibilidade de efetuar a dedução em "período posterior", como de qualquer forma, àquela

no qual o sujeito passivo receba a fatura sem que tal direito à dedução haja sido exercido, o correspondente IVA deixaria de poder ser deduzido.

Não pode contudo ignorar-se a letra expressa da lei, além do que essa não parece ser a intenção do legislador, que introduziu, a partir de 2003, a menção expressa à possibilidade de dedução do IVA em *período posterior* ao da emissão de fatura, por alteração legal ao artigo 22.º, n.º 2, do CIVA, alteração que, entendemos, visava precisamente deixar claro que, dentro do prazo de caducidade legalmente previsto no artigo 98.º, n.º 2, do CIVA, e sem prejuízo das situações expressamente previstas no artigo 78.º do CIVA, o sujeito passivo poderá exercer o direito à dedução a qualquer momento[35].

Aliás, esta é mesmo a única interpretação que confere sentido à vigência do prazo de caducidade para o exercício do direito à dedução previsto no artigo 98.º, n.º 2, do CIVA antes de tal alteração da lei (ou o direito à dedução apenas poderia ser exercido nos termos dos artigos 22.º e 78.º do CIVA e o referido prazo careceria de qualquer utilidade), bem como à alteração de redação do n.º 2 do artigo 22.º do CIVA por forma a precisamente viabilizar essa dedução dentro do prazo de caducidade de quatro anos previsto para o efeito (posição de resto seguida pela própria AT antes da referida alteração legislativa[36]).

---

data, a melhor interpretação das normas legais aplicáveis recomendava já a admissibilidade da dedução a todo o tempo do IVA suportado, desde que dentro do prazo de caducidade legalmente estabelecimento. Saudamos, ao invés, a decisão arbitral proferida no processo 509/2018-T, de 19/02/2019, quando decide que "o entendimento correto será o que resulta do teor literal dos referidos artigos 22.º, n.º 2, e 98.º, n.º 2, do CIVA que o direito à dedução pode ser exercido em períodos posteriores àquele em que se gera sem prejuízo de limitações especiais e, na falta delas, do prazo geral de 4 anos, idêntico ao prazo geral para exercício de direitos tributários perante a Administração Tributária", pois "o não exercício do direito à dedução no período em que deveria ter ocorrido poderia justificar a aplicação de sanções à Requerente, mas não podia justificar a recusa do exercício de tal direito".

[35] Alteração introduzida pela Lei n.º 107-B/2003, de 31 de dezembro.

[36] Antes mesmo de tal alteração legislativa já a AT defendia este entendimento (precisamente para dar sentido útil ao prazo de 4 anos estabelecido no artigo 98.º, n.º 2 do CIVA) ao afirmar que "o exercício do direito à dedução não se extingue no período a que se referem as facturas ou documentos equivalentes passados em forma legal, de que conste IVA dedutível, podendo ser exercido, sem prejuízo de disposições especiais, no decurso de cinco anos após o nascimento do direito à dedução" *(n.º 2 do art. 91.º do CIVA* [prazo que atualmente é de 4 anos por aplicação do artigo 98.º, n.º 2, do CIVA]) (Cf. Despacho da DSIVA no Processo n.º 160 94 206, de 15/05/96). Em particular nos casos de faturas recebidas pelo sujeito passivo e não registadas, entende também a AT que o IVA correspondente pode ser deduzido a

Veio pois clarificar-se tal omissão, ficando agora cristalino que a dedução pode ser exercida na declaração do período em que é recebida a fatura; ou, na falta de exercício nesse momento, em declaração de período posterior, com as limitações e prazos especialmente previstos para as situações especialmente consagradas no artigo 78.º do CIVA ou, fora de tais situações, com a limitação temporal do prazo de 4 anos estabelecido no artigo 98.º, n.º 2 do CIVA.

Esta é, de resto, a interpretação mais consentânea com a opção seguida pelo legislador português de consagrar um prazo geral de 4 anos para a caducidade do exercício do direito à dedução (sem prejuízo das situações especiais a que se deu tratamento diverso previstas no artigo 78.º do CIVA).

Retomando a conclusão que já antes deixámos entrever acima, entendemos que tal prazo, exercido na declaração do período em que se recebe a fatura ou em período posterior, só pode iniciar-se (porque assim o prescreve o artigo 22.º n.º 2 do CIVA e porque a própria lógica do imposto o determina) com a repercussão, que ocorre com a receção da fatura.

Não ignoramos a letra do artigo 98.º, n.º 2, do CIVA, nos termos da qual o direito à dedução *pode ser exercido no prazo de 4 anos* "após o nascimento do direito à dedução". No entanto, em nossa opinião, a leitura conjunta do artigo 19.º, n.º 2, al. *a)* e 22.º, n.ºs 1, 2 e 3, do CIVA recomendam que o direito à dedução, embora nasça no momento em que o IVA se torna exigível, apenas pode ser exercido (e a caducidade afere-se por referência à suscetibilidade de exercício do direito) a partir do momento em que é recebida a fatura pelo adquirente.

Entendemos que tal remissão (para o momento do nascimento do direito) não pode se não tratar-se de um lapso, devendo ser efetuada uma interpretação sistemática e corretiva do referido preceito legal, pois não é cabível ter

---

qualquer tempo, desde que dentro do prazo de caducidade para o efeito, quando refere que "não são aplicáveis os mecanismos previstos no art.º 71.º nos casos do exercício do direito à dedução do imposto mencionado em documentos ainda não registados, o qual deve ser efectuado nos termos do art.º 22.º, desde que dentro do prazo previsto no n.º 2 do art.º 91.º, todos do CIVA" (cf. Ofício-Circulado n.º 30082/2005, de 17 de novembro, da Direção de Serviços de IVA) ou que "se de facto a Requerente, no ano de 2012, não exerceu o direito à dedução do imposto, dado que as faturas não estavam contabilizadas, nada obsta a que possa exercer tal direito tendo em conta os condicionalismos estabelecidos nos artigos 19.º a 21.º do CIVA e o prazo previsto no n.º 2 do artigo 98.º do mesmo diploma" (cf. Despacho do SDG no Processo n.º 9860, de 04/03/2016).

como termo inicial do prazo de caducidade um momento em que o exercício do direito ainda não era em si mesmo possível (por não ter sido notificada a correspondente fatura ao adquirente assim repercutindo o IVA liquidado), quando o instituto da caducidade é precisamente previsto para a contagem do prazo disponível para o exercício do direito, nos termos do artigo 329.º do CC.

Em face do exposto, o termo inicial do prazo de caducidade sempre deverá ser o momento da receção da fatura. Se as normas legalmente aplicáveis exigem que o sujeito passivo esteja na posse de uma fatura (ou de documento equivalente) para o exercício do direito à dedução (cf. artigos 19.º, n.º 2, al. *a)*, e 22.º, n.ºs 1, 2 e 3, do CIVA, então só com essa receção é que se inicia o supramencionado prazo para o exercício legal do direito nos termos previstos no artigo 329.º do CC e, portanto, pode começar a correr o prazo de caducidade para a dedução do IVA suportado.

Aliás, o facto de a lei (artigo 22.º, n.ºs 2 e 3 do CIVA) e consequentemente a AT (e bem) não admitir o direito à dedução sem a posse da fatura (porque só esta consubstancia a repercussão e motiva tal direito, deixa a nu a contradição em entender que, em casos de alteração superveniente (em que igualmente é exigido um documento de correção), pudesse ser exercido tal direito antes mesmo (e com independência) da posse da fatura.

3. A Posição da AT

Não raras vezes (e ainda que indesejáveis), ocorrem lapsos no enquadramento das operações pelo transmitente ou prestador que, aquando da operação e emissão da fatura inicial, erradamente a trata como estando isenta ou não sujeita a IVA (ou sujeita a taxa inferior à legalmente devida) com base em interpretação atendível da lei (e, portanto, sem qualquer finalidade de evasão ou fraude fiscal), emitindo a correspondente fatura sem proceder a qualquer liquidação de IVA (ou liquidando IVA a taxa inferior à que seria legalmente devida). Tal operação é por esse motivo processada pelo adquirente sem dedução de imposto (ou dedução inferior à que em momento posterior e superveniente se vem a revelar ser a legalmente devida)[37].

[37] Temos para nós que um errado tratamento em IVA de determinada operação não se reconduz a um erro de cálculo nem leva a qualquer inexatidão na fatura inicialmente

Mais tarde, por iniciativa da AT em sede de inspeção[38], é alterado o enquadramento da operação para efeitos de IVA (no decurso do prazo de caducidade do direito à liquidação do imposto), passando a mesma operação a estar sujeita a IVA (ou sendo liquidado IVA a uma taxa superior).

Tendo presente que o prazo de caducidade do direito à liquidação é, em regra, de 4 anos[39], e que este prazo pode ser dilatado pela ocorrência de diversos factos interruptivos ou suspensivos do mesmo (sendo provavelmente o mais comum a suspensão pelo período máximo de seis meses pela realização de procedimento de inspeção de natureza externa), facilmente se antecipa que, não raras vezes, a liquidação adicional de imposto (emitida na sequência do enquadramento legal consagrado pela AT ou da aplicação de uma diferente – e superior – taxa de imposto) é emitida e notificada ao transmitente ou prestador para além do referido prazo de caducidade[40].

Sucede também não raras vezes que o sujeito passivo pretende discutir a legalidade de tal liquidação pela via graciosa e/ou pela via judicial e só com a decisão final proferida – vários anos volvidos, atendendo à morosidade dos tribunais portugueses[41] – é que a liquidação adicional emitida pela AT se cristaliza na ordem jurídica.

Não se estranha assim que o adquirente seja confrontado com um documento em que o transmitente ou prestador de uma operação ocorrida há mais de 4 anos lhe exige, por repercussão, através de documento corretivo

---

emitida. Diferentemente, a fatura original (em que foi, determina-se depois em liquidação adicional, liquidado IVA inferior ao devido) coincide com a posição e a vontade de quem a emitiu, que veio a revelar-se errada em momento posterior. Não será, assim, aplicável nestes casos o prazo de caducidade mais exíguo de 2 anos previsto no artigo 78.º, n.º 6, do CIVA. Sobre a aplicabilidade do prazo de caducidade previsto no artigo 98.º, n.º 2, do CIVA ou do referido prazo de 2 anos, tem sido produzida prolífera jurisprudência (v. nota de rodapé n.º 33 *supra*).

[38] Embora nos debrucemos sobre casos de inspeção e liquidação adicional por parte da AT, as considerações no presente artigo são aplicáveis *mutatis mutandis* aos casos em que o próprio transmitente ou prestador de serviços corrige a liquidação de IVA dentro do prazo de que dispõe para o efeito.

[39] Nos termos do artigo 45.º da LGT

[40] Contado nos termos em que o entende a AT e que não seguimos.

[41] A título de exemplo, o Despacho SDG 2397, de 23/09/2011, nos termos do qual o sujeito passivo prestador dos serviços impugnou as liquidações de IVA e o adquirente apenas vê o imposto a ser-lhe repercutido (e negado o direito à dedução pela AT com fundamento em caducidade) dez anos depois.

da fatura original, o pagamento de imposto que, por liquidação adicional emitida pela AT, veio apenas entretanto a revelar-se devido.

Tal repercussão do imposto, desde que acompanhada do consequente direito à dedução (o que acontecerá quando estejamos em presença de dois sujeitos passivos de imposto exercendo atividades sujeitas a IVA) mantém na íntegra a neutralidade e não deveria ser origem de maiores dissabores, pelo que uma liquidação adicional de imposto emitida ao transmitente ou prestador não deveria levantar quaisquer temas quanto à sua subsequente repercussão ao adquirente e dedução por este do imposto assim suportado.

Neste caso, muito embora o correspondente imposto seja liquidado e entregue ao Estado pelo transmitente ou prestador de serviços[42], a AT entende que ele não poderá já ser deduzido pelo adquirente, por se encontrar decorrido o prazo de caducidade do direito à dedução tal como previsto no artigo 98.º, n.º 2, do CIVA, já que entende a AT que o termo inicial de tal prazo ocorreu no momento da emissão da fatura original em que o IVA adicionalmente liquidado não foi incluído[43,44].

A situação assume aliás contornos kafkianos quando é negado o direito à dedução de IVA em casos nos quais o transmitente ou prestador contesta judicialmente quaisquer correções de IVA propostas pela AT e o direito à liquidação apenas vem a cristalizar-se no ordenamento jurídico vários anos após a liquidação original de IVA, tendo o prazo de caducidade para o exercício de dedução nesta interpretação que lhe é conferida pela AT já sido ultrapassado há largos anos quando o adquirente recebe o documento corretivo em que tal IVA lhe é exigido por repercussão.

---

[42] Que suporta igualmente as coimas aplicáveis e os juros devidos desde a data em que tal imposto era exigível.

[43] Nos termos do despacho antes mencionado "Se é um facto que a requerente naquelas datas – 2009 a 2011 – não exerceu o direito à dedução do imposto, dado que nos documentos que possuía não constava a liquidação do mesmo, nada obsta a que possa fazê-lo a partir do momento em que tiver na sua posse documentos que legitimem tal exercício tendo, contudo, em conta os condicionalismos estabelecidos nos artigos 19.º e 21.º do CIVA e o prazo previsto no n.º 2 do artigo 98.º do mesmo diploma, contado a partir do momento em que o imposto se tornou exigível na esfera do prestador dos serviços, de harmonia com os artigos 7.º e 8.º do Código".

[44] No mesmo sentido, toda a doutrina administrativa nesta matéria, de entre os quais citamos o Despacho SDG IVA n.º 2557, de 10/10/2011, e o Despacho SGD n.º 2183, de 07/07/2011.

Acresce que esta conclusão da AT choca se considerarmos que a maior parte das vezes a liquidação adicional de IVA ou a retificação do IVA liquidado ocorre em circunstâncias que são totalmente alheias ao adquirente (titular do direito à dedução), já que resultam de um erro de enquadramento da operação para efeitos de IVA da autoria do transmitente ou prestador e o adquirente sobre quem é repercutido o IVA não é sequer (como se mencionou acima) sujeito passivo da relação jurídica no que respeita à liquidação adicional, nem é chamado a intervir no procedimento que leva a tal liquidação adicional[45], pelo que só com a repercussão (que em regra acontece após o termo do prazo de 4 anos como contado pela AT) tomará sequer conhecimento de que o imposto foi supervenientemente exigido.

É contudo a coberto desta alegada limitação temporal que a AT tem vindo a pronunciar-se no sentido de recusar o exercício do direito à dedução por parte dos sujeitos passivos mesmo em casos nos quais quer os requisitos substantivos, quer os requisitos formais para o exercício desse direito à dedução do IVA estavam reunidos.

Compreenda-se que numa relação comercial, que se quer tão livre quanto possível de conflitos, o transmitente ou prestador se exima de repercutir o imposto, assumindo o seu encargo. É que o transmitente ou prestador desejará evitar contactar um seu cliente e dar-lhe nota de que irá emitir-lhe um documento corretivo de uma fatura emitida há vários anos, pedindo-lhe agora que pague um montante de IVA que por lapso seu (do transmitente ou prestador) não foi devidamente liquidado no momento inicial. E o transmitente ou prestador terá reservas sérias em assim atuar sobretudo se a quantia em causa (o IVA a repercutir) for pouco material, quando comparado com o valor que atribui à relação comercial que mantém com o adquirente (supondo que ainda a mantém à data). Por razões comerciais, assumindo o lapso que é seu e tentando evitar o litígio que se adivinha no pagamento da fatura, o transmitente ou prestador sentir-se-á muito tentado a não repercutir.

Neste universo ficarão, arriscamos dizer – ainda que não disponhamos de dados concretos – boa parte das liquidações adicionais de IVA emitidas nestas situações.

---

[45] Com exceção dos casos de autoliquidação (*reverse charge*), mas que nem por esse motivo merecem menor proteção neste caso, devendo aplicar-se-lhes *mutatis mutandis* o entendimento que aqui se defende.

Por esse erro (do transmitente ou prestador), ao adquirente que suportou menos imposto do que o devido, ser-lhe-á exigido (anos volvidos) tal imposto adicional com que o adquirente não contava, que não decorre de erro seu e para o qual não contribuiu[46].

Nos restantes casos, e sempre que os pressupostos negociais acordados entre as partes assentem num preço líquido (a que por isso acrescem os impostos devidos), o transmitente ou prestador repercutirá o imposto adicionalmente liquidado. Tendo presente que esse encargo tem origem num erro que não é seu e conhecendo de antemão a posição da AT nesta matéria, não estranhamos que o adquirente use de todos os meios à sua disposição para recusar o pagamento do imposto adicionalmente repercutido.

Não se exigem pois grandes considerações adicionais para alcançar a conclusão (óbvia) de que (i) o sujeito passivo transmitente tenderá, se isso lhe for possível, a simplesmente assumir como erro seu e não repercutir no adquirente o imposto adicionalmente liquidado e (ii) o adquirente que tenha dúvidas quanto à possibilidade de exercer o direito à dedução, recusar-se-á a pagar o documento que corrige a fatura original em que o imposto adicional lhe é repercutido.

Adivinha-se por isso que os casos que aqui tratamos tenham uma frequência superior àquela que as decisões jurisprudenciais e a doutrina administrativa conhecida sobre o tema revelam. Não obstante, chegando a conflito, as contendas sobre a recusa em pagar a fatura que consubstancia a repercussão terminam necessariamente dirimidas na jurisdição civil, chamada a solucionar o litígio pelo transmitente ou prestador para ver o IVA pago.

Não apenas se gera, assim, a situação algo inaudita de vermos temas de natureza eminentemente fiscal a serem discutidos na jurisdição cível[47] – que tem por exemplo paradigmático o litígio apreciado pelo Supremo Tribunal de Justiça no processo n.º 10290/13.3YIPRT.L1.S1, de 05/07/2018 (Acór-

---

[46] Consideração aplicável *mutatis mutandis* ao cliente final que suportou imposto inferior ao devido mas que, por não ter direito à dedução de imposto, não exploramos com maior detalhe.

[47] Já que o adquirente invoca a impossibilidade de dedução como fundamento para se eximir ao pagamento da fatura emitida pelo transmitente ou prestador, e na medida em que isso releva para a determinação do preço acordado, o tribunal vê-se na contingência de ter que abordar o tema fiscal.

dão *STJ*), e que serviu de base ao acórdão *Biosafe* do TJUE[48], por sua vez proferido na esteira do inovador acórdão proferido no processo C-533/16, de 21 de março de 2018 (Acórdão *Volkswagen*)[49] –; como desde logo facilmente se apura de tudo quanto se vem expondo a interferência da tributação nas relações entre os agentes económicos e distorção da neutralidade do imposto que não podem, estamos certos, ser a intenção do legislador.

Mesmo que assim não se entendesse ser a interpretação devida dos preceitos legais cuja aplicação aqui se convoca em conformidade com o direito

---

[48] Sobre a impossibilidade de dedução de IVA por se encontrar decorrido o prazo de caducidade previsto no artigo 98.º, n.º 2, do CIVA – nos termos em que a AT o entende -, num caso de liquidação adicional por parte da AT entretanto repercutida no adquirente pelo transmitente, no âmbito do qual o TJUE decidiu que "Os artigos 63.º, 167.º, 168.º, 178.º a 180.º, 182.º e 219.º da Diretiva 2006/112/CE do Conselho, de 28 de novembro de 2006, relativa ao sistema comum do imposto sobre o valor acrescentado, bem como o princípio da neutralidade fiscal, devem ser interpretados no sentido de que se opõem à legislação de um Estado-Membro nos termos da qual, em circunstâncias como as que estão em causa no processo principal, nas quais, na sequência de uma liquidação adicional, um acréscimo de imposto sobre o valor acrescentado (IVA) foi pago ao Estado e foi objeto de documentos retificativos das faturas iniciais vários anos após a entrega dos bens em causa, o benefício do direito à dedução do IVA é recusado com o fundamento de que o prazo previsto na referida legislação para o exercício deste direito se conta a partir da data de emissão das referidas faturas iniciais e expirou" (Acórdão *Biosafe*).

[49] Sobre a possibilidade de reembolso de IVA adicionalmente repercutido no adquirente e negado pela administração fiscal por decurso do prazo de caducidade para o pedido de reembolso num caso de correção do enquadramento da operação para efeitos de IVA pelo transmitente na Eslováquia, no âmbito do qual o TJUE decidiu que "O direito da União deve ser interpretado no sentido de que se opõe à regulamentação de um Estado-Membro que, em circunstâncias como as do processo principal, em que o imposto sobre o valor acrescentado (IVA) foi faturado ao sujeito passivo e por ele pago vários anos depois da entrega dos bens em causa, recusa o benefício do direito ao reembolso do IVA com o fundamento de o prazo de preclusão previsto nessa regulamentação para o exercício desse direito ter começado a correr na data da entrega e ter expirado antes da apresentação do pedido de reembolso" (Acórdão *Volkswagen*). As considerações sobre o direito ao reembolso de IVA são aplicáveis *mutatis mutandis* ao direito à dedução do IVA. Neste sentido, Alexandra Martins/André Areias, quando referem que o "direito ao reembolso do imposto indevidamente entregue ao Estado, onde se deverão incluir as situações de correção / regularização das deduções de IVA (dedução de IVA amplo sensu)" (*in op. cit.*, 54) e o próprio TJUE quando decide que "o direito de um sujeito passivo estabelecido num Estado-Membro obter o reembolso do IVA pago noutro Estado-Membro, conforme regido pela Diretiva 2008/9, é o reflexo do direito, instituído a seu favor pela Diretiva 2006/112, de deduzir o IVA pago a montante no seu próprio Estado-Membro" e "o regime das deduções e, portanto, dos reembolsos visa liberar inteiramente o empresário do peso do IVA devido ou pago no âmbito de todas as suas atividades económicas" (§ 36 do Acórdão *Volkswagen*).

da UE, a verdade é que em qualquer caso, a solução jurídica a conferir a estas situações podia ser já extraída, em nossa opinião, da jurisprudência que vinha sendo proferida pelo TJUE em acórdãos anteriores, em particular, nos acórdãos proferidos nos processos apensos C-95/07 e C-96/07, de 8 de maio de 2008 (Acórdão *Ecotrade*)[50], e C-284/11, de 12 de julho de 2012 (Acórdão *EMS-Bulgaria*)[51].

É, assim, deste entendimento da AT – nos casos de liquidação adicional de IVA emitida ao transmitente ou prestador seguida de repercussão ao adquirente – segundo o qual o momento essencial para aferir a partir de quando pode ser exercício do direito à dedução é o da exigibilidade do imposto originalmente liquidado, sem considerar a fatura emitida a repercutir o referido imposto adicional que aqui nos distanciamos, e que, concluiremos, merece ser revista.

---

[50] Sobre correção adicional de IVA aplicando *reverse charge* e recusa do correspondente direito à dedução por decurso do prazo de caducidade em Itália, num caso em que o prazo de caducidade do direito à liquidação previsto era de 4 anos, enquanto o prazo de correções ao direito à dedução pelo sujeito passivo era de apenas 2 anos, contando-se em ambos os casos desde a emissão da fatura original/liquidação original de IVA pelo sujeito passivo, no âmbito do qual o TJUE muito embora decida que não é contra o direito da UE "uma regulamentação nacional que institui um prazo de caducidade para o exercício do direito à dedução, como o em causa nos processos principais, desde que os princípios da equivalência e da eficácia sejam respeitados. O princípio da eficácia não é violado pelo simples facto de a Administração Fiscal dispor, para proceder à cobrança do imposto sobre o valor acrescentado não pago, de um prazo que excede aquele que é concedido aos sujeitos passivos para que exerçam o seu direito à dedução", muito embora o direito da EU se oponha a que "uma prática de rectificação das declarações e de cobrança do imposto sobre o valor acrescentado que pune a violação, como a que ocorreu nos processos principais, por um lado, das obrigações que resultam das formalidades estabelecidas pela regulamentação nacional ao abrigo desse artigo 18.°, n.° 1, alínea *d)*, e, por outro lado, das obrigações contabilísticas e declarativas que resultam, respectivamente, do referido artigo 22.°, n.os 2 e 4, através de uma recusa do direito à dedução em caso de aplicação do regime de inversão do ónus da liquidação".

[51] Sobre correção adicional à autoliquidação de IVA e recusa do correspondente direito à dedução por decurso do prazo de caducidade na Bulgária, no âmbito do qual o TJUE decidiu que não é contra o direito da EU a "existência de um prazo de caducidade para o exercício do direito a dedução como o que está em causa no processo principal, desde que este não torne excessivamente difícil ou impossível na prática o exercício desse direito" e que "o princípio da neutralidade fiscal opõe-se a uma sanção que consiste em recusar o direito a dedução em caso de pagamento tardio do imposto sobre o valor acrescentado, mas não se opõe ao pagamento de juros de mora, sem prejuízo de que esta sanção respeite o princípio da proporcionalidade, o que compete ao órgão jurisdicional de reenvio verificar".

4. A Posição Adotada e a Jurisprudência Comunitária

Repita-se que a solução que defendemos, e a que resulta das disposições conjugadas do CIVA e do instituto da caducidade tal como previsto no Código Civil é aquela segundo a qual o prazo para o exercício do direito à dedução de IVA suportado se conta do momento em que é recebida a fatura que consubstancia a repercussão do imposto (como se deixou assente acima).

Assim resulta do teor literal do artigo 22.º, n.º 2 do CIVA, que dispõe de forma expressa que o direito só pode ser exercido quando seja recebida a fatura (em linha com o artigo 179.º da Diretiva). No mesmo sentido concorre a prática dos serviços da AT, que naturalmente não admite o exercício do direito à dedução sem que o sujeito passivo adquirente esteja na posse de uma fatura (em que lhe é exigido por repercussão o imposto liquidado pelo anterior agente no circuito do IVA).

Esta conclusão não é infirmada pela regra estabelecida no n.º 1 do artigo 22.º do CIVA (que faz coincidir o nascimento do direito à dedução com o momento da exigibilidade do imposto) nem pela redação da parte final do n.º 2 do artigo 98.º, n.º 2 do CIVA, que estabelece o prazo geral de quatro anos como contando-se do nascimento do direito à dedução, já que é manifestamente impossível que um prazo de caducidade – que, por definição, é um prazo para o exercício de um direito, -, se possa contar a partir de um momento no qual o exercício desse mesmo direito é impossível. Impõem as regras gerais de direito que o prazo para o exercício de um direito não possa senão contar-se do momento em que esse direito é suscetível de ser exercido, o que no caso presente só ocorre após a repercussão do imposto.

O facto de o direito nascer (e passar a existir em abstrato) no momento em que é exigível o imposto (exigível ao transmitente ou prestador), não altera a conclusão de que o mesmo direito só pode ser exercido após a repercussão, o que acontece com a emissão da fatura, por esse motivo se estabelecendo esse como o momento relevante para o termo inicial do prazo para o exercício do direito (mesmo que em abstrato ele já exista ou "tenha nascido" em momento anterior).

É a esta luz que se compreende que o direito possa nascer com a exigibilidade, mas que a limitação temporal do seu exercício tenha que aferir-se por referência ao momento a partir do qual o direito possa ser exercido (com a receção da fatura ou documento equivalente recebido).

Não se ignora aqui o teor literal da segunda parte do n.º 2 do artigo 98.º do CIVA, mas este não pode, numa interpretação sistemática (em face dos n.ºs 1 e 2 do artigo 22.º do CIVA e dos artigos 298.º, n.º 2, e 329.º do CC) e conforme aos princípios estruturantes do imposto, além de uma maior conformidade com os princípios da Diretiva, deixar de ser interpretado da forma que aqui se defende.

A exigibilidade do imposto (que é estabelecida por referência ao transmitente ou prestador, que é o sujeito passivo objeto da liquidação adicional e que tem a responsabilidade pelo pagamento do imposto adicionalmente liquidado, com independência de o repercutir ou não) ocorre no momento em que se dá o seu facto gerador ou havia a obrigação legal de emitir a fatura e a lei estabelece que é esse o momento em que nasce o direito à dedução.

Por esse motivo, aliás, está o sujeito passivo transmitente vinculado ao pagamento de juros compensatórios pelo atraso na liquidação do imposto adicionalmente devido, e a coimas pela infração verificada (i.e., por falta de entrega de prestação tributária).

Sem esta obrigação de imposto existir (quanto ao transmitente ou prestador), não há naturalmente sequer a possibilidade de repercussão/dedução.

Contudo, e porque a lei estabelece que o direito nasce neste momento (mesmo que não possa ainda ser exercido), a AT – presa a tal literalidade e ignorando a melhor interpretação da lei e mais conforme à Diretiva e aos princípios fundamentais do imposto – considera que o repercutido só pode exercer o seu direito à dedução dentro do prazo geral de 4 anos contados do momento da exigibilidade do imposto, mesmo nos casos, que arriscamos dizer são a regra nas situações de liquidação adicional, em que tal prazo já decorreu na data em que o adquirente recebe o documento corretivo e toma conhecimento de que o imposto adicional existe e pode ser deduzido.

Nem o ordenamento jurídico recomenda, nem existe qualquer princípio ponderoso que justifique uma tal restrição ao direito à dedução nos termos mencionados supra, pelo que vedar o direito à dedução neste caso é de tal modo atentatório dos princípios que norteiam o imposto, que não se pode aceitar.

Não nos parece cabível que o adquirente fique à mercê (i) da atuação da AT, que pode vir a emitir a liquidação adicional em data em que segundo a interpretação aqui em crise já caducou o direito à dedução por decurso do prazo de 4 anos; e (ii) da atuação e opções do transmitente ou prestador, na medida em que, mesmo tendo a liquidação adicional de IVA sido emitida antes do prazo de caducidade do direito à dedução, pode vir a repercutir já fora desse prazo (nomeadamente porque opta por contestar a legalidade do IVA que lhe é exigido).

Deste modo, o adquirente (em situações que para estes efeitos se assume não tenham associados comportamentos fraudulentos ou evasivos) a quem é negado o direito à dedução (numa inegável restrição à neutralidade pretendida do imposto), acaba a suportar economicamente um encargo que tem na sua origem um erro do transmitente ou prestador (ainda que este tenha atuado com base numa interpretação atendível da lei).

Já o Estado vê aumentada a sua receita de imposto, que é integralmente assegurada em virtude da obrigação do sujeito passivo de liquidar e entregar o imposto ao Estado em qualquer cenário e da negação do direito à dedução pelo adquirente.

Sendo o IVA um imposto de matriz comunitária, é frequente que as dissensões, mesmo na simples interpretação de um direito nacional e em operações puramente internas, culminem com questões colocadas ao TJUE, precisamente sobre a compatibilidade dos regimes nacionais com o direito comunitário nesta matéria.

O tema da caducidade – limitação temporal, estabelecida pelos ordenamentos jurídicos dos EM -, não é exceção, e tem merecido a pronúncia daquele tribunal nos últimos anos. No mesmo sentido que aqui defendemos vem decidindo o TJUE, e por isso apreciamos de forma breve, em seguida, os acórdãos tidos por mais relevantes nesta matéria, e é do comentário aos mesmos que extraímos os argumentos que na análise dos princípios de direito da UE servem igualmente de amparo (a acrescer ao que acima se escreveu) à tese que aqui se defende.

Vejamos:

4.1. *A quebra da neutralidade do IVA e os princípios em conflito: Acórdãos Ecotrade e EMS-Bulgaria*

Até este ponto sustentámos a posição que aqui se defende essencialmente na lei interna, ainda que com referências (incontornáveis, naturalmente) à Diretiva e sobretudo à natureza e modo de funcionamento do imposto.

O que em seguida se propõe é uma análise (necessariamente mais breve do que merecem) das principais decisões proferidas pelo TJUE em casos de imposição, pela regulamentação nacional, de limitações temporais ao exercício do direito à dedução e ao modo como aquele Tribunal (na senda aliás da jurisprudência reiterada em matéria de limitações ao direito à dedução), vem estabelecendo a sua inadmissibilidade.

Nos Acórdão *Ecotrade* (2008) e Acórdão *EMS-Bulgaria* (2012), o TJUE admite o estabelecimento, pelo direito interno dos EM (e como não conflituantes com o direito comunitário), de regimes de limitação do direito à dedução por caducidade.

Por outras palavras, em ambos os acórdãos o TJUE admite como não contrário ao direito da UE o indiscutível sacrifício/entorse à neutralidade que resulta da impossibilidade de exercer o direito à dedução por simples decurso de um período temporal legalmente estabelecido, e fá-lo com independência de a falta de dedução dentro de tal prazo ser (Acórdão *Ecotrade*) ou não (Acórdão *EMS-Bulgaria*) resultado de uma atuação negligente do adquirente/repercutido.

E o TJUE admite (em termos genéricos) tal limitação em nome (e pela maior tutela que entendeu atribuir) ao princípio da segurança jurídica que, nas palavras do tribunal, exige que a situação fiscal do sujeito passivo não seja indefinidamente suscetível de ser posta em causa, não causando antolho que com esta limitação se puna o contribuinte não suficientemente diligente, que não exerceu em tempo o seu direito a deduzir o IVA suportado a montante (Acórdão *Ecotrade*).

Em ambos os casos, porém, o tribunal matiza esta regra, e afirma que, ainda que a Diretiva não se oponha ao estabelecimento, como regra, pela regulamentação nacional, de limitações temporais ao exercício do direito à dedução, tais limitações devem aplicar-se de igual modo aos direitos análogos em matéria fiscal que se baseiam no direito interno e aos que se baseiam no direito comunitário (respeitando o princípio da equivalência) e, por outro, a imposição de tal prazo para o exercício do direito não pode tornar praticamente impossível ou excessivamente difícil o exercício do direito à dedução (respeitando o princípio da eficácia).

A dedução é de tal forma relevante para o funcionamento do imposto na sua natureza plurifásica e não cumulativa que só deverá ser restringida quando exista outro princípio ou direito digno de maior tutela (que inegavelmente sai beliscada) que justifique a referida restrição.

Naturalmente, quaisquer limites a tal direito deverão ser introduzidos em obediência ao princípio de *de minimis* e da proporcionalidade, e justificados pela prossecução de finalidades específicas e especialmente atendíveis, admitindo-se unicamente quando o que determina tal restrição (porque bule com a neutralidade do imposto) seja algo que mereça maior tutela (*e.g.*, de evitar a fraude e a evasão fiscal), como impõe o artigo 273.º da Diretiva[52].

Por isso se compreende que tal direito possa ser limitado em presença de situações patológicas ou em casos de combate à fraude ou evasão fiscais, e que admitimos que possam servir de mote e justificar as condicionantes formais e substanciais introduzidas ao direito à dedução.

É o que sucede quando o circunstancialismo do caso concreto demonstre que os sujeitos passivos (transmitente ou prestador e adquirente) estavam conluiados ou tinham, no modo como configuraram a operação, uma intenção fraudulenta ou evasiva[53].

Diferentemente, já assim não será quando o adquirente não dispunha sequer da fatura ou documento corretivo e não tinha por isso como saber nem podia ter deduzido tal IVA em momento anterior[54].

---

[52] Assim o impõe a Diretiva de IVA quando impõe como princípios orientadores "simplificar a cobrança do imposto ou evitar certas formas de fraude ou evasão fiscais" (cf. § 59 do preâmbulo) e ordena o Supremo Tribunal Administrativo ("STA") na ordem jurídica interna quando decide que "o princípio da dedução do IVA, enquanto meio de concretizar a neutralidade do imposto, impõe que todas as restrições ao direito de dedução sejam interpretadas de forma restritiva e reduzidas ao mínimo" (acórdão proferido no processo n.º 01455/12, de 07/10/2015).

[53] A título de exemplo, o acórdão TJUE, *Astone*, C-332/15, 28.07.2016.

[54] No que respeita à introdução de prazos de caducidade *per si*, o TJUE já respondeu – em sentido que seguimos, mas com base em premissa à qual não podemos aderir -, defendendo que os limites de ordem temporal ao direito à liquidação se justificam e

Nestes casos, e se contado o prazo para o exercício do direito do momento da exigibilidade do imposto (o que acontecia nos dois casos considerados e sucede na posição que defende a AT ao interpretar e aplicar o CIVA) pode suceder que o direito só possa ser exercido quando tal prazo já expirou, caso que equivale, em nossa opinião, à negação do exercício do direito à dedução.

Aceitar como princípio geral que a estabilidade das relações jurídicas e a operacionalidade do sistema do imposto levam a admitir a restrição temporal do direito à dedução através da imposição de um prazo de caducidade para o exercício desse direito não significa, contudo, aceitar tal restrição de forma absoluta (como, aliás, também não o faz o TJUE nos Acórdãos *Ecotrade* e *EMS-Bulgaria*), devendo a restrição ser matizada, admitindo as exceções necessárias à manutenção de tal direito, sempre que a falta do seu exercício não resulte de uma situação patológica ou seja intencional, e sobretudo em todas aquelas situações em que a dedução não era sequer possível dentro do prazo legalmente previsto.

A negação da possibilidade de deduzir o imposto suportado a montante (aqui por decurso do prazo para tanto estabelecido, com independência do

são conformes ao direito da UE por razões de segurança jurídica e de imutabilidade da situação jurídica do sujeito passivo, *i.e.*, para que a situação fiscal do sujeito passivo não seja passível de ser posta em causa a todo o tempo (Acórdãos *Ecotrade* e *EMS-Bulgaria*). Tendemos a entender que não choca a introdução, pelo direito interno, de um prazo de caducidade para o exercício do direito à dedução do IVA, quando o seja em nome da operacionalidade do sistema comum do IVA e para cristalizar e trazer definitividade às operações ocorridas, como decorrência desse princípio de segurança jurídica, mas na vertente em que este recomenda que as situações jurídicas não devem permanecer em aberto sem qualquer limitação temporal e não já em nome de um qualquer benefício para o adquirente, como parece resultar da argumentação do TJUE. É que a limitação temporal ao exercício de tal direito opera sempre (e necessariamente) contra o adquirente (assumindo um sujeito passivo diligente e de boa fé), já que a inexistência de tal prazo permitiria o exercício do direito a qualquer tempo e a neutralidade do imposto, motivo pelo qual esta argumentação nos merece sérias reservas. Não podemos seguir o TJUE quando, confrontado com o conflito entre o princípio da neutralidade e o princípio da segurança jurídica, privilegia neste domínio em concreto a segurança jurídica, em particular quando decide que "a possibilidade de exercer o direito à dedução sem limites temporais contraria o princípio da segurança jurídica, que exige que à situação fiscal do sujeito passivo, atentos os seus direitos e obrigações face à Administração Fiscal, não seja indefinidamente susceptível de ser posta em causa", mesmo que a final venha admitir a dedução do IVA de forma casuística (acórdão *EMS-Bulgaria*).

prazo que à situação concreta se aplique) introduz entorses ao sistema comum do IVA e compromete a sua neutralidade, pelo que, repita-se, só será admissível em prol de um bem jurídico ou princípio a proteger que deva merecer primazia e maior tutela.

Entendemos por isso que qualquer norma que estabeleça um prazo para além do qual o direito a deduzir deixa de poder ser exercido não é absoluta, e não pode, no caso concreto, ter como resultado a impossibilidade ou extrema dificuldade no exercício do direito à dedução, sob pena de o formalismo do prazo imposto por lei nacional, em nome da não perpetuação indefinida no tempo da situação jurídica, se sobrepor e derrogar o direito à dedução do imposto suportado.

Assim entendeu também o TJUE nos casos dos Acórdãos *Ecotrade* e *EMS-Bulgaria*, quando decidem a final admitir a dedução do IVA[55], muito embora entendam como ultrapassado o prazo de caducidade para o exercício do direito à dedução do IVA previsto nas legislações internas em causa (italiana e búlgara).

Se saudamos em ambos os casos a conclusão alcançada (segundo a qual a Diretiva não se opõe à existência de prazos de caducidade desde que estes não tornem excessivamente difícil ou impossível o exercício do direito nos termos mencionados *supra*) não acompanhamos com o mesmo fervor a argumentação para assim concluir.

Na verdade, em ambas as decisões o TJUE anui que no processo principal o prazo estabelecido no direito interno não pode aplicar-se, já que em face do concreto circunstancialismo em análise a imposição de tal limitação temporal (no Acórdão *Ecotrade* associado às formalidades impostas no caso de aplicação do regime de inversão do ónus da liquidação) conduz a uma sanção (traduzida na recusa do direito à dedução) não consentânea com o princípio da neutralidade.

---

[55] Embora o TJUE aceite, em termos gerais, a primazia do princípio da segurança jurídica sobre o princípio da neutralidade em termos genéricos e recuse o direito à dedução nos casos em que se encontrava ultrapassado o prazo para o exercício do direito à dedução por tal prazo de caducidade não ser violador do direito da EU, a verdade é que, sem prejuízo da validade desses prazos, entende que podem causar desconformidade com o sistema comum do IVA, com outros fundamentos que serão objeto de análise mais detalhada infra.

Porém, em nenhum dos casos o TJUE se pronuncia, nem sequer incidentalmente, sobre o modo como deve contar-se tal prazo, ou sobre a eventual compatibilidade com a Diretiva da existência de um prazo de caducidade (tal como estabelecido na lei interna nos casos do processo principal) já exaurido à data em que se torna possível o direito à dedução.

Temos por isso reservas quanto à posição vertida no Acórdão *Ecotrade* de que não é contrário à Diretiva o estabelecimento de um prazo de caducidade mais vantajoso às administrações fiscais do que ao sujeito passivo[56], sempre e quando o modo de contagem de tal prazo seja suscetível de impedir o exercício do direito à dedução.

Com efeito, no Acórdão *Ecotrade*, o TJUE aceitou o decurso do prazo de caducidade do direito à dedução num caso de liquidação adicional de IVA pela autoridade fiscal italiana em *reverse charge* que impediu a dedução do IVA autoliquidado, por o prazo de caducidade do direito à liquidação previsto ser de quatro anos, enquanto o prazo de correções ao direito à dedução pelo sujeito passivo era de apenas dois anos, contando-se em ambos os casos desde a fatura original/liquidação original de IVA pelo sujeito passivo (e, portanto, num cenário semelhante ao que decorreria em Portugal da aplicação do artigo 78.º, n.º 6, do Código do IVA, como a AT tem vindo a interpretar a contagem de tal prazo)[57].

Tal equivale a admitir de forma cabal que possa ser liquidado imposto pela AT num momento em que o sujeito passivo já não pode deduzi-lo em virtude da forma como é interpretado e contado o referido prazo de caducidade, invocando apenas como argumento central a segurança jurídica nos termos já detalhados supra[58].

---

[56] Vd. notas de rodapé 54 e 55 supra.

[57] Neste sentido, também Inês Pinto Leite, quando refere que "atenta a relevância atribuída pelo próprio ao princípio da segurança jurídica, fica por compreender o modo como o TJUE aceitou, sem aparentes dificuldades, que a Administração fiscal possa gozar da prerrogativa de liquidar imposto num momento em que o sujeito passivo já não dispõe da possibilidade de deduzi-lo" (*in op. cit.*, 237).

[58] Neste sentido, também Inês Pinto Leite, quando refere que "atenta a relevância atribuída pelo próprio ao princípio da segurança jurídica, fica por compreender o modo como o TJUE aceitou, sem aparentes dificuldades, que a Administração fiscal possa gozar da prerrogativa de liquidar imposto num momento em que o sujeito passivo já não dispõe da possibilidade de deduzi-lo" (*in op. cit.*, 237).

Não podemos concordar com a posição defendida, pois ela equivale a negar, à nascença, o direito à dedução de IVA, em violação do princípio da efetividade, segundo o entendemos.

Ainda que em tal acórdão se conclua em passo posterior que as formalidades impostas pela legislação nacional nos casos de autoliquidação e dedução conduzem à negação do direito à dedução (e não devem admitir-se) – assim arbitrando a solução que acompanhamos – não deixa de num primeiro momento admitir a existência de um prazo de caducidade e de uma disparidade entre o prazo para a AT liquidar adicionalmente e para o adquirente/repercutido deduzir (se contados tais prazos tais como estabelecidos na lei italiana) que conduziria à negação do direito à dedução (não fosse a particularidade do caso concreto).

Entenda-se que o que aqui defendemos não é que o prazo de caducidade do direito à liquidação pela AT e o prazo para o exercício do direito à dedução não podem ou não devem ser diferentes. O que defendemos (e que o TJUE desejavelmente poderia ter deixado assente logo naquelas decisões), é que, sob pena de o prazo de caducidade tornar excessivamente difícil ou impossível o direito à dedução, não podem ser estabelecidos prazos pelas regulamentações internas em moldes tais que, quando a repercussão do imposto liquidado adicionalmente ocorre, o prazo já decorreu).

Assim afirmar tem como pressuposto que o termo inicial do prazo para deduzir o imposto só possa contar-se do momento em que é recebida a fatura ou documento corretivo (como se preconiza acima), que constitui condição para o exercício do direito à dedução. E assim contado tal prazo sempre ficará assegurada a neutralidade, não saindo beliscados os princípios da equivalência, nem da eficácia.

A posição que aqui se defende (que se afasta da tese do TJUE nos Acórdãos *Ecotrade* e *EMS*) encontra a sua origem não na introdução de prazos distintos de caducidade para o exercício do direito à liquidação adicional/corretiva e do direito à dedução do IVA mas, tão só, no modo como deve ser contada a limitação temporal para o exercício do direito à dedução, de que o TJUE nestes acórdãos não trata (ratificando, por silente nesta matéria, a posição que parece ser assente no processo principal de que o direito à dedução poderia ser exercido desde o momento em que o imposto adicional deveria ter sido originalmente liquidado).

Ao assim entender, em ambas as decisões, o TJUE conclui que deve ser assegurado o direito à dedução, mas com base na distorção que em cada um dos casos a sua negação implica[59], e não com fundamento no facto (a nosso ver, e com o devido respeito, evidente nos autos), de que o prazo para o exercício do direito, à luz da Diretiva, não pode senão contar-se do momento em que é suscetível de exercício, o que só acontece com a repercussão.

Voltando ao caso português que nos ocupa, sempre diremos que, mesmo admitindo a interpretação da AT do ínsito legal previsto no artigo 98.º, n.º 2, do CIVA (que nos processos na base dos acórdãos aqui referidos é similar e não parece ter causado estranheza ao TJUE) – com a qual obviamente não concordamos nos termos já amplamente expostos *supra* -, é manifesto que o entendimento da AT equivale a negar, à partida e sem mais, o direito à dedução ao tornar impossível o seu exercício em todos os casos em que a repercussão ocorra em momento próximo ou para além do prazo de 4 anos contados da emissão da fatura original. Estaria, em nossa opinião, demonstradamente violado o teste da efetividade, o que remete a referida restrição imposta pela AT à inadmissibilidade à luz do sistema comum do IVA e dos princípios que o regem, nos termos das decisões que acabam de se referir.

Assim decidiu, aliás o STA em 2015, ao entender admissível a dedução de IVA para além do prazo de 4 anos contado tal como defende a AT, por considerar que não admitir tal dedução (apesar do prazo) seria uma restrição injustificada a tal direito, tornando o seu exercício manifestamente impossível[60].

---

[59] Aplicação casuística que igualmente não é estranha à AT, que entendendo que o prazo de caducidade já havia decorrido, decide mesmo assim admitir a dedução de IVA a título excecional pelo simples facto de o sujeito passivo repercutido ter apresentado o pedido de informação vinculativa ainda dentro do prazo de 4 anos em curso para o exercício do direito à dedução e a decisão da AT ter sido emitida após o prazo ter terminado, nos seguintes termos: "tratando-se de uma operação relativa a 2002 este direito devia ter sido exercido até 31 de dezembro de 2006", mas "atendendo à data de entrada do pedido de informação vinculativo (2006.11.15), somos de opinião de que o sujeito passivo deve ser autorizado, a título excepcional, a efectuar a dedução na próxima declaração periódica a entregar dentro do prazo" (Despacho do SGD de IVA n.º 160 2006165, de 02/03/2007).

[60] No acórdão proferido no processo n.º 1455/12, de 07/10/2015, o STA entendeu que "se o sujeito passivo se propôs exercer o direito à dedução do IVA suportado com a construção quando da apresentação da declaração respeitante ao período em que foi obtido aquele certificado, a AT não pode recusar-lhe (ao abrigo do disposto no n.º 2 do art. 91.º do CIVA, na redacção vigente à data) a dedução do imposto mencionado em facturas emitidas há mais

Assim decidiu o STA amparado no direito da UE que a interpretação adotada pela AT e a impossibilidade de deduzir o IVA neste caso corresponderia a um "obstáculo intransponível ao exercício do direito à dedução do imposto" porque este direito estaria já caducado mesmo antes de poder ser exercido[61].

Ao que vem de se mencionar, acresce o facto de a recusa de tal direito à dedução significar a imposição de uma sanção ao adquirente, que não vemos como possa justificar-se no ordenamento jurídico português no qual a tributação obedece a princípios constitucionalmente prosseguidos de tributação do consumo tendente à adaptação da "estrutura do consumo à evolução das necessidades do desenvolvimento económico e da justiça social" (cf. artigo 104.º, n.º 4, da Constituição da República Portuguesa) e, por essa razão, integralmente alheia a qualquer natureza sancionatória.

Mantém-se pois, e sai reforçada, à luz da jurisprudência comunitária, a conclusão antes tirada de que não é admissível a imposição de qualquer prazo de caducidade em virtude do qual seja excessivamente difícil ou impossível o exercício do direito, o que por si deixaria clara a inadmissibilidade da interpretação e aplicação da lei que faz a AT em todas as situações de liquidação adicional de IVA seguida de repercussão e consequente dedução, em que o exercício do direito à dedução apenas ocorra em momento próximo ou para além do prazo de 4 anos como contado pela AT.

4.2. *Da receção da fatura corretiva como trigger do prazo de caducidade do direito à dedução: Acórdãos Volkswagen e Biosafe*

Segundo cremos, não é necessária qualquer especial derrogação ao prazo de caducidade do direito à dedução ou sua aplicação casuística para assegu-

---

de 4 anos, sob pena de se impossibilitar (considerando o direito caducado no momento em que nasceu) o exercício daquele direito", já que "o princípio da dedução do IVA, enquanto meio de concretizar a neutralidade do imposto, impõe que todas as restrições ao direito de dedução sejam interpretadas de forma restritiva e reduzidas ao mínimo".

[61] Decide, assim, "com respaldo na jurisprudência do TJUE, designadamente no acórdão TJUE, *EMS-Bulgaria Transport*, C-284/11, 12.07.2012, (...), na medida em que criaria obstáculo intransponível ao exercício do direito a dedução do imposto (o direito estaria caducado ainda antes de poder ser exercido), deve ter-se por contrária ao direito europeu, designadamente às regras previstas nos arts. 17.º, n.ºs 2, alínea *a)*, e 5, da Sexta Directiva do IVA".

rar a neutralidade do IVA, a sua matriz condutora, e evitar o enriquecimento indevido do Estado que é consequência da negação do direito à dedução do IVA pelo sujeito passivo adquirente nos casos de liquidação adicional de IVA por parte da AT e subsequente repercussão e dedução pelo adquirente.

Apesar de entregue à livre consagração pelo legislador nacional de cada EM, na medida em que se encontram em causa direitos e princípios de cariz comunitário, a norma interna de quatro anos para o exercício do direito à dedução contemplada no artigo 98.º, n.º 2, do Código do IVA deverá ser interpretada em conformidade com o direito comunitário e, portanto, respeitar estes mesmos princípios, seguindo e obedecendo à ação enformadora que ele desempenha (e que as decisões do TJUE traduzem).

De tudo quanto se vem expondo, parece-nos inegável que a recusa da dedução (pelo adquirente) do IVA que foi liquidado (pela AT) vários anos depois do momento em que se verificou a exigibilidade do imposto inicialmente liquidado e já após o termo do prazo para o exercício do direito à dedução ter terminado (se contado do momento do facto gerador do imposto) é contrário ao direito da UE[62].

Sucede que esta situação em particular verificada no ordenamento jurídico português e a sua aplicação prática por parte da AT – e, portanto, convocando para a sua análise o regime jurídico supra descrito previsto nos artigos 19.º, 22.º e 98.º, n.º 2, do CIVA – foram já sujeitas ao crivo do TJUE no Acórdão *Biosafe*, que veio pronunciar-se em benefício da tese aqui propugnada, lançando-se uma nova corrente jurisprudencial nacional neste tema, que saudamos e acompanhamos.

Neste caso paradigmático da posição conhecida da AT, o adquirente recusou pagar o IVA adicionalmente liquidado que lhe foi repercutido pelo prestador de serviços (que havia originariamente – e erradamente – liquidado à taxa reduzida de IVA, sendo posteriormente objeto de uma liquidação adicional emitida pela AT), invocando para o efeito que havia já decorrido o prazo de quatro anos para a dedução de IVA nos termos do artigo 98.º,

[62] E assim é porque os limites impostos pelo artigo 273.º da Diretiva às restrições impostas aos sujeitos passivos pelos Estados-Membros não podem ir além do necessário e, no que ao direito à dedução de imposto diz respeito pois, nos termos do Acórdão Volkswagen, "não podem, portanto, ser utilizadas de forma a pôr sistematicamente em causa o direito à dedução do IVA nem, por conseguinte, a neutralidade do IVA" (§ 48).

n.º 2, do CIVA. Perante tal recusa de pagamento, o prestador exigiu judicialmente o pagamento, e o conflito veio a ser dirimido na jurisdição civil, estando na origem do Acórdão STJ (no âmbito do qual foram colocadas as questões prejudiciais analisadas neste aresto do TJUE).

É nesta sede que o TJUE – embora recomendando solução jurídica idêntica de admitir a dedução do IVA -, altera, na esteira do que havia decidido já no Acórdão *Volkswagen*, a fundamentação na qual baseou as suas anteriores decisões sobre temática de natureza idêntica à dos Acórdãos *Ecotrade* e *EMS-Bulgaria* e pronuncia-se *ex novo* sobre a contagem do prazo de caducidade.

Vem assim o TJUE nos Acórdãos *Biosafe* e *Volkswagen* decidir – contrariamente ao que vinha decidido nos Acórdãos *Ecotrade* e *EMS-Bulgaria* – que o exercício do direito à dedução no caso de liquidação adicional de IVA/correção subsequente ao IVA deduzido era impossível enquanto o adquirente não estivesse na posse da fatura na qual é repercutido o IVA adicionalmente liquidado, pelo que restringir o direito à dedução nestes casos a um momento anterior a esse é contrário ao direito da UE.

O que estes acórdãos trazem de novo e essencial é a afirmação de que o exercício do direito à dedução só é possível a partir do momento em que o sujeito passivo está na posse de uma fatura[63], pelo que não podem opor-se ao direito à dedução quaisquer prazos de caducidade que expirem antes dessa data[64].

Como se afirma em tais decisões, apenas neste momento tal direito é determinado e quantificável, e, portanto, passível de exercício[65]. Aliás, sem a fatura (ou documento corretivo a ela equivalente) não apenas é impossível o exercício do direito à dedução, como – estamos certos – a própria AT rejeitaria tal dedução[66].

---

[63] Cf Acórdão TJUE, *Volkswagen*, § 33 e jurisprudência aí citada.

[64] Cf Acórdão TJUE, *Volkswagen*, § 50 e acórdão Biosafe § 43.

[65] Nas palavras do TJUE no Acórdão *Biosafe*, "embora, por força do artigo 167.º da Diretiva IVA, o direito à dedução do IVA se constitua no momento em que o imposto se torna exigível, o exercício do referido direito só é possível, em princípio, de acordo com o artigo 178.º dessa diretiva, a partir do momento em que o sujeito passivo está na posse de uma fatura" (cf § 33).

[66] Nos termos do Acórdão TJUE, *Volkswagen*, "a Volkswagen não tinha a possibilidade objetiva de exercer o seu direito ao reembolso antes dessa regularização, uma vez que antes

Foi, assim, seguindo as respostas dadas pelo TJUE no Acórdão *Biosafe* – embora indo, mais uma vez, mais longe do que o TJUE nesta matéria – que o STJ decidiu, em acórdão que se saúda, que a melhor interpretação das normas jurídicas internas recomenda que o prazo de caducidade de 4 anos para o exercício do direito à dedução nos termos do artigo 98.º, n.º 2, do CIVA se inicie com a emissão da fatura ou dentro do prazo para a emissão da fatura incluindo o IVA adicional devido em virtude da correção proposta pela AT (i.e., com o IVA à taxa normal repercutido sobre o adquirente), "pois só a partir deste momento aquela estava em condições formais para exercer o direito à dedução do acréscimo do imposto determinado por liquidação adicional. Como foi entendido pelo TJUE, reportar o início desse prazo a momento anterior contrariaria os arts. 63.º, 167.º, 168.º, 178.º a 180.º, 182.º da Directiva n.º 2006/112/CE, do Conselho, de 28-11-2006 e o princípio da neutralidade fiscal"[67].

5. Conclusão

Em face do exposto, sai reforçado por jurisprudência comunitária – a qual, muito embora tenha um pendor casuístico, tem um inegável valor como elemento interpretativo – a conclusão de que o prazo de caducidade do direito à dedução tem como termo inicial a receção da fatura, nos termos conjugados dos artigos 19.º, n.º 2, al. *a)*, e 22.º, n.ºs 1 e 2, do CIVA, em consonância com os artigos 178.º e 179.º da Diretiva.

---

disso não tinha as faturas nem sabia que era devido IVA" e "foi só no seguimento dessa regularização que ficaram reunidas as condições substantivas e formais que dão direito à dedução do IVA e que a Volkswagen podia, assim, pedir a desoneração do encargo do IVA devido ou pago em conformidade com a Diretiva 2006/112 e com o princípio da neutralidade fiscal." (cf. §49 e § 50).

[67] Como decidido pelo STJ, "a verdade é que não pode entender-se que o prazo de caducidade do direito de dedução correspondente tenha começado a correr em momento anterior à recepção dos avisos [de lançamento a corrigir o IVA liquidado]", pois "sendo obrigatória a emissão de facturas, como é o caso, "o direito à dedução nasce" (n.º 1 do artigo 22.º do Código IVA) quando aquela emissão se verifica, ou quando termina o respectivo prazo (artigos 22.º, n.º 1, 7.º, n.º 1, *a)* e 8.º, n.º 1, *a)* e *b)*, 29.º, n.º 1, *b)* e 36.º, n.º 1 do CIVA, na redacção aplicável), sabendo-se que "só confere direito a dedução o imposto mencionado (...) em facturas e documentos equivalentes passados na forma legal" (n.º 2, al. *a)* do artigo 19.º do CIVA, na redacção aplicável)."

Impõe-se por isso, segundo entendemos, não apenas, mas desde logo, uma alteração da interpretação seguida pela AT nesta matéria (vertida em instrução administrativa que a veicule e ponha fim às dissensões e litígios nesta matéria). Aliás, sempre se dirá que a revisão da doutrina administrativa da AT é uma obrigação em face das decisões judiciais proferidas, nos termos do n.º 4 do artigo 68.º-A da LGT[68], agora reforçada pelo Decreto-Lei n.º 81/2018, de 15 de outubro, que impõe a revisão oficiosa dos atos tributários que sejam objeto de processos tributários pendentes de decisão final ou recurso nos tribunais administrativos e fiscais em caso de jurisprudência em sentido favorável ao sujeito passivo nos termos do seu artigo 10.º.

Recomenda-se ainda como forma de evitar quer os litígios (civis e fiscais), quer as situações comerciais estranhas ao funcionamento do IVA mas que distorcem a neutralidade do imposto geradas pelas muitas liquidações adicionais de IVA emitidas anualmente, a alteração e maior precisão do texto da norma do n.º 2 do artigo 98.º do CIVA, aí se eliminando a locução relativa ao nascimento do direito e simplesmente se remetendo para as regras do seu exercício ínsitas no artigo 22.º do mesmo normativo.

[68] Nos termos do qual "A administração tributária deve rever as orientações genéricas referidas no n.º 1 atendendo, nomeadamente, à jurisprudência dos tribunais superiores".

IVA & Direitos Fundamentais[*]

CONCEIÇÃO GAMITO, JOANA BRANCO PIRES & RITA SIMÃO LUÍS

ÍNDICE: 1. Introdução: a Diretiva IVA e a Carta dos Direitos Fundamentais da União Europeia 2. Análise no Plano Substantivo 2.1. Artigo 90.º da Diretiva IVA e a garantia da liberdade profissional, da liberdade de empresa e do direito fundamental à propriedade 2.2. A distinção de tratamento em sede de IVA de bens e serviços fungíveis e as garantias de igualdade perante a lei e de não discriminação 3. Análise no Plano Procedimental 3.1. Artigo 47.º da Carta: direito à ação e a um tribunal imparcial 3.2. Artigos 98.º e 132.º da Diretiva IVA e a prestação de serviços jurídicos como parte do direito à ação 3.3. A omissão de requisitos processuais e o direito à ação 4. Conclusão

> "*Os povos da Europa, estabelecendo entre si uma união cada vez mais estreita, decidiram partilhar um futuro de paz, assente em valores comuns*"[1]
>
> "*It has never been more important to highlight that the respect for the EU Charter of Fundamental Rights is not an option but an obligation for EU institutions and Member States when implementing EU law*"[2]

---

[*] As autoras dedicam este artigo ao Professor Ben Terra, em cujas lições, nos Programas *Católica Tax* da Universidade Católica Portuguesa, receberam os primeiros incentivos à exploração do impacto no domínio do IVA da Carta dos Direitos Fundamentais da União Europeia e da Convenção Europeia para a Proteção dos Direitos do Homem e das Liberdades Fundamentais.

[1] Excerto do Preâmbulo da Carta dos Direitos Fundamentais da União Europeia.

[2] 2017 report on the application of the EU Charter of Fundamental Rights, p. 6.

1. Introdução: a Diretiva IVA e a Carta dos Direitos Fundamentais da União Europeia[3]

O IVA, enquanto imposto indireto, é indissociável das políticas económicas da União Europeia ("UE") e da prossecução do objetivo de consolidação de um mercado interno. É por esta razão que a produção legislativa no campo dos impostos sobre o consumo se encontra disciplinada no Tratado de Funcionamento da União Europeia ("TFUE")[4].

O artigo 288.º do TFUE consagra os vários tipos de atos jurídicos que as instituições da UE adotam no exercício das suas competências: regulamentos, diretivas, decisões, recomendações e pareceres.

De entre estes vários atos jurídicos, no domínio do IVA, destaca-se a diretiva[5]. A diretiva vincula, em primeira linha, os Estados-Membros da UE, exigindo a transposição das suas normas para os ordenamentos jurídicos nacionais. De acordo com o TFUE, os Estados-Membros só estão obrigados pela diretiva quanto aos resultados a alcançar, pelo que a forma e os meios como estes resultados são alcançados são discricionários: cabe às instâncias nacionais determinar o ato jurídico através do qual é feita a transposição da diretiva para a ordem jurídica interna, bem como a forma como esta é feita.

A UE tem, atualmente, 28 Estados-Membros[6]. Ainda que a Diretiva IVA seja comum a todos, cada um dos Estados-Membros transpôs a diretiva para a sua ordem jurídica interna com total liberdade quanto à forma e aos meios, pelo que, em todos estes Estados, a concretização nacional das

---

[3] Para a breve investigação com vista à elaboração deste artigo, as autoras tiveram como ponto de partida, e principal fonte orientadora, os artigos de Karine Kim Eghom Elgaard, "The effect of the Charter of Fundamental Rights of the European Union on substantive law", e de Ine Lejeune/Liesbeth Vermeire, "Analysis of the case law of the European Union on VAT regarding Arts. 47 to 50 of the Charter and the use thereof in national case law", *in CJEU Recent Developments in Value Added Tax 2017*, *Series on International Tax Law, Michael Lang (Ed)*, *Linde*, www.lindeverlag.at, 3-45 e 47-101, respetivamente.

[4] Cfr. aponta Sérgio Vasques, *in O Imposto sobre o Valor Acrescentado*, Almedina, 2015, 77.

[5] Neste sentido, Sérgio Vasques, "*em matéria de fiscalidade interna, e logo assim no domínio dos impostos indiretos, as diretivas constituem o mais importante acto legislativo praticado pela União Europeia*", ob.cit., 79.

[6] O presente artigo foi concluído em março de 2019.

normas da diretiva apresenta diferenças, dando azo a diversas formas de aplicação dos princípios da Diretiva IVA.

Por outro lado, as Comunidades Europeias (agora, União Europeia) foram originalmente criadas como uma organização internacional dotada de competências de natureza essencialmente económica. Por conseguinte, as instituições europeias não viram necessidade de aprovar regras explícitas relativas ao respeito dos direitos fundamentais, uma vez que os mesmos eram considerados garantidos pela Convenção Europeia para a Proteção dos Direitos do Homem e das Liberdades Fundamentais (CEDH) de 1950, de que os Estados-Membros eram signatários[7].

Contudo, a partir do momento em que o Tribunal de Justiça da União Europeia (TJUE) consagrou o princípio do efeito direto das normas europeias e do primado do Direito da União, algumas instâncias jurídicas nacionais manifestaram a sua preocupação quanto aos efeitos desta jurisprudência na proteção dos valores constitucionais nacionais. Se o Direito da União tivesse primazia, inclusive, sobre o Direito Constitucional nacional, ficaria aberta a possibilidade de uma violação dos direitos fundamentais. Para salvaguardar o princípio do respeito pelos direitos fundamentais, o TJUE[8] pronunciou-se no sentido de os Tratados deverem também proteger os direitos fundamentais decorrentes das tradições constitucionais comuns aos Estados-Membros, enquanto princípios gerais do Direito da União.

A CEDH é o principal instrumento de proteção dos direitos fundamentais na Europa, à qual todos os Estados-Membros aderiram. O Tratado de Lisboa, em vigor desde 1 de dezembro de 2009, foi redigido de forma a permitir à própria UE aderir à CEDH. Em 2013, foi terminado um projeto de acordo para a UE aderir à CEDH. Contudo, até ao presente, não foi formalizada a adesão da UE à CEDH[9]. A CEDH não tem assumido relevância na proteção de direitos fundamentais relacionados com matéria tributária,

---

[7] Cfr. http://www.europarl.europa.eu/factsheets/pt/sheet/146/a-carta-dos-direitos-fundamentais.

[8] Vejam-se os acórdãos TJUE, *Stauder v Stadt Ulm*, C-29/69, de 12.11.1969, e *Internationale Handelsgesellschaft mbH*, C-11/70, 17.12.1970.

[9] Cfr. https://eur-lex.europa.eu/summary/glossary/eu_human_rights_convention.html?locale=pt

uma vez que o âmbito de aplicação desta e a possibilidade de recorrer a Tribunal, depende de o processo assumir natureza penal[10].

A Carta dos Direitos Fundamentais da União Europeia foi adotada pelo Parlamento Europeu, pelo Conselho e pela Comissão Europeia, a 7 de dezembro de 2000, embora só tenha entrado em vigor a 1 de dezembro de 2009, com a adoção do Tratado de Lisboa. A Carta é uma fonte vinculativa de Direito primário, tal como previsto no artigo 6.º n.º 1 do TUE. A razão que levou à adoção desta Carta foi a necessidade de a União Europeia garantir a existência de um mecanismo de controlo interno, isto é, de um mecanismo que permitisse o controlo da compatibilidade das próprias normas europeias com os Direitos Fundamentais.

O artigo 51.º da Carta restringe o seu âmbito de aplicação às instituições e órgãos da União Europeia, bem como aos Estados-Membros, mas quanto a estes apenas quando apliquem Direito da União[11-12]. Por sua vez, não existe qualquer tipo de limitação à aplicação da Carta no que respeita ao tipo de processo, podendo, e devendo, a Carta tutelar situações comprometedoras dos direitos fundamentais que ocorram em processos tributários.

O número de decisões proferidas pelos Tribunais Europeus[13] em que foi feita alusão à Carta aumentou progressivamente desde 2011 a 2014, de 43 para 210. Contudo, em 2015, este número desceu para 167, tendo aumentado novamente em 2016, para 221[14]. Em 2017, este número teve uma ligeira descida para 195. Contudo, é indubitável que estes valores refletem uma tendência de os Tribunais Europeus mencionarem a Carta nas suas decisões[15].

Também houve um aumento significativo de processos em que o TJUE foi questionado sobre a conformidade da Diretiva IVA com os direitos fundamentais. Em 2011, o TJUE mencionou a Carta apenas no âmbito de um

---

[10] Artigo 6.º da CEDH e decisões do Tribunal Europeu dos Direitos do Homem no âmbito dos acórdãos *Editions Periscope*, de 26.03.1992 e *Bendenou*, de 24.02.1994.

[11] Cfr. artigo 51.º n.º 1 da Carta dos Direitos Fundamentais da União Europeia e respetivas Anotações (2007/C 303/02), publicadas no jornal oficial da UE em 14.12.2007.

[12] Neste sentido, vejam-se os seguintes acórdãos do TJUE: C-55/88, 13.07.1989; C-309/96, 18.12.1997; e C-292/97, 13.04.2000.

[13] Por Tribunais Europeus, entendam-se o TJUE, o Tribunal Geral e o Tribunal Civil Geral.

[14] Cfr. Ine Lejeune/Liesbeth Vermeire, ob.cit., 50.

[15] Cfr. 2017 report on the application of the EU Charter of Fundamental Rights, 25.

caso de IVA, enquanto em 2017 o TJUE fez alusão à Carta em 7 processos de IVA[16]-[17]

Dos pedidos dirigidos ao TJUE com fundamento na incompatibilidade com os direitos da Carta, são mais frequentes os que suscitam esta incompatibilidade no plano procedimental comparativamente com os que a invocam no plano material. Não raras vezes esta disparidade prende-se com o facto de os argumentos alusivos à desconformidade com um direito que se traduz ao nível procedimental ostentarem maior solidez e mais imediata concretização do que os que aludem ao plano material.

Não obstante, é patente a crescente chamada de atenção que, principalmente, os advogados-gerais têm feito no que concerne à necessidade de verificar se as normas substantivas de IVA respeitam os direitos fundamentais estabelecidos na Carta.

2. Análise no Plano Substantivo

De forma a concretizar melhor o modo como a Diretiva IVA deve respeitar os direitos fundamentais, apresentamos de seguida alguns exemplos de jurisprudência do TJUE que demonstram a forma como algumas normas da Diretiva, em geral, e as normas nacionais que as transpuseram, em particular, podem por em causa direitos fundamentais previstos na Carta[18].

2.1. Artigo 90.º da Diretiva IVA e a garantia da liberdade profissional, da liberdade de empresa e do direito fundamental à propriedade[19]

O artigo 90.º n.º 1 da Diretiva IVA estabelece que o valor tributável deve ser reduzido em caso de anulação, rescisão, resolução, não pagamento

---

[16] Incluindo decisões e conclusões dos advogados-gerais.

[17] Cfr. Ine Lejeune/Liesbeth Vermeire, ob.cit., 50.

[18] Para uma visita guiada à jurisprudência do TJUE sobre IVA e Direitos Fundamentais, vejam-se Ben Terra/Julie Kajus, *in A Guide to the European VAT Directives, Introduction to European VAT* , Volume 1, 2018, 42 a 54.

[19] Cfr. artigos 15.º, 16.º e 17.º da Carta dos Direitos Fundamentais.

total ou parcial ou redução do preço depois de efetuada a operação. As condições para esta redução do valor tributável devem ser fixadas pelos Estados-Membros.

O objetivo deste artigo da Diretiva IVA é o de garantir o respeito pelo princípio da neutralidade do IVA ao nível do produtor, visando assegurar que o produtor não é onerado pelo IVA e que este imposto não constitui um custo da sua atividade. Cada operador deve apenas pagar imposto na medida do valor que acrescenta através da sua atividade[20]. O TJUE já se pronunciou[21] no sentido de que o artigo 90.º n.º 1 da Diretiva IVA constitui a expressão de um princípio fundamental da Diretiva IVA, que é o de a matéria coletável ser constituída pela contrapartida efetivamente recebida pelo fornecedor (i.e. as Administrações Fiscais não podem à partida cobrar um montante de IVA superior ao que foi efetivamente recebido pelo fornecedor)[22].

Por outro lado, o artigo 63.º da Diretiva IVA estabelece que o facto gerador do IVA e a sua exigibilidade ocorrem no momento em que é efetuada a entrega de bens ou a prestação de serviços. Na prática, salvo as situações excecionais em que os sujeitos passivos estejam enquadrados no regime especial da contabilidade de caixa[23], a partir do momento em que os sujeitos passivos liquidam IVA numa fatura que titule uma determinada operação sujeita a IVA, estão obrigados a declarar o imposto a favor do Estado na declaração periódica do período em causa e entregá-lo ao Estado, independentemente do respetivo pagamento pelo destinatário da fatura. Ou seja, até ao momento em que a fatura seja efetivamente paga pelos adquirentes dos bens ou dos serviços, os sujeitos passivos pré-financiam o IVA ao Estado.

Adicionalmente, o artigo 90.º n.º 2 da Diretiva IVA confere aos Estados-membros a possibilidade de derrogarem o disposto no n.º 1, nos casos em que ocorra o não pagamento total ou parcial.

Juliane Kokott, advogada-geral no processo *Enzo di Maura*[24], identificou a questão prejudicial neste processo como uma das questões mais im-

---

[20] Cfr. aponta Sérgio Vasques, ob.cit., 37.

[21] Acórdãos TJUE *Goldsmiths*, C-330/95, 03.07.1997; *Almos*, C-337/13, 15.05.2014; e *Enzo di Maura*, C-246/16, 23.1.2017.

[22] Cfr. Juliane Kokott, advogada-geral no processo *Enzo di Maura*, C-246/16, nas conclusões apresentadas, p. 26.

[23] Artigo 66.º al. *b)* da Diretiva IVA.

[24] Acórdão TJUE, *Enzo di Maura*, C-246/16, 23.1.2017.

portantes em matéria de cobrança indireta de IVA num Estado de Direito. Em suma, o que o Tribunal de reenvio italiano pergunta ao TJUE neste processo é "durante quanto tempo uma empresa privada pode ser obrigada pelo Estado-membro, de forma proporcional, a pré-financiar, a suas expensas um imposto que, de um ponto de vista económico, não lhe compete suportar. Deve uma empresa esperar efetivamente durante dois, dez ou mais anos até lhe ser restituído o IVA já vencido e pago ao Estado, ainda que nunca pago pelo cliente? Está uma empresa obrigada neste âmbito a instaurar um processo judicial porventura desprovido de sentido do ponto de vista económico para comprovar que um pagamento da contraprestação acordada, até ao momento efetuado, não será efetivamente realizado?".

Nos termos previstos no Código do IVA italiano, a recuperação do crédito pelo fornecedor, no âmbito de um processo de insolvência, só seria possível após a conclusão do processo de insolvência que declarasse insolvente o destinatário da prestação e identificasse o crédito do fornecedor como *incobrável*. Esta limitação ao direito à regularização do IVA nos créditos incobráveis encontra a sua justificação no artigo 90.º n.º 2 da Diretiva IVA. A advogada-geral, nas suas conclusões, reitera que o artigo 90.º n.º 2 da Diretiva IVA não concede, com total liberdade, aos Estados-Membros, a possibilidade de derrogarem o princípio estabelecido no artigo 90.º n.º 1 da Diretiva IVA, devendo ser interpretado de forma restritiva[25]. Para Juliane Kokott, esta derrogação pelos Estados-Membros deve ser justificada e respeitar o princípio da proporcionalidade, os princípios gerais do IVA e os direitos fundamentais dos sujeitos passivos.

Nas suas conclusões, Juliane Kokott considerou que o pré-financiamento do IVA ao Estado afeta a liberdade profissional, a liberdade de empresa e o direito fundamental à propriedade[26]. De acordo com o artigo 52.º n.º 1 da Carta, qualquer restrição ao exercício dos direitos e liberdades reconhecidos na mesma deve respeitar o princípio da proporcionalidade. Como tal, em observância do princípio da proporcionalidade, só podem ser introduzidas restrições aos direitos fundamentais se forem necessárias

---

[25] Conclusões da advogada-geral Juliane Kokott no acórdão do TJUE, *Enzo di Maura*, C-246/16, pontos n.º31 e 52.

[26] Conclusões da advogada-geral Juliane Kokott no acórdão TJUE, *Enzo di Maura*, C-246/16, ponto n.º46.

e corresponderem efetivamente a objetivos de interesse geral reconhecidos pela UE.

Como afirma Juliane Kokott[27], a cobrança do IVA junto do fornecedor antes de o mesmo receber a contraprestação devida pelo bem ou serviço prestado (i.e., o pré-financiamento do IVA ao Estado) não é necessária para concretizar o objetivo legislativo que é tão somente o de sujeitar a IVA as entregas de bens e as prestações de serviços efetuadas a título oneroso por um sujeito passivo agindo nessa qualidade[28]. O meio menos restritivo e mais simples, e igualmente eficaz, consiste na tributação das contraprestações efetivamente recebidas.

Por sua vez, a obrigatoriedade de o sujeito passivo entregar o IVA ao Estado antes de o receber do seu cliente põe em causa o próprio direito fundamental à propriedade[29]-[30], na medida em que o sujeito passivo está obrigado a pré-financiar ao Estado o IVA, que, embora tenha liquidado, ainda não recebeu, com base no seu próprio património. Contudo, tratando-se de um imposto sobre o consumo, o IVA não deveria onerar o património dos sujeitos passivos[31]-[32].

Por fim, a advogada-geral concluiu que os direitos fundamentais do sujeito passivo, o princípio da proporcionalidade, a natureza do IVA e o princípio da neutralidade opõem-se a uma restrição à regularização do IVA a favor do sujeito passivo que fique dependente de factos que não podem ser influenciados de forma autónoma pelo sujeito passivo, como é o caso da instauração ou conclusão de um processo de insolvência[33].

---

[27] Conclusões da advogada-geral Juliane Kokott no acórdão TJUE, *Enzo di Maura*, C-246/16, ponto n.º 49.

[28] Cfr. artigo 2.º n.º 1 da Diretiva IVA.

[29] Cfr. artigo 17.º da Carta dos Direitos Fundamentais.

[30] Conclusões da advogada-geral Juliane Kokott no acórdão TJUE, *Enzo di Maura*, C-246/16, ponto n.º50.

[31] O Tribunal Europeu dos Direitos do Homem já se pronunciou sobre como a negação do direito à dedução do IVA com fundamento na mera inobservância de formalidades pelas Autoridades Fiscais põe em causa o direito fundamental à propriedade. Neste sentido vejam-se os pedidos 3991/03, de 22.04.2009 "*Bulves AD v. Bulgaria*" e 6689/03, de 18.06.2010 "*Business Support Centre v. Bulgaria*".

[32] Para uma análise mais aprofundada dos dois pedidos dirigidos ao TEDH em cima referidos, veja-se L. Tzenova, "Protection of VAT Revenues May Infringe Human Rights", *International VAT Monitor*, 2010.

[33] Conclusões da advogada-geral Juliane Kokott no acórdão TJUE, *Enzo di Maura*, C-246/16, ponto n.º76.

Infelizmente, o TJUE não se pronunciou sobre uma eventual violação dos direitos fundamentais na sua decisão[34].

Mais recentemente, a advogada geral Juliane Kokott, nas Conclusões proferidas no caso *MEO*[35], chamou novamente a atenção do TJUE e dos Tribunais nacionais para a necessidade de se fazer uma aplicação do artigo 90.º da Diretiva IVA conforme aos direitos fundamentais estabelecidos na Carta[36].

Diversamente do caso *Enzo di Maura*, em que o sujeito passivo liquidou IVA no crédito que não lhe foi pago pelo seu cliente, no caso *MEO*, assente na convicção de que exigia dos seus ex-clientes verdadeiras penalidades fora do âmbito de sujeição do IVA, o sujeito passivo não liquidou IVA. Porém, o TJUE decidiu que, em caso de rescisão antecipada do contrato pelo cliente, sempre que um operador económico recebe um montante predeterminado, que corresponde ao montante que teria recebido se o contrato tivesse sido cumprido, tal montante deve ser considerado como sendo parte integrante do preço total pago pelos serviços, devendo, por isso, ser qualificado como a contraprestação de uma prestação de serviços, sujeita e não isenta de IVA. O caso apresenta, contudo, duas nuances adicionais relevantes: primeira, à data da liquidação adicional realizada pela Autoridade Tributária o sujeito passivo apenas tinha conseguido obter dos seus ex-clientes o pagamento de uma percentagem muito reduzida dos montantes das penalidades[37]; segunda, estando em causa serviços públicos essenciais, à data da liquidação adicional realizada pela Autoridade Tributária encontrava-se já vedada ao sujeito passivo a possibilidade de exigir dos ex-clientes o seu pagamento e, como tal, de emitir faturas retificativas e repercutir nestes o IVA. Assim sendo, poderia a Autoridade Tributária exigir o IVA sobre o montante total das penalidades faturado pelo sujeito passivo aos seus ex-clientes, ainda

---

[34] A decisão do TJUE no âmbito do acórdão TJUE, *Enzo di Maura*, C-246/16 foi a de que o artigo 90.º n.º 2 da Diretiva IVA deve ser interpretado no sentido de que "um Estado-Membro não pode fazer depender a redução da matéria coletável do imposto sobre o valor acrescentado do caráter infrutífero de um processo de execução coletiva, quando esse processo for suscetível de durar mais de dez anos".

[35] Acórdão TJUE, *MEO*, C-295/17, 22.11.2018.

[36] Acórdão TJUE, *MEO*, C-295/17, ponto n.º22.

[37] As penalidades efetivamente pagas pelos clientes correspondem a uma pequena parte do valor global das penalidades faturadas pela MEO.

que o sujeito passivo apenas tivesse recebido uma pequena parte desse montante e não fosse crível que alguma vez viesse a receber o valor em falta?

Em linha com as conclusões apresentadas no âmbito do processo *Enzo di Maura*, Juliane Kokott forneceu duas indicações essenciais ao tribunal nacional: o montante tributável é o total da prestação obtida ou a obter pelo fornecedor; e o valor tributável que serve de base ao IVA que pode ser liquidado pelas autoridades fiscais não pode exceder a contrapartida efetivamente paga ao sujeito passivo. Se o adquirente não pagar ao sujeito passivo, o sujeito passivo não deve, em substância, qualquer IVA ao Estado. Concluindo, a advogada-geral Kokott vem, uma vez mais, sublinhar que uma aplicação do artigo 90.º da Diretiva IVA compatível com os direitos fundamentais estabelecidos na Carta implica necessariamente que o valor tributável seja reduzido quando se apure, com segurança suficiente, que o adquirente já não efetuará mais nenhum pagamento. "Saber quando é que se pode falar dessa segurança suficiente é uma questão de facto que compete ao tribunal nacional resolver com observância dos direitos fundamentais dos sujeitos passivos e do princípio da proporcionalidade, por um lado, e do interesse do Estado numa tributação efetiva, por outro" [38].

Face ao exposto, cumpre questionar a própria conformidade dos artigos 78.º e seguintes do Código do IVA português com os direitos fundamentais estabelecidos na Carta. Com efeito, por um lado, o legislador nacional tem vindo a restringir cada vez mais a possibilidade de o sujeito passivo regularizar a seu favor o IVA incluído nos créditos sobre os seus clientes e que nunca foram pagos. Veja-se a título de exemplo o artigo 78.º-A n.º 4 alínea *b)* do Código do IVA na sua versão anterior a 1 de janeiro de 2018 e na sua versão atual, que estabelecem diferentes momentos relevantes em sede de processo de insolvência para o sujeito passivo poder regularizar a seu favor o IVA já entregue ao Estado. Na versão anterior a 1 de janeiro de 2018, este artigo estabelecia como momentos relevantes: (i) o trânsito em julgado da sentença que decreta a insolvência de caráter limitado; (ii) o trânsito em julgado da sentença de verificação e graduação de créditos; ou (iii) a homologação do plano de insolvência, quando exista plano de insolvência.

[38] Conclusões da advogada-geral Juliane Kokott no acórdão TJUE, *MEO*, C-295/17, ponto n.º55.

Por sua vez, a versão atual deste artigo vem retardar o momento relevante mencionado em (ii) para o momento em que é decretado o encerramento do processo por insuficiência de bens ou para o momento da realização do rateio final, do qual resulte o não pagamento definitivo do crédito, que são fases posteriores do processo de insolvência.

Adicionalmente, para a regularização do IVA a favor do sujeito passivo ou a favor do Estado, é necessário cumprir um pesado conjunto de formalidades, designadamente, o preenchimento, respetivamente, dos anexos 40 e 41, e a apresentação à Autoridade Tributária de pedidos de autorização prévia, no caso de créditos de cobrança duvidosa vencidos após 1 de janeiro de 2013.

O preenchimento dos anexos 40 e 41 é particularmente oneroso para as empresas com grande volume de transmissões de bens ou prestações de serviços de reduzido valor, podendo cada um destes anexos implicar mensalmente o preenchimento de milhares de linhas pelas empresas (ou trimestralmente, para sujeitos passivos com periodicidade trimestral).

Por sua vez, os pedidos de autorização prévia também têm de ser apresentados no Portal das Finanças, relativamente a cada devedor, devendo incluir os detalhes relevantes de cada fatura emitida a cada devedor.

Saliente-se também a desproporção e o excesso empregues pela Autoridade Tributária na fiscalização do cumprimento destas formalidades, para negar a regularização a favor dos sujeitos passivos do IVA por estes pré-financiado ao Estado, em situações em que é inequívoco que se verificam todas as condições materiais para a regularização.

Neste contexto, sublinhe-se ainda a não menos chocante falta de transparência que crescentemente se observa na gestão da conta corrente de IVA dos sujeitos passivos pela Autoridade Tributária, debitando-a e creditando-a sem notificação devidamente fundamentada dos sujeitos passivos (a maioria das vezes, sem qualquer notificação ou com uma notificação que não permite compreender minimamente a origem dos movimentos a débito ou a crédito).

É extensa a jurisprudência do TJUE que se pronuncia sobre o papel fundamental do direito à dedução na mecânica do IVA, que não pode ser injustificadamente limitado pelos Estados-Membros[39]. O direito à dedução

[39] Acórdão TJUE, *Zabrus Siret*, C-81/17, de 26.04.2018, ponto n.º33.

garante que o IVA incide, de facto, apenas sobre o valor acrescentado, prevenindo que se gere um efeito cumulativo do imposto, violador do princípio da neutralidade[40].

Dada a importância fulcral do direito à dedução no sistema comum do IVA, é compreensível que o TJUE tenha já, em várias ocasiões, considerado que a sua limitação apenas pode ocorrer em situações excecionais, em que justificadamente devam assumir primazia os princípios da certeza e segurança jurídicas. As formalidades estabelecidas pelos Estados-Membros, e que devem ser respeitadas pelos sujeitos passivos para o exercício do direito à dedução do IVA, não podem ultrapassar o estritamente necessário para controlar a aplicação correta deste direito[41].

Deste modo, é essencial um olhar atento de contribuintes e profissionais do Direito para as normas aplicáveis e práticas da Autoridade Tributária, focado na justificação e proporcionalidade de medidas e formalidades restritivas do direito à dedução do IVA e na sua compatibilidade com os direitos fundamentais. Caso esta monitorização atenta permita concluir que as normas ou as práticas da Autoridade Tributária neste domínio constituem uma limitação injustificada e desproporcional do direito à dedução do IVA, violando em consequência também a liberdade profissional, a liberdade de empresa e o direito fundamental à propriedade, devem invocar a Carta perante os tribunais nacionais, devendo estes por seu turno submeter o caso ao TJUE.

2.2. A distinção de tratamento em sede de IVA de bens e serviços fungíveis e as garantias de igualdade perante a lei e de não discriminação[42]

O artigo 96.º da Diretiva IVA dispõe que os Estados-Membros aplicam uma taxa normal de IVA, fixada por cada Estado-Membro, numa percentagem do valor tributável que é idêntica para a entrega de bens e para a pres-

[40] Neste sentido, Ad Van Doesum/Herman Van Kesteren/Gert-Jan Van Norden, *in Fundamentals of EU VAT Law*, Wolters Kluwer, 2016, 348.

[41] Acórdão TJUE, *EMS – Bulgaria Transport*, C-284/11, 12.07.2012, ponto n.º61.

[42] Cfr. artigos 20.º e 21.º da Carta.

tação de serviços. Em derrogação deste artigo, o artigo 98.º da Diretiva IVA consagra a possibilidade de os Estados-membros aplicarem uma ou duas taxas reduzidas às transmissões de bens e prestações de serviços previstas no Anexo III.

O TJUE já se pronunciou em diversos acórdãos no sentido de que o princípio da neutralidade se opõe a que bens ou prestações de serviços semelhantes, que estão, portanto, em situação concorrencial entre si, sejam tratados de forma diferente em sede de IVA[43]. Por sua vez, o próprio TJUE clarificou que o critério que deve ser utilizado para determinar a semelhança entre os bens ou prestações de serviços é o do *utilizador médio*. Isto é, bens ou serviços são semelhantes quando apresentem propriedades análogas e satisfaçam as mesmas necessidades do consumidor, em função de um critério de comparabilidade na utilização, e quando as diferenças existentes não influenciem de forma considerável a decisão do consumidor médio de recorrer a um ou a outro dos referidos bens ou prestações de serviços[44]-[45].

O artigo 20.º da Carta consagra o princípio geral do direito à igualdade, previsto em todas as Constituições nacionais[46]-[47]. De acordo com o TJUE, está em causa um princípio fundamental do Direito da União, decorrendo da própria jurisprudência que o referido princípio exige que situações comparáveis não sejam tratadas de modo diferente e que situações diferentes não sejam tratadas de modo igual, exceto se esse tratamento for objetivamente justificado[48].

O artigo 21.º da Carta, concretizando o princípio geral do artigo 20.º, consagra o direito fundamental à não discriminação.

---

[43] Cfr. acórdãos TJUE, *K*, C-219/13, 11.09.2014, ponto n.º24; *Comission v France*, C-384/01, 08.03.2003, ponto n.º25; *The Rank Group*, C-259/10 e C-260/10, 10.11.2011, ponto n.º32.

[44] Cfr acórdão TJUE, *K*, C-219/13, 11.09.2014, ponto n.º25.

[45] Para uma análise da jurisprudência do TJUE nesta matéria, veja-se Rita de la Feria, *in* "EU VAT Principles as Interpretative Aids to EU VAT Rules: The Inherent Paradox".

[46] Cfr. anotação ao artigo 20.º – Igualdade perante a lei, in Anotações Relativas à Carta dos Direitos Fundamentais, (2007|C 303|02), publicadas no Jornal Oficial da UE a 14.12.2007.

[47] Consagrado no artigo 13.º da Constituição da República Portuguesa.

[48] Cfr. acórdãos TJUE, *Guardian Industries e Guardian Europe/Comissão*, C-580/12, 12.11.2014, ponto n.º51; *Akzo Nobel Chemicals and Akcros Chemicals v Commission*, C-550/07, 14.09.2010, ponto n.º54 e 55.

Da análise da jurisprudência do TJUE, podem retirar-se vários exemplos em que o Tribunal foi chamado a pronunciar-se sobre a relação entre o princípio geral de igualdade e normas nacionais que põem em causa o igual tratamento de transmissões de bens e prestações de serviços fungíveis.

Nos acórdãos *K Oy* e *RPO*[49], relativamente à questão de saber se a taxa reduzida de IVA aplicável aos livros se deveria aplicar também aos audiolivros e aos livros eletrónicos, o TJUE decidiu, de forma controversa, que não seria contrária à Diretiva IVA uma legislação nacional que sujeitasse à taxa reduzida os livros editados em papel de IVA e à taxa normal os livros editados noutros suportes físicos (audiolivros e livros eletrónicos)[50]. Para chegar a esta conclusão, o TJUE fez dois testes: primeiro, o do consumidor médio, avaliando, do ponto de vista do consumidor, se o que é realmente importante é o conteúdo dos livros, independentemente da forma que estes assumam; segundo, se do ponto de vista do consumidor os dois bens se assumem como fungíveis, avaliando se existe uma justificação para as legislações nacionais sujeitarem os mesmos a taxas distintas. Quando se constate uma diferença de tratamento entre duas situações comparáveis, o princípio da igualdade de tratamento não é violado se essa diferença for devidamente justificada.

No acórdão *K Oy*, o TJUE considerou que esta diferença de tratamento pode estar justificada uma vez que a apreciação do consumidor médio é suscetível de variar em função do grau eventualmente diferente de penetração das novas tecnologias em cada mercado nacional dos diferentes Estados-membros. Ou seja, o TJUE chamou a atenção que é necessário ter em conta as diferentes realidades que podem existir na UE, consoante o Estado-Membro em que o consumidor médio se encontre. Isto porque, de Estado-Membro para Estado-Membro, podem existir diferenças no grau de acesso aos dispositivos técnicos que permitam a esse consumidor recorrer aos livros editados noutros suportes físicos diferentes do papel. Como tal, o TJUE remeteu para o Tribunal nacional a questão de saber se, naquele Estado-Membro em concreto, se justificaria uma diferença de tratamento entre os livros impressos e os livros eletrónicos.

[49] Acórdão TJUE, *K*, C-219/13, 11.09.2014; e *RPO*, C-390/15, de 7.03.2017.

[50] Cfr. acórdão TJUE, *K*, C-219/13, 11.09.2014, ponto n.º34.

No acórdão *RPO*, o TJUE fez outro caminho para justificar a diferença de tratamento entre os dois tipos de publicações, tendo considerado que a aplicação de taxas diferentes a livros físicos e a livros eletrónicos está justificada pelo facto de a própria Diretiva IVA prever no artigo 98.º n.º 2 que as taxas reduzidas não se aplicam aos serviços prestados por via eletrónica. Não obstante estas posições do TJUE, o Conselho Europeu assumiu que as mesmas não seriam as mais corretas tendo em conta o princípio da igualdade e o grau efetivo de uniformização no acesso às novas tecnologias nos diferentes Estados-Membros da UE. Neste contexto, o Conselho Europeu aprovou a Diretiva (UE) 2018/1713, de 6 de novembro de 2018. Com esta Diretiva, o artigo 98.º n.º 2 foi alterado, passando a prever expressamente que as taxas reduzidas poderiam ser aplicadas à venda de livros em formato eletrónico.

Também no conhecido processo *David Hedqvist*[51] relacionado com o enquadramento das operações realizadas com moedas virtuais em sede de IVA, a advogada-geral Juliane Kokott trouxe à discussão o princípio da igualdade para defender que todos os meios de pagamento com valor liberatório, cuja função se esgota em si mesma, devem receber o mesmo tratamento em sede de IVA. Nas suas conclusões, Kokott salientou que as *bitcoins* ou outras moedas virtuais, ainda que não sejam legalmente garantidos ou controlados, para efeitos de IVA cumprem a mesma função que os meios com valor liberatório e, por conseguinte, em conformidade com o princípio da neutralidade fiscal, na sua dimensão de princípio da igualdade de tratamento, devem, em princípio, ser tratados de modo igual[52]. Como tal, Juliane Kokott concluiu pela aplicabilidade da isenção prevista no artigo 135 n.º 1 alínea *e)* da Diretiva IVA às operações de câmbio entre bitcoins e moeda com curso legal, ou vice-versa. O TJUE, embora tenha decidido no sentido proposta pela advogada-geral, absteve-se de mencionar o artigo 20.º da Carta e o princípio da igualdade na sua decisão[53].

---

[51] Acórdão TJUE, *David Hedqvist*, C-264/14, 22.10.2015.

[52] Conclusões da advogada-geral Juliane Kokott no acórdão do TJUE, *Hedqvist*, C-264/14, ponto n.º15.

[53] Acórdão TJUE, *David Hedqvist*, C-264/14, 22.10.2015, ponto n.º58.

3. Análise no Plano Procedimental

Passamos agora a analisar o impacto na dinâmica e funcionamento do IVA dos artigos da Carta de teor procedimental. Esta é a vertente mais discutida da Carta, embora, ainda que no âmbito tributário, essa discussão seja em inúmeros casos de forte teor penal ou contraordenacional. Assim, por considerarmos que esse caminho já foi suficientemente trilhado, direcionamos a nossa análise para os casos cuja matéria se circunscreva no seu todo à fiscalidade e, em concreto, ao IVA.

3.1. Artigo 47.º da Carta: direito à ação e a um tribunal imparcial

Em 2017, dos 195 casos remetidos ao TJUE que referenciavam direitos fundamentais[54], em mais de um terço a discussão se centrava primordialmente na aplicação do artigo 47.º relativo ao direito à ação e a um tribunal imparcial. Também ao nível dos tribunais nacionais, foi este o artigo mais aludido.

O artigo 47.º da Carta que consagra o direito à ação e a um tribunal imparcial pode ser interpretado como sendo um dos que assume maior importância prática, em variados campos do Direito, nomeadamente em virtude do seu vasto âmbito de aplicação. Em termos concretos, deste artigo decorre que qualquer pessoa confrontada com uma violação ou restrição de um direito ou liberdade que seja desconforme ao Direito da União tem direito a um julgamento justo e imparcial[55]. Este artigo encontra paralelo no princípio da tutela jurisdicional efetiva, consagrado no artigo 268.º da Constituição da República Portuguesa, segundo o qual para todo e qualquer conflito juridicamente relevante deve existir um meio processual próprio e um tribunal competente que possibilitem uma tutela jurídica adequada[56].

---

[54] Comissão Europeia, 2017 Report on the application of the EU Charter of Fundamental Rights. Disponível em https://ec.europa.eu/info/sites/info/files/2017_annual_charter_report_en.pdf.

[55] Cfr. anotação ad artigo 47.º *in* Anotações Relativas à Carta dos Direitos Fundamentais, (2007|C 303|02), publicadas no Jornal Oficial da UE a 14.12.2007.

[56] Cfr. Serena Cabrita Neto/Carla Castelo Trindade em *Contencioso Tributário*, Volume I, Almedina, 2017, 21.

Não obstante, o artigo 47.º vai mais além, prevendo não só a possibilidade de recorrer a um meio processual a ser apreciado por um tribunal, mas também o direito a usufruir de todos os elementos sem os quais fique comprometida a garantia de uma ação judicial efetiva[57], salientando-se desde logo a razoabilidade dos prazos, o direito à defesa e ao contraditório e a assistência judiciária. Assim se justifica que este seja o artigo mais aplicado, na medida em que assume um teor relativamente concreto, dispensando extensa densificação.

3.2. Artigos 98.º e 132.º da Diretiva IVA e a prestação de serviços jurídicos como parte do direito à ação

Não obstante o artigo 47.º ser de natureza procedimental na sistematização da Carta, nem por isso deixa de ter implicações materiais nos contornos do IVA. Desde logo, a tributação por oposição à isenção da prestação de serviços jurídicos poderá obstaculizar o acesso à justiça. Por outro lado, também a tributação à taxa normal em detrimento da aplicação de uma taxa reduzida pode ter um impacto no custo dos serviços jurídicos e, consequentemente, na decisão de recurso aos mesmos.

Como sabemos, os Estados-Membros não são livres de determinar quais as isenções que aplicam nas operações internas, sendo as isenções internas previstas na Diretiva não apenas taxativas, mas também imperativas[58] e de aplicação direta, não deixando aos Estados-Membros senão uma pequena margem de concretização das circunstâncias a que se devem aplicar. As mesmas limitações e imposições estão presentes na aplicação das taxas reduzidas[59], cuja aplicação está circunscrita às operações enquadráveis nas categorias constantes do Anexo III da Diretiva IVA. De um modo geral, vigora o entendimento de que tanto a aplicação de uma isenção, como de uma taxa reduzida, devem estar sujeitas a uma interpretação estrita, o que decorre do próprio carácter geral da incidência do IVA[60]. Não obstante,

---

[57] Cfr. Ine Lejeune/Liesbeth Vermeire, ob.cit., 52-53.

[58] Neste sentido, Sérgio Vasques, ob.cit., 310 e 311.

[59] Artigo 98.º da Diretiva IVA.

[60] Neste sentido, Pedro Costa Monteiro, "Interpretação de Normas de Isenção e de Taxas Reduzidas: Neutralidade Fiscal vs. Interpretação Estrita", *Cadernos IVA 2018*, Almedina.

existem situações que carecem de alguma concretização por partes dos Estados-Membros.

O artigo 132.º da Diretiva IVA ocupa-se das isenções internas que beneficiam atividades de interesse geral e a alínea *g)* do seu n.º 1 isenta "as prestações de serviços e as entregas de bens estreitamente relacionadas com a assistência social e com a segurança social, incluindo as realizadas por centros de terceira idade, por organismos de direito público ou por outro organismos de carácter social reconhecidos como tal pelo Estado-Membro em causa". Na mesma linha, a verba 15) do Anexo III da Diretiva dispõe que se deve aplicar a taxa reduzida às "entregas de bens e prestações de serviços por organizações consideradas de beneficência pelos Estados-Membros, empenhadas em atividades de assistência social ou segurança social, desde que tais operações não estejam isentas ao abrigos dos artigos 132.º, 135.º e 136.º". De acordo com estas normas, caberá naturalmente aos Estados-Membros determinar quais as operações tributáveis que consideram de natureza social, bem como quais os organismos que devem ser reconhecidos pelo seu carácter social.

Com esta ideia presente, na análise do impacto do artigo 47.º da Carta no artigo 132.º da Diretiva IVA, podemos tomar como ponto de partida o acórdão *Comissão vs França*[61].

Neste caso, a Comissão suscitou uma ação por incumprimento contra o estado Francês pela aplicação da taxa reduzida às prestações de serviços efetuadas por advogados no âmbito do regime de apoio judiciário, alegando que estas não fazem parte de nenhuma das categorias enumeradas no anexo III da Diretiva e não podem, designadamente, ser equiparadas às "prestações de serviços por organizações consideradas de beneficência pelos Estados-Membros, empenhadas em atividades de assistência social ou segurança social"[62]. A República francesa argumentou que as prestações de serviços por advogados no âmbito do apoio judiciário contribuem para garantir o acesso à justiça, cujo carácter fundamental é reconhecido no artigo 47.º da Carta[63], e que a atuação dos advogados nestes casos é manifestamente distinta da sua função tradicional.

[61] Acórdão TJUE, *Commission v France*, C-492/08, 17.06.2010.
[62] Artigo 132.º n.º 1 al. *g)* da Diretiva IVA.
[63] Acórdão TJUE, *Comission v France*, C-492/08, 17.06.2010, ponto n.º26.

Não obstante o argumento francês fundamentado no artigo 47.º, o Tribunal absteve-se de analisar o caso à luz deste artigo e centrou a sua argumentação na interpretação da verba 15) do artigo 98.º da Diretiva. Veio assim considerar que uma prestação de serviços será subsumível naquela verba mediante a verificação de uma dupla exigência: por um lado, a qualificação do prestador como organismo reconhecido de carácter social e, por outro, que as prestações em causa, realizadas por um destes organismos, sejam de beneficência.

O Tribunal considerou que cabe aos Estados-Membros a determinação de quais as entidades que devem ser reconhecidas como sendo de carácter beneficente empenhadas em atividades de assistência social ou segurança social e que, não estando uma entidade automaticamente excluída por ser uma sociedade privada com fins lucrativos, esta qualificação não pode ter em conta apenas o carácter de alguns dos serviços prestados, mas antes os objetivos prosseguidos pela entidade na sua globalidade e o seu compromisso social. Por outro lado, o Tribunal salientou que o poder de apreciação dos Estados-Membros deste carácter beneficente não deixa de estar sujeito aos limites impostos pela Diretiva e que, em concreto, olhando à globalidade dos seus objetivos e à natureza dos serviços que prestam, não se pode reconhecer à categoria profissional dos advogados, como um todo, um carácter beneficente. O Tribunal concluiu assim que embora a condição do carácter beneficente dos serviços pudesse estar verificada, não se encontra verificada a segunda condição da qualidade de beneficência da entidade que os presta, julgando assim a ação da Comissão procedente.

A opção do Tribunal de não decidir o caso à luz do artigo 47.º da Carta pode ser facilmente justificada com o facto de, no âmbito do apoio judiciário, a questão de a incidência ou não de IVA sobre os serviços jurídicos em causa poder agravar os custos associados a uma ação em tribunal, não se coloca na medida em que, com ou sem IVA, o custo destes serviços não é suportado pelas pessoas que deles usufruem, sendo estes apenas remunerados pelo Estado. No entanto, merece destaque o facto de o Tribunal não adotar aqui uma interpretação restrita do conceito de *organismos reconhecidos de carácter social*, considerando nomeadamente que entidades privadas que prossigam fins lucrativos são passíveis de se enquadrar neste conceito.

Ainda relativamente aos serviços prestados por advogados, surge o caso belga Ordre des barreaux francofones et germanophones e.a.[64]. Na Bélgica, os serviços prestados por advogados, independentemente de serem pagos ou gratuitos, estavam isentos desde a introdução do IVA, em 1971, estando a Bélgica autorizada a manter a isenção indefinidamente nos termos do artigo 371.º da Diretiva[65]. O objetivo desta isenção era evitar colocar um encargo adicional sobre os custos de acesso aos tribunais. Porém, esta isenção foi abolida pela Bélgica a partir de 2014, com a medida a ser contestada por várias associações de direitos humanos.

Neste contexto, a ordem dos advogados belga trouxe o litígio perante o Tribunal Constitucional belga, questionando a compatibilidade da tributação em sede de IVA dos serviços prestados por advogados com os direitos ao apoio judiciário e a uma tutela jurisdicional efetiva salvaguardados pelo artigo 47.º da Carta. Contrariamente ao caso anterior, aqui estava em causa a isenção dos serviços jurídicos no seu todo, independentemente do modo, remunerado ou não, como eram prestados, e não apenas no âmbito do apoio judiciário.

O Tribunal Constitucional belga apresentou um pedido de decisão prejudicial ao TJUE no qual questionava, em primeiro lugar, a conformidade da tributação neste caso com o princípio da igualdade de meios, uma vez que, na prática, o imposto sobre os serviços jurídicos só gerava um encargo financeiro para quem não fosse sujeito passivo e não fosse elegível para o apoio judiciário, ao passo que a incidência ou não de imposto seria economicamente neutra para sujeitos passivos com direito à dedução ou para quem beneficiasse de apoio judiciário. Em segundo lugar, questionava se o facto de para estes particulares, não sujeitos passivos, o IVA se assumir como um custo que poderia influenciar a decisão de acesso à justiça não era desconforme com o artigo 47.º. Finalmente, o Tribunal Constitucional questionava se, após a abolição da isenção para os serviços prestados por advogados, esta poderia ser reintroduzida de modo a abranger apenas os

[64] Acórdão TJUE, *Ordre des barreaux francofones and germanophone and Others*, C-543/14, 28.07.2016.

[65] De acordo com o artigo 371.º da Diretiva IVA, "Os Estados Membros que, em 1 de Janeiro de 1978, isentavam as operações cuja lista consta da parte B do Anexo X podem continuar a isentá-las, nas condições em vigor no Estado-Membro em causa nessa mesma data".

prestados no âmbito do apoio judiciário enquadrados no artigo 132.º n.º 1 alínea *g)* da Diretiva IVA.

O TJUE considerou, em primeiro lugar, que as pessoas não elegíveis para receber apoio judiciário serão em princípio capazes de suportar os custos inerentes a um processo judiciário, nomeadamente os honorários dos advogados, dos quais o IVA será apenas uma parte relativamente diminuta. Assim, de acordo com o Tribunal, os custos associados a um processo judiciário só poderão ser considerados atentatórios do direito ao acesso à justiça nos termos do artigo 47.º na medida em que sejam verdadeiramente impeditivos, passíveis de impossibilitar o acesso aos tribunais, ou tornando-o manifestamente difícil, o que considerou não ser o caso do IVA. Esclareceu ainda que, mesmo que os clientes possam não ser sujeitos passivos, na medida em que os advogados o são e podem deduzir os custos necessários ao exercício da sua atividade, estes deverão adaptar o preço final dos seus honorários (incluindo IVA) à capacidade do cliente.

O Tribunal conclui, em segundo lugar, que não pode estabelecer-se nenhuma correlação estrita, ou mesmo automática, entre a sujeição a IVA dos serviços prestados por advogados e um aumento do preço desses serviços e que, ainda que efetivamente a sujeição a IVA desencadeie um aumento nos custos processuais, essa sujeição não é suscetível de por em causa o direito a um recurso efetivo nos termos do artigo 47.º da Carta.

Finalmente, o TJUE esclarece que, em termos formais, de acordo com o artigo 371.º da Diretiva, apesar de a Bélgica poder ter mantido a isenção no seu todo ou tê-la reduzido, circunscrevendo-a a termos mais limitados, uma vez abolida, esta não poderá ser reintroduzida. Por outro lado, em termos materiais, as prestações de serviços efetuadas por advogados, ainda que apenas no âmbito do apoio judiciário, não podem ser consideradas isentas de IVA por aplicação da isenção do artigo 132.º n.º 1 al. *g)*, na medida em que a aplicação desta isenção, à semelhança da taxa reduzida prevista na verba 15) do Anexo III, não está apenas dependente de que as operações em si mesmas tenham um cariz social, mas também do facto de a entidade que as realiza ser ou não reconhecida como tendo carácter beneficente, o que considerou não ser o caso.

Observamos assim que, nestes dois casos, a Carta foi suscitada pelas partes e expressamente incluída no pedido de reenvio, não tendo, no entanto, este argumento triunfado perante o Tribunal, que em ambos os casos desconsiderou as justificações fundadas na proteção do direito fundamental do acesso à justiça face às medidas nacionais aqui em causa. Não obstante, ao passo que no primeiro caso o Tribunal não analisou o artigo 47.º, aqui fê-lo, ainda que de modo breve, concluindo pela não desconformidade da medida com o mesmo.

Vejamos agora dois casos em que, diferentemente dos que agora analisámos, não só o artigo 47.º prevaleceu, como foi suscitado pelo próprio TJUE, não tendo sido invocado por nenhuma das partes ou referido no pedido.

3.3. *A omissão de requisitos processuais e o direito à ação*

Analisemos agora o impacto do artigo 47.º da Carta no sistema IVA numa perspetiva puramente processual. No acórdão *Belvedere Construzioni Srl*[66], o Tribunal trouxe o artigo 47.º à discussão num caso de reenvio em que se analisava uma norma italiana que estabelecia que, caso a decisão do recurso de segunda instância confirme a decisão de primeira instância em sentido desfavorável à Administração Tributária, e estando o litígio pendente há mais de 10 anos, a ação não era passível de ser apreciada em sede de recurso para a última instância, devendo o tribunal encerrar o processo automaticamente. Esta norma destinava-se a salvaguardar a razoabilidade dos prazos de decisão, suscitando-se no entanto a questão da sua conformidade com a obrigação do Estado-Membro de assegurar a cobrança efetiva do imposto[67], nomeadamente questionava-se se havia uma *renúncia geral e indiscriminada à verificação das operações tributáveis* na aceção do acórdão *Comissão vs Itália*[68]. Apesar de nenhuma das partes mencionar a Carta na sua argumentação, o Tribunal invocou oficiosamente o artigo 47.º, considerando que este prevalecia na medida em que a obrigação de assegurar a cobrança efetiva do imposto não pode violar o direito fundamental de obter uma decisão em prazo razoável.

[66] Acórdão TJUE, *Belvedere Costruzioni*, C-500/10, 29.03.2012.
[67] Artigo 273.º da Diretiva IVA.
[68] Acórdão TJUE, *Commission v Italy*, C-132/06, 17.07.2008.

Também no caso *Surgicare*[69], o Tribunal remete para o artigo 47.º por sua iniciativa. Neste caso português, o litígio centrava-se na aplicabilidade de um procedimento administrativo nacional prévio e obrigatório, previsto no artigo 63.º do Código de Procedimento e de Processo Tributário ("CPPT"), sempre que a liquidação seja efetuada com base em normas anti abuso, procedimento esse que havia sido omitido. No caso concreto, a Surgicare, cujo objeto consistia na construção, exploração e gestão de unidades hospitalares, construiu e equipou um estabelecimento hospitalar que posteriormente cedeu a uma empresa pertencente ao mesmo grupo. A Surgicare considerou a cessão sujeita a IVA, pelo que, na medida em que liquidava IVA sobre as rendas que cobrava, deduziu o IVA relativo à construção e apetrechamento do estabelecimento. A Autoridade Tributária considerou que esta prática era abusiva porque se fosse a própria Surgicare a explorar o estabelecimento não teria direito à dedução na medida em que a atividade médica está isenta de IVA, pelo que, assumiu a Autoridade Tributária, o único objetivo da cessão teria sido o de deduzir o IVA. A Surgicare impugnou a liquidação com base na preterição do procedimento prévio do artigo 63.º do CPPT. Todavia, a Autoridade Tributária alegou que este procedimento prévio, estatuído na lei nacional, não era obrigatório no âmbito de liquidações de IVA, por estar em causa um imposto harmonizado a nível europeu. Saliente-se que este procedimento compreende, nomeadamente, a audição da pessoa suspeita de práticas fraudulentas, a apresentação por esta das provas que entender pertinentes e ainda a obtenção de uma autorização do dirigente máximo do serviço no sentido da aplicação da norma anti abuso em causa. O caso chegou ao STA, que procedeu ao reenvio prejudicial, questionando se este procedimento prévio nos casos de liquidações fundadas em normas anti abuso poderia ou não ser aplicável ao IVA.

O TJUE veio considerar, por um lado, que cabe aos Estados-Membros adotar as medidas necessárias para garantir a cobrança exata do imposto e para evitar a fraude, desde que não contrariem o disposto na Diretiva IVA e, por outro, que a adoção de um procedimento destes é favorável à pessoa visada, na medida em que pretende assegurar o respeito de vários direitos fundamentais, nomeadamente o direito a ser ouvido, indo ao encontro do

[69] Acórdão TJUE, *Surgicare*, C-662/13, 12.02.2015.

disposto no artigo 47.º da Carta, concluindo que este procedimento era aplicável no âmbito do IVA.

Também neste caso o Tribunal recorreu de modo autónomo à Carta, referindo ainda que, não obstante os Estados-Membros terem o dever de assegurar a implementação do Direito da União, deverão fazê-lo respeitando os requisitos de proteção judicial efetiva dos direitos fundamentais que constam igualmente do Direito da União, tal como salvaguardado pelo artigo 47.º. Observamos assim que, na sequência dos casos analisados anteriormente em que o Tribunal descartou os argumentos alusivos à Carta quando as partes os invocaram, aqui foi o próprio Tribunal que não só trouxe a Carta à discussão, como concluiu que os direitos fundamentais em causa devem prevalecer sobre as medidas nacionais aqui em causa. Concluímos assim que, não obstante o ónus que queremos incutir de recurso à Carta, o próprio Tribunal a invocará e aplicará, sempre que entenda necessário.

4. Conclusão

Faz no próximo dia 1 dezembro 10 anos que, com a entrada em vigor do Tratado de Lisboa, a Carta dos Direitos Fundamentais da União Europeia passou a ser juridicamente vinculativa.

Em 2010, a Comissão adotou uma Estratégia para a aplicação efetiva da Carta, na qual reafirma que "A Carta é um instrumento inovador, já que reúne num texto único o conjunto dos direitos fundamentais protegidos na União, conferindo-lhes assim um conteúdo visível, preciso e previsível"[70]. Neste documento, a Comissão sublinha ainda que os destinatários da Carta são, em primeira linha, as instituições, órgãos e organismos da União, mas que esta é também aplicável aos Estados-Membros quando apliquem o direito da União[71]. No âmbito desta Estratégia, a Comissão assumiu o compromisso de elaborar relatórios anuais que abranjam a totalidade das disposições da Carta. No relatório de 2017, a Comissão reitera que os direi-

[70] COM(2010) 573 final, Bruxelas 19.10.2010, Comunicação da Comissão, Estratégia para a aplicação efectiva da Carta dos Direitos Fundamentais pela União Europeia, p. 3.

[71] Idem.

tos fundamentais se aplicam a todos, cidadãos e empresas, e que o respeito dos direitos fundamentais constitui um fator chave para garantir que a UE é um espaço onde todos podem prosperar e usufruir as suas liberdades sem discriminações, sublinhando que "It has never been more important to highlight that the respect for the EU Charter of Fundamental Rights is not an option but an obligation for EU institutions and Member States when implementing EU law".

As disposições da Diretiva IVA e de outras regulamentações em matéria de IVA que constituem igualmente Direito da União caem no âmbito de aplicação da Carta.

E também no domínio do IVA revela-se com premência e acuidade a necessidade de sublinhar que o respeito da Carta pelos Estados-Membros não é facultativo, em particular quando, com o intuito de combater os chamados *desvios do IVA* (ou "VAT Gap") e proteger as receitas deste imposto, Estados-Membros e respetivas administrações tributárias põem em prática medidas e utilizam ferramentas cuja compatibilidade com os direitos fundamentais consagrados na Carta merece um escrutínio sistemático e rigoroso.

São chamados a ter uma participação ativa neste escrutínio, não apenas a Comissão e o TJUE, mas também os Estados-Membros, os tribunais nacionais, os advogados e consultores.

A Comissão tem colaborado com as autoridades competentes, ao nível da União e ao nível nacional, para assegurar que cidadãos e empresas conhecem os seus direitos fundamentais e os organismos e vias de recurso em caso de violação destes direitos[72]. À Comissão cabe também o importante papel de garantir o respeito da Carta pelos Estados-Membros, intentando, se necessário, processos de infração contra estes[73]. Não existem, contudo, processos de infração pendentes contra Estados-Membros por desrespeito dos direitos fundamentais no âmbito da aplicação da Diretiva IVA ou de outras regulamentações em matéria de IVA.

O TJUE tem desenvolvido um papel gradualmente mais ativo como guardião dos direitos fundamentais estabelecidos na Carta no domínio do IVA, muitas das vezes, como vimos, por iniciativa dos advogados-gerais.

---

[72] Comunicado de Imprensa IP/18/4047, Bruxelas 6.06.2018.

[73] COM(2010) 573 final, p. 11.

Já ao nível dos tribunais nacionais e dos advogados e consultores, percebe-se a necessidade de mais informação e maior sensibilização quanto aos direitos fundamentais estabelecidos na Carta, ao âmbito de aplicação da Carta e às vias disponíveis de recurso em caso de medidas e práticas nacionais em matéria de IVA que não sejam compatíveis com aqueles direitos.

É crucial que os tribunais nacionais e os profissionais do Direito conheçam de forma clara que, quando a legislação nacional transpõe a Diretiva IVA de modo que viola direitos fundamentais, quando a Autoridade Tributária aplica um ato legislativo da UE em matéria de IVA em termos que ferem os direitos fundamentais ou quando uma decisão de um tribunal nacional aplica ou interpreta o direito da União no domínio do IVA de modo que contraria direitos fundamentais, a Carta representa uma salvaguarda adicional e efetiva para a garantia destes direitos.

Deste modo, perante uma medida ou prática em matéria de IVA que ponha em causa direitos fundamentais estabelecidos na Carta, os profissionais do Direito (os advogados e os próprios juízes ou árbitros, quando a Carta não seja invocada pelas partes) devem invocar a Carta perante os tribunais nacionais, devendo estes submeter o caso ao TJUE.

Para assegurar que predomina igualmente no domínio do IVA uma *cultura de respeito dos direitos fundamentais*[74], é imprescindível convocar os tribunais nacionais e os profissionais do Direito a serem também *ativistas* dos direitos fundamentais da União Europeia.

---

[74] COM(2010) 573 final, p. 5.

As Transmissões Intracomunitárias de Bens em Cadeia: *Estado da Arte* à Luz da Recente Jurisprudência do TJUE e dos *Quick Fixes*

DIOGO ORTIGÃO RAMOS & MÁRIO SILVA COSTA

1. Introdução

Alguns anos após o contributo dos ora Autores para os Cadernos do IVA 2016, com o trabalho "Operações intracomunitárias em IVA: O caso particular das transmissões de bens em cadeia"[2], e atendendo aos desenvolvimentos jurisprudenciais e legislativos entretanto ocorridos nesta matéria,

[1] Ver acórdão TJUE, *AREX CZ* , C-414/17, 19.12.2018.

A redacção deste texto rege-se pela ortografia antiga. No presente trabalho apenas foi considerada legislação, jurisprudência do TJUE, elementos doutrinários (nacionais e internacionais) e informações da Autoridade Tributária e Aduaneira ("AT") publicados até 31 de Março de 2019.

[2] Cfr. *Cadernos IVA 2016*, 97-133.

revela-se oportuno fazer uma reflexão a respeito das opções legislativas tomadas ao nível da União Europeia para lidar com os principais problemas então assinalados.

Nem a Sexta Directiva IVA nem a actual Directiva IVA[3] contêm normas específicas relativas aos elementos essenciais das vulgarmente designadas operações *em cadeia*[4]. – *i.e.*, operações em que os mesmos bens são objecto de duas ou mais transmissões consecutivas (operações em cadeia), ocorrendo a entrega dos referidos bens pelo primeiro fornecedor directamente ao cliente final[5].

Quando estas operações têm lugar num único Estado-Membro, é evidente que cada transacção será qualificada como uma transmissão de bens doméstica localizada nesse mesmo Estado-Membro e aí tributada em IVA. Contudo, quando os bens objecto da cadeia de transmissões têm como destinatário último um cliente estabelecido em Estado-Membro distinto do de origem dos bens, coloca-se a questão de saber onde serão localizadas cada uma das transmissões individuais da *cadeia* e, em particular, qual será a aquisição intracomunitária isenta.

Foi somente em 2006 que o Tribunal de Justiça da União Europeia ("TJUE") afirmou na decisão no caso *EMAG*[6] o *princípio não-escrito*[7] relativo às operações em *cadeira* subjacente ao regime transitório de tributação das trocas comerciais entre Estados-Membros da União Europeia[8]-[9]:

---

[3] Directiva 2006/112/CE, de 28 de Novembro.

[4] Como veremos *infra* no ponto 5. do presente trabalho, esta situação foi profundamente alterada pelas inovações introduzidas na Directiva IVA pela Directiva (UE) 2018/1910, de 4/12.

[5] No presente artigo não abordaremos o tema das regras de simplificação relativas às operações *triangulares* previstas no artigo 141.º da Directiva IVA, as quais pressupõem a existência de *três* sujeitos passivos de IVA estabelecidos em *três* Estados-Membros distintos. Em particular quanto às "operações em cadeia" em contexto intracomunitário, cfr., A. Van Doesum/H van Kesteren/G. Van Norden, *Fundamentals of EU VAT Law*, 2016, 489-492.

[6] Acórdão TJUE, *EMAG Handel Eder*, C-245/04, 06.04.2006.

[7] Como bem salientam S. Maunz/H. Marchal, in "Zero Rating Cross-Border Triangular Transactions under EU VAT", *International VAT Monitor*, 2012, 307-311, apesar de a referida conclusão não resultar de forma expressa da legislação europeia, este era já um princípio posto em prática pelas Autoridades Tributárias de vários Estados-Membros.

[8] O regime transitório está em vigor deste de 1 de Janeiro de 1993.

[9] Ver Directiva do Conselho 91/680/CEE, de 16 de Dezembro de 1991, que alterou a Sexta Directiva do IVA (Directiva 77/288/CEE, de 17 de Maio) e adaptou o Sistema IVA de matriz comunitária com vista à eliminação das fronteiras fiscais entre Estados-Membros da União Europeia. Sobre este tema ver, por todos, C. Celorico Palma, "O IVA e o Mercado In-

"Quando duas entregas sucessivas que têm por objecto os mesmos bens, efectuadas a título oneroso entre sujeitos passivos agindo nessa qualidade, dão origem a uma única expedição intracomunitária ou a um único transporte intracomunitário desses bens, essa expedição ou esse transporte só podem ser imputados a uma das duas entregas, que será a única isenta".

Assim, mais de 15 anos depois da introdução do referido regime transitório[10], o TJUE veio clarificar que:

(i) Quando ocorrem duas transmissões sucessivas dos mesmos bens, realizadas onerosamente entre sujeitos passivos de IVA, dando lugar a uma única expedição intracomunitária ou a um único transporte intracomunitário desses bens, a referida expedição ou transporte apenas pode ser imputada a uma das transmissões sucessivas, a qual será a transmissão intracomunitária isenta de IVA;
(ii) Apenas a transmissão que determina a expedição ou transporte intracomunitário de bens é localizada no Estado-Membro de origem dos bens; a outra transmissão na cadeia é localizada ou no Estado-Membro de origem ou no Estado-Membro de chegada dos bens, consoante a mesma seja a primeira ou a segunda transmissão de bens na cadeia.

A luz deste enquadramento de matriz jurisprudencial, num contexto de transmissões em cadeia, se o primeiro fornecedor na cadeia (A)[11] transporta os bens, por si próprio ou é responsável por organizar esse transporte[12], para

terno – Reflexões Sobre o Regime Transitório", Lisboa, Centro de Estudos Fiscais, Cadernos de Ciência e Técnica Fiscal, n.º 178, 1998.

[10] Cfr. S. Maunz/H. Marchal, *ob. cit, supra*; ver ainda J. Swinkels, "Zero rating cross-border supplies of goods under EU VAT .- Triangular Takeway Transactions", *International VAT Monitor*, 2012, 400-406.

[11] Com vista a simplificar a presente exposição, ao longo do presente artigo o primeiro fornecedor na cadeia será identificado como *A*, o primeiro adquirente/segundo fornecedor será identificado como *B* e o cliente final será identificado como *C*.

[12] Por exemplo, no caso de transporte rodoviário, quando o contrato de compra e venda tem subjacente, pelo menos, o *Incoterm CPT ou CIP*. Refira-se, a este propósito, que *Incoterms* é o acrónimo para *International Commercial Terms*. Incoterms são as regras da CCI – Câmara de Comércio Internacional – para a interpretação de termos comerciais de contratos de compra e venda internacionais, tendo como objectivo facilitar o desenvolvimento comercial internacional. Saliente-se que os Incoterms apenas regulam questões relacionadas

o cliente final (C) em outro Estado-Membro, este transporte de bens será habitualmente imputado à primeira transmissão, ou seja, a venda de bens *A→B*.

Assim, a transmissão de bens realizada por A no Estado-Membro 1 será isenta de IVA, ao passo que B realizará uma aquisição de bens tributada no Estado-Membro 2 (Estado-Membro onde o cliente final C está estabelecido). A transmissão de bens entre *B→C* será uma operação doméstica no Estado-Membro 2, aí tributada em IVA nos termos gerais.

Por outro lado, sempre que os bens em causa sejam recolhidos pelo C nas instalações do A no Estado-Membro 1, ficando C responsável pela expedição ou transporte dos bens para o Estado-Membro 2, tem sido reconhecido por alguma jurisprudência e doutrina que o transporte intracomunitário deverá ser imputado à segunda transmissão de bens na cadeia – em concreto, à operação *B→C*. Deste modo, B realiza uma transmissão intracomunitária isenta no Estado-Membro 1, a qual dá origem a uma aquisição intracomunitária tributada realizada por C no Estado-Membro 2. A transmissão entre *A→B* reconduz-se uma operação doméstica tributada no Estado-Membro 1.

Quando a expedição ou transporte dos bens para o Estado-Membro 2 fica a cargo do sujeito passivo intermediário na cadeia de transmissões, ou seja, de B a tarefa de alocar o referido movimento intracomunitário dos bens a cada uma das transmissões individuais de bens na cadeia tem vindo a revelar-se, na prática, mais complexa pelo simples facto de B estar envolvido em ambas as operações: B compra os bens a A e B vende os bens a C.

---

com a divisão, entre vendedor e comprador, do risco de perda ou danos sobre a mercadoria, da divisão dos custos do transporte das mercadorias a suportar por vendedor e comprador e, quando aplicável, quanto à responsabilidade pelo desembaraço aduaneiro na exportação e na importação. Quanto ao concreto Incoterm «*CPT – Carriage Paid To [...]*», o mesmo implica que seja o vendedor a contratar e pagar o *frete* para levar as mercadorias ao local de destino designado, sendo responsável pelo envio das mercadorias para exportação ou, no caso das operações intracomunitárias, para fora do Estado-Membro de origem. A partir do momento em que as mercadorias são entregues à custódia do transportador, os riscos por perdas e danos são transferidos para o comprador, assim como possíveis custos adicionais em que possam incorrer.

Já o Incoterm «*CIP – Carriage and Insurance Paid to [...]*», o mesmo é análogo aos termos subjacentes ao Incoterm CPT, distinguindo-se apenas por incluir a contratação e pagamento de um seguro, pelo vendedor, que cubra os riscos relativos aos bens até ao local de destino da mercadoria.

Apesar do contributo dado pela decisão do TJUE no caso *EMAG* quanto à interpretação e aplicação práticas das normas relativas às operações intracomunitárias, o referido acórdão não deu qualquer resposta quanto à questão de saber a que braço da cadeia de transmissões – *i.e.*, operação *A→B* ou operação *B→C* – deverá ser imputado o transporte intracomunitário, sempre e quando *B* seja responsável pelo transporte ou pela organização do mesmo. A urgência na obtenção de uma resposta a esta questão colocava-se com particular acuidade em situações em que uma das partes da cadeia possa estar a actuar com a intenção de evitar o pagamento do IVA que se mostre devido ou de deduzir IVA ilegitimamente.

Sobre esta última questão versaram as decisões nos casos *Euro Tyre Holding*[13] e *VSTR*[14 15], bem como, mais recentemente, nos casos *Toridas UAB*[16], *Kreuzmayr Gmbh*[17] e *Arex*[18]. Apesar do mérito das referidas decisões para a clarificação da presente temática, as mesmas não lograram, contudo, definir um quadro orientativo simples e seguro para os agentes económicos que realizam operações intracomunitárias, os quais são confrontados ainda com um amplo campo de incerteza, designadamente quanto à prova que deverão reunir para demonstrar a verificação *in casu* dos pressupostos da isenção de IVA[19] e assim beneficiarem da protecção dada pelas normas e princípios de Direito Europeu, bem como pela jurisprudência do TJUE[20], em particular

[13] Ver acórdão TJUE, *Euro Tyre Holding*, C-430/09, 16.12.2010.

[14] Ver acórdão TJUE, *VSTR*, C-587/10, 27.09.2012.

[15] Sobre estes casos ver S. Maunz/H. Marchal, ob. cit. *supra*; J. Swinkels, ob. cit. *supra*; S. Nathoeni/W de Wit, "VAT exemption of intra-community supplies of goods: state of play after VSTR", *EC Tax Review*, 2013; O. Henkow, "Vogtländische Strassen-, Tief- und Rohrleitungsbau GmbH Rodewisch (VSTR) v Finanzamt Plauen: intra-community EU supplies of goods – substantive conditions v formal obligations", *in British Tax Review*, 2013, n.º, 1, 35-41. Quanto a este assunto, ver, igualmente B. Terra/J. Kajus, "Introduction to European VAT (Recast)", Online Books *IBFD*, acedido em 15.03.2019.

[16] Ver acórdão TJUE, *Toridas*, C-386/16, 26.07.2017.

[17] Ver acórdão TJUE, *Kreuzmayr*, C-628/16, 21.02.2018.

[18] Ver acórdão TJUE, *AREX CZ*, C-414/17, 19.12.2018.

[19] Quanto à prova da realização de uma transmissão intracomunitária de bens e, em particular, quanto à prova do transporte dos bens para fora do Estado-Membro de origem, ver, por todos, C. Amand, "The Impossible Proof of Intra-Community Supplies of Goods", *International VAT Monitor,* 2016, 2.

[20] Em particular, protecção contra liquidações adicionais do IVA em falta por aplicação indevida da isenção e contra a recusa do direito à dedução do IVA. Ver, sobre esta matéria, os seguintes Acórdãos TJUE: *Teleos,* C-409/04, 27.09.2007; *Collée*, C-146/05, 27.09.2007;

quando se vejam inadvertidamente envolvidos em eventos ou operações fraudulentas que não conheciam nem tinham forma de conhecer[21]-[22].

Contudo, antes de passarmos à análise detalhada das referidas decisões do TJUE, afigura-se metodologicamente adequado fazer uma breve incursão ao concreto quadro legal aplicável às operações intracomunitárias de bens.

2. Enquadramento Legal

A título preliminar, recorde-se que, através da Directiva 91/680/CEE, que tem em vista a abolição das fronteiras fiscais entre os Estados-Membros em matéria de IVA, o legislador Europeu suprimiu definitivamente, a partir de 1 de Janeiro de 1993, as tributações na importação e os desagravamentos na exportação nas trocas entre os Estados-Membros[23].

Todavia, por ter verificado que, nesta data, ainda não estavam reunidas as condições que teriam permitido a aplicação do princípio da tributação no Estado-Membro de origem dos bens entregues e dos serviços prestados sem prejudicar, no tráfego comunitário entre sujeitos passivos, o princípio da atribuição da receita fiscal ao Estado-Membro onde ocorre esse consumo final, o legislador comunitário instituiu, com a introdução do título

Mahagében, C-80/11, 21.06.2012. Ver ainda, quanto à tutela de sujeitos passivos de boa-fé, Acórdão TJUE, *Mecsek-Gabona*, C-273/11, 06.09.2012.

[21] Ou seja, como *infra* se comentará com mais detalhe, que comportamento será exigível aos agentes económicos para demonstrar a sua boa-fé e, por conseguinte, afastar uma resposta positiva ao denominado *Kittel test* ou *the Kittel principle intervention*, por referência à decisão do TJUE, *Kittel* e *Recolta Recycling*, C-439/04 e C-440/04, 06.07.2006. Recorde-se que neste teste, deverão ser consideradas as circunstâncias de facto subjacentes à operação com vista a apurar se o sujeito passivo de IVA sabia ou devia saber que estava envolvido numa fraude ao IVA. Sobre este teste ver, na legislação portuguesa de IVA, o disposto nos números 1, 3 e 4 do artigo 80.º do Código do IVA.

[22] Para uma análise aprofundada da jurisprudência do TJUE em matéria de protecção dos agentes económicos *legítimos* ou *inocentes*, ver R. Wolf, "Mecsek-Gabona: The Final Step of the ECJ's Doctrine on Reliance on EU Law for Abusive or Fraudulent Ends in the Context of Intra-Community Transactions", *International VAT Monitor*, 2013, 5, 280-286. Sobre esta mesma temática ver, em Portugal, E. Vidal Lima, "Transmissões "B2B" de bens intra-EU isentas de IVA – A Jurisprudência do Tribunal de Justiça da União Europeia", *Revista de Finanças Públicas e de Direito Fiscal*, ano VI, n.º 3, 2013, 177-227.

[23] Ver o segundo e o terceiro considerandos da referida Directiva.

XVI-A na Sexta Directiva, um regime transitório de tributação das trocas comerciais entre Estados-Membros, baseado na introdução de um novo facto gerador do imposto, *i.e.*, a *aquisição intracomunitária de bens*[24].

Em concreto, o então introduzido artigo 28.°-A, n.° 1, alínea *a)*, primeiro parágrafo, da Sexta Directiva, veio estatuir que ficariam sujeitas ao IVA "[a]s aquisições intracomunitárias de bens efectuadas a título oneroso no território do país por um sujeito passivo agindo nessa qualidade, ou por uma pessoa colectiva que não seja sujeito passivo, quando o vendedor for um sujeito passivo que aja nessa qualidade". Segundo o n.º 3, primeiro parágrafo, da referida norma, haveria uma aquisição intracomunitária de bens sempre que ocorresse "a obtenção do poder de dispor, como proprietário, de um bem móvel corpóreo expedido ou transportado com destino ao adquirente, pelo vendedor ou pelo adquirente ou por conta destes, para um Estado-Membro diferente do Estado de início da expedição ou do transporte do bem". Por conseguinte, e nos termos do referido regime transitório, qualquer aquisição intracomunitária tributada no Estado-Membro de chegada da expedição ou do transporte intracomunitário de bens terá como corolário uma transmissão de bens isenta no Estado-Membro de partida da referida expedição ou do referido transporte[25]. Deste modo, o vendedor, por um lado, efectua uma entrega isenta no Estado-Membro de partida da expedição ou do transporte intracomunitário de bens, a qual, por ser uma isenção completa, garantirá ao vendedor o direito a deduzir o imposto que haja suportado no exercício da sua actividade. Em contrapartida, o adquirente realiza uma aquisição intracomunitária tributada no Estado-Membro de chegada da referida expedição ou do referido transporte intracomunitário.

Logra-se, assim, conseguir que a receita de IVA associada a esta operação seja transferida para o Estado-Membro onde teve lugar o consumo final dos bens entregues – ou seja, no Estado-Membro de chegada dos bens[26].

---

[24] Ver o sétimo a décimo considerandos da Directiva 91/680/CEE.

[25] Ver o artigo 28.°-C, A, alínea *a)*, primeiro parágrafo, da Sexta Directiva, correspondente actualmente ao artigo 138.º, n.º 1, da Directiva IVA.

[26] Não deixa de ser caricato o facto de o regime relativo às operações intracomunitárias de bens, mais de 25 anos após o seu início de vigência, ainda ser denominado como *regime transitório*. Ver, a este propósito, o disposto no artigo 402.º da Directiva IVA: "O regime

A Directiva IVA, à semelhança da Sexta Directiva[27], actualmente não contém um conceito legal de transmissão intracomunitária de bens em cadeia, pese embora as regras introduzidas na Directiva IVA pela Directiva (UE) 2018/1910, de 4/12, que apenas entram em vigor em 1 de Janeiro de 2020.

Na verdade, da Directiva IVA apenas resultam quatro *factos tributários* típicos[28], a saber, as transmissões de bens, as prestações de serviços, as aquisições intracomunitárias de bens e as importações. Com excepção das importações de bens, as demais operações apenas serão tributadas (*i.e.*, sujeitas a imposto, ainda que do mesmo possam vir a estar isentas) se realizadas de forma onerosa no território da União Europeia por um sujeito passivo agindo nessa qualidade. Por conseguinte, o conceito operativo de *transmissão intracomunitária de bens* obter-se-á pela leitura conjugada do conceito de *transmissão de bens* e do conceito de *aquisição intracomunitária de bens*.

Ora, entende-se por transmissão de bens "a transferência do poder de dispor de um bem corpóreo como proprietário"[29]-[30]. Contudo, em sede de IVA, o conceito de transmissão de bens para efeitos de IVA, atenta a sua matriz marcadamente "económica", as mais das vezes não coincidirá com o conceito de transmissão de propriedade resultante do direito civil. De facto, e tal como o TJUE tem consistentemente afirmado[31], para efeitos de IVA, uma transmissão de bens abarcará qualquer transferência do poder de dispor de um bem que tenha como efeito possibilitar ao adquirente comportar-se

---

de tributação das trocas comerciais entre Estados–Membros previsto na presente directiva é transitório e é substituído por um regime definitivo baseado no princípio da tributação, no Estado–Membro de origem, das entregas de bens e das prestações de serviços".

[27] Designadamente após as alterações introduzidas pela Directiva 91/680/CEE.

[28] Ver artigo 2.º, n.º 1, da Directiva IVA. Em Portugal, ver o artigo 1.º, n.º 1, do Código do IVA.

[29] Ver artigo 14.º, n.º 1, da Directiva IVA; ver igualmente o disposto no artigo 3.º, n.º 1, do Código do IVA.

[30] Sobre este conceito ver, também, J. Kollmann, "Taxable Supplies and their consideration in European VAT", *IBFD Doctoral Series*, número 46, 2019, 42-47.

[31] Ver acórdão TJUE, *Shipping and Forwarding Enterprise Safe*, C-320/88, 08.02.1990; acórdão TJUE, *Auto Lease Holland*, C-185/01, 06.02.2003; acórdão TJUE, *British American Tobacco International, Ltd*, C-435/03, 14.07.2005; e, mais recentemente, acórdão TJUE, *PPUH*, C-277/14, 22.10.2015.

como se fosse proprietário jurídico do bem, ainda que, de facto, não tenha havido qualquer transferência da propriedade jurídica sobre o bem mas tão-somente a transferência das suas utilidades económicas.

Entende-se por *aquisição intracomunitária de bens* "[...] a obtenção do poder de dispor, como proprietário, de um bem móvel corpóreo expedido ou transportado com destino ao adquirente, pelo vendedor, pelo adquirente ou por conta destes, para um Estado-Membro diferente do Estado de partida da expedição ou do transporte do bem"[32].

Quanto às regras de localização, a determinação do local em que a transmissão de bens terá lugar dependerá da existência ou não de transporte ou expedição dos bens com destino ao adquirente. Assim, nos termos do artigo 31.º da Directiva IVA[33], na eventualidade de os bens não serem "[...] expedidos nem transportados, considera-se lugar da entrega o lugar onde se encontram os bens no momento da entrega", ocorrendo a respectiva tributação no local em que o poder de dispor dos bens é transferido para o adquirente. Caso os bens sejam expedidos ou transportados pelo fornecedor, pelo adquirente ou por um terceiro, estatui o artigo 32.º da Directiva IVA[34] que a transmissão de bens será localizada "[...] no lugar onde se encontram os bens no momento em que se inicia a expedição ou o transporte com destino ao adquirente». As aquisições intracomunitárias de bens são localizadas "no lugar onde se encontram os bens no momento da chegada da expedição ou do transporte com destino ao adquirente"[35].

Por conseguinte, uma *transmissão intracomunitária de bens* será uma transmissão de bens, em que o poder de dispor dos mesmos como proprietário é transferido para outro sujeito passivo (ou para um não-sujeito passivo registado para efeitos de IVA no Estado-Membro de destino), sendo os referidos bens expedidos ou transportados com destino ao adquirente, pelo vendedor, pelo adquirente ou por um terceiro por conta destes, para um Estado-Membro diferente do Estado de partida da expedição ou do transporte do bem.

---

[32] Ver artigo 20.º da Directiva IVA e, bem assim, artigo 3.º do Regime do IVA nas Transacções Intracomunitárias de bens ("RITI").

[33] Ver artigo 6.º, n.º 1, parte final, do Código do IVA.

[34] Ver artigo 6.º, n.º 1, primeira parte, do Código do IVA.

[35] Ver artigo 40.º da Directiva IVA, assim como o artigo 8.º, n.º 1, do RITI.

Em resumo, a *transmissão intracomunitária* será uma *transmissão de bens* localizada no Estado-Membro de origem (cfr. artigo 32.º da Directiva IVA), mas à qual, nos termos do artigo 138.º da Directiva IVA, será aplicada uma isenção de IVA completa (*i.e.*, que permite o exercício do direito à dedução) pelo facto de os bens serem enviados para fora desse Estado-Membro[36]. A *aquisição intracomunitária* será localizada no Estado-Membro de chegada, cabendo ao respectivo adquirente proceder à autoliquidação do IVA local que se mostre devido através do mecanismo da inversão do sujeito passivo[37].

Não obstante, e como anteriormente referido, quanto à questão de saber como determinar, no âmbito de transmissões de bens em cadeia, a qual transmissão de bens o transporte intracomunitário deve ser imputado, a Directiva IVA (bem como a grande maioria da legislação doméstica dos vários Estados-Membros da União Europeia) continua a ser omissa. As únicas orientações actualmente existentes nesta matéria resultam do labor que o TJUE tem vindo a desenvolver desde 2006 o qual, contudo não logrou solucionar ainda de forma satisfatória todas as questões com que os agentes económicos se têm vindo a deparar quanto ao tratamento em IVA das transmissões em cadeia.

Em termos globais, foi precisamente sobre estas questões que o TJUE se teve de debruçar nos processos *EMAG*, *Euro Tyre Holding*, *VSTR*, *Toridas UAB*, *Kreuzmayr GmbH* e *Arex*, e cuja análise detalhada importa desenvolver.

---

[36] Efectivamente, estatui o artigo 138.º, n.º 1, da Directiva IVA que "Os Estados-Membros isentam as entregas de bens expedidos ou transportados, para fora do respectivo território mas na Comunidade, pelo vendedor, pelo adquirente ou por conta destes, efectuadas a outro sujeito passivo ou a uma pessoa colectiva que não seja sujeito passivo agindo como tal num Estado-Membro diferente do Estado de partida da expedição ou do transporte dos bens".

[37] Ver artigo 200.º da Directiva IVA. Em Portugal, ver o artigo 2.º, n.º 1, alínea *d)*, do Código do IVA, bem como o artigo 2.º, n.º 1, alínea *a)*, do RITI.

3. Jurisprudencia do TJUE Relativa a Transmissões de Bens em Cadeia - Casos Mais Relevantes

3.1. A um só transporte intracomunitário de bens só poderá corresponder uma transmissão intracomunitária de bens isenta: O caso EMAG

A *EMAG* – sujeito passivo de IVA estabelecido na Áustria, doravante C – adquiriu bens à sociedade K – igualmente estabelecida na Áustria, doravante B. B havia adquirido esses bens a sujeitos passivos estabelecidos nos Países Baixos e em Itália (doravante A). Durante a operação C não tinha conhecimento da identidade dos fornecedores de B.

Finda cada transacção, B deu instruções aos seus fornecedores A para entregarem as mercadorias a um transitário por ela (B) encarregue de as transportar directamente para as instalações de C na Áustria ou para as instalações dos clientes desta, também na Áustria, segundo as indicações dadas a B por C.

B facturou a C o preço de compra das mercadorias acordado entre as duas, acrescido de 20% de IVA austríaco, o qual foi integralmente deduzido por C.

Resumidamente, a situação poderá ser representada da seguinte forma:

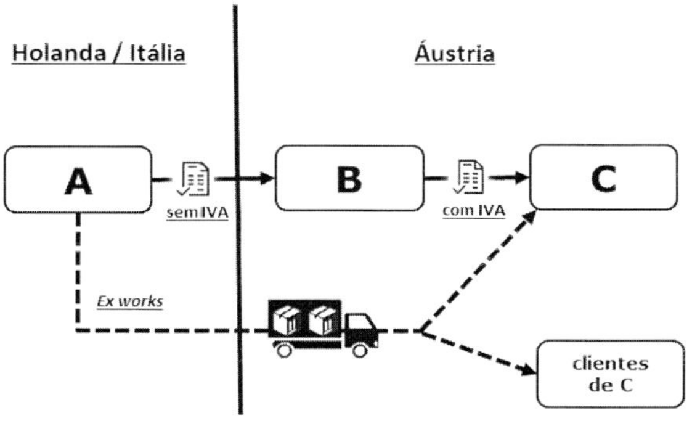

A Administração Tributária Austríaca recusou a dedução por C do imposto, porquanto entendeu que o IVA cobrado por B[38] a C foi indevida-

[38] Refira-se que o IVA em causa não foi entregue pela B à Administração Tributária Austríaca.

mente liquidado. Ainda segundo as referidas autoridades, uma vez que a entrega das mercadorias aos transitários mandatados pela B era efectuada em Itália ou nos Países Baixos, o lugar das entregas efectuadas pela B à C situava-se num ou noutro destes Estados-Membros, em conformidade com a norma doméstica equivalente ao actual artigo 32.º da Directiva IVA (i.e., local onde se inicia o transporte dos bens). Consequentemente, a operação *B→C* deveria ser qualificada como operação intracomunitária isenta[39] e, portanto, B não deveria ter liquidado o IVA em apreço, o qual deveria ter sido autoliquidado por C ao abrigo da norma doméstica equivalente ao artigo 200.º deste diploma. Por conseguinte, a Administração Tributária Austríaca considerou que não só a operação *A→B* seria uma operação intracomunitária isenta, como a operação *B→C* deveria ter merecido o mesmo tratamento – *i.e.*, isenção no país de origem e tributação no Estado-Membro de chegada, a cargo de C.

Como já oportunamente comentado em 1. *supra*, o TJUE recusou expressamente a leitura feita pela Administração Tributária Austríaca, segundo a qual a isenção prevista para as transmissões intracomunitárias de bens poder-se-ia aplicar às duas vendas sucessivas dos mesmos bens quando, em relação aos mesmos, apenas tenha havido um transporte intracomunitário. Com efeito, o TJUE reputou tal entendimento como "[...] simultaneamente ilógico e contrário à sistemática do regime transitório de tributação das trocas comerciais entre Estados Membros"[40].

Ao invés, o TJUE veio afirmar que quando duas entregas sucessivas dos mesmos bens, efectuadas a título oneroso entre sujeitos passivos agindo nessa qualidade, dão origem a uma única expedição ou transporte intracomunitário desses bens, essa expedição ou esse transporte só podem ser imputados a uma das duas entregas de bens, que será a única isenta. Conclui-se assim que, nas transmissões de bens em cadeia, apenas a venda conexionada com o transporte intracomunitário poderá beneficiar da isenção de IVA.

Acrescentou ainda o Tribunal que esta interpretação é válida "[...] seja qual for o sujeito passivo – primeiro vendedor, adquirente intermédio ou

---

[39] Cfr. o actual artigo 138.º da Directiva IVA.

[40] Acórdão TJUE, *EMAG*, parágrafo 37.

segundo adquirente – que detém o poder de dispor dos bens, durante a expedição ou o transporte"[41].

Adicionalmente, e quanto à localização de cada uma das transmissões de bens na cadeia, o Tribunal veio também clarificar que apenas a transmissão de bens associada ao transporte ou expedição com destino a outro Estado-Membro seria determinada ao abrigo do actual artigo 32.º da Directiva IVA – localização no Estado-Membro em que o transporte se inicia[42]. A outra transmissão de bens na cadeia será sempre determinada nos termos do actual artigo 31.º da Directiva IVA – local onde os bens se encontram quando são colocados à disposição do aquirente[43] – considerando-se que esse local se situa quer no Estado-Membro da partida, quer no Estado-Membro da chegada da referida expedição ou do referido transporte, consoante essa entrega seja a primeira ou a segunda das duas entregas sucessivas na cadeia[44].

Apesar de o Tribunal ter dado um relevante contributo para a melhor interpretação da regulamentação associada às operações intracomunitárias, acabou por não resolver a seguinte questão essencial: a que operação na cadeia deverá ser imputado o transporte intracomunitário de bens?

Foi precisamente este o objecto dos Acórdãos do TJUE nos casos *Euro Tyre Holding*, *VSTR*, *Toridas UAB*, *Kreuzmayr GmbH* e *Arex*.

3.2. A que operação na cadeia deverá ser imputado o transporte intracomunitário de bens?

3.2.1. O caso Euro Tyre Holding

A *Euro Tyre Holding* (doravante "A"), sujeito passivo de IVA nos Países Baixos, vendeu pneus a duas entidades belgas (doravante "B") sob os termos do Incoterm *ex works*[45]. Aquando da venda dos bens, B informou

[41] Ver Acórdão TJUE, *EMAG*, parágrafo 45.

[42] Correspondente ao artigo 8.º, n.º 1, alínea *a)*, da Sexta Directiva.

[43] Correspondente ao artigo 8.º, n.º 1, alínea *b)*, da Sexta Directiva.

[44] Ver Acórdão TJUE, *EMAG*, parágrafo 51.

[45] A mercadoria é colocada à disposição do comprador no estabelecimento do vendedor, ou noutro local nomeado (fábrica, armazém, *etc.*), sem estar pronta para exportação/transporte intracomunitário ou carregada num qualquer veículo de transporte. O transporte para

A que as mercadorias seriam transportadas para a Bélgica. B procedeu ao pagamento a A dos bens em apreço antes da recolha dos mesmos no armazém de A.

Como as Autoridades Tributárias dos Países Baixos haviam confirmado a validade do número de IVA belga indicado por B aquando da conclusão do negócio[46], A emitiu as respectivas facturas sem liquidação de IVA, considerando estarem verificadas as condições previstas no actual artigo 138.º da Directiva IVA para que a operação pudesse beneficiar da isenção nas transmissões intracomunitárias de bens. Antes da entrega das mercadorias, B revendeu-as a C, sociedade estabelecida igualmente na Bélgica, acordando que o transporte das mercadorias para as instalações da C na Bélgica seria efectuado por conta e risco de B. As mercadorias foram recolhidas por um representante de B, no armazém de A nos Países Baixos, e transportadas directamente para o estabelecimento de C na Bélgica, num camião com motorista posto à disposição de B por C, ao abrigo de um contrato de aluguer da viatura, com condutor. Aquando cada recolha dos bens, o motorista entregou a A uma declaração, assinada por si, que indicava que as mercadorias seriam transportadas para a Bélgica.

A foi informada ulteriormente de que as mercadorias não tinham sido transportadas com destino a B.

Em resumo, a operação em causa poderá ser representada da seguinte forma:

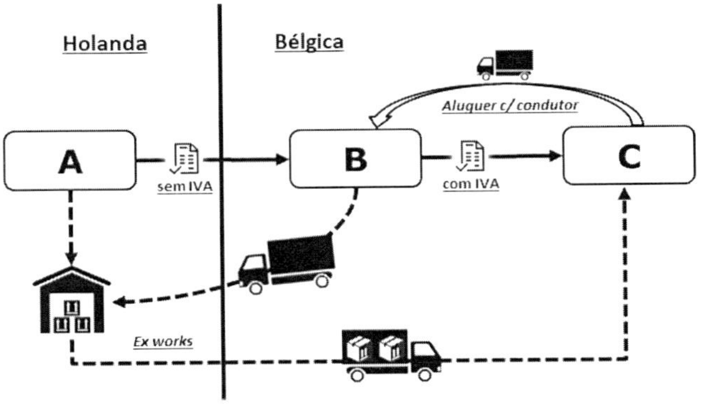

o destino final, bem como demais despesas associadas, correm por conta do adquirente dos bens.

[46] Ver Acórdão TJUE, *Euro Tyre Holding*, parágrafo 16.

Na sequência de uma inspecção tributária a A, as Autoridades Tributárias dos Países Baixos negaram a aplicação da isenção de IVA, argumentando que os bens haviam sido vendidos por B a C. Ou seja, por referência ao Acórdão do TJUE no caso *EMAG*, as Autoridades Tributárias dos Países Baixos concluíram que o transporte intracomunitário, que teve lugar entre os Países Baixos e a Bélgica, ocorreu no âmbito de entregas feitas por B a C. pelo que A deveria ter liquidado IVA nas facturas que emitiu a B. É neste contexto que surge a seguinte questão colocada ao TJUE pelo Tribunal de reenvio:

> "Como se deve determinar, nos casos em que a mesma mercadoria é objecto de duas entregas sucessivas efectuadas entre sujeitos passivos agindo nessa qualidade, de modo a que se possa falar de uma expedição ou de um transporte intracomunitário único, qual a entrega a que o transporte intracomunitário deve ser imputado, quando o transporte da mercadoria é efectuado pela pessoa que tem tanto a qualidade de compradora na primeira entrega como a qualidade de vendedora na segunda entrega ou por conta dessa pessoa?"

O TJUE relembrou que, face ao silêncio da Directiva IVA nesta matéria, a resposta a esta questão deveria assentar numa apreciação global de todas as circunstâncias particulares subjacentes às operações em presença. O TJUE reiterou que para existir uma transmissão intracomunitária de bens isenta é necessário que se verifiquem três condições[47]:

(i) Transferência para o adquirente (B) do poder de dispor dos bens como proprietário;
(ii) Demonstração pelo fornecedor (A) de que esses bens foram expedidos ou transportados para outro Estado-Membro;
(iii) Que, em sequência dessa expedição ou desse transporte, os referidos bens tenham saído fisicamente do território do Estado-Membro de origem.

Quanto à primeira condição, o Tribunal entendeu que o adquirente intermédio – B – só pode transferir para o segundo adquirente – C – o poder de dis-

[47] Ver Acórdão TJUE, *Euro Tyre Holding*, parágrafo 29, bem como a demais jurisprudência deste Tribunal aí mencionada.

por do bem como proprietário, se o tiver recebido previamente do primeiro vendedor. O TJUE considerou que a recolha dos bens no armazém de A por um representante de B deveria ser entendida como uma transferência do poder de dispor sobre os bens de A para B. Também entendeu que a referida recolha deveria ser imputada à primeira transmissão de bens na cadeia – *i.e.*, *A→B*.

O Tribunal salientou, todavia, que este facto isolado não é suficiente para concluir que a operação *A→B* corresponde à transmissão intracomunitária isenta uma vez que não se pode afastar, sem mais, a possibilidade de a transmissão do poder de dispor dos bens como proprietário entre B e C ter ocorrido igualmente no Estado-Membro de origem (Países Baixos), logo, antes do transporte intracomunitário dos bens.

De acordo com o TJUE, deve ser dada devida relevância à circunstância de A ter posto os bens à disposição de B nos Países Baixos e o B ter recorrido aos meios de C (transporte e condutor) para efectuar o transporte dos bens. E nas transmissões de bens em cadeia, em princípio, a expedição ou transporte intracomunitário não poderia ser imputado à transmissão de bens entre *A→B*, quando A soubesse que os bens haviam sido transmitidos para C quando os mesmos ainda se encontravam fisicamente no seu Estado-Membro de origem. Por conseguinte, sempre que B obtém o poder de dispor dos bens como proprietário no Estado-Membro de origem, ficando igualmente responsável pelo transporte dos mesmos para o Estado-Membro de chegada (operações vulgarmente denominadas por *operações takeway*), dever-se-á considerar, sempre que possível, a intenção declarada por B no momento da aquisição dos bens relativamente ao destino que lhes pretender conferir, contanto que existam dados que objectivamente possam comprovar a referida intenção.

Deste modo, se B expressou a sua intenção de transportar os bens para outro Estado-Membro e forneceu ao A o seu número de IVA no Estado-Membro de destino (no caso, na Bélgica), A poderia legitimamente isentar a sua venda ao B. Contudo, A correrá o risco de vir a ser considerado devedor do IVA por incorrecta aplicação da isenção se, após a transferência para B do direito de dispor do bem como proprietário, tiver sido informado por B de que os bens seriam revendidos a C antes de os mesmos deixarem o Estado-Membro de origem e se, na sequência desta informação, A não tiver enviado a B uma factura com a liquidação do IVA devido[48].

---

[48] Ver Acórdão TJUE, *Euro Tyre Holding*, parágrafo 36.

Quanto à prova de que os bens foram enviados para outro Estado-Membro (segunda e terceiras condições), o TJUE considerou que, apesar de, em princípio, incumbir a A a demonstração de que o bem foi expedido ou transportado para outro Estado-Membro, em circunstâncias em que o direito de dispor do bem como proprietário é transferido para B no território do Estado-Membro de origem, recaindo sobre B a obrigação de expedir ou transportar o bem para fora do Estado-Membro de origem, a prova que A pode apresentar às autoridades fiscais depende essencialmente dos elementos que receber de B para esse efeito.

Recorrendo à anterior jurisprudência no caso *Teleos*[49], o Tribunal confirma que para que A possa beneficiar da protecção do Direito Europeu (mantendo o direito a aplicar a isenção da IVA na venda efectuada), é legítimo exigir que A aja de boa-fé e tome todas as medidas razoáveis ao seu alcance para se assegurar que a sua actuação não se reconduza à participação numa fraude ao IVA. Todavia, se A tiver cumprido as suas obrigações relativas à prova da entrega intracomunitária, e B não tiver cumprido a sua obrigação contratual de expedir ou de transportar os bens para fora do Estado-Membro de entrega, é este último – ou seja, B – que deve ser considerado devedor do IVA neste Estado-Membro[50].

Finalmente, quanto à terceira e última condição elencada, o Tribunal considerou, em linha com a sua anterior decisão no caso *EMAG*, ser irrelevante saber qual das partes envolvidas na operação – *i.e.*, B ou C – detinha o poder de disposição sobre os bens durante o transporte. Contudo, a circunstância de este transporte ser efectuado pelo proprietário do bem ou por conta deste pode influir na imputação do referido transporte à primeira ou à segunda transmissão. Porém, nos casos em que o transporte é efectuado por ou por conta de B (*i.e.*, pela entidade que participa nas duas operações) como no processo principal, esta circunstância não é determinante, não permitindo, portanto, concluir que o transporte intracomunitário deve ser imputado à segunda transmissão – *B→C*.

---

[49] Ver Acórdão TJUE, *Euro Tyre Holding*, parágrafos 37 a 39. Ver ainda Acórdão TJUE, *Teleos*, parágrafos 66 e 67.

[50] Porém, como é apanágio do TJUE, a questão de saber se, em concreto, A agiu de boa-fé e se cumpriu os seus devedores de diligência deverá ser decidida pelo Tribunal de reenvio com base nas condições previstas a este respeito pelo direito nacional.

O TJUE aproveitou ainda para declarar que o facto de os bens não terem sido transportados para o endereço de B na Bélgica – mas sim, para o endereço de C – não permite também excluir que o transporte intracomunitário (logo, o transporte subjacente à transmissão isenta de IVA) tenha sido efectuado no quadro da primeira transmissão, na medida em que a aplicação da isenção a uma entrega intracomunitária está sujeita à condição de o transporte dever ser concluído num Estado-Membro diferente do Estado-Membro de origem, sendo irrelevante, para o efeito, o endereço em que o transporte termina.

3.2.2. Relevância do conhecimento prévio do destino dos bens pelo vendedor inicial (A)

a) Caso VSTR

A factualidade subjacente a este caso é em grande medida análoga à que esteve em discussão no caso *Euro Tyre Holding*. Efectivamente, no caso em análise, a *VSTR* (doravante "A"), sujeito passivo de IVA com sede na Alemanha, vendeu duas máquinas trituradoras de pedra à *Atlantic International Trading Co.* (a seguir «B»), com sede nos Estados Unidos. B tinha uma sucursal em Portugal, mas alegadamente não estava registada para efeitos de IVA em nenhum Estado-Membro[51]. A solicitou a B a comunicação do seu número de identificação para efeitos de IVA, tendo B respondido que tinha revendido os bens em causa a uma empresa com sede na Finlândia ("C"), da qual lhe facultou o número de IVA, cuja validade A verificou.

Posteriormente, esses bens foram levantados nas instalações de A por uma transportadora contratada por B para serem enviados por via terrestre para Alemanha, e depois expedidos por via marítima para a Finlândia.

A emitiu à B uma factura sem IVA referente à entrega das máquinas trituradoras de pedra, nela indicando o número de IVA de C, à qual esses bens haviam sido revendidos.

---

[51] Esta referência constante da decisão no caso VSTR é um pouco contraditória, porquanto se a B tinha uma sucursal em Portugal, esta última desenvolveria, em princípio, uma actividade comercial em Portugal e, portanto, normalmente teria adquirido o estatuto de sujeito passivo de IVA em Portugal.

A operação em causa poderá ser representada da seguinte forma:

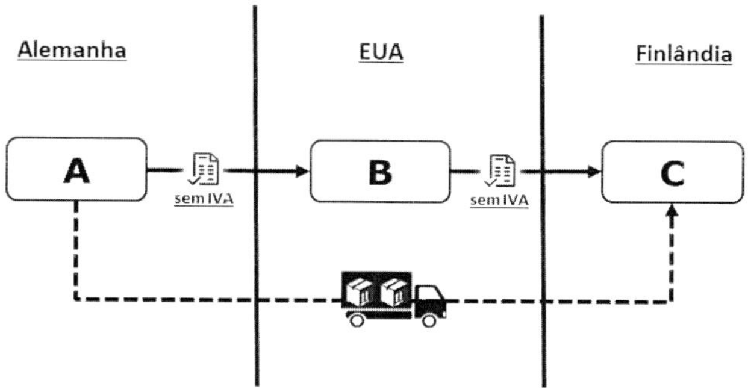

As autoridades tributárias alemãs consideraram que a entrega feita pela A à B não podia estar isenta de IVA uma vez que B não havia indicado o seu número de IVA a A, pelo que foram emitidas as correspondentes liquidações adicionais de IVA. Para o efeito, as autoridades tributárias alemãs alegaram que a Directiva IVA permite aos Estados-Membros fazer depender a isenção de uma transmissão intracomunitária de bens da condição de o adquirente possuir num Estado-Membro um número de IVA.

Nas observações preliminares, o Tribunal começou por referir que, apesar da questão principal que lhe havia sido colocada respeitar à possibilidade de um Estado-Membro poder recusar a aplicação de uma isenção de IVA se o adquirente – B – não tiver fornecido ao A o seu número de IVA válido, acabou por declarar ser útil fornecer ao tribunal de reenvio indicações que permitissem apurar a qual das transmissões de bens deveria ser imputado o movimento intracomunitário de bens

Não obstante o TJCE ter recorrido aos acórdãos s *EMAG* e *Euro Tyre Holding*[52], em particular no que respeita às considerações relativas à informação prestada por B a A quanto ao destino dos bens, deveria ter chegado à conclusão de que a transmissão realizada por A a B não poderia beneficiar da isenção de IVA prevista actualmente no artigo 138.°, n.° 1, da Directiva do IVA. Efectivamente, antes de os bens saírem da Alemanha, B havia informado A que os mesmos já haviam sido vendidos a C, pelo que a transmissão intracomunitária corresponderia à operação *B→C*. Assim, B, ao

[52] Ver Acórdão TJUE, *VSTR*, parágrafos 27 a 38.

efectuar a operação subjacente à expedição ou transporte intracomunitário, deveria, em princípio, ter-se registado para efeitos de IVA na Alemanha para aí realizar a transmissão de bens isenta para C, cabendo a esta realizar uma aquisição intracomunitária de bens na Finlândia (Estado-Membro de destino ou chegada dos bens).

Contudo, o Tribunal considerou que, por si só, estas circunstâncias não são susceptíveis de demonstrar que a transferência para C do direito de dispor dos bens em causa como proprietário tenha tido lugar antes do seu transporte para a Finlândia, competindo ao Tribunal nacional apreciar se, tendo em conta o conjunto das circunstâncias do caso concreto, foi assim que sucedeu.

b) Caso Toridas UAB

No caso *Toridas*[53] estava igualmente em discussão a questão de saber a que segmento da operação em cadeia deveria ser alocado o transporte intracomunitário das mercadorias, em particular, sempre que o fornecedor A, antes de iniciado o transporte intracomunitário de bens, tiver sido informado pelo adquirente B que os bens serão imediatamente vendidos a C [54].

Neste caso, a *Toridas* (A), sujeito passivo de IVA estabelecido na Lituânia, vendeu à *Mengalain* (B), sujeito passivo estabelecido para efeitos de IVA na Estónia, bens importados do Cazaquistão. B acordou com A que o transporte dos bens para fora da Lituânia ficaria a seu cargo, comprometendo-se a facultar a A prova da saída dos bens com destino a outro Estado-Membro. B efectuou a aquisição com o seu número de IVA emitido pela Estónia. Saliente-se que B informou A que os bens em causa seriam imediatamente vendidos a outros sujeitos passivos sediados no território da União Europeia, sendo o transporte dos bens efectuado directamente a partir da Lituânia (local de partida) para o Estado-membro de chegada.

---

[53] Para uma análise crítica do caso *Toridas* ver H. van Kesteren, "Taxable supply of goods and services", 218-226, *in CJEU – Recent Developments in Value Added Tax 2017*, Viena, 2018, Michael Lang (Ed.).

[54] Contudo, o caso *Toridas* é, antes de tudo, um caso em que as partes tentaram, de forma incorrecta, aplicar a simplificação prevista para as denominadas operações triangulares (cfr. artigo 141.º da Directiva IVA).

Nas vendas que efectuou a B, A aplicou a isenção de IVA relativa às transmissões intracomunitárias de bens (*i.e.*, norma doméstica equivalente ao artigo 138.º da Directiva IVA), tendo B atribuído o mesmo tratamento às vendas que efectuou aos seus clientes (Cs).

A operação em causa poderá ser representada da seguinte forma:

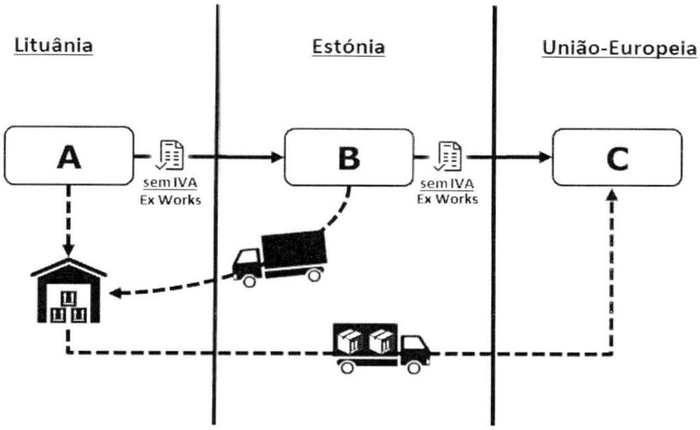

Após uma acção inspectiva à *Toridas*, as Autoridades Fiscais Lituanas consideraram que transmissões de bens efectuadas pela A à B eram operações domésticas por não estarem verificados os pressupostos para aplicar a isenção das transmissões intracomunitárias de bens. Em conformidade, as referidas Autoridades Fiscais procederam à liquidação do IVA em falta. Não se conformando, a *Toridas* contestou judicialmente as liquidações de imposto.

Na sua decisão de reenvio, o Tribunal Lituano solicitou ao TJUE o esclarecimento da seguinte questão: a isenção prevista para as transmissão de intracomunitárias de bens[55] será aplicável na venda de A a B sempre que B, em momento anterior a esta venda, tiver informado A da sua intenção de revender os mesmos bens a C, estabelecido noutro Estado-Membro, em momento anterior ao início do transporte dos bens para o Estado-Membro de destino?

Em resposta à questão colocada, o TJUE apelou à sua anterior jurisprudência em matéria de transmissões em cadeia nos casos *EMAG*, *Euro Tyre*

[55] Ver acórdão TJUE, *Toridas*, C-386/16, de 26.07.2017, ponto n.º24.

e *VSTR*, relembrando que nas operações em cadeia que originem duas ou mais entregas sucessivas que dêem, contudo, origem a um único movimento intracomunitário de bens, esse transporte intracomunitário apenas poderá ser imputado a uma das operações da cadeia, a qual será a única a beneficiar da isenção de IVA do artigo 138, n.º 1 da Directiva IVA[56].

Quanto à determinação da operação a que o transporte intracomunitário é imputável – *i.e.*, qual a operação isenta de IVA –, o TJUE convocou novamente os critérios de análise subjacentes de decisões anteriores. Em concreto, haverá que realizar uma apreciação global de todas as circunstâncias particulares do caso com o intuito de apurar "(...) em que momento ocorreu a segunda transferência para o adquirente final do poder de dispor do bem como proprietário"[57]. Isto porque, nota o Tribunal, (...) no caso de a segunda transferência deste poder, ou seja, a segunda entrega, ter ocorrido antes de o transporte intracomunitário ter lugar, este já não pode ser imputado à primeira entrega a favor do primeiro adquirente"[58], ou seja, *A→B* – tendo, portanto, que ser imputado à segunda operação na cadeia – *i.e.*, *B→C*. Assim, e com base nos elementos remetidos pelo tribunal de reenvio, designadamente a circunstância de A ter sido informada por B, em momento anterior à operação *A→B*, que os bens iriam ser imediatamente revendidos a *C*, o TJUE acaba por concluir que a referida operação *A→B* não poderá beneficiar da isenção porquanto a venda *B→C* ocorreu *antes* do início do transporte de bens intracomunitário.

O Tribunal não analisou em detalhe quais os elementos que deverão ser considerados para apurar em que momento o poder de dispor dos bens se transferiu. Em tese, esses elementos poderiam corresponder ao momento em que o risco de perecimento dos bens foi transferido do ponto de vista contratual, ao momento em que a posse ou controlo físico dos bens foi assumido pelo adquirente, *etc*. De todo o modo, parece-nos que neste caso o TJUE veio reforçar a essencialidade do elemento subjectivo da operação, desde que comprovável de forma objectiva, para determinar a que segmento da cadeia deverá ser aplicável a isenção de IVA, acabando por ser

---

[56] Ver acórdão TJUE, *Toridas*, C-386/16, de 26.07.2017, ponto n.º34.
[57] Ver acórdão TJUE, *Toridas*, C-386/16, de 26.07.2017, pontos n.º35 e 36.
[58] Ver acórdão TJUE, *Toridas*, C-386/16, de 26.07.2017, ponto n.º36.

determinante na decisão do Tribunal a circunstância de A conhecer, antes da saída dos bens do Estado-Membro de origem, a intenção do B aquando da aquisição .

Resulta, portanto, uma mensagem clara para os agentes económicos (A) envolvidos em transmissões de bens em cadeia em que o operador B fica responsável pelo transporte dos bens: o operador A da cadeia deverá por todos os meios possíveis obter informações quanto ao potencial destino dos bens que transacciona, designadamente, se os bens se destinam a ser revendidos pelo B a outros sujeitos passivos estabelecidos em outros Estados-Membros que não o de origem dos bens. Caso tenham evidências de que os bens serão revendidos antes do próprio transporte intracomunitário, A não deverá aplicar a isenção de IVA do artigo 138.º, n.º 1, da Directiva IVA devendo, ao invés, proceder à liquidação do IVA que se mostre devido. Ainda que o critério da *intenção objectivamente comprovável* não seja isento de dúvidas, o mesmo tem o mérito de introduzir maior segurança e certeza jurídicas quanto aos elementos a considerar pelos agentes económicos na determinação do correcto tratamento em IVA a conferir às operações que em estejam envolvidos.

Contudo, nem sempre A logrará apurar, em momento prévio, que os bens serão revendidos por B a C, havendo mesmo situações em que esse facto é deliberadamente ocultado por B. Nessas situações, como deve ser feita a alocação do transporte? E que nível de tutela deverão merecer os sujeitos passivos envolvidos na cadeia de transmissões – desde logo A e C –, sempre que tenham actuado de boa-fé e demonstrem ter tomado todas as medidas que razoavelmente lhe possam ser exigidas para assegurar um correcto tratamento das operações, designadamente quanto à dedução do IVA que venham a suportar? Foi precisamente esta situação que esteve em análise no caso *Kreuzmayr GmbH*.

c) Caso Kreuzmayr GmbH[59]

A *BP Marketing GmbH* (A), sujeito passivo de IVA estabelecido na Alemanha, vendeu produtos petrolíferos à *BIDI Ltd* (B), entidade registada

[59] Ver acórdão TJUE, *Kreuzmayr*, C-628/16, 21.02.2018.

para efeitos de IVA na Áustria. Após o pagamento antecipado das mercadorias, A forneceu a B a informação necessária para que B procedesse ao seu levantamento nas instalações de A. Foi acordado que o transporte dos bens da Alemanha para a Áustria ficaria a cargo da B[60].

Entretanto, sem informar A, B revendeu os referidos produtos à *Kreuzmayr* (sujeito passivo estabelecido na Áustria – C) e forneceu-lhe a documentação necessária para que C procedesse ao levantamento e transporte dos bens desde a Alemanha para a Áustria, o que efectivamente veio a suceder[61].

Considerando que a venda dos bens a B se qualificava como uma transmissão intracomunitária de bens, A não procedeu à liquidação de IVA nas facturas que emitiu. B, por seu lado, liquidou IVA austríaco nas vendas que fez a C. Tendo C utilizado os bens em apreço no âmbito da sua actividade tributada, exerceu o seu correspondente direito à dedução do IVA pago a montante.

Para melhor ilustração da situação, apresentamos *infra* o seguinte diagrama:

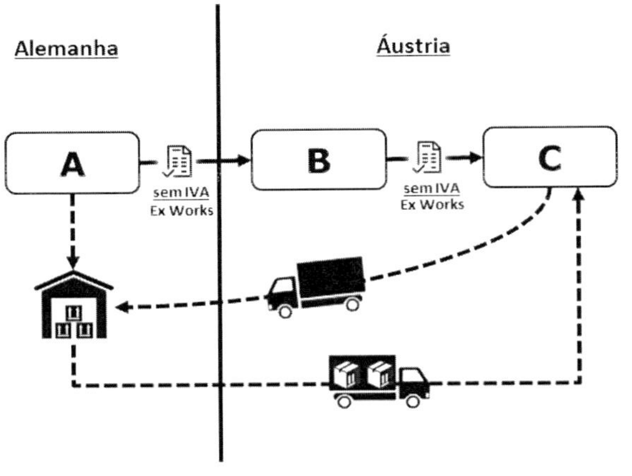

Por ocasião de um processo cível, A teve conhecimento que B tinha incumbido C do transporte das mercadorias em causa. A comunicou essa informação às Autoridades Fiscais Alemãs que, em seguida, lhe reclamaram

[60] Os bens foram colocados à disposição de B sob o *incoterm ex works*.

[61] Os bens foram colocados à disposição de C igualmente sob o *incoterm ex works*.

o IVA correspondente à entrega doméstica dos bens. No que respeita ao tratamento da operação na Áustria, as respectivas Autoridades Fiscais começaram por aceitar o procedimento então adoptado. Todavia, por ocasião de uma inspecção fiscal, verificou-se que a B não tinha declarado nem pago o IVA facturado (e recebido), sem que C tivesse disso sido informada. B alegou que as entregas a C tinham sido facturadas na Alemanha, que, por isso, estavam isentas de imposto e que, por conseguinte, não eram tributáveis na Áustria. Após essa inspecção, B enviou facturas rectificadas a C sem liquidação de IVA. No entanto, B não reembolsou a C os montantes indevidamente recebidos, aparentemente por erro. Dado que B se tinha tornado insolvente, C nunca recuperou os montantes de IVA que tinha pago. De todo o modo, as Autoridades Fiscais Austríacas acabaram por negar a dedução do imposto suportado por C sob o argumento de que o IVA em apreço havia sido indevidamente liquidado por B.

O caso acabou por ser objecto de reenvio, sendo o TJUE sido chamado a pronunciar-se sobre as seguintes questões:

(i) Numa situação em que A vende os bens a B, que utilizou o seu número de IVA do Estado-Membro de destino dos bens nessa aquisição e se encarregou , perante A, de os transportar para fora do Estado-Membro de origem, vendendo de seguida esses mesmos bens a C, o qual se encarrega do transporte dos bens para o Estado-Membro de destino, sem que A tenha sido informado do sucedido ou tenha tido forma de saber, poderá ainda assim a operação *A→B* corresponder ao movimento intracomunitário dos bens e, por conseguinte, beneficiar da isenção prevista no artigo138.º, n.º 1, da Directiva do IVA?

(ii) Caso se conclua que o movimento intracomunitário dos bens corresponde à operação *B→C*, pode C deduzir o IVA indevidamente liquidado por B caso se demonstre que C utilizou os bens em apreço no âmbito da sua actividade tributada em IVA e que a operação em apreço não consubstancia fraude ou evasão (no fundo, que C actuou de boa-fé)?

Apelando à sua anterior jurisprudência nos casos *EMAG*, *Euro Tyre* e *Toridas*, o TJUE reafirmou que não obstante A desconhecer que B iria revender os bens a C em momento anterior ao início do transporte, uma vez que, objectivamente, B os havia revendido a C antes do transporte, o movimento intracomunitário nunca poderá ser atribuído ao segmento da cadeia *A→B*. Impõem-se, portanto, a conclusão lógica de que tal movimento se teria de alocar à operação *B→C*, a qual beneficiaria da isenção prevista no artigo 138.º, n.º 1, da Directiva do IVA[62]. Deste modo, o TJUE aceita a conclusão do tribunal de reenvio no sentido de que, estando o transporte a cargo de C, este último adquiriu o poder de dispor dos bens como proprietário antes do início do transporte (ou seja, ainda em território alemão), facto este que, segundo o TJUE, não poderia ser ignorado por B e C. Portanto, na determinação do critério essencial de determinação da operação correspondente ao movimento intracomunitário dos bens, o Tribunal acaba por recentrar o foco no operador efectivamente responsável pelo transporte dos bens, fazendo corresponder a este elemento a aquisição do direito de dispor do bem como proprietário.

Neste caso, o Tribunal foi um pouco mais além do que havia ido no caso *Toridas* – em que o enfoque havia sido colocado, quase em exclusivo, na informação que A disponha quanto às intenções de B aquando da aquisição – afirmando, por sua vez, que os elementos objectivos conhecidos pelos intervenientes no segundo segmento da cadeia – *i.e.*, *B→C* – serão os essenciais para efeitos da determinação do movimento intracomunitário dos bens.

Quanto à segunda questão em análise – *i.e.*, se C, actuando em boa-fé, poderia exercer o seu direito à dedução do IVA suportado a montante – o Tribunal começou por sublinhar, por referência à sua decisão no caso *Salomie e Oltean*[63], que "(...) o direito de invocar o principio da protecção da confiança legítima é extensivo a qualquer particular a quem uma autoridade administrativa criou expectativas fundadas devido a garantias precisas por ela fornecidas". Uma vez que C havia fundado as suas expectativas, apenas e só, no facto de B ter procedido à liquidação de IVA nas facturas que lhe havia emitido, não havendo quaisquer expectativas geradas pelas autoridades tributárias austríacas, faz com que a eventual confiança da C não seja merecedora de tutela. Por conseguinte, C deverá obter junto de B o ressarcimento pelo IVA indevidamente pago.

---

[62] Ver acórdão TJUE *Kreuzmayr*, C-628/16, 21.02.2018, pontos n.ºs33 a 37.

[63] Ver acórdão TJUE, *Salomie and Oltean*, C-183/14, 09.07.2015, ponto n.º44.

3.2.3. Relevância da circulação de bens sob o regime de suspensão de ISP na determinação da transmissão intracomunitária isenta – o caso Arex[64]

A *Arex* é um sujeito passivo estabelecido em IVA na República Checa ("E"), que comprou combustíveis provenientes da Áustria a duas empresas checas ("D"). Estas aquisições ocorreram no final de uma cadeia de transmissões. Os combustíveis em causa foram inicialmente vendidos pela *Doppler Mineralöle GmbH*, uma empresa com sede na Áustria ("B"), a quatro empresas registadas para efeitos do IVA na República Checa ("C"). Esses combustíveis foram posteriormente objecto de sucessivas revendas a diversas empresas checas, antes de serem finalmente vendidos à *Arex*.

C celebrou um contrato com a sociedade *Garantrans s.r.o.*, a qual desenvolvia a actividade de destinatário registado em matéria de Impostos Especiais de Consumo ("IECs"), assegurando o pagamento, em nome dos primeiros compradores checos, dos IECs que fossem devidos. Estes últimos não pagaram o IVA relativo a essas operações na República Checa. Os combustíveis foram transportados, da Áustria para a República Checa, em regime de suspensão de ISP. O transporte foi assegurado pela *Arex* com os seus próprios veículos.

A situação de facto relativa a este caso poderá ser representada da seguinte forma:

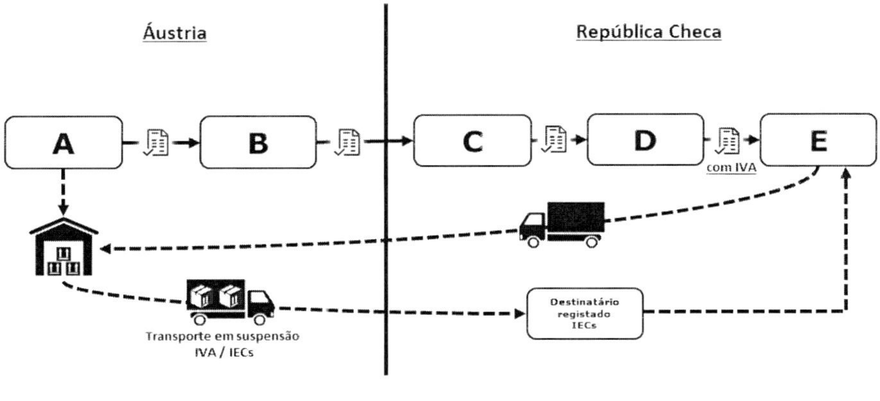

[64] Ver acórdão TJUE, *AREX CZ*, C-414/17, 19.12.2018.

Na sequência de uma inspecção, as Autoridades Fiscais Checas concluíram que as aquisições efectuadas pela *Arex* constituíam operações assimiladas a aquisições intracomunitárias. Remetendo para as decisões do TJUE nos casos *EMAG* e *Euro Tyre Holding*, e observando que, no caso das operações em cadeia relativas a um único transporte intracomunitário, este só pode ser imputado a uma única operação, as Autoridades Fiscais Checas consideraram que o lugar das aquisições efectuadas pela *Arex* se situava na Áustria, e não na República Checa. Com efeito, esta sociedade obteve o direito de dispor dos bens como proprietário na Áustria, suportando o risco associado a esses bens, e efectuou o transporte para a República Checa por conta própria. Portanto, a *Arex* deveria ter declarado na República Checa uma operação assimilada a uma aquisição intracomunitária, devendo ter procedido à correspondente autoliquidação do IVA devido. Tendo a *Arex* deduzido o IVA checo que lhe havia sido liquidado por D, essa dedução acabou por ser recusada pelas Autoridades Fiscais Checas sob o argumento de que o IVA indevidamente liquidado não poderá ser deduzido.

No âmbito do reenvio prejudicial, o TJUE foi chamado a pronunciar-se sobre o eventual impacto do regime da circulação em suspensão de mercadorias sujeitas a ISP na determinação da transmissão intracomunitária isenta para efeitos de IVA. Neste reenvio, estava assim, em causa, apurar se o facto de apenas entidades com estatuto relevante para efeitos de IEC poderem expedir e receber produto em regime de suspensão implicaria uma necessária coincidência entre (i) a exigibilidade para efeitos de ISP e (ii) para efeitos de IVA, no sentido de que a operação a que corresponda a circulação em suspensão dos produtos sujeito a IECs, seria igualmente a operação a que teria de ser imputado o movimento intracomunitário dos bens para efeitos de IVA. A ser assim, seria esta operação a única a beneficiar da isenção prevista para as transmissões intracomunitárias de bens. Noutra outra formulação do problema, estaria em causa apurar se o operador a quem seja imputável a obrigação de introdução no consumo dos referidos produtos no Estado-Membro de destino seria igualmente o operador a quem se deverá imputar a aquisição intracomunitária desses produtos para efeitos de IVA (ou seja, se haveria coincidência de sujeitos passivos da aquisição intracomunitária para efeitos de IVA e IECs)?

Respondendo às questões que lhe foram colocadas, o TJUE acabou por afirmar de forma categórica a autonomia dogmática entre o IVA e os IECs. Por conseguinte, não se poderá equiparar o sujeito passivo para efeitos de IECs ao sujeito passivo da aquisição intercomunitária sujeita a IVA.

Na esteira da sua anterior jurisprudência na matéria – mormente no caso *Toridas* – o Tribunal também entendeu que, para a resposta às questões que lhe foram dirigidas, é essencial determinar o momento em que os bens foram colocados à disposição da *Arex*. Se tal tiver sucedido antes do início do transporte – ou seja, ainda na Áustria – a *Arex* será o sujeito passivo da aquisição intracomunitária isenta localizada na República Checa. Se assim não tiver sido, então tal papel terá de ser assumido pela contraparte da *Arex* na referida operação, caso em que o IVA por estes liquidado seria dedutível pela *Arex*.

Não abordando detalhadamente qual dos critérios/elementos poderia ser atendido para determinar o momento em que o *poder de dispor dos bens havia sido transferido* – desde logo, o Tribunal acabou por não se pronunciar sobre o entendimento da Advogada-Geral Kokott na suas Conclusões, no sentido de que "(...) para imputar a única deslocação de bens transfronteiriça a uma determinada entrega numa cadeia de entregas, é decisivo saber quem assume o risco pela perda acidental do bem durante o transporte do mesmo"[65] – o Tribunal convocou para a sua decisão a sua a sua anterior jurisprudência nos casos *De Fruytier*[66] e *Itales*[67]. Em concreto, o Tribunal apenas relembrou que o conceito de *transferência do poder de dispor do bem como proprietário*[68] "(...) não se limita à transferência da propriedade nas formas previstas no direito nacional aplicável, mas inclui qualquer operação de transferência de um bem corpóreo por uma parte que confira a outra parte o poder de dispor dele, de facto, como se fosse o proprietário desse bem"[69], sublinhando ainda que "A transferência do poder de dispor de um bem corpóreo como proprietário não exige que a parte para a qual o

---

[65] Ver Conclusões da Advogada-Geral Kokott, de 25 de Julho de 2018, no processo C-414/17.

[66] Ver acórdão TJUE, *De Fruytier*, C-237/09, 03.06.2010.

[67] Despacho do TJUE de 15 de Julho de 2015, processo C-123/14.

[68] Sobre este conceito ver, também, J. Kollmann, "Taxable Supplies and their consideration in European VAT", *IBFD Doctoral Series*, número 46, 2019, 42-47.

[69] Ver acórdão TJUE, *De Fruytier*, C-237/09, 03.06.2010, ponto n.º24.

bem é transferido o detenha fisicamente, nem que esse bem seja fisicamente para ela transportado e/ou fisicamente por ela recebido".

Não obstante, relevando somente a informação fornecida pelo tribunal de reenvio, o TJUE concluiu que a operação em que a *Arex* actuou como adquirente corresponde ao movimento intracomunitário para efeitos de IVA porquanto a Arex terá adquirido o poder de dispor dos bens como proprietária ainda em território Austríaco. Assim, em manifesta dissonância com a anterior jurisprudência citada, parece ter sido determinante para a sua conclusão o facto de a *Arex* ter assumido o controlo físico sobre os bens quando os carregou nos seus veículos, momento em que adquiriu igualmente a propriedade jurídica sobre os mesmos. Nesse pressuposto, ter-lhe-á de ser imputada a aquisição intracomunitária em IVA localizada na República Checa.

4. Principais Consequencias da Jurisprudência do TJUE

Em face das decisões do TJUE analisadas, podemos concluir que, não obstante as mesmas apresentarem o mérito de clarificar algumas questões basilares quanto à aplicação das regras relativas às transmissões intracomunitárias num contexto em que os bens são objecto de mais do que uma transmissão sucessiva (*i.e.*, operações em cadeia), a verdade é que o entendimento perfilhado pelo TJUE nos referidos casos acabou não resolver grande parte dos problemas com que se deparam os agentes económicos[70].

Desde logo, do conjunto das decisões comentadas, resulta reforçado o entendimento de que a isenção de uma transmissão intracomunitária de bens apenas poderá ficar dependente dos seguintes requisitos materiais:

(i) O transmitente e o adquirente sejam sujeitos passivos de IVA (independentemente do local onde estejam estabelecidos);
(ii) Haja a transferência do poder de dispor dos bens como proprietário;
(iii) Os bens sejam enviados/transportados para outro Estado-Membro da União Europeia que não o Estado-Membro de origem pelo vendedor, pelo adquirente ou por um terceiro por conta destes.

[70] Ver, neste sentido, R. Wolf, "VAT Pitfalls in Intra-EU Commodity Trade", *EC Tax Review*, 2012, Ano 21, 1, 33–38.

Foi ainda reiterado, em particular no caso *VSTR*, que a indicação, pelo adquirente ao fornecedor, do número de IVA ao abrigo do qual aquele realizará a aquisição dos bens no Estado-Membro de destino dos bens, assim como a menção do referido número na factura de venda, têm a natureza de meras obrigações formais, cujo incumprimento não poderá justificar a recusa do direito à isenção.

Por outro lado, e não obstante a Directiva IVA ser totalmente omissa, o TJUE veio clarificar que, nas operações em cadeia (A→B→C), os fornecedores de bens (A) poderão aplicar a isenção de IVA prevista no artigo 138.º, n.º 1 da Directiva IVA, sempre que estejam incumbidos de transportar os bens para o destino final em outro Estado-Membro. Neste caso, sendo o transporte intracomunitário imputado à operação *A→B*, a transmissão de bens subjacente será isenta de IVA no Estado-Membro de expedição, sendo, portanto, tributada no Estado-Membro de chegada.

Ficámos ainda a saber que se C for o elemento na cadeia de transmissões a ficar responsável pelo transporte dos bens para outro Estado-Membro, a expedição ou o transporte intracomunitários deverão em regra ser imputados à segunda operação na cadeia à operação, *i.e.*, à operação *B→C* (veja-se os casos *Kreuzmayr* e *Arex*).

Todavia, sempre que o adquirente dos bens (B) está encarregado do transporte para outro Estado-Membro, ao invés de colocar a tónica na questão de saber quem é a entidade responsável pelo transporte, o TJUE veio introduzir na discussão um elemento novo: qual o fim último que B pretende atribuir aos bens. Deste modo, se B informa A que a sua intenção é transportar os bens para outro Estado-Membro, fornecendo-lhe simultaneamente o seu número de IVA no Estado-Membro de chegada dos bens, então A poderá considerar que a sua transmissão de bens a B reúne as condições para beneficiar da isenção de IVA em presença. Pelo contrário, se B informar A que pretende revender os bens a C antes de os mesmos deixarem o Estado-Membro de origem (ou seja, se A for informado que o direito de dispor dos bens como proprietário será transferido para C, estando os bens ainda no Estado-Membro de expedição/origem), então a expedição ou transporte intracomunitários dificilmente deixará de poder ser imputado à segunda transmissão da cadeia, ou seja, à operação *B→C*, o que implicará que A liquide IVA no Estado-Membro de origem na factura que emitir a B para documentar a transacção realizada.

Porém, na maioria dos casos, A não terá conhecimento que os bens que transacciona serão objecto de uma operação em cadeia (A→B→C), estando em regra convicto que a informação e os elementos de prova que recebe de B reflectem a realidade. Assim, quanto à determinação da intenção do B, cremos que o TJUE poderia ter ido mais além, clarificando se o facto de A ter tomado conhecimento que B venderia os bens a C, quando os mesmos ainda estavam no Estado-Membro de origem, não de forma directa, mas através de uma terceira pessoa ou qualquer outro elemento de prova, seria suficiente para que A não possa aplicar a isenção. A nosso ver, apenas a vontade de B por este expressamente transmitida – consubstanciada em elementos de prova objectivos – deveria ser levada em consideração para efeitos da aplicação da isenção pelo A. O TJUE perdeu assim uma boa oportunidade para, desde o caso *Euro Tyre*, ter resolvido expressamente esta questão, não sendo difícil de antecipar que, a breve trecho, seria seguramente chamado a pronunciar-se sobre a densificação da *intenção do B*, o que acabou por suceder no caso *Kreuzmayr.*

Sem embargo, sempre que A entendesse que a isenção de IVA em causa era susceptível de ser aplicável numa situação em que o transporte dos bens para fora do Estado-Membro de origem estivesse a cargo de B, o TJUE reforçou a necessidade de A desenvolver todas as diligências razoavelmente ao seu alcance no sentido de documentar a intenção de B, porquanto caberá sempre a A demonstrar que estavam reunidos os pressupostos para a isenção de IVA. Num cenário ideal, A deverá dispor (i) da confirmação de que B é efectivamente um sujeito passivo de IVA no Estado-Membro de destino dos bens, (ii) de informação quanto ao seu transporte (matrícula do veículo e identificação do respectivo condutor) e (iii) ter suporte documental quanto à expedição dos bens para fora do Estado-Membro de origem (*e.g.*, A ter uma declaração escrita de B, atestando a sua intenção de transportar os bens para outro Estado-Membro). Ora, não poderá também olvidar-se que apenas quando A actua de boa-fé e deu devido cumprimento aos seus deveres de diligência na recolha dos referidos indícios objectivos da intenção de B – o que terá de ser apurado numa base casuística (cfr. teste *Kittel*) – poderá legitimamente invocar o direito à isenção.

Não pode, porém, deixar de ser aplaudida a circunstância de TJUE ter acabado por mitigar a relevância da intenção declarada de B para a determinação do local onde a transmissão intracomunitária terá lugar – veja-se os casos *Kreuzmayr* e *Arex,* em que o Tribunal recorre de forma decisiva aos elementos objectivos disponíveis para determinar a operação correspondente ao movimento intracomunitário dos bens. Recorde-se que no caso *Euro Tyre Holding*, o TJUE parecia ter colocado nas mãos de B o poder de determinar o local em que a transmissão de bens realizada por B será tributada. Em concreto, uma vez que a aplicação ou não da isenção de IVA dependeria da intenção declarada por B, este acabaria por poder determinar de forma decisiva e conforme o que mais lhe convier, se a operação A→B seria isenta de IVA ou tributada no Estado-Membro de origem e, consequentemente, se B teria de declarar ou não a correspondente aquisição intracomunitária de bens no Estado-Membro de chegada. Com as decisões nos casos *Kreuzmayr* e *Arex*, o Tribunal acabou por colocar o foco nos elementos objectivos conhecidos pelas partes no momento em que as operações têm lugar. Em particular, o facto de C estar encarregado de transportar os bens, por sua conta e risco, acaba por indiciar que o poder de dispor dos mesmos foi transferido de B para C ainda no Estado-Membro de origem dos bens, o que tornará ilógica a conclusão de que o movimento intracomunitário – e, portanto a operação isenta de IVA por aplicação do artigo 138.º, n.º 1, da Directiva do IVA – poderá corresponder à operação *A→B*.

5. Impacto dos *Quick Fixes* no Tratamento em IVA das Transmissões em Cadeia

Perante a falta de aplicação uniforme das orientações do TJUE nesta matéria, era premente a necessidade de intervenção do legislador da União no sentido de introduzir no Sistema IVA de génese Europeia um conjunto de regras coerentes susceptíveis de aplicação harmonizada em todos os Estados-Membros da União Europeia. É neste contexto que surge o pacote legislativo denominado *quick fixes*, composto pela Directiva 2018/1910[71],

[71] Que altera a Directiva IVA no que diz respeito à harmonização e simplificação de determinadas regras no sistema do imposto sobre o valor acrescentado em matéria de tributação das trocas comerciais entre Estados-Membros.

pelo Regulamento (UE) 2018/1909, do Conselho[72], bem como o Regulamento de Execução (UE) 2018/1912, do Conselho[73], todos de 4 de Dezembro de 2018.

Cumpre realçar a Directiva 2018/1910, a qual veio finalmente introduzir na Directiva IVA regulamentação especifica sobre a operações intracomunitárias em cadeia. Em concreto, veio erigir em conceito legal a noção de *operações em cadeia* de génese jurisprudencial, estabelecendo o seu considerando (6) o seguinte[74]:

> «As operações em cadeia dizem respeito a sucessivas entregas de bens que são objecto de um único transporte intracomunitário. A circulação intracomunitária dos bens só deverá ser imputada a uma das entregas, e só essa entrega deverá beneficiar da isenção de IVA prevista para as entregas intracomunitárias. As outras entregas na cadeia deverão ser tributadas, podendo ser exigido o número de identificação IVA do fornecedor no Estado-Membro da entrega. A fim de evitar diferentes abordagens entre os Estados-Membros, o que pode conduzir a uma dupla tributação ou à não tributação, e a fim de reforçar a segurança jurídica dos operadores, deverá ser estabelecida uma regra comum segundo a qual, desde que estejam reunidas determinadas condições, o transporte dos bens deverá ser imputado a uma única entrega na cadeia de operações».

Quanto à determinação da operação a que o movimento intracomunitário dos bens deverá ser alocado, a Directiva 2018/1910 veio introduzir na Directiva IVA o artigo 36.º-A, o qual passou a estatuir o seguinte (com efeitos a 1 de Janeiro de 2020):

> "1. Caso os mesmos bens sejam objecto de entregas sucessivas e sejam expedidos ou transportados a partir de um Estado-Membro para outro Estado-Membro directamente do primeiro fornecedor para o último destinatário na cadeia, a expedição ou o transporte é exclusivamente imputado à entrega efectuada ao operador intermediário.

---

[72] Que altera o Regulamento (UE) n.º 904/2010 no que respeita à troca de informações para efeitos do controlo da correcta aplicação do regime da consignação industrial.

[73] Este regulamento veio alterar o Regulamento de Execução (UE) n.º 282/2011 no que respeita a certas isenções relacionadas com as operações intracomunitárias.

[74] Ver, sobre esta alteração legislativa, minuta da 22.ª reunião do VAT Expert Group, realizada em 20 de Fevereiro de 2019.

2. Em derrogação do disposto no n.º 1, a expedição ou o transporte é exclusivamente imputado à entrega de bens efectuada pelo operador intermediário caso este tenha comunicado ao seu fornecedor o número de identificação IVA que lhe foi emitido pelo Estado-Membro a partir do qual os bens são expedidos ou transportados.

3. Para efeitos do presente artigo, entende-se por "operador intermediário" um fornecedor da operação em cadeia que não seja o primeiro fornecedor da operação em cadeia e que proceda por si próprio ou por um terceiro agindo por sua conta à expedição ou ao transporte dos bens."

Como resulta do exposto, o legislador da União Europeia acabou por dar forma de Lei a alguns dos princípios que foram sendo paulatinamente desenvolvidos pelo TJUE, designadamente quanto ao papel central da entidade responsável pela organização do transporte dos bens, mas também quanto à informação que o operador B fornece a A.

Assim, para as operações realizadas a partir de *1 de Janeiro de 2020*, aplicar-se-ão as seguintes regras em matéria de transmissões de bens em cadeia:

(i) Sempre que o A ficar responsável pelo transporte dos bens, a operação A→B corresponderá ao movimento intracomunitário sendo, portanto, a operação isenta nos termos do artigo 138.º, n.º 1 da Directiva IVA. Em conformidade, a operação B→C será uma operação meramente doméstica localizada no Estado-Membro de chegada dos bens;
(ii) Sempre que C ficar encarregue do transporte dos bens, então o segmento B→C corresponderá à operação intracomunitária isenta de IVA;
(iii) A transmissão de bens isenta será igualmente alocada ao segmento B→C sempre que B se encarregar do transporte dos bens e adquira os bens de A através do seu número de IVA emitido pelo Estado-Membro de expedição dos bens;

Por conseguinte, B poderá escolher livremente a que operação deverá o movimento intracomunitário dos bens ser alocado. Caso pretende que a operação B→C beneficie da isenção, bastar-lhe-á indicar a A o seu número de

IVA emitido pelo Estado-Membro de expedição dos bens. Caso opte por não o fazer, então a operação A→B será a transmissão intracomunitária de bens isenta de IVA, por força do disposto no artigo 36.º-A, n.º 1, da Directiva IVA.

Será curioso ver como, na prática, as Autoridades Fiscais dos diversos Estados-Membros irão controlar, na prática, o cumprimento das referidas regras, designadamente, quanto ao facto de B ter comunicado ou não a A o seu número de IVA no Estado-Membro de expedição dos bens.

Do referido pacote legislativo é igualmente merecedor de destaque a previsão no Regulamento de Execução (UE) 2018/1912, do Conselho, o qual veio alterar o Regulamento de Execução n.º 282/2011, de um elenco harmonizado de elementos de prova que terão de ser aceites pela respectivas Autoridades Fiscais como prova das transmissões intracomunitárias de bens isentas.

6. Considerações Finais

Constatamos que o tratamento em IVA das denominadas operações em cadeia terá finalmente atingido um estádio de maior maturidade. Efectivamente, os critérios operativos que têm vindo a ser desenvolvidos pelo TJUE nesta matéria e que têm servido de orientação aos agentes económicos envolvidos em operações em cadeia em contexto transfronteiriço acabaram por ser acolhidos pelo próprio legislador europeu na recente Directiva 2018/1910, de 12/04, a qual veio finalmente introduzir na Directiva IVA a disciplina específica para as denominadas operações em cadeia.

De facto, a partir de 1 de Janeiro de 2020, os agentes económicos terão ao seu dispor um conjunto estruturado de regras que lhes permitirão, com um confortável grau de certeza, responder à questão essencial com que nos temos deparado nesta matéria nos últimos 15 anos, a saber: a que operação na cadeia de transmissões deverá ser alocado o movimento intracomunitário dos bens?

É, pois, recomendável que os agentes económicos procedam desde já a uma revisão dos procedimentos que têm vindo a adoptar nesta matéria de modo a alinhá-los com os critérios que têm vindo a ser trilhados pelo TJUE, bem como para antecipar as novas regras que vigorarão a partir de 1 de Janeiro de 2020.

Ainda Sobre o Consórcio e o IVA nas Relações Entre os Seus Membros

ISABEL VIEIRA DOS REIS

1. Introdução

A doutrina administrativa emitida pela Autoridade Tributária sobre o consórcio é já muito antiga, o que acarreta algumas dificuldades desde logo por não termos a certeza se o então difundido entendimento se mantém atual.

Sempre que se aborda esta matéria do ponto de vista do Imposto sobre o Valor Acrescentado ("IVA"), tende-se a tapar aquele entendimento antiquado com a peneira da razoabilidade no sentido de desbravar um enquadramento tributário que seja mais consentâneo *vis-à-vis* a situação concreta e que não ponha em causa a neutralidade das relações entre os membros do consórcio.

Tentaremos explicar e justificar que a caracterização das operações internas entre esses membros não podem ser consideradas operações isentas em sede deste imposto de uma forma generalizada dado que a aplicação cega deste entendimento pode levar a constrangimentos injustificados ao nível do exercício do direito à dedução no que respeita aos *inputs* alocados.

Procuraremos esclarecer este equívoco sobre o qual aquela doutrina antiga assenta e trazer alguma luz na análise deste tipo de contrato em matéria do IVA, até porque a economia empresarial continua a chamar à colação contratos desta natureza para regular a cooperação entre os diferentes agentes económicos que evitam a constituição de entidades com personalidade jurídica, como as sociedades comerciais, fazendo assim uso de figuras como a *joint venture* mais ajustada a essas necessidades de curto prazo e que não requer grandes exigências de forma.

2. Do Regime Jurídico do Contrato de Consórcio

O contrato de consórcio é regulado pelo Decreto-Lei n.º 231/81, de 28 de julho, que aprovou o respetivo regime jurídico. Este diploma estabelece que o consórcio é o contrato pelo qual duas ou mais pessoas singulares ou coletivas, que exercem uma atividade económica, se obrigam entre si a, de forma concertada, realizar certa atividade ou efetuar certa contribuição. Tem como fim a prossecução de um dos seguintes objetos[1]:

1) Realização de atos, materiais ou jurídicos, preparatórios quer de um determinado empreendimento, quer de uma atividade contínua;
2) Execução de determinado empreendimento;
3) Fornecimento a terceiros de bens, iguais ou complementares entre si, produzidos por cada um dos membros do consórcio;
4) Pesquisa ou exploração de recursos naturais;
5) Produção de bens que possam ser repartidos, em espécie, entre os membros do consórcio.

Procurou-se com esta figura jurídica evitar o máximo possível de vínculos, proibindo-se até a constituição de fundos comuns como estabelecido no artigo 20.º do referido regime.

Este tipo contratual caracteriza-se, assim, pelo exercício concertado das atividades económicas que são prosseguidas individualmente pelos membros do consórcio. Por essa razão, não constitui um património autóno-

[1] *Cf.* artigos 1.º e 2.º do citado Decreto-Lei n.º 231/81.

mo, nem goza de personalidade jurídica ou tributária[2]. Distingue-se da associação em participação em que uma pessoa se associa e beneficia da atividade exercida por outra, ficando a primeira a participar nos lucros e perdas desse exercício[3].

Não tendo personalidade jurídica, nem um património em comum, não há, consequentemente, obrigação de inscrição do consórcio no Registo Nacional das Pessoas Coletivas, nem dispõe de um número de identificação fiscal autónomo.

No que respeita à sua formalização, o contrato de consórcio está sujeito à forma escrita, salvo se entre os membros se verificar a transmissão de bens imóveis, caso em que será necessário revestir a forma de escritura pública.

Atendendo às modalidades que pode assumir, o consórcio distingue-se entre:

a) *Consórcio interno* quando (i) as atividades ou os bens são fornecidos a um dos membros do consórcio e só este estabelece relações com terceiros, (ii) ou as atividades ou os bens são fornecidos diretamente a terceiros por cada um dos membros do consórcio, sem expressa invocação dessa qualidade[4];

b) *Consórcio externo* quando as atividades ou os bens são fornecidos diretamente a terceiros por cada um dos membros do consórcio, com expressa invocação dessa qualidade[5], devendo um dos membros ser designado "chefe do consórcio" para, nessa qualidade, exercer as funções internas e externas que contratualmente lhe sejam atribuídas.

Na modalidade do consórcio externo, cada membro recebe diretamente os valores que lhe forem devidos[6], salvo nos casos em que (i) sejam conferidos poderes a algum dos membros (*e.g.* chefe do consórcio) para receber de terceiros quaisquer importâncias por eles devidas a outro membro[7], ou (ii) a prestação de um dos membros não ter, relativamente ao terceiro, au-

[2] *Vd.* José Oliveira Ascensão, *Lições de Direito Comercial*, 1986/87, vol.1, 330 e ss.

[3] *Cf.* artigo 21.º do Decreto-Lei n.º 231/81.

[4] *Ibidem*, artigo 5.º, n.º 1.

[5] *Ibidem*, artigo 5.º, n.º 2.

[6] *Ibidem*, artigo 16.º, n.º 1.

[7] *Ibidem*, artigos 14.º, n.º 1, alínea *d)*, e 16.º, n.º 1, segunda parte.

tonomia material e por isso a remuneração estar englobada nos valores recebidos do terceiro por outro membro (*e.g.* chefe do consórcio), situação em que as importâncias se reputam recebidas e detidas por conta daquele que a ela tenha direito[8].

Os membros do consórcio podem assim conferir ao chefe do consórcio, mediante procuração, poderes de representação para, por exemplo, (a) negociar quaisquer contratos a celebrar com terceiros no âmbito do contrato de consórcio, assim como negociar as suas modificações; (b) receber de terceiros quaisquer declarações durante a execução do contrato; (c) dirigir aos terceiros declarações relativas a atos previstos nos respetivos contratos; (d) receber desses terceiros quaisquer importâncias por eles devidas aos membros do consórcio, bem como para reclamar dos mesmos o cumprimento das suas obrigações para com algum dos membros do consórcio; (e) efetuar expedições de mercadorias; (f) contratar consultores económicos, jurídicos, contabilísticos ou outros adequados às necessidades do consórcio e remunerar esses serviços[9]. Refere ainda o n.º 3 do artigo 14.º do citado diploma que estes poderes de representação são exercidos no interesse e no nome dos membros do consórcio. No entanto, no caso, por exemplo, de ser celebrado contrato de consórcio com a finalidade de produção de bens, o regime jurídico do consórcio estabelece no artigo 17.º, n.º 3, que pode estipular-se no contrato de consórcio que os produtos adquiridos por um membro sejam vendidos por sua conta por outro membro aplicando-se neste caso as regras do mandato. Analisaremos abaixo o impacto que a concessão de poderes de representação entre membros do consórcio pode ter em sede do IVA.

Pelas características elencadas, cabe concluir que o consórcio externo diferencia-se, assim, do consórcio interno na medida em que o terceiro adquirente dos bens e serviços têm conhecimento da concertação existente entre os seus membros, o que não sucede no consórcio interno.

---

[8] *Ibidem*, artigo 16.º, n.º 3 e 4.

[9] *Ibidem*, artigo 14.º, n.º 1.

3. Enquadramento em Sede de IRC

Conforme resulta do enquadramento jurídico acima descrito, o contrato de consórcio é meramente instrumental relativamente ao contrato celebrado entre os membros do consórcio e o terceiro adquirente dos bens ou serviços.

Pelo que, o consórcio não é sujeito passivo do Imposto sobre o Rendimento das Pessoas Coletivas ("IRC")[10], sendo os rendimentos obtidos tributados diretamente na esfera dos seus membros, em função da respetiva percentagem de participação nos lucros e perdas convencionados.

Os membros do consórcio são, assim, os titulares originários do rendimento tributável que resulta da atividade própria de cada um deles, não existindo uma atividade económica exercida em comum com um substrato patrimonial comum.

4. Enquadramento em Sede de IVA

O consórcio também não é sujeito passivo do IVA, importando no entanto clarificar a aplicação de algumas regras no que respeita às relações entre os membros do consórcio, sendo que o Código do IVA é omisso quanto a esta matéria.

Referimo-nos, em particular, (i) à transmissão de bens e à prestação de serviços realizadas entre si, assim como (ii) à repartição de lucros e perdas pelos membros e à forma como devem ser por eles debitados uns aos outros, quando necessário, de forma a repor a percentagem a que cabe a cada um consoante o acordado.

No que respeita aos bens transmitidos e aos serviços prestados internamente entre os membros do consórcio será aplicável o regime do IVA que resultar em função da natureza dessas operações, assim como no que respeita à dedução do IVA suportado para as realizar, seja por alocação direta e imediata, seja por alocação em função da percentagem que seja determinada de acordo com o método de dedução aplicável por cada um desses

[10] *Cf.* artigo 2.º, n.º 1, alínea *b)*, do Código do IRC.

membros quando respeitem a encargos comuns a estas e outras operações que prossigam. Este procedimento não levanta qualquer dúvida e já foi claramente confirmado pela Autoridade Tributária através da Informação n.º 1595, de 22 de julho de 2002[11].

Não existe, no entanto, a mesma clareza de entendimento no que respeita ao enquadramento em IVA na repartição dos lucros e perdas resultantes da relação contratual em análise.

A este respeito, importa em primeiro lugar referir que os bens fornecidos ou os serviços que sejam prestados ao cliente final, à semelhança do que sucede nas transmissões de bens e prestação de serviços realizadas entre os membros como acima referido, devem ser sujeitos, ou não, a IVA conforme seja o seu enquadramento em sede deste imposto (ou seja, pode respeitar a uma atividade sujeita e não isenta, a uma atividade sujeita mas isenta ou a uma actividade não económica excluída da incidência do IVA). Por sua vez, o IVA suportado para a transmissão desses bens e para a prestação desses serviços ao cliente final será ou não dedutível em função do enquadramento de cada sujeito passivo (membro do consórcio) e da natureza dos débitos efetuados.

Neste sentido, quando os bens fornecidos ou os serviços prestados, quer no contexto do consórcio interno (quando os bens ou serviços acordados são fornecidos diretamente ao cliente por cada membro, sem invocação dessa qualidade), quer no âmbito do consórcio externo (com invocação do contrato subjacente), sejam diretamente faturados ao cliente por cada membro, não existe, à partida, qualquer tipo de constrangimento em matéria de faturação e no que respeita à dedução do IVA suportado. E se for apenas um dos membros (por exemplo, o chefe do consórcio) a faturar ao cliente em seu nome e por sua conta e por conta dos demais membros? Deve esta circunstância alterar o enquadramento desta operação e ter tratamento diferente do acima referido em que cada membro fatura diretamente ao cliente final?

Como acima referido, esta hipótese está consagrada no artigo 14.º, n.º 1, do referido Decreto-Lei que prevê a possibilidade dos membros do consórcio conferirem poderes de representação ao chefe do consórcio, mediante

---

[11] *Vd.* §15 e §17.

procuração, não sendo esta norma taxativa quanto à extensão dos poderes que lhe podem ser mandatados.

Recordamos a este propósito que a procuração constitui um ato unilateral que visa a realização de negócios jurídicos em nome do representado e cuja produção de efeitos ocorre sempre na esfera jurídica deste conforme resulta da lei civil[12]. Pelo que, resultaria, à partida, do normativo em análise, nos casos de delegação de poderes a um único membro para faturação por conta de todos os outros, que as faturas emitidas no âmbito da concessão desses poderes de representação deveriam ser emitidas em nome e por conta dos membros representados ao abrigo do mecanismo da faturação por terceiros previsto no artigo 5.º do Decreto-Lei n.º 28/2019, de 15 de fevereiro.

E quando a concessão destes poderes de representação configuram um mandato sem representação em que o membro do consórcio fatura o cliente em nome próprio mas por conta dos outros membros? Esta situação será porventura a que sucede no consórcio externo em que, por norma, apenas o chefe do consórcio estabelece relações com terceiros, incluindo com o cliente do consórcio, sendo que os atos jurídicos que praticar devem produzir efeitos imediatos na esfera de cada membro representado.

Relembramos a este propósito uma figura jurídica cujo funcionamento e características nos inspiram para tentar perceber melhor a atuação do chefe do consórcio no contexto do exercício daqueles poderes – referimo-nos, em concreto ao comissário. O contrato de comissão definido no artigo 266.º do Código Comercial define este contrato como uma modalidade de mandato sem representação, nos termos do qual "o mandatário executa o mandato mercantil sem menção ou alusão alguma ao mandante, contratando por si e em seu nome, como principal e único contraente"[13]. Por sua vez, estabelece o artigo 268.º do mesmo Código que "o comissário fica diretamente obrigado com as pessoas com quem contrata".

---

[12] *Vd.* artigo 262.º do Código Civil e, entre outros, acórdão STJ, Processo n.º 315/06, 20.03.2012.

[13] *Vd.* alguma jurisprudência que se debate sobre a matéria, entre outros, acórdão do STJ, Processo n.º 315/06, 20.03.2012, acórdão do Tribunal da Relação de Coimbra, Processo n.º 5972/10, 24.03.2015, e acórdão do Tribunal da Relação de Lisboa, Processo n.º 19954/01, 29.09.2015, ainda que estes arautos versem, sobretudo, sobre o mandato civil.

A doutrina debateu-se no passado, com algum desenvolvimento, quanto à extensão dos efeitos jurídicos dos atos praticados pelo mandatário comercial. Discutia-se, por exemplo, se estávamos perante uma situação de dupla transferência da propriedade dos bens do mandante para o mandatário e deste para o cliente ou se a transferência desses efeitos ocorria diretamente do mandatário para o cliente. Concluiu alguma doutrina que, no mandato comercial, e no que respeita aos efeitos reais do contrato, o ato de aquisição ou alienação praticado pelo mandatário em nome próprio tem eficácia direta na esfera jurídica do mandante[14], ao contrário do consagrado no mandato sem representação civil na medida que é a tese da dupla transferência que se encontra vertida no artigo 1181.º do Código Civil. É esta a tese (da transferência direta) que a doutrina internacional tem vindo a preconizar em sede do IVA e que se encontra consagrada no Código do IVA, em particular no artigo 3.º, n.º 3, alínea *c)*, dado que se trata de uma operação assimilada a uma transmissão de bens para efeitos deste imposto, no caso da venda de bens à comissão.

No que se refere ao mandato exercido pelo chefe do consórcio, parece-nos que não estamos longe do mandato comercial através do qual são executados atos de comércio[15] nas relações com os terceiros. Também o chefe do consórcio, na modalidade de consórcio externo, pode atuar em nome próprio mas por conta dos restantes membros, por exemplo no que respeita em matéria de faturação.

A Autoridade Tributária, em informação sancionada em 2002[16], parece permitir este procedimento de faturação em nome próprio pelo chefe do consórcio em representação dos restantes membros, sendo que a situação analisada na referida informação versava sobre um consórcio externo que tinha por objeto a execução de uma empreitada de obra pública de construção e nos termos do qual a faturação ao cliente era efetuada pelo chefe do consórcio, e o outro membro faturava a sua parte da empreitada à empresa

---

[14] Entre outros, *vd.* M. Januário Gomes, "Contrato de mandato comercial – questões de tipologia e regime", *Direito Comercial*, Curso de Mestrado 1983-84, Faculdade de Direito de Lisboa, Almedina, 525, Jorge Manuel Coutinho de Abreu, *Curso de Direito Comercial*, Vol.1, 5.ª edição, Almedina, 130 e segs..

[15] *Vd.* Jorge Manuel Coutinho de Abreu, *op.cit.*, 131 e 132.

[16] *Cf.* §7 e §8.2 da Informação n.º 1607 (despacho de 12/08/2002).

chefe do consórcio, anexando à respetiva fatura uma lista dos bens fornecidos e dos serviços prestados.

Nesta informação a Autoridade Tributária cita, em particular, uma orientação administrativa anterior, a Informação n.º 1280 emitida em 02 de janeiro de 1989, que refere "que as relações existentes entre os consorciados se resumem a meras operações financeiras e que se traduzem na repartição dos lucros entre eles, como tal isentas nos termos do artigo 9.º, n.º 28, alínea *f)*, do Código do IVA. Todavia, se os consorciados forem sujeitos passivos de IVA, qualquer investimento a efetuar no empreendimento traduzir-se-á numa afetação sujeita a tributação, nos termos da alínea *g)* do n.º 3 do artigo 3.º do Código do IVA. (...) Porém, apenas a repartição de custos e proveitos se considera abrangida pela isenção do n.º 28 do artigo 9.º do CIVA, devendo todas as prestações de serviços a efetuar pelas consorciadas com vista à execução da empreitada ser tributadas nos termos gerais, por não se considerarem já operações financeiras, mas prestações de serviços que não beneficiam desta ou de qualquer outras das isenções previstas no CIVA".

Um parecer do Centro de Estudos Fiscais de 1986, ainda nos primórdios da vigência deste imposto, já fazia menção a esta qualificação ao referir que "parece poder considerar-se que as relações existentes entre os consorciados se resumem a meras operações financeiras que a final se verificam e que se traduzem na repartição de lucros entre eles. Assim sendo, não haverá sujeição a IVA, nos termos do artigo 9.º, n.º 28, alínea *h)*, do Código do IVA"[17]. Importa contudo salientar que o contrato de consórcio subjacente na situação analisada visava a construção de um edifício por um dos membros num terreno da propriedade do outro membro do consórcio com o objetivo final de vender este imóvel a um terceiro, atividade em regra sujeita mas isenta de IVA de acordo com o artigo 9.º, n.º 30, do Código do IVA. Pelo que, os pressupostos do entendimento *supra* elencados não podem ser transpostos de forma generalizada para qualquer situação tendo em conta que a operação ativa final não conferia o direito à dedução.

[17] *Vd.*, Maria da Conceição Costa Lopes, "Imposto sobre o valor acrescentado – Contrato de consórcio, Parecer n.º C 283 A", *Ciência e Técnica Fiscal n.º 340/342*, 570 e segs.

Encontramos ainda este enquadramento refletido no Processo EDM, que teve início com o auto de notícia emitido em 1989, com reenvio prejudicial para o Tribunal de Justiça da União Europeia ("TJUE") com o Processo n.º C-77/01, com acórdão datado de 29 de abril de 2004, e com acórdão do Tribunal Central Administrativo Sul de 5 de maio de 2009 proferido no âmbito do Processo n.º 3711/00. Lembramos, com a brevidade possível, que este acórdão foi fundamental no ajustamento da redação do artigo 23.º do Código do IVA[18] então em vigor que veio a ser considerada desajustada ao direito comunitário no que respeitava ao cálculo do pro-rata para efeitos da dedução do IVA suportado na aquisição de bens e serviços utilizados em simultâneo na prossecução de diversas atividades económicas com enquadramentos em IVA diferentes, ou seja, sendo parte delas isentas de IVA e outras sujeitas com dedução do referido imposto.

Refere-se concretamente no acórdão português que "O imposto deduzido pela EDM relativamente à aquisição de bens e serviços para os consórcios[19] (...), parece-nos que o mesmo deveria ser liquidado às outras empresas pertencentes ao consórcio de acordo com a percentagem com que cada uma participa no financiamento dos trabalhos, na altura em que é efetuado o acerto de contas (pagamento das despesas efetuadas durante o trimestre). Os serviços prestados pela EDM para os consórcios estão sujeitos a tributação de imposto, no entanto a EDM não liquida imposto nesses serviços, pelo facto de que se liquidasse o imposto teria de deduzi-lo simultaneamente, o que nos parece correto, pois liquidando o imposto nos serviços que presta dado que os mesmos são sujeitos a imposto e considerados como proveitos da EDM e deduzindo o imposto simultaneamente, dado que estes serviços são considerados como custos para os consórcios. Na altura do acerto de contas com as outras empresas participantes dos consórcios deveria então a EDM emitir um documento interno com a liquidação do imposto deduzido por ela na aquisição de bens e serviços para os consórcios, nas percentagens em que cada uma das empresas participa no financiamento dos trabalhos e desta forma não existir cortes na filosofia do IVA"[20].

---

[18] Com a Lei n.º 67-A/2007, de 31 de dezembro (Lei do Orçamento do Estado para 2008).

[19] Notamos, para melhor entendimento do leitor, que a EDM fazia parte de três consórcios destinados à prospeção mineira.

[20] *Cf.* Acórdão TCA Sul, Processo n.º 3711/00, 5.5.2009, ponto n.º6.2.

Salientamos a lucidez refletida neste acórdão no qual o Tribunal português espelha as suas preocupações quanto a esta matéria, indicando claramente que os débitos efetuados entre os membros deveriam ser sujeitos a IVA e que a EDM só não o liquidou porque entendeu que não lhe cabia qualquer direito à dedução no que respeitava aquela atividade.

Importa por isso lembrar que a participação da EDM em qualquer daqueles consórcios consistiu no desenvolvimento de atuações materiais de carácter técnico e da coordenação dos trabalhos com a função de chefe do consórcio e a intervenção em conselhos de orientação e comissões técnicas criadas para esse efeito. Nos contratos subjacentes não estava, no entanto, prevista, segundo aquele acórdão, a prestação de serviços aos outros membros do consórcio, nem a terceiros, e também não foram prestados serviços fosse a quem fosse no âmbito dos mesmos contratos como é referido expressamente naquele acórdão. Cada uma das empresas que integravam estes consórcios, emitiam as faturas correspondentes ao chefe do consórcio (a EDM) com a descrição dos trabalhos que iam executando e a indicação do respetivo custo. Estas faturas destinavam-se apenas a regularizar ulteriormente as contas entre as três empresas, segundo as percentagens de repartição das despesas convencionadas no respetivo contrato. A EDM, por sua vez, empregara a expressão "prestação de serviços pelos nossos técnicos" nas faturas emitidas ao cliente final, apesar de não terem sido prestados quaisquer serviços como referido.

Pelo que, não existindo operações ativas associadas a estes contratos que estivessem sujeitas a IVA, era consequência direta que os débitos efetuados entre os membros não conferissem o direito à dedução, pelo que tanto a leitura do acórdão nacional, como as conclusões do TJUE abaixo explanadas devem ser lidas à lupa deste enquadramento. Todavia admitimos, ainda assim, na medida em que o que era debitado ao cliente final eram os custos incorridos pelos membros dos consórcios (sem margem, segundo parece resultar dos factos provados nos referidos judicios), estes débitos deviam ser efetuados segundo o regime do IVA que tinha sido aplicado a montante a essas despesas quando debitadas pelos fornecedores, em cumprimento da própria doutrina administrativa reiterada pela Autoridade Tributária e que desenvolveremos *infra* a respeito do débito de despesas entre os membros do consórcio.

Atendendo ao referido contexto, o TJUE acabou por concluir a este respeito que "trabalhos como os em causa no processo principal, efetuados pelos membros de um consórcio nos termos das cláusulas de um contrato de consórcio e que correspondem à parte atribuída no contrato a cada um deles, não constituem uma entrega de bens ou uma prestação de serviços 'efetuadas a título oneroso' na aceção do artigo 2.°, n.° 1, da Sexta Diretiva 77/388 nem, consequentemente, uma operação tributável nos termos desta diretiva. O facto de estes trabalhos serem realizados pelo membro do consórcio que o gere não é relevante. Em contrapartida, quando o excedente da parte dos trabalhos fixada no referido contrato para um membro do consórcio resulte no pagamento pelos outros membros deste da contrapartida dos trabalhos que excedem essa parte, estes últimos constituem uma entrega de bens ou uma prestação de serviços 'efetuadas a título oneroso' na aceção da referida disposição". Parece-nos, contudo, que estaremos sempre na situação descrita no final das conclusões do TJUE quando existem débitos entre os membros. Ou seja, esses débitos existem por se verificarem excessos de pagamentos a um membro por serviços e bens prestados ou alienados pelos outros membros, sendo assim esses débitos essenciais para repor o equilíbrio entre a repartição dos lucros gerados pelo consórcio.

Pelo que, importa explorar um novo enquadramento em IVA destas relações contratuais que garanta a neutralidade destas operações internas. Não podemos ainda, a este respeito, ignorar que este procedimento implica o aumento do volume de negócios do chefe do consórcio, assim como o aumento do IVA liquidado e do IVA deduzido respeitante aos bens fornecidos ou aos serviços prestados pelos restantes membros, podendo, por essa razão, ser discutida a legitimidade sobre o mesmo. Questiona-se assim se, por um lado, o facto de se faturar em nome próprio implica verdadeiramente a contabilização desses proveitos em contas de resultados na medida que a fatura titula uma prestação de serviços ou transmissão de bens realizada em nome próprio (ainda que por conta do representado membro do consórcio) com o inerente aumento do seu volume de negócios em resultado de uma atividade que não foi prosseguida por esse sujeito passivo, ou se é admissível que nestes casos estes movimentos financeiros sejam apenas contabilizados em contas de terceiros, incluindo o valor do IVA suportado e liquidado nesta parte.

A este respeito importa relembrar que o Código do IVA apenas estabelece no artigo 16.º, n.º 6, alínea *c)*, que são excluídas da base tributável as quantias pagas em nome e por conta do adquirente dos bens ou do destinatário dos serviços, registadas pelo sujeito passivo em contas de terceiros apropriadas. Pelo que, poderia esta norma fazer-nos pensar que, *a contrario*, quando faturadas em nome próprio deve ser liquidado o IVA correspondente (se a operação inerente estiver sujeita a tributação em sede deste imposto) e consequentemente ser registada em contas de balanço, ou pelo menos ser debitadas e creditadas na mesma conta de balanço de forma a não incrementar o volume de negócios do sujeito passivo.

Retomando a pegada da doutrina administrativa emitida a este respeito, a Autoridade Tributária parece manter aquele entendimento, pelo menos até 2012, sendo que numa Informação emitida nesse ano referia, relativamente à repartição dos valores recebidos pelos consorciados, que "as relações entre consorciados se resumem a meras operações financeiras e que se traduzem na repartição dos lucros entre eles, como tal isentas nos termos do artigo 9.º, n.º 28, alínea *f)* do CIVA [atual artigo 9.º, n.º 27, alínea *e)*, do Código do IVA]. Todavia, se os consorciados forem sujeitos passivos de IVA, qualquer investimento a efetuar no empreendimento traduzir-se-á numa afetação sujeita a tributação, nos termos da alínea *g)* do n.º 3 do CIVA"[21]. Esclareceu ainda que a isenção apenas abrange a repartição de gastos e rendimentos entre os consorciados "devendo todas as prestações de serviços a efetuar pelas consorciadas com vista à execução da empreitada ser tributadas nos termos gerais, por não se considerarem já operações financeiras, mas prestações de serviços que não beneficiam desta ou de qualquer outra das isenções previstas no CIVA"[22].

Contudo, após a emissão desta Informação, não temos conhecimento de qualquer outro entendimento da Autoridade Tributária mais recente sobre esta matéria e em sentido diferente.

Cabe assim avançar com a exposição do tratamento em IVA deste tipo de contratos que, salvo melhor opinião, nos parece a mais adequada. A este respeito, e no que respeita à repartição dos lucros, entendemos que é mais

---

[21] *Cf.* Informação n.º 1607 (despacho de 12/08/2002).

[22] *Ibidem.*

fiel à lógica do IVA, não traindo os seus princípios basilares, ter em conta neste caso o enquadramento em IVA da atividade final prestada ao cliente do consórcio, devendo esse tratamento ser respeitado aquando da repartição dos lucros pelo chefe do consórcio, se mandatado para faturar ao cliente. De facto, esta situação não deve ser diferente daquela em que cada membro teria faturado diretamente o cliente como acima sublinhámos, não devendo, por esta razão, haver qualquer alteração na percentagem da dedução do IVA ou no enquadramento em sede deste imposto das suas operações ativas na medida em que, como referido a respeito do IRC, os membros do consórcio são os titulares originários dos rendimentos produzidos neste contexto, sendo que a instrumentalização da faturação nos termos do *supra* comentado apenas serve para que o membro que efetivamente prosseguiu a atividade subjacente a esses rendimentos reponha o lucro que lhe é devido.

E no que respeita à partilha ou ao débito de encargos entre os membros entendemos que deve ser seguido o mesmo princípio. Na verdade, a Autoridade Tributária tem vindo a defender que os débitos desta natureza qualificam-se como prestações de serviços subsumíveis no conceito residual consagrado no artigo 4.º, n.º 1, do Código do IVA[23/24], definindo o seguinte procedimento:

a) Se o (segundo) débito for efetuado sem qualquer discriminação, ao mesmo deve acrescer IVA à taxa normal nos termos da alínea *c)* do n.º 1 do artigo 18.º do Código do IVA[25];

b) Se o (segundo) débito for realizado de forma discriminada, de acordo com a natureza de cada um dos componentes da despesa, pode

---

[23] *Vd.* Processo n.º 2804/2011, com despacho do SDG dos Impostos emitido em 27/12/2011.

[24] Esta doutrina foi inicialmente avançada pela AT no contexto do débito de despesas efetuadas por instituições financeiras por conta dos seus clientes através do Ofício-Circulado n.º 53875, de 11/05/1998, e Informação n.º 1974/1993, de 6 de Julho, ambas da Direção dos Serviços do IVA da Direção de Serviços do IVA, mas tem vindo a ser replicada em outras informações (*cf.*, por exemplo, Informação 481/1988, de 11/02/1988 sobre o débito de eletricidade a várias empresas por parte de uma outra a quem era debitada a totalidade do consumo pela EDP e em cujo Ofício a Autoridade Tributária entendeu ser passível de IVA à taxa reduzida – vigente à data dos factos).

[25] Conforme refere Helena Costa Cabral *in* "Os redébitos em sede de IVA: débitos sem valor acrescentado", *Cadernos IVA 2013*, Almedina, 2013, 212, a ausência de discriminação das despesas debitadas implica a perda da sua ligação com a operação inicial.

manter-se o enquadramento em IVA de cada um desses componentes caso seja debitado apenas para efeitos de reembolso (*i.e.*, sem qualquer margem). Pelo que, tratando-se, por exemplo, de despesas isentas ao abrigo do artigo 9.º do Código do IVA, o débito beneficiará igualmente da mesma isenção. Se respeitarem a encargos fora da incidência do IVA, deve manter-se igualmente o mesmo enquadramento. A AT considera, assim, que o débito efetuado nestes termos não altera a natureza da despesa em causa, devendo seguir-se o mesmo tratamento em IVA que a operação antecedente.

Em termos de dedução, o artigo 21.º, n.º 2, alínea *c)*, do Código do IVA refere especificamente que as despesas mencionadas no n.º 1, alíneas *a)* e *d)* da mesma norma, cujo IVA não é, em regra, dedutível, pode neste caso ser deduzido (com exceção das despesas de luxo e divertimento) se a despesa a que respeita for debitada a terceiro para efeitos de reembolso. Pelo que, sendo debitados os respetivos encargos a outros membros do consórcio para partilhar as despesas incorridas em função da percentagem acordada no contrato de consórcio, deve de igual modo ser admitida a dedutibilidade do IVA suportado a montante quando o (re)débito efetuado esteja sujeito e não isento de IVA em função da natureza da despesa em concreto.

As faturas emitidas neste contexto devem conter igualmente os requisitos indicados no artigo 36.º, n.º 5, do Código do IVA, sendo que, quanto ao seu descritivo, sugere-se que se inclua a menção de que se trata de um "débito de despesas efetuado para efeitos de reembolso", para além de ser recomendável anexarem-se cópias das faturas originais da aquisição dos bens e serviços debitados de forma a comprovar-se que é de facto um mero débito de despesas incorridas por conta de terceiro e que às mesmas não é acrescida qualquer margem[26].

Quanto à base tributável, esta deve corresponder ao valor da base tributável do primeiro débito atendendo em particular que o IVA é, em princípio, dedutível (não sendo, portanto, um encargo para o membro intermediário) e que se pretende obter o reembolso das despesas pagas por conta do adquirente final dos bens/serviços.

---

[26] *Vd.* Helena Costa Cabral, *op. cit.*, 212.

Como acima já anotado, salientamos que esta situação se distingue do débito de despesas incorridas em nome mas por conta do adquirente dos bens ou do destinatário dos serviços, caso em que as faturas são emitidas pelos fornecedores em nome deste último, sendo, no entanto, pagas pelo intermediário.

Na verdade, o procedimento acima descrito já foi sancionado de certa forma pela Autoridade Tributária[27] ao referir que quando sejam realizadas despesas cujo custo deva ser repartido pelos membros do consórcio e as respetivas faturas sejam emitidas apenas a um dos membros, aquelas faturas devem ser emitidas, com ou sem menção ao consórcio, ao número de contribuinte desse membro para que possa deduzir o IVA correspondente (desde que cumpridos os requisitos gerais essenciais à dedução), devendo este posteriormente debitar os restantes membros na parte do imposto que lhes for imputável por forma a permitir aos mesmos o exercício do direito à dedução da parte correspondente.

5. Conclusões

Em face do acima exposto, cabe concluirmos que, no que respeita aos bens transmitidos e aos serviços prestados internamente entre os membros do consórcio, deve ser aplicável o regime do IVA que resultar em função da natureza dessas operações, assim como no que respeita à dedução do IVA suportado para as realizar.

De igual modo, e relativamente à repartição dos lucros entre os membros do consórcio em função das percentagens de alocação acordadas, entendemos que, salvo melhor opinião, deve ser tido em conta o enquadramento em IVA da atividade final prestada ao cliente do consórcio, devendo esse tratamento ser respeitado aquando da repartição dos lucros pelo chefe do consórcio, se mandatado para faturar ao cliente em representação dos restantes membros. De facto, como acima repetido, esta situação não deve ser diferente daquela em que cada membro teria faturado diretamente o

[27] *Cf.* Informação n.º 1892 (despacho de 02/10/1998), Informação n.º 1565 (despacho de 22/07/2002) e a já citada Informação n.º 1607 (despacho de 12/08/2002).

cliente. Se qualificadas como operações isentas ou fora da incidência do IVA, estes *outputs* teriam naturalmente implicações na dedução do IVA suportado a montante pelos membros do consórcio, o que nos parece não fazer sentido uma vez que materialmente não se distinguem do procedimento de faturação direta.

Por fim, e no que se refere ao débito de despesas entre si, deve ser dado o mesmo tratamento que a Autoridade Tributária tem defendido noutros casos de débito de despesas uma vez que esta situação particular do consórcio em nada se diferencia daqueles.

A (Nova) Directiva dos Vouchers

JOANA MALDONADO REIS & LUÍSA CASIMIRO DA COSTA

1. Introdução

As novas políticas comerciais e os novos modelos de negócio trouxeram um crescente aumento da utilização de *vouchers* (doravante também designada por "vales" para utilizar a terminologia do Código do IVA), com natural impacto em sede fiscal comunitária. A ausência de regras comuns obrigou a que cada Estado-Membro encontrasse soluções próprias (mas muitas vezes descoordenadas) que visassem corresponder às necessidades práticas que esta matéria foi introduzindo no mercado comum.

Desta feita, o Tribunal de Justiça da União Europeia (doravante "TJUE") foi o primeiro a pronunciar-se sobre a forma como as diretivas do IVA se deveriam aplicar aos vales, tendo sido definidas orientações com vista à clarificação e harmonização das disposições da legislação da União Europeia no que se refere ao tratamento dos mesmos para efeitos do IVA.

As primeiras discussões ou reflexões sobre o tema do IVA nos vales remontam a 2002 e 2006 com os representantes dos Estados-membros, seguindo-se uma consulta pública em 2006 e subsequente publicação das respetivas conclusões. Contudo, e não obstante nessas datas ter sido reconhecida a necessidade, senão mesmo indispensabilidade, de harmonizar as legislações dos diversos Estados-membros no que respeita ao enquadramento dos vales em sede de IVA, apenas em 2012 foi finalmente apresentada uma Proposta de Alterações (doravante apenas designada por "Proposta") à Diretiva 2006/112/CE, de 28 de novembro de 2006 ("Diretiva IVA") no que respeita ao tratamento a conferir aos vales.

Após várias discussões comunitárias, foi publicado em 2016 o texto final do que se tem vindo designar a *Diretiva dos Vouchers*, com alterações à Diretiva do IVA, com vista a incluir o conceito de vale e respetivo enquadramento. Em cumprimento do prazo para a transposição das regras aí estabelecidas até ao dia 31 de dezembro de 2018 para o ordenamento jurídico interno de cada Estado-Membro, foi a referida transposição efetuada pelo Estado Português com a Lei do Orçamento do Estado para 2019 (Lei n.º 71/2018, de 31 de dezembro), tendo sido introduzidas as regras estabelecidas pela referida Diretiva no Código do IVA.

A propósito da introdução do novo regime, e considerando a relevância do mesmo, com o presente artigo pretende fazer-se uma análise das regras agora introduzidas, tendo em conta o respetivo enquadramento histórico do tema, em termos de jurisprudência comunitária e posição adotada pela autoridade tributária portuguesa.

2. Breve Contextualização do Tema – Os Vales na Dinâmica do IVA

O dia 17 de maio de 1977 foi marcado pela aprovação da Diretiva n.º 77/388/CEE, do Conselho, de 17 de maio[1] (conhecida como *Sexta Diretiva* do IVA), importante e relevante dispositivo em matéria de harmonização das legislações dos Estados-membros relativas ao IVA. Esta Diretiva consagra um sistema comum do IVA que se caracteriza pela uniformização

[1] Esta Diretiva foi substituída, posteriormente, pela Diretiva 2006/112/CE, do Conselho, de 28 de novembro, tendo como objetivo proceder a uma diferente sistematização das matérias e a uma nova numeração dos seus artigos.

da base de incidência, da incidência objetiva e subjetiva, das isenções e do valor tributável. Também a luta contra possíveis fraudes, evasões e abusos era um objetivo reconhecido e encorajado pela Sexta Diretiva.

Desde então, atendendo às alterações do funcionamento do mercado único, à complexidade e incerteza jurídica de muitas matérias de tributação indireta e com o intuito de evitar riscos potenciais de erosão de receitas e de distorção da concorrência, o Conselho tem vindo, desde a aprovação da Diretiva n.º 77/388/CEE, a regulamentar e harmonizar disposições de modo a assegurar o tratamento seguro e uniforme entre os Estados-membros.

Entre estas matérias está, naturalmente, a regulamentação dos vales e respetiva tributação. Efetivamente, o aumento substancial da utilização dos vales para bens ou serviços (note-se que, na União Europeia, o mercado dos vales representava, em 2012, mais de Euro 52 biliões por ano[2]) e o facto de nem sempre ser clara a distinção entre vales e instrumentos de pagamento mais generalizados, gerou uma necessidade urgente de harmonizar a definição de vales para efeitos do IVA, e também o do respetivo enquadramento no que respeita à base tributável e exigibilidade do imposto. Apenas a harmonização do tratamento dos vales, tendo como principal foco evitar as disparidades na respetiva tributação dos vales nos Estados-membros da União Europeia, poderia respeitar a verdadeira intenção da *Sexta Diretiva*, ou seja, consagrar um verdadeiro sistema comum do IVA.

Atendendo à falta de regulamentação legislativa nesta matéria, o TJUE foi por diversas vezes solicitado no sentido de vir definir orientações com referência ao tratamento dos vales em sede de IVA, o que contribuiu para uma diminuição de incertezas na interpretação de vários conceitos. Este contributo da jurisprudência comunitária acabou por se revelar fundamental para a determinação de um fio condutor comum harmonizado entre os Estados-membros, e evitar em alguma medida obstáculos para os sujeitos passivos e para a respetiva cobrança do IVA junto dos Estados-membros.

Com efeito, na ausência de regulamentação, a posição sufragada por este órgão jurisdicional serviu de orientação e de diretriz nas práticas utilizadas pelas diversas autoridades fiscais dos Estados-membros.

---

[2] Ben Terra/Julie Kajus, "Comission proposes new VAT rules for vales", disponível *online* por assinatura em www.ibfd.org

Sem legislação comum capaz de dirimir dúvidas, nem sempre era claro dar resposta às questões basilares do imposto; o valor tributável da operação, a exigibilidade ou a localização da operação, p. ex., quando a emissão do vale ocorria num Estado-membro, mas era utilizado noutro – caso típico das cadeias hoteleiras que promovem os seus hotéis através da emissão de vales em vários Estados-Membros.

O facto de existirem Estados-membros que entendiam que a tributação deveria ocorrer no momento da emissão do vale e outros entendiam que a mesma deveria ocorrer no momento do resgate levava a situações de dupla tributação ou mesmo não tributação em momento nenhum[3].

Ora, sem prejuízo do papel crucial da jurisprudência comunitária, certo é que, por um lado, esta não se pronunciou sobre todas as questões controversas relacionadas com o tema como, por outro lado, o facto de divulgar determinada orientação a um caso em concreto, não obrigava a que os Estados-membros adotassem na sua legislação interna os ditames e orientações divulgadas pelo Tribunal.

Estava assim a tornar-se cada vez mais premente que o legislador comunitário chamasse a si a responsabilidade de legislar sobre esta matéria, evitando a discricionariedade dos Estados-membros na adoção das suas próprias soluções legais, por forma a evitar dupla tributação ou até de dupla não tributação e consequentes distorções de concorrência no mercado comum.

Finalmente, em 10 de maio de 2012, a Comissão Europeia publicou a Proposta que visava alterar a Diretiva IVA no que respeita ao tratamento dos vales, visando oferecer maior rigor e transparência sobre os efeitos do IVA no tratamento desta realidade, nas suas diversas modalidades e tipologias, seja num contexto doméstico ou num contexto intracomunitário.

A Proposta foi sujeita ao escrutínio público, no âmbito do qual destacamos o parecer do Comité Económico e Social Europeu[4], emitido em 14 de novembro de 2012, e que se pronunciou favoravelmente às alterações propostas de alargar a Diretiva IVA para incluir o tratamento dos vales.

---

[3] Vide no ponto n.º2.1 deste artigo as orientações do TJUE sobre diversas matérias relacionadas com o enquadramento dos vales.

[4] Disponível *online em* https://eur-lex.europa.eu/legal-content/PT/TXT/?uri=CELEX%3A52012AE1401

Volvidos 4 anos foi então aprovada a Diretiva (EU) 2016/1065, do Conselho, de 27 de junho de 2016, *commumente* designada por *Diretiva dos Vouchers*, nos termos da qual os Estados-membros foram obrigados a transpor para a respetiva ordem jurídica as regras de IVA uniformes em matéria de tributação dos vales até 31 de dezembro de 2018.

Não obstante ter sido concedido bastante tempo para a respetiva transposição, a maioria dos Estados-membros apenas incorporou as novas regras no respetivo ordenamento jurídico interno em dezembro de 2018 (Portugal não foi exceção, tendo procedido à respetiva transposição através da Lei n.º 71/2018, de 31 de dezembro, que aprovou a Lei do Orçamento do Estado para 2019, conforme se verá adiante).

2.1. A evolução da jurisprudência comunitária

Como já antecipado, o produto voucher, ou a sua utilização no âmbito de políticas comerciais das empresas, resultou de uma dinâmica/criatividade do mercado e das atividades económicas que são muito mutáveis e permeáveis a novos modelos de negócio e iniciativas comerciais.

Tratou-se assim, na verdade, de uma das situações em que a realidade económica se antecipou à realidade jurídica, pelo que assistimos (até agora) a uma lacuna legal no que respeita ao enquadramento fiscal e, nomeadamente em sede de IVA, da comercialização dos vouchers.

No que respeita ao IVA e às transações internacionais, este tema assumia (e assume) especial relevância, pois a inexistência de regras comuns aos vários Estados-membros conduz a um tratamento diferente para a mesma realidade económica entre os mesmos, colocando assim em risco os princípios basilares do IVA, nomeadamente o princípio da neutralidade do imposto na cadeia económica, além de potenciar eventuais situações de fraude fiscal.

Com efeito, a ausência de regras comuns levou a que os Estados-membros, dentro do seu ordenamento jurídico doméstico, implementassem regras e soluções próprias, resultando dentro da Comunidade disparidade de tratamento para a mesma realidade económica.

Na medida em que as propostas da Comissão Europeia, no sentido de harmonização da legislação europeia, apenas acabaram por ter frutos em 2016 com a aprovação da Diretiva, acabou por o TJUE ser várias vezes solicitado a pronunciar-se sobre a forma como se devem as diretivas do IVA aplicar-se a esta realidade económica.

Não obstante algumas diretrizes e orientações do Tribunal, só se conseguiu alguma harmonização em alguns dos temas relacionados com os vouchers, ficando ainda, contudo, diversas questões por resolver.

Ora, as questões que se colocavam relativamente ao tema eram muitas e variadas, começando, desde logo, pela definição de voucher e o alcance dessa definição – saber se se trata de um bem em si mesmo, ou de um documento que confere um direito de adquirir bens ou serviços.

Esta questão foi suscitada perante o TJUE no âmbito do Processo C-288/94, *Argos Distribution Ltd v Customs and Excise Comissioners* (Caso *Argos*), onde o TJUE concluiu que o voucher se trata de um documento que incorpora em si uma obrigação de alguns fornecedores de serviços em aceitar esse vale, em vez de dinheiro, pelo seu valor nominal.

Tem sido ainda entendimento do TJUE que os vales encerram em si mesmos um pré-pagamento de um serviço a prestar ou um bem a adquirir no futuro. Não obstante este entendimento, a sua concretização não tem tido resultados uniformes. Veja-se o Caso *Société Thermale*[5], onde o TJUE considerou que a aquisição de vales de alojamento configurava um pagamento antecipado de reserva, devendo o IVA ser liquidado nesse momento mas, caso não viessem a ser utilizados, deveria haver lugar à regularização do imposto. Pelo contrário no Caso *Air France*[6], o entendimento foi o de que o pagamento (antecipado) do bilhete de avião era já o serviço prestado pela transportadora.

O facto de o cliente final poder utilizar, ou não, esse bilhete em nada alterava o respetivo enquadramento, tendo o TJUE considerado que o serviço prestado era o de atribuir o direito ao voo, independentemente da utilização desse serviço.

Porém, outras questões se colocam quanto aos vouchers e que vieram ser resolvidas, de alguma forma pela jurisprudência comunitária. Na verdade, em face das características peculiares dos vales, as regras "tradicionais" do IVA estabelecidas pelas diretivas parecem não corresponder aos elementos

[5] *Vide* Acórdão TJUE, *Société thermale d'Eugénie-les-Bains*, C-277/05, 18.07.2007

[6] *Vide* Acórdão TJUE, *Air France-KLM*, C-250/14, 23.12.2015.

básicos do imposto, a saber: qual o valor tributável da operação, quando se verifica a exigibilidade do imposto ou mesmo qual a localização da operação.

Exigibilidade do imposto

Na medida em que o vale, quando é atribuído mediante uma contrapartida, apenas confere ao seu adquirente um direito a vir a utilizar um serviço, colocava-se a questão de saber quando é o IVA seria devido: no momento em que o vale é atribuído ou quando o serviço a que corresponde o vale é efetivamente prestado.

O TJUE veio a dar resposta a esta questão, entendendo que nos casos em que o vale confere direito a um único tipo de serviços, cuja natureza e quantidade são predeterminadas e sendo assim possível, no momento da atribuição do vale definir qual a taxa do IVA aplicável, deve ser nesse momento – da atribuição do vale – que o IVA é exigível e deve ser liquidado (Caso *Lebara*[7]).

Já no que respeita aos vales em que tal determinação *ab initio* não é possível, havendo apenas conhecimento de todos os elementos necessários à liquidação do IVA quando o vale é redimido, entendeu o TJUE que o IVA só é devido e exigível nesse momento, isto é, quando o serviço é efetivamente prestado com a redenção do voucher (Caso *Bupa Hospitais*[8]).

Base tributável

O TJUE foi solicitado a pronunciar-se sobre qual a base tributável do IVA no Caso *Elida Gibbs*[9], no qual estava em causa saber se, no âmbito de um sistema de promoção de vendas a retalho, onde se distribuíam cupões de desconto e de reembolso, o IVA devia incidir sobre o valor descontado

---

[7] *Vide* Acórdão TJUE, *Lebara*, C-520/10, 03.05.2012.

[8] *Vide* Acórdão TJUE, *Bupa Hospitals and Goldsborough Developments*, C-419/02, 21.02.2006.

[9] *Vide* Acórdão TJUE, *Elida Gibbs vs. Commissioners of Customs and Excise*, C-317/94, 24.10.1996.

(valor total do serviço / produto), ou apenas sobre o valor final (já deduzido do desconto ou reembolso).

O TJUE decidiu que o fabricante que emitiu os vales devia considerar como matéria coletável o preço pelo qual vendeu aos retalhistas ou aos grossistas os seus bens, mas deduzido do desconto *oferecido* ao consumidor final. Entendeu assim que seria contrário à Diretiva considerar a base tributável mais elevada do que a contrapartida efetiva recebida. Um entendimento contrário seria incompatível com o princípio da neutralidade do IVA.

Também, neste sentido, já o TJUE se havia pronunciado no Caso *Argos* (já referido), onde também entendeu que o valor tributável deve sempre corresponder ao valor nominal do vale, deduzido do valor do desconto concedido.

Entendimento da autoridade tributária portuguesa

De acordo com a informação disponível, a autoridade tributária portuguesa tem tido, como regra, a posição de acolher as orientações do TJUE nos diversos temas que se colocam quanto ao tratamento dos vales. Tem, pois, seguido a posição no TJUE no que se refere à definição de vale (nas suas diferentes tipologias) bem como ao facto gerador e exigibilidade do imposto.

Tempos idos houve em que se verificava a querela de saber se o vale configurava um instrumento de pagamento (isento ao abrigo do artigo 9.º do Código do IVA) ou uma "normal" prestação de serviços.

Contudo, e não obstante a autoridade tributária ter adotado nos anos 90 o entendimento de que o vale configura um meio de pagamento isento[10], certo é que a qualificação do vale, enquanto serviço sujeito a IVA, é já unânime no seio da autoridade tributária que adotando as orientações emanadas pelo TJUE foi adequando a sua interpretação às referidas orientações.

[10] *Vide* Entendimentos publicados pela autoridade tributária, Informação n.º 2063, de 22 de dezembro de 1991, Informação n.º 2138, de 6 de agosto, de 1992.

3. A Proposta de Diretiva dos Vouchers

A Proposta de Diretiva dos Vouchers – em alteração à Diretiva IVA – visava, conforme referido, assegurar um tratamento uniforme dos vales, em sede de IVA, na União Europeia, e previa que as novas regras entrassem em vigor no dia 1 de janeiro de 2015. Tendo, contudo, sido rejeitada pelos Estados-membros, acabou por não se cumprir o prazo estabelecido.

A Proposta pretendeu, desde logo, harmonizar a definição de vale para efeitos do IVA, esclarecendo que o mesmo podia ter um suporte em papel ou eletrónico. Propôs-se como conceito de vale o *documento que confere o direito de adquirir bens ou serviços ou de usufruir de um desconto ou de uma bonificação na aquisição de bens ou serviços, a que corresponde uma obrigação de garantir esse direito.*

Propôs-se ainda distinguir as seguintes tipologias:

i. Vale de Finalidade Única (doravante designado abreviadamente por VFU), o qual confere o direito de adquirir bens ou serviços, em que a identidade do fornecedor, o lugar das prestações e a taxa do IVA aplicável são conhecidos no momento da emissão (p. ex. um vale que apenas pode ser redimido em aquisição de livros escolares);
ii. Vale de Finalidade Múltipla (doravante designado abreviadamente VFM), que corresponde a um vale que não é um vale de desconto ou de uma bonificação e que não constitui um VFU (por oposição ao VFU, o VFM não tem definidos no momento da sua emissão os elementos determinantes para a liquidação do imposto). Neste caso, a título de exemplo, temos o vale que pode ser utilizado para adquirir serviços de telecomunicações mas também outros bens e serviços disponibilizados nas lojas do operador ou por outros parceiros, e
iii. Vale de Desconto, que confere o direito a um desconto ou a uma bonificação de preço relativamente ao fornecimento de bens ou à prestação de serviços. Este vale representa, por parte do emitente, o compromisso de fornecer bens ou serviços, de conceder um desconto ou pagar uma bonificação.

No que respeita ao momento da exigibilidade do imposto, a Comissão propôs que o momento da tributação deveria ser determinado em função da natureza do vale, esclarecendo-se, com rigor, se a tributação ocorreria no momento da venda do vale ou, ao invés, no momento do resgate do mesmo.

Nos VFU foi proposto que a sujeição a tributação deveria ocorrer no momento do pagamento, à semelhança do que já se verificava no caso dos adiantamentos e em linha com o preconizado pelo TJUE no Caso *Lebara* já mencionado.

A este respeito, importa referir que não decorre da Proposta qualquer entendimento quanto à caducidade dos vales não utilizados (não resgatados), não se clarificando qual o enquadramento em sede de IVA a adotar em tais situações[11].

Esta problemática havia sido já abordada pelo Tribunal, mais concretamente pelo Acórdão *Air France* acima referido, nos termos do qual foi decidido que o valor pago por um bilhete de avião, mesmo que não seja utilizado, deverá ser sujeito a IVA no momento em que o cliente adquire o bilhete e procede ao seu pagamento.

Por outro lado, no que respeita aos VFM, a Comissão alvitrou que a emissão de um vale e o fornecimento do bem ou serviço deveriam constituir uma só operação para efeitos do IVA. Deste modo, e ainda que não decorra expressamente da letra da Proposta, parece resultar da mesma a intenção de tornar exigível o imposto no momento do efetivo fornecimento de bens ou serviços, isto é, no momento do resgate do vale, sendo então este o momento relevante para efeitos de liquidação do IVA.

Outra questão que se pretendeu resolver foi a de saber, nos casos de cadeias de distribuição dos vales, em que momento ou momentos o IVA deve ser exigível. Com efeito, uma das situações em que se refletia a falta de harmonização comunitária é precisamente a de transmissão de vales numa cadeia de distribuição.

Ora, a falta de regulamentação comum nesta matéria resulta numa dupla tributação ou não tributação ao longo da cadeia, colocando em causa o

---

[11] Note-se que no parecer do Comité Económico e Social Europeu, emitido em 14 de novembro de 2012 esta questão foi levantada tendo sido referido que "Há que especificar o procedimento a seguir quanto aos single-purpose vouchers. Os single-purpose vouchers são tributados no momento da sua venda. Contudo, se um single-purpose voucher não for resgatado nesse momento, como confirma uma decisão do Tribunal, neste caso não há direito a reembolso do imposto por parte do emitente. No entanto, o emitente já pagou o IVA".

princípio da neutralidade basilar do sistema do IVA. Uma vez que a regra, nos VFM, seria a de que apenas há lugar a tributação no momento do resgate, ficariam a descoberto as operações sucessivas de cessão dos vales.

Deste modo, na medida em que ao longo de uma cadeia de distribuição se verifica, por norma, uma evolução no valor do vale, a Comissão entendeu propor regras que definissem em concreto o momento de tributação ao longo da referida cadeia. Em consequência, foi proposto que se determinasse que a própria distribuição comercial do vale constituísse em si mesmo uma prestação de serviços tributável independentemente do fornecimento subjacente.

Outra das situações prementes de resolução prendia-se também com os vales de desconto. Assim, não só a Comissão propôs a introdução de um conceito deste tipo de vale, como também procurou uma solução quanto ao respetivo tratamento em sede de IVA.

Nesta conformidade, nos casos em que o emitente do vale não corresponda à entidade que procede ao respetivo resgate (por exemplo, fabricante concede um vale de desconto que pode ser descontado por um retalhista), propôs-se que o reembolso não fosse considerado como contrapartida (IVA incluído) paga por um terceiro, mas ao invés o reembolso passasse a ser considerado como uma contrapartida do fornecimento de um serviço de resgate.

Portanto, em vez de reduzir a base tributável da primeira venda, o emitente do vale deduz o IVA a montante sobre o serviço prestado por aquele que procede ao resgate do vale. O retalhista emitirá então uma fatura à entidade emitente do vale pela prestação de serviço.

Por outro lado, quando um vale de desconto é trocado por um bem ou serviço, o preço pago será sempre reduzido em proporção do seu valor nominal e consequentemente haverá uma redução da base de tributação do fornecimento. O valor tributável (acrescido de IVA) corresponde ao preço efetivamente pago pelo cliente. O cliente final recebe uma fatura em que se discrimina somente o valor por si pago.

Finalmente, é ainda de salientar, no âmbito da Proposta, a distinção entre os vales e outros instrumentos de pagamento. Esta distinção é relevante e pretendia esclarecer de vez algumas divergências nesta matéria (que foram sendo resolvidas pelo Tribunal) entre os Estados-membros. Não esquecer que essa relevância ocorre desde logo porque os instrumentos de pagamento podem qualificar como operações isentas que não conferem o direito à dedução do IVA, ao contrário do que sucede com os vales.

4. A Diretiva dos Vouchers

A Diretiva 2016/1065 do Conselho, de 27 de janeiro de 2016, que alterou a Diretiva 2006/112/CE, para introduzir regras referentes ao tratamento dos vales, teve como principal foco uma *solução comum para os vales de modo a garantir que não ocorram assimetrias no que respeita a vales fornecidos entre Estados-membros.*

A Diretiva adotou grande parte dos conceitos e regras já incluídas na Proposta, deixando, contudo, de fora alguns temas relevantes e que continuam assim por resolver. Nesta linha, tendo em consideração que a base da Diretiva se encontra no texto da Proposta, abordar-se-ão apenas os temas que mais importantes, que ainda poderão suscitar dúvidas futuras e que exigirão, seguramente, e mais uma vez, intervenção do TJUE no âmbito das solicitações dos diversos Estados-membros.

A Diretiva define vale como "um instrumento em que existe a obrigação de o aceitar como contraprestação ou parte da contraprestação por uma entrega de bens ou prestação de serviços e em que os bens a entregar ou os serviços a prestar ou a identidade dos potenciais fornecedores ou prestadores estão indicados no próprio instrumento ou em documentação relacionada, incluindo os termos e condições de utilização de tal instrumento", sendo ainda introduzida (à semelhança da Proposta de 2012) a distinção entre:

(i) Vale de Finalidade Única – o lugar da entrega dos bens ou prestação de serviços e o IVA devido são conhecidos no momento da emissão;
(ii) Vale de Finalidade Múltipla – vale que não constitui um VFU.

Conforme vinha já patente na Proposta, não sendo objeto de qualquer contestação jurisprudencial, o principal critério diferenciador entre estes dois tipos de vale é o conhecimento, ou não, de todos os componentes essenciais para a determinação do IVA devido no momento da sua emissão ou cessão, isto é, a certeza quanto à natureza dos bens ou serviços titulados pelo vale e a sua localização, na medida em que poderão ser aplicadas diferentes taxas do IVA.

Contudo, e ao contrário do que sucedeu na Proposta, a Diretiva instituiu que os instrumentos que conferem um desconto ao seu detentor no momento da aquisição de bens ou serviços, mas que não confiram nenhum direito a receber esses bens ou serviços, não deverão ser visados pelas normas presentes na Diretiva.

Ou seja, exclui do âmbito da Diretiva o conceito de vale de desconto, bem como, naturalmente, o respetivo tratamento em sede de IVA.

Por outro lado, a definição de vale é mais restrita do que aquela oferecida pela Proposta, nos termos da qual não era requisito a necessidade de se indicar no próprio instrumento quais os bens ou serviços a prestar ou qual a identidade dos potenciais fornecedores ou prestadores.

Ora, atendendo a que os vales de desconto não constam da Diretiva, e à nova definição de vale, parece seguro concluir que as novas regras se aplicam apenas a vales que são vendidos/adquiridos e que tenham especificamente um valor. Ou seja, parece resultar da Diretiva que os *vales* com características de *assinatura/subscrições/passes* (nos termos dos quais, por exemplo, os mesmos podem ser utilizados para a admissão em todos os museus que o portador do *vale* escolher) não se subsumem na definição de *vale* pois não integram o conceito de instrumento aceite como contrapartida de uma oferta de serviços com valor nominal atribuído.

Ainda de referir, com destaque face à Proposta, que o Conselho também optou por excluir do conceito de vale na Diretiva, os títulos de transporte, bilhetes de entrada em cinemas e em museus, dos selos de correio ou similares. Este tema assume alguma relevância face aos possíveis impactos no âmbito do exercício do direito à dedução do IVA pelos sujeitos passivos quando o vale não seja redimido e não haja lugar à devolução da contraprestação.

Terá assim tido em consideração o entendimento emitido pelo TJUE no âmbito do Acórdão *Air France*, abrindo portas ao caminho da recuperação do IVA nos vales caducos, mas não resgatados. Com efeito, na medida em que no referido Acórdão se concluiu que, no caso de não utilização dos bilhetes de avião, e sendo feita a sua prévia aquisição – ou seja, aquisição de um vale não redimido – o serviço já havia sido prestado – direito a utilizar a viagem e não a sua utilização efetiva – o exercício do direito à dedução do sujeito passivo pode ficar prejudicado.

No que respeita à possível transmissão de vales nas cadeias de distribuição, a Diretiva veio considerar que, no caso dos VFU, o IVA deverá ser exigido em cada transmissão e, inclusive, na emissão desse vale. A entrega dos bens ou a prestação dos serviços em troca de um VFU não é, para efeitos da Diretiva, considerada uma operação independente. Nestes termos, as transmissões sequenciais do vale serão sempre objeto de tributação.

Acresce que, o novo artigo 30.º-B da Diretiva, veio prever que a transmissão dos VFU por um sujeito passivo, atuando em nome próprio, é considerada uma entrega dos bens ou prestação dos serviços a que o vale diz respeito. Esse sujeito passivo será obrigado a declarar o IVA sobre a contraprestação recebida pelo VFU, ou seja, o IVA é cobrado mesmo antes de os serviços ou bens terem sido fornecidos, colocando-se, assim, dúvidas quanto à possibilidade de recuperar o IVA incluído nesses vales não resgatados.

Se, por outro lado, os VFU forem emitidos ou distribuídos por um sujeito passivo que atue em nome de outra pessoa, esse sujeito passivo não será considerado participante na entrega ou prestação subjacente.

Contudo, fica por resolver, no que ao direito à dedução respeita, os casos dos VFU não redimidos.

Com efeito, tendo em conta que o IVA é um imposto sobre o consumo, sempre que um VFU não é redimido (e não é devolvida a contrapartida paga), esse consumo não tem lugar, o que derruba desde logo o conceito base subjacente à tributação em sede de IVA.

O Caso *Air France*, já referido, resolveria aparentemente (mas apenas) este tema conceptual, se considerarmos um alargamento desse entendimento para todas as situações dos VFU – o serviço prestado é a atribuição do direito a usufruir e não a efetiva usufruição desse serviço.

Como consequência deste Acórdão o conceito de vale como pré-pagamento de um serviço a realizar acaba descaracterizado acrescendo outros temas por resolver.

No caso de VFM, determina-se, à semelhança do veiculado anteriormente na Proposta, que o IVA só é exigido no momento do resgate, permitindo manter-se a exatidão do montante do IVA pago a respeito desses vales. Quando não seja possível ter essa informação, considera-se que o valor tributável será igual ao valor monetário indicado no próprio VFM ou em documentação relacionada, deduzido o montante do IVA relativo aos bens entregues ou aos serviços prestados.

Ao contrário do referido para os VFU, no caso dos VFM, e na medida em que a exigibilidade do imposto apenas acontece no momento do resgate, fica por esclarecer de que forma pode ou não afetar o exercício do direito à dedução. Como veremos adiante, esta questão ficou esclarecida pelo legislador português, na medida em que, indo além do disposto na Diretiva, incluiu uma regra de exigibilidade do imposto no caso dos vales não redimidos.

Note-se, a este propósito, que a própria Diretiva se auto-esclarece: "a presente diretiva não visa as situações em que um vale de finalidade múltipla não é resgatado pelo consumidor final durante o seu período de validade e o vendedor mantém a contraprestação recebida por esse vale". Fica, assim, por esclarecer este ponto importante.

Caso um VFM seja usado parcialmente para pagamento da entrega de bens ou prestação de serviços, o valor tributável deverá ser igual à parte correspondente da contraprestação ou do valor monetário, deduzido o montante do IVA relativo aos bens entregues ou aos serviços prestados.

Antevendo já algumas questões ou dificuldades de aplicação prática das novas regras, a Diretiva dos Vouchers inclui uma *medida transitória para a aplicação da nova legislação*. Ficou previsto que a Comissão irá ainda apresentar (até 31 de dezembro de 2022) um relatório de avaliação da aplicação das novas regras, tendo em especial atenção os conceitos de vale, a tributação dos vales na cadeia de distribuição e os vales não resgatados.

Por fim, é de referir que ficaram também por resolver outras questões que se espera venham, entretanto, a ser discutidas e harmonizadas entre os Estados-membros, tais como as transmissões gratuitas dos VFU, como a utilização destes VFU como pagamento parcial de serviços ou bens – quanto ao remanescente deve ser pago em valores monetários? Deve haver lugar à emissão de nova fatura com liquidação do IVA correspondente?

5. Transposição da Diretiva para o Código do IVA

Na sequência da transposição da Diretiva sobre a matéria, foram introduzidas novas regras relativas à definição e tributação dos vales, distinguindo-se para o efeito dois tipos de vales – VFU e os VFM.

No âmbito da referida transposição, e no âmbito da definição do conceito de vale, excluiu-se deste conceito os meros instrumentos ou meios de pagamento e os vales de descontos que não conferem ao respetivo titular o direito de exigir em troca a transmissão de um bem ou a prestação de um serviço.

Clarifica-se, de igual modo, que não cabem no conceito de vale, os títulos de transporte, bilhetes de entrada em cinemas e museus, selos e similares.

No que respeita à definição dos tipos de vale, e à semelhança do conceito definido na Diretiva, ficando consagrado o conceito de um pagamento antecipado do bem ou serviço. Assim, estabelece-se que VFU traduz-se no "vale em relação ao qual todos os elementos necessários para a determinação do imposto devido, independentemente do bem que venha a ser transmitido ou do serviço que venha a ser prestado, são conhecidos no momento da sua emissão ou cessão", e o VFM o "vale em relação ao qual, no momento da sua emissão ou cessão, não são conhecidos todos os elementos necessários para a determinação do imposto devido".

Ainda no respeitante aos VFU, estabelece-se que os mesmos são tributados no momento da respetiva cessão, enquanto que os VFM, são tributados apenas no momento da transmissão do bem ou da prestação de serviço a que respeitam. Nestes casos, o valor tributável corresponderá à contraprestação paga, aquando da cessão do vale, deduzido do montante do imposto devido por essa transmissão de bens ou prestação de serviços. Quando o transmitente dos bens ou prestador de serviços não tenha conhecimento do valor da contraprestação, o valor tributável corresponderá ao valor normal desses bens ou serviços.

Ainda no que respeita aos VFM, nomeadamente quando não redimidos – em que não se verifique a restituição do valor pago – vem propor-se que o imposto seja devido no momento da caducidade do direito à transmissão de bens ou prestação de serviços.

De referir que, neste ponto, o legislador português foi mais longe do que a Diretiva. Não obstante no âmbito da Proposta da Diretiva dos Vouchers se encontrar a previsão de que o IVA nos VFM seria exigível, quando os mesmos não fossem redimidos, essa previsão não foi incluída na Diretiva dos Vouchers. Aliás, a Diretiva dos Vouchers inclui uma menção expressa ao facto de não se pretender regular as situações em que um VFM não é resgatado pelo consumidor final durante o seu período de validade e o vendedor mantém a contraprestação recebida por esse vale.

Entendeu, contudo, o legislador português introduzir esta norma no normativo nacional. Esta inclusão virá talvez no seguimento das discussões havidas no seio dos Estados-membros e nos trabalhos preparatórios da Diretiva, onde a questão do exercício direito à dedução do IVA nos VFM era um tema quente. Na verdade, assumir que não há IVA nos VFM, quando os mesmos caducam, será o mesmo que assumir que nesses casos não há efetiva prestação de serviços – não houve quando o vale foi emitido e não chega a haver quando o mesmo caduca.

Ora, o facto de não se verificar a aquisição de um serviço relacionado com a atividade tributável do sujeito passivo coloca em crise o respetivo exercício do direito à dedução do IVA.

Esta questão não vem resolvida no Código do IVA, onde não se faz qualquer menção a este tema.

Por outro lado, o legislador, quando introduziu a exigibilidade do imposto nos VFM não redimidos, não inclui no Código do IVA qualquer regra quanto à taxa do IVA a aplicar nessas situações. Ora, no momento em que se emite ou transmite um VFM não há lugar a liquidação do IVA na medida em que não é possível, nesse momento, determinar todos os elementos necessários ao correto enquadramento do imposto, nomeadamente, saber qual a taxa do IVA a aplicar. Naturalmente quando os vales não são redimidos, continua a não ser possível determinar a respetiva taxa de imposto. Esta questão acabou por ser objeto de esclarecimentos por parte da autoridade tributária que, através do Ofício-Circulado n.º 30208, de 4 de janeiro de 2019, emitido pela Área de Gestão Tributária do IVA, veio clarificar que deve ser aplicada a taxa mais elevada, atualmente estabelecida em 23%.

Uma nota para referir o enquadramento conferido às múltiplas distribuições dos vales (cessão em cadeia) que ficou também refletido no Código do IVA.

No caso dos VFU, fica clarificado que sempre que tenha lugar uma cessão do vale, tem lugar também uma transmissão dos bens ou prestação dos serviços a que o vale diz respeito. Sempre que o fornecedor dos bens ou o prestador dos serviços não seja o sujeito passivo que, atuando em nome próprio emitiu o VFU, entende-se que a transmissão do bem ou prestação do serviço é efetuada nesse momento pelo sujeito passivo em nome de quem a cessão do vale é realizada. Nesse momento há lugar a liquidação do IVA.

No caso do VFM, sempre que tenha lugar a cessão do vale, por um sujeito passivo diferente daquele que efetua a entrega material do bem ou que presta o serviço a que o vale respeita e realize operações tributáveis distintas da própria cessão (p. ex. promoção), o IVA torna-se exigível nesse momento sobre a respetiva contrapartida. De salientar, contudo, que quaisquer cessões anteriores dos VFM não serão sujeitas a IVA (pelo facto de não se verificarem os elementos necessários à determinação do imposto).

6. Conclusão

A Directiva dos Vouchers tem o grande mérito de, finalmente, vir introduzir regras harmonizadas entre os Estados-membros e desejavelmente resolver situações de dupla tributação ou não tributação desta realidade económica ainda em crescimento.

Sem prejuízo de estarem ainda por resolver e solucionar alguns dos temas relacionados no tema dos vales (desde logo pelo facto de terem ficado de fora algumas tipologias de vales, como sejam os vales de desconto ou alguns tipos de transmissão de vales em cadeias de distribuição), certo é que se deu o primeiro grande passo para uma solução harmonizada no tratamento dos vales.

Resta agora aguardar pela aplicação prática destas regras, e esperar que a Comunidade tenha a agilidade suficiente para acolher a nova experiência resultante das novas regras, bem como acolher e legislar sobre as situações que ficaram de fora, por forma a não ser necessário aguardar mais um par de anos para vermos estas questões resolvidas.

O IVA na Cessão da Posição Contratual Gratuita no Contrato de Locação Financeira

LILIANA TEIXEIRA BARBOSA

1. Introdução

A preocupação em matérias, como as que agora se apresentam, em regra olvidada do contexto do IVA, leva a que raras vezes se percecione do impacto em sede do Imposto Sobre o Valor Acrescentado.

O contrato de Locação Financeira é assistido por um princípio de neutralidade fiscal, isto é, quem adquire o imóvel (locatário) não deve ficar mais onerado do que o locador. Estando a aquisição do imóvel pela locadora sujeita a IMT nos termos no n.º 1 artigo 12.º, este valor é repercutido no valor das rendas mensais suportadas pelo locatário.

A cessão da posição contratual no contrato de locação financeira ou *leasing*, em particular nas situações em que fruto da cessão da posição contratual aquando do contrato de locação financeira imobiliária não seja fixada uma contrapartida, o apuramento da base de incidência para efeitos do IVA será crucial na determinação do imposto a entregar ao Estado.

Neste sentido, tal facto remete-nos para uma operação que reveste a forma de *prestação de serviços gratuita* onde a falta de contraprestação não deve de afastar um método de apuramento do valor tributável sobre o qual será liquidado o Imposto.

Não obstante o Código do Imposto Sobre o Valor Acrescentado carrear a que na falta de contraprestação acordada, entre o cedente, que cede a sua posição contratual enquanto detentor de um direito de crédito e o cessionário, que assume as responsabilidades que adviriam da relação contratual inicial para o cedente, será através do "valor normal[1]" do serviço, que se determina o valor tributável.

É nesta esteira, que se considera profícuo o tema apresentado, em face da dificuldade em determinar um valor tributável quando estamos na presença de uma cessão de posição contratual totalmente gratuita em contratos de locação financeira imobiliária.

Na verdade, estes casos permitem questionar qual o motivo que leva ao locatário originário num contrato de locação financeira imobiliária, tendo suportado, no decurso do mesmo, custos das rendas até então pagas, ceder a sua posição a um novo locatário a título gratuito?

Na presente revisão de literatura procurou-se proceder ao levantamento do enquadramento da base teórica que sustenta o Regime Jurídico do Contrato de Locação Financeira, em concreto de *coisas* imóveis, atinente à cessão da posição contratual gratuita, complementando-se com a evidência empírica que testa as suas hipóteses.

Trataremos assim na presente exposição sobre esta matéria, concentrando-nos em particular na jurisprudência comunitária ainda que escassa bem como orientações da Autoridade Tributária e Aduaneira que permitem dar resposta a algumas questões colocadas neste contexto.

2. Regime Jurídico da Locação Financeira Imobiliária

A locação financeira ou *leasing*, face à sua complexidade, poderá amiúde admitir aos operadores económicos em determinadas operações, obter

[1] Veja-se o n.º 4 do artigo 16.º do Código do IVA.

ganhos económicos que em alguns casos se escamoteiam da administração fiscal.

Representando uma operação de financiamento, vulgarmente utilizada pelos operadores económicos para financiar aquisições de bens, o seu regime jurídico vem consagrado no Decreto-Lei n.º 149/95, de 24 de junho, que aprova o Regime Jurídico do Contrato de Locação Financeira, sucessivamente atualizado pelos Decreto-Lei n.ºs 265/97, de 2 de outubro e 285/2001, de 3 de novembro, e mais recentemente, pelo Decreto-Lei n.º 30/2008, de25 de fevereiro.

O contrato de locação financeira ou de *leasing* surgiu nos países anglo-saxónicos, sobretudo nos Estados Unidos, como um mero instrumento financeiro, de origem e construção acentuadamente pragmáticas, para solucionar algumas necessidades das sociedades e das pessoas singulares na sua atividade económica. Teve tão grande sucesso que se alargou rapidamente à satisfação de um número muito variado e pouco classificável de necessidades das sociedades e das pessoas singulares.

Daqui resultam duas dificuldades quanto à sua exata compreensão e situação no campo contratual: 1. O associar, muitas vezes, a sua função financeira com as suas características jurídicas (estruturais), pretendendo classificá-lo financeiramente e não juridicamente; 2. A sua sobreposição constante a outros campos contratuais, o que faz confundi-lo com variados contratos como a locação, a locação venda, a compra e venda a prestações, etc.

Considerando que a noção jurídica abrange bens móveis e imóveis, a *locação* é um recurso atualmente dominante para a aquisição de bens imóveis, destacando-se no sistema financeiro como uma forma de financiamento.

Esta operação financeira irá conferir ao locatário durante todo o período do contrato a posse física do bem (propriedade económica), só lhe sendo transferida a respetiva propriedade jurídica no final do contrato de locação financeira, depois de liquidado o valor residual[2].

Caberá ao locatário, no final do contrato, manifestar a sua opção de compra pelo valor acordado no contrato, celebrar novo contrato de locação financeira ou se assim for a sua vontade restituir o bem ao locador. Sucede que o contrato de locação financeira tem como objeto a cessão do

[2] Acórdão *Cantor Fitzgerald International*, C-108/99, 09.10.2001, ponto n.º21.

uso/gozo da *coisa*, como se disse, a posse física do bem e não a transferência da propriedade jurídica.

Poderá dar-se casos em que do contrato de locação conste uma cláusula de transmissão automática permitindo que no final do contrato ocorra a transmissão da propriedade jurídica. Nestes casos, estamos perante um contrato de locação-compra que se distingue de um contrato de locação financeira. O que os diferencia é que nos contratos de locação financeira o locatário não adquire em nenhum momento de forma automática a propriedade jurídica do bem, nem se torna possível na relação contratual entre o locador e o locatário a existência de um contrato de compra e venda. Ao passo que, na locação-compra existe essa aquisição automática que pode ter subjacente um contrato de promessa de compra e venda.

Perante a abrangência de impostos, o enquadramento fiscal atinente a este tipo de contratos, com exceção para os casos em que não há tributação em sede de imposto de selo, tem sujeição a IRC; IVA e IMT.

Em sede de IRC o contrato de locação financeira é contabilizado como se de uma verdadeira aquisição de imóvel se tratasse. Equacionando algumas vicissitudes desta operação, caso o locatário ceda a sua posição contratual, esta transmite-se através de um negócio entre vivos. Daí decorrerá um direito de natureza obrigacional que constitui um elemento do ativo imobilizado do locatário, sendo essencial apurar a existência de mais ou menos valias de acordo com o preceituado no artigo 43.º do Código do IRC que concorrem para a formação do lucro tributável. Outra vicissitude, a resolução contrato, donde qualquer importância que daí advenha será contabilizada como proveito extraordinário, concorrendo de igual modo para a formação do lucro tributável.

Nos restantes pontos e para o enquadramento fiscal do contrato de locação financeira em sede de IMT e IVA, optou-se por abordá-los de forma separada.

2.1. Caracterização da Operação em IMT

A locação financeira imobiliária é, pois, um contrato que é utilizado pelos operadores económicos para financiar aquisições de bens. Neste sentido, as locadoras adquirem os imóveis, via de regra, por indicação dos locatários, para de seguida os locar a estes. Esta aquisição está sujeita a IMT conforme estabelecido no artigo 12.º do Código do IMT que define como regra geral, que o valor tributável para efeitos do IMT é o valor do ato ou contrato ou, caso seja superior, o valor patrimonial do imóvel definido, nos termos da alínea *a)* do n.º 5.

Como se viu a aquisição por parte da locadora está sujeita a IMT, sendo a base de liquidação o preço acordado entre locador e locatário ou o VPT (valor patrimonial tributário), consoante o que for maior conforme prevê o artigo 12.º, n.º 1 e 5 al. *a)* do CIMT. O valor do IMT será repercutido nas rendas a pagar pelo locatário.

Assente num contrato celebrado entre as partes, sabemos que o locatário se obriga, pelo contrato de locação financeira, a pagar uma retribuição que assume a forma de renda (cfr. o artigo 10.º, n.º 1, alínea *a)* do Decreto-Lei n.º 149/95). O locador repercute ao locatário, o valor suportado com o imposto, nas rendas que serão pagas pelo locatário durante a vigência do contrato. Pelo que, depois de pagas todas as rendas, e não obstante o efeito financeiro daí decorrente, o locador recupera o valor do imposto suportado aquando da aquisição do imóvel.

Quanto à vicissitude da cessão da posição contratual do locatário, visto que não se dá a transmissão do direito real de propriedade do cedente para o cessionário, não há lugar ao pagamento de IMT. A propriedade está e permanecerá na titularidade do locador com a cedência da posição contratual do locatário. Na realidade quem suporta o imposto é o locatário que, durante o período do contrato não possui a propriedade jurídica do imóvel, apenas possui a propriedade económica.

2.2. *Caracterização da Operação em IVA*

A locação financeira imobiliária traduz-se numa transmissão onerosa de um imóvel, de um ativo, que reúne as condições de sujeição a tributação em sede de IMT.

Em IVA por se tratar de uma aquisição de bens imóveis, a celebração do contrato está sujeita ao regime da isenção, segundo o disposto no artigo 9.º, n.º 30 do Código do IVA. Porém, não obstante esta isenção, que se traduz na impossibilidade da dedução do IVA suportado pelo locador, por indicação do locatário, fornecedor do bem e locadora poderão renunciar à isenção[3]. Uma vez feita a renúncia, passa assim a haver lugar à tributação em IVA bem como à tributação em IMT.

Claro está que a tributação em IVA (em caso de renúncia à isenção) não exclui a tributação em IMT; o que acontecerá é que o IMT passará a ter como base de incidência o VPT ou o valor do ato ou contrato, incluindo o IVA, consoante o que for maior.

A locadora deverá, com a concordância do locatário, renunciar a isenção do IVA que lhe é conferida pelo artigo 9.º n.º 30 do Código do IVA. Para que seja assegurado o princípio da neutralidade, na cadeia da liquidação e dedução do imposto, entre sujeitos passivos, a locadora renunciando à isenção passa a debitar o IVA no valor das rendas ao locatário.

Donde se conclui, que estas operações, abrangidas pelo âmbito de incidência do IMT, ainda que sujeitas a IVA, o artigo 9.º n.º 30 do Código do IVA confere ao locatário uma isenção simples aquando da celebração do contrato de locação financeira.

Do ponto de vista do IVA, tem sido entendimento, como afirmam vários autores, de que a locação financeira é considerada uma prestação de serviços e não uma transmissão do bem[4]. Diversamente, nas situações de locação com opção de compra (contrato de *leasing*), a transferência do bem só ocorrerá se efetivamente existir compra, pelo que se deve liquidar imposto nas rendas, a título de prestação de serviços[5].

Do que nos é permitido saber, até então, mantendo-se inalterada a formulação do regime de incidência objetiva contante do artigo 14.º da Diretiva IVA e dos artigos 3.º, n.º 3, alínea *a)*, 18.º, n.º 5 e 16.º, n.º 2, alínea *h)* do Código do IVA, a norma vem preconizando que se considere a locação financeira como uma prestação de serviços[6].

---

[3] Ver a este propósito o DL n.º 21/2007, de 29 de janeiro, onde se estabelece as condições impostas a que o sujeito passivo deve reunir para renunciar à isenção.

[4] Veja-se Conceição Soares Fatela, "A Locação financeira e o pro rata", *Cadernos IVA* 2014, 129-149 e "O IVA na locação financeira de aeronaves", *Cadernos IVA 2013*, 101-123.

[5] Veja-se Clotilde Celorico Palma e António Carlos dos santos, *Código do IVA e RITI – Notas e comentários*, Almedina, 59.

[6] Veja-se Alexandra Coelho Martins, "Locação, Cedências, IVA e Contabilidade", *Cadernos IVA 2018*, 59.

3. Cessão da Posição Contratual

A cessão da posição contratual no decurso da vigência do contrato, até que seja exercida a opção de compra, não configura uma transmissão do bem na medida em que não comporta a tradição do imóvel ou a sua usufruição.

A cessão da posição contratual no contrato de locação financeira imobiliária é uma operação não sujeita a IMT por não se encontrar abrangida pelas regras de incidência objetiva, não configurando uma transmissão onerosa do direito de propriedade nos termos do artigo 2.º do Código do IMT.

O que está em causa é a transmissão pelo cedente da sua posição contratual, enquanto detentor de um direito de crédito num contrato de locação financeira, onde se substitui na sua posição de credor inicial por outro sujeito de Direito. Com esta transmissão, o cedente transmite apenas a sua posição jurídica, isto é, a sua posição contratual que lhe conferia um direito e não a propriedade exclusiva do bem que permanece na titularidade do cedido.

Luís Manuel Teles de Menezes Leitão (2011) define que a situação jurídica transmitida carateriza-se pela sua complexidade visto compreender direitos, deveres, faculdades, poderes, ónus e sujeições.

Pires de Lima e Antunes Varela (1987) comentando o artigo 424.º do Código Civil defendem que "não havendo prestações reciprocas, não pode haver cessão da posição contratual, mas somente transmissões de créditos ou de dívidas. Para que haja cessão da posição contratual, distinta desta transmissão, é necessário que do contrato resultem créditos e dividas para ambas as partes".

Assim, ao lado de todos estes direitos e obrigações fundamentais, como resultado de uma relação contratual da cessão, o cessionário, assume perante o cedido, as responsabilidades que adviriam da relação contratual inicial, para o cedente.

Perante esta figura, como vimos, o que se tributa não é a transmissão do bem, mas sim uma prestação de serviços, que resultará da aplicação da taxa de imposto prevista na alínea *c)* do n.º 1 do artigo 18.º do Código do IVA sobre o valor da contraprestação, composta pelo valor recebido pelo cedente e pelo somatório das rendas ainda não pagas de que este se desonera.

3.1. Caracterização da Cessão em IVA

Tratando-se da cessão de uma posição contratual, aquilo que é transmitido por via desse contrato é a totalidade da posição contratual e não a transmissão da propriedade jurídica.

Deste modo, a natureza jurídico fiscal, em sede deste imposto, qualifica-se como uma prestação de serviços como enunciado no artigo 4.º do Código do IVA que considera as "operações efetuadas a título oneroso que não constituam transmissões, aquisições intracomunitárias ou importações de bens" como prestações de serviços.

Os autores Clotilde Celorico Palma e António Carlos dos Santos[7] abordam que tendencialmente, a vocação de universalidade deste imposto, implica que se entenda que, qualquer tipo de atribuição patrimonial que não seja uma contrapartida de uma transmissão de bens tenha subjacente uma prestação de serviços tributável.

Em harmonia com o que tem vindo a ser entendimento do TJUE, e na nossa jurisprudência interna, sufragados pelo Tribunal Arbitral[8], o conceito de prestação de serviços é enquadrado como um conceito indeterminado e de natureza residual que abrange todas as operações onerosas que preencham os requisitos da incidência do IVA que não sejam qualificadas como transmissões, como aquisições intracomunitárias ou como importações de bens.

Também o artigo 24.º da Diretiva do IVA[9] estabelece que se entendem por prestação de serviços "(...) qualquer operação que não constitua uma entrega de bens."

Assim, é seguro afirmar-se que tal conceito abrange um princípio generalista, assente em moldes consistentes/uniformes, corroborada em variadíssi-

---

[7] Veja-se Clotilde Celorico Palma e António Carlos dos santos, *Código do IVA e RITI – Notas e comentários*, Almedina, 59.

[8] Veja-se o Processo n.º 692/2015-T do Tribunal Arbitral, IVA – Cedência de posição contratual em contrato de aluguer sem condutor de veículo automóvel, onde se considerou que a operação de cessão da posição contratual integra o conceito de prestação de serviços prevista no artigo 4.º do Código do IVA mesmo que seja efetuada a título gratuito com fins alheios à empresa.

[9] Directiva 2006/112/CE do Conselho de 28 de Novembro de 2006, Capítulo 3, Prestação de Serviços.

mas Fichas Doutrinárias[10] da administração fiscal, onde entre outros pontos se refere que este conceito residual de prestação de serviços adotado em matéria de IVA, implica que se entenda que qualquer tipo de atribuição patrimonial, que não seja a contrapartida de uma transmissão de bens, tenha subjacente, uma prestação de serviços tributável. Considera-se deste modo que a cessão da posição contratual reveste a natureza de uma prestação de serviços sujeita a IVA, nos termos conjugados dos artigos 4.º n.º 1 e 1.º n.º 1 alínea *a)* ambos do Código do IVA.

A administração fiscal considera que a existir uma cessão de posição num contrato, seja este de locação financeira ou outro, configura a transmissão de um direito. Tal operação, em termos de IVA, consubstancia-se como uma prestação de serviços de acordo com o conceito residual definido no n.º 1, do artigo 4.º do Código do IVA. A cessão da posição contratual não reveste a mesma natureza de uma locação, por isso, é entendimento que não se aplica a isenção prevista na citada subalínea 29), do artigo 9.º do Código do IVA[11].

Note-se que a cessão de posição contratual num contrato de locação financeira sobre um bem imóvel, não corresponde a uma *transmissão* no verdadeiro sentido da palavra, já que não existe a transferência da posse do bem, equivale à perda voluntária de um direito que o cedente demite de si atribuindo-o ao cessionário.

4. Base de Incidência

A cessão da posição contratual num contrato de locação financeira imobiliária consubstancia-se como uma prestação de serviços de acordo com o conceito residual definido no artigo 4.º n.º 1 do Código do IVA, sendo uma operação sujeita a imposto e dele não isenta.

Pretende-se, desta forma, ir ao encontro da jurisprudência do TJUE onde a noção de contrapartida tenha um significado tão amplo quanto possível,

---

[10] A este propósito veja-se a Ficha Doutrinária emitida no âmbito do Processo n.º 12051, sancionado por despacho de 2017-08-21, da Diretora de Serviços do IVA, por subdelegação.

[11] Veja-se a Ficha Doutrinária emitida no âmbito do Processo n.º 13149, por despacho de 2018-05-02, da Diretora de Serviços do IVA, por subdelegação.

designadamente por forma a garantir um princípio basilar da própria natureza deste imposto, não só ao nível nacional mas também ao nível de todo o espaço comunitário – Princípio da Neutralidade. Estamos pois perante uma característica essencial que distingue o IVA dos demais impostos. Daí que as isenções, por implicarem diretamente com o direito à dedução e, consequentemente, com o princípio da neutralidade, nem sempre beneficiam os interesses dos sujeitos passivos.

Tem sido reproduzido em diversos acórdãos do TJUE[12], e também nas apreciações do advogado-geral que, o entendimento de que estão sujeitas a IVA as entregas de bens e as prestações de serviços, efetuadas a título oneroso, no território do país, por um sujeito passivo agindo nessa qualidade. É por essa razão que é necessário, em qualquer caso, examinar que parte forneceu o bem ou o serviço e que parte pagou a contrapartida.

Passa assim a acolher-se a posição de que estando em causa a cessão contratual, e sendo esta considerada como uma prestação de serviços, mesmo que se aceitasse uma contraprestação residual, por ter sido esse o preço que as partes fixaram como contrapartida da cessão, o valor que servirá de base à liquidação, determinado como o valor tributável, deverá acautelar o valor do bem ou do serviço que àquela data está a ser transmitido ou prestado.

O TJUE adere a este entendimento quando no Processo C-108/99, de 9 de outubro de 2001, nas suas apreciações refere que "(...) são as entregas de bens e as prestações de serviços que estão sujeitas ao IVA e não os pagamentos efetuados como sua contrapartida."

Verificado que a cessão da posição contratual, integra o conceito de prestação de serviços, importará definir de que modo o valor tributável dessa prestação deve ser fixado nos casos em que (i) seja determinada uma contrapartida pela cessão da posição contratual ou (ii) se, a cessão da posição contratual não fixou quaisquer contrapartida.

A cessão da posição contratual encontra-se, portanto, sujeita a liquidação de IVA à taxa definida na alínea *c)*, do n.º 1 do artigo 18.º do Código do IVA, em vigor na data em que ocorrer a cessão, sendo o valor tributável

---

[12] Veja-se a título de exemplo o Acórdão TJUE, *Cantor Fitzgerald International*, C-108/99, 09.10.2001, sobre a Isenção do arrendamento de bens imóveis – Conceito – Prestação de serviços – Retoma a título oneroso por terceiro de um arrendamento.

determinado em conformidade com o n.º 1 do artigo 16.º do Código do IVA, que estabelece "(...) é o valor da contraprestação obtida ou a obter do adquirente, do destinatário ou de um terceiro", ou seja, é o valor estabelecido entre as partes, a pagar pelo adquirente da posição de novo locatário no contrato de locação financeira.

Quando fruto da cessão da posição contratual não for estabelecida qualquer contrapartida, estamos perante uma prestação de serviços gratuita, e que em nada afasta a regra de incidência de imposto. Nestes casos, o valor sobre o qual será liquidado imposto, corresponderá ao *valor normal* da operação determinado nos termos do n.º 4 do artigo 16.º do Código do IVA.

5. Valor Normal

Por princípio exige-se que o valor normal de mercado tributável nas transmissões de bens ou prestações de serviços seja um valor efetivo, que resulte de um acordo entre as partes e não de uma estimativa ou presunção. Não havendo uma contrapartida à qual se possa aplicar a taxa de imposto, torna-se necessário proceder à construção de um qualquer valor objetivo, apelando aos padrões gerais de mercado ou a outros fatores.

O artigo 72.º da Diretiva IVA[13] apela a um critério de fixação de um valor objetivo, clarificando por diversas vezes que o apuramento de um valor normal deva ser determinado por um montante não inferior às despesas suportadas pelo sujeito passivo na execução da prestação dos serviços. Considerando o modelo da Diretiva IVA, e garantindo a sua consensual aplicação, afigura-se incontestável que esta interpretação institua que, na presença da cessão da posição contratual, mesmo sem contrapartida, a mesma integre o conceito de prestação de serviços e o valor tributável desta prestação não pode ser inferior ao custo suportado pelo sujeito passivo.

[13] Refere por *valor normal* o montante total que, a fim de obter os bens ou serviços em questão no momento dessa operação, o adquirente ou destinatário no mesmo estádio de comercialização em que se realiza a entrega de bens ou a prestação de serviços teria de pagar, em condições de livre concorrência, a um fornecedor ou prestador independente no estado-Membro em que a operação é tributável.

A nosso ver, não oferecerá qualquer dúvida que a determinação do valor tributável nos casos em que ocorre uma cessão da posição contratual em contratos de locação financeira, a mesma deva atender, em face da amplitude dos conceitos já apontados, ao valor do próprio bem reportado ao momento em que ocorre a cessação.

Não é por acaso que os tribunais vêm classificando a cedência de posição contratual como transmissão do bem, que não é, ou como prestação de serviços que também não é mas que se enquadra na figura residual do artigo 4.º do Código do IVA de considerar como tal o que não for transmissão. Não se pode descorar que, em bom rigor, em termos económicos, está sempre em causa a transmissão/aquisição do direito de continuar a utilizar esse bem como fosse o seu proprietário.

Nas operações ficcionadas, às quais falta por definição uma contrapartida, os artigos 74.º a 77.º da Diretiva IVA, emprega critérios distintos consoante a natureza das operações. No caso de prestações de serviço gratuitas, previstas no artigo 26.º da Diretiva IVA, que são os casos previstos no artigo 4.º n.º 2 do Código do IVA diz-nos o artigo 75.º da Diretiva IVA que se deve tomar como valor tributável o valor das despesas que o sujeito passivo tenha suportado na execução da prestação de serviços ficcionada.

Por este motivo, o artigo 80.º da Diretiva IVA estabelece medidas para a determinação do valor tributável para os casos em que as transmissões de bens e prestação de serviços sejam asseguradas por pessoas que envolvam laços familiares ou outros laços pessoais próximos, laços organizacionais, patrimoniais, associativos, financeiros ou jurídicos, salvaguardando assim o critério legal e não a autonomia da vontade das partes.

Perante esta possibilidade, o IVA calculado sobre um preço superior ou inferior ao valor normal do bem constitui um imposto ilegalmente faturado e sem direito à dedução? Tal entendimento, resulta de acórdãos do TJUE[14] que tentam dar resposta para os casos em que em que entregas entre pessoas relacionadas entre si, quando a contraprestação é inferior ao valor normal, o valor tributável só é o valor normal da operação se o fornecedor

[14] Veja-se conclusões Acórdão TJUE, *Balkan and Sea Propoerties and Provadinvest*, C-621/10 e C-129/11, 26.04.2012, a propósito da venda de bens imóveis entre sociedades relacionadas entre si qual o critério para a determinação do valor tributável para efeitos de IVA.

ou o comprador não tiverem o direito de deduzir totalmente o IVA pago a montante sobre a compra/venda dos bens que são objeto da entrega?

Nos processos apensos C-621/10 e C-129/11 entre outros aspetos, questiona-se se, o artigo 80.° n.° 1, da Diretiva IVA deve ser interpretado no sentido de que os requisitos nele enunciados são taxativos, ou se é possível admitir que o valor tributável seja o valor normal da operação entre pessoas relacionadas em casos diferentes dos expressamente previstos nesta disposição, nomeadamente quando o sujeito passivo dispõe de um direito a dedução total.

Em conformidade com a norma geral enunciada no artigo 73.° da Diretiva IVA, o valor tributável numa entrega de um bem ou numa prestação de serviços efetuadas a título oneroso é constituído pela contrapartida realmente recebida para esse efeito pelo sujeito passivo. Essa contraprestação constitui o valor subjetivo, a saber, o valor realmente recebido, e não um valor estimado segundo critérios objetivos[15].

Ora, como salientou a advogada-geral nos processos C-621/10 e C-129/11, n.° 45, ao permitir considerar, em determinados casos, que o valor tributável seja o valor normal da operação, o artigo 80.°, n.° 1, da Diretiva IVA institui uma exceção à norma geral prevista no artigo 73.° desta Diretiva, que, enquanto tal, deve ser interpretada em termos estritos.

Assim, e sem prejuízo das clarificações e/ou alterações que venham a ser introduzidas, nesta matéria, pelo TJUE e/ou pelo legislador comunitário, caberá ao órgão jurisdicional nacional, dentro da margem de apreciação que lhe é concedida pelo direito nacional, interpretar e aplicar as disposições de direito interno em conformidade com as exigências do direito da União e, se essa interpretação não for possível, deixar de aplicar qualquer disposição de direito interno contrária a essas exigências.

Conclui-se assim que a derrogação da norma geral prevista no artigo 73.° da Diretiva IVA só é possível nos casos aí enumerados, possibilitando aos Estados-Membros, a correção do valor tributável de uma operação entre pessoas relacionadas.

---

[15] Veja-se neste sentido, acórdãos TJUE, *Staatsecretaris van Financiën mod Coöperatieve Aardappelenbewaarplaats*, C-154/80, 05.02.1981, ponto n.°13; *Hotel Scandic Gåsabäck*, C-412/03, 20.01.2005, ponto n.°21; *Campsa Estaciones de Servicio*, C-285/10, 09.06.2011, ponto n.°28.

Por fim, no que respeita ao valor tributável aplicável, o mesmo será determinado de acordo com o estipulado na alínea *c)* do n.º 2 do artigo 16.º do Código do IVA, considerando o valor normal do serviço, que representa o montante integral suportado no âmbito do contrato de locação financeira alvo da cessão de posição contratual, definido no n.º 4, homologando assim o entendimento dos serviços de inspeção e de anteriores informações dos Serviços do IVA[16] reforçando a posição de que o valor tributável não pode ser inferior ao valor já suportado pelo cessionário até à data da cessão de posição contratual.

6. Conclusões

No que respeita aos acórdãos dados como referência, apenas uma ressalva que nos parece importante destacar. Não se deve perder de vista que o TJUE se debruça sobre casos concretos que lhe são submetidos e que os factos subjacentes a esses casos têm uma importância primordial na formação das decisões daí emanadas. É assim arriscado tirar conclusões gerais de decisões que são dirigidas a resolver questões particulares, tendo sempre de se olhar aos factos concretos que suscitaram a intervenção do TJUE.

Importará a este respeito recordar a jurisprudência, já anteriormente citada, segundo a qual subjaz que a cessão da posição contratual gratuita nos casos de locação financeira imobiliária caracteriza-se como uma prestação de serviços sujeita a IVA nos termos gerais.

Do levantamento dos estudos empíricos realizados quer a nível nacional quer internacional dirigidos às cedências de posição contratual verifica-se que, não obstante no contrato de locação financeira, a relação jurídica inicial existente ser entre, o locador e o locatário, ao nível do princípio da liberdade contratual, pode o locatário ceder a sua posição contratual a um

[16] Veja-se a este propósito a Ficha Doutrinária, n.º 12051, por despacho de 2017-08-21; Ficha Doutrinária, n.º 2010004277 – IVE 1657, com despacho concordante, de 10.03.2011; Ficha Doutrinária, n.º 2011003240 – IVE n.º 2829, com despacho concordante, de 2011.12.23; Ficha Doutrinária, n.º 2011003081 – IVE n.º 2777, com despacho concordante, de 2011.12.20; Ficha Doutrinária, n.º 13149, por despacho de 2018-05-02; Ficha Doutrinária, n.º 2017000688 – IVE n.º 12151, com despacho concordante, de 22.09.2017.

terceiro, com a autorização do locador, sendo que em nenhum destes momentos resulta numa transferência de propriedade desse bem locado, não conferindo a qualquer dos locatários, locatário originário ou um terceiro, o poder de dispor do bem como se fosse o seu proprietário.

Como refere Alexandra Coelho Martins, nas suas conclusões (Cadernos IVA 2018), «a transferência jurídica do direito de propriedade não constitui um requisito essencial da noção da transmissão de bens para efeitos de IVA, satisfazendo-se o conceito tributário com uma transferência de "propriedade económica"».

À luz dos artigos 5.° e 6.° da Sexta Diretiva, que fazem parte do título V, intitulado "Operações tributáveis", que determina no seu artigo 5.° que a *entrega de um bem* é a transferência do poder de dispor de um bem corpóreo, como proprietário. Por *prestação de serviços* entende-se qualquer prestação que não constitua uma entrega de bens na aceção do artigo 5.°.

Conclui-se que o *IVA na cessão da posição contratual gratuita no contrato de locação financeira imobiliária*, quanto à determinação do valor tributável deve o mesmo ser determinado pelo "valor normal" do serviço como aliás consta da alínea *c)* do n.° 2 do artigo 16.° do Código do IVA. A doutrina existente parece não validar uma forma exata de cálculo segundo o critério do *valor normal* referindo apenas que não pode ser inferior ao custo suportado pelo sujeito passivo na execução da prestação de serviço.

Por seu turno, poderá dar-se casos em que na cessão da posição contratual seja fixado entre as partes um preço meramente simbólico onde o conteúdo económico dessa operação põe em causa a amplitude do conceito já apontado de *valor normal*.

Em face do exposto, independentemente do valor e das condições que as partes possam atribuir à prestação de serviços conexa com a cessão do direito à sua aquisição, prevalece o critério legal e não a autonomia da vontade das partes. Até porque, nos termos do n.° 4 do artigo 36.° da LGT "A qualificação do negócio jurídico efetuada entre as partes, mesmo em documento autêntico, não vincula a administração tributária."

The Eye of The Right to Deduction – Comentário ao Acórdão *Volkswagen Financial Services* (Processo C-153/17), de 18 de outubro de 2018

MARIANA GOUVEIA DE OLIVEIRA & ÁLVARO SILVEIRA DE MENESES

ÍNDICE:

1. Introdução e Enquadramento do Problema

A qualificação dos contratos de locação financeira mobiliária e de ALD (Aluguer de Longa Duração) tem sido objeto de grande controvérsia e dado origem a decisões administrativas e judiciais algo surpreendentes e até mesmo em certa medida contraditórias, dos quais perpassa a sensação que, tribunais e administrações fiscais, se debatem quanto à forma de impor uma tributação (economicamente) justa e proporcional em observância das regras e princípios que estruturam o sistema IVA.

O cerne do problema está – uma vez mais – no 'pecado original' do sistema IVA –a delimitação do direito à dedução nas isenções incompletas em sede de IVA.

Desta feita, esta questão surge associada a um contrato de especial complexidade dada a sua natureza composta: por um lado, a principal componente económica dos contratos de leasing ou ALD é naturalmente a cedência do uso/transmissão do bem móvel; por outro, o interesse económico do locador reside na operação financeira e não no aluguer[1], sendo que, contabilisticamente a operação é registada como se de uma transmissão de bens associadas a um financiamento se tratasse.

No recente acórdão proferido no processo *Volkswagen Financial Services* são várias as questões de relevo que se suscitam:

(i) A primeira prende-se com a qualificação da locação financeira como uma operação composta única para efeitos de IVA ou como duas operações distintas, uma isenta sem direito à dedução (financiamento) e outra tributada (locação de bem móvel);

(ii) A segunda questão prende-se com a delimitação do conceito *direct link* para efeitos do direito à dedução do IVA suportado em despesas gerais, i.e. comuns a atividades que conferem direito à dedução e a actividade que não conferem tal direito. Afinal, é ou não necessário que as despesas gerais tenham de alguma forma no output de actividade económica tributável?

2. Síntese do Acórdão *Volkswagen Financial Services*

A *Volkswagen Financial Services* (*Volkswagen FS*) é uma sociedade financeira integralmente detida pela *Volkswagen Financial Services AG*, sendo parte do grupo *Volkswagen AG*. O referido grupo de sociedades não está abrangido por um regime de grupo em sede de IVA.

No âmbito da sua atividade, a *Volkswagen FS* desenvolve propostas de financiamento para aquisição de viaturas das marcas do grupo onde se insere, contribuindo igualmente para a comercialização destas através da formação do pessoal de venda dos distribuidores. A *Volkswagen FS* incorre, assim, em custos com esta *contribuição* para a formação do pessoal de venda, que suporta integralmente – isto é, não fatura esses custos às outras sociedades do grupo. Além destes custos com a contribuição para a formação do pessoal de venda, a *Volkswagen FS* tem, ainda, despesas gerais rela-

[1] Aliás, em Portugal a atividade de locação financeira é uma atividade reservada a instituições de crédito, o que revela de alguma forma o carácter instrumental – na perspetiva do operador – da locação face à atividade financeira.

tivos à administração do dia-a-dia, como refeições e bebidas, manutenção e melhoria da infraestrutura informática e demais custos com infraestruturas e papelaria.

No setor a retalho, a *Volkswagen FS* oferece vários produtos, neles se incluindo a locação financeira / ALD de veículos automóveis. Nestes contratos, a *Volkswagen FS* adquire um automóvel ao distribuidor e coloca-o à disposição do cliente por um período, sendo que a transferência de propriedade do veículo apenas poderá ocorrer quando a totalidade dos pagamentos previstos no contrato forem realizados.

Nos termos da legislação aplicável no Reino Unido, a *Volkswagen FS* é considerada o fornecedor do automóvel, tendo de assegurar requisitos de qualidade do produto, assistência e gestão de queixas e reclamações dos clientes.

Nos termos da lei do Reino Unido (supõe-se que por questões de transparência e proteção do consumidor), o locador, num contrato de locação financeira de um veículo, é obrigado a indicar separadamente ao locatário, o valor pelo qual adquiriu o veículo objeto de locação financeira o qual responderá necessariamente ao valor de venda, sem qualquer margem adicionada. Assim, o preço alocado ao pagamento feito pelo cliente na aquisição do veículo corresponde ao preço pago pela *Volkswagen FS* ao distribuidor do grupo, sem margem de lucro. O preço dos serviços da *Volkswagen FS* reflete-se necessariamente no montante de juros e comissões a cobrar o cliente.

Desta forma, a taxa de juro é estruturada pela *Volkswagen FS* atendendo: (i) aos seus custos próprios de financiamento; (ii) à margem de custos gerais; (iii) à sua margem de lucro e a uma provisão para créditos de cobrança duvidosa.

Em síntese, a *Volkswagen FS* recebe dos seus clientes um montante correspondente ao valor da viatura automóvel (que corresponderá ao valor que a *Volkswagen FS* pagou, por sua vez, ao distribuidor) e um montante recebido a título de juros, determinado por acordo entre as partes. Tanto quanto resulta da factualidade fixada no acórdão, apenas os montantes recebidos a título de juros são registados na contabilidade da *Volkswagen FS* para efeitos da determinação do volume de negócios, ao contrário da parte correspondente ao reembolso do preço de aquisição do automóvel (o que aliás não surpreende, dado ser o resultante das normas contabilísticas internacionalmente aceites).

Uma observação relevante é a constatação que, nos termos da legislação de IVA do Reino Unido, os *hire purchase agreements* como os em análise no processo principal são divididos em duas operações distintas para efeitos do imposto[2]: a disponibilização do veículo, operação sujeita a imposto; e a concessão de crédito, operação isenta.

A *Vokswagen FS* e a Administração Tributária haviam acordado algo que é designado como um *método especial de isenção parcial* – segundo o qual o imposto pago a montante relativo às despesas efetuadas exclusivamente para a realização de operações tributáveis é dedutível, enquanto o imposto relativo às despesas efetuadas no âmbito de operações isentas não é dedutível. Todavia, as despesas gerais da *Volkswagen FS* podem ser enquadradas como sendo comuns a ambas atividades, colocando-se, assim, o problema de se determinar: se são dedutíveis e, sendo-o, em que montante.

Segundo a VWFS, as entregas de veículos aos clientes e as prestações diretamente relacionadas com estas entregas exigem necessariamente a aquisição de bens e de serviços enquadrados como despesas gerais do seu funcionamento. O IVA a montante pago sobre tais bens e serviços deverá, assim, na opinião da *Volkswagen FS,* ser dedutível do IVA dos *outputs* das suas operações tributadas ou, na ausência de IVA a jusante suficiente, ser reembolsado. A *Volkswagen FS* propôs um método de cálculo desta parte dedutível do IVA dos *inputs* relativos a despesas gerais, baseado no número de operações a jusante efetuadas, sendo cada contrato de locação financeira calculado como se se tratasse de duas operações, uma das quais tributada. Deste modo, uma parte das despesas gerais é afetada a esta operação tributada referente a um contrato de locação financeira.

Por seu turno, a Administração Tributária adotou um método de cálculo da proporção do IVA sobre as despesas gerais dedutível baseado no valor (e não no número) das operações tributadas e das operações isentas. Atendendo a que o preço do automóvel faturado ao cliente (na operação tributável)

---

[2] Ao contrário do que sucede em Portugal. Nos termos do artigo 16.º n.º 2, *b)* do Código do IVA Português, o valor total da renda recebida é considerado contrapartida da locação financeira, sendo consequentemente sujeita integralmente a IVA.

não está incluído no valor referente à componente de financiamento (operação isenta) dos contratos de locação financeira, o método da Administração Tributária significa a utilização de um rácio muito próximo de zero para apurar a proporção do IVA dedutível sobre as despesas gerais.

A divergência no método de apuramento do IVA dedutível conduziu ao litígio entre a *Volkswagen FS* e a Administração Tributária. No âmbito deste litígio, o *Supreme Court of the United Kingdom* decidiu submeter ao TJUE as seguintes questões prejudiciais:

"Quando as despesas gerais imputadas a operações de venda a prestações (que se traduzem em concessões de financiamento, que são operações isentas, e em operações de fornecimento de veículos, que são operações tributáveis) tenham sido incorporadas unicamente no preço das operações de financiamento, isentas, realizadas pelo sujeito passivo, pode o sujeito passivo deduzir uma parte ou a totalidade do imposto suportado, relativo a essas despesas?

Como interpretar corretamente o n. 31 do acórdão Midland Bank[3], proferido no processo C-98/98, e, especificamente, a declaração de que as referidas despesas «faz[em] parte dos custos gerais do sujeito passivo e são, enquanto tais, elementos constitutivos do preço dos produtos de uma empresa»?

Em especial:

a) Deve esse excerto ser interpretado no sentido de que um Estado-Membro deve imputar sempre uma parte do imposto suportado a

[3] "31. Donde resulta que, contrariamente ao que defende o Midland, não há normalmente uma relação directa e imediata, no sentido em que a entende o acórdão BLP Group, já referido, entre uma operação a jusante e os serviços que o sujeito passivo utilizou em consequência e no seguimento da realização da referida operação. Com efeito, é certo que as despesas suportadas para adquirir os referidos serviços constituem a consequência da operação a jusante. Todavia, não fazem normalmente parte dos elementos constitutivos do custo da operação a jusante, o que, todavia, exige o artigo 2.° da Primeira Directiva. Portanto, os referidos serviços não têm uma relação directa e imediata com a operação a jusante. Em contrapartida, o custo destes serviços faz parte dos custos gerais do sujeito passivo e são, enquanto tais, elementos constitutivos do preço dos produtos de uma empresa. Portanto, estes serviços têm uma relação directa e imediata com o conjunto da actividade do sujeito passivo, pelo que o direito à dedução do IVA resulta do n.° 5 do artigo 17.° da Sexta Directiva e o IVA só é, em conformidade com esta disposição, parcialmente dedutível."

cada operação realizada, seja qual for o método especial adotado por força do artigo 173.°, n.° 2, alínea *c)*, da diretiva?

b) Será também assim mesmo quando, de facto, as despesas gerais não são incorporadas no preço das operações tributáveis realizadas pela empresa?

3. O facto de as despesas gerais terem sido, pelo menos em certa medida, efetivamente efetuadas para realização de operações fornecimento de veículos, que são operações tributáveis,

a) Significa que uma parte do imposto suportado relativo a essas despesas deva ser dedutível?

b) Será também assim mesmo quando, de facto, as despesas gerais não são incorporadas no preço das operações de fornecimento de veículos, que são operações tributáveis?

4. É legítimo, em princípio, ignorar as operações de fornecimento de veículos, que são operações tributáveis (ou o seu valor) para alcançar um método especial na aceção do artigo 173.°, n.° 2, alínea *c)*, da diretiva?"

Em suma, a questão colocada ao TJUE resume-se a apurar se um sujeito passivo misto que tenha despesas gerais comuns às operações tributadas e isentas (que neste caso se referem a uma única transação, i.e. a locação financeira), mas cujo custo é apenas imputado no cálculo do preço pedido nas operações isentas, terá, ainda assim, direito à dedução de uma parte do IVA incorrido nessas despesas gerais – no pressuposto que estas são igualmente aproveitadas para efeitos da realização das operações tributadas.

3. Sumário do Acórdão

"Os artigos 168.° e 173.°, n.° 2, alínea *c)*, da Diretiva 2006/112/CE do Conselho, de 28 de novembro de 2006, relativa ao sistema comum do imposto sobre o valor acrescentado, devem ser interpretados no sentido de que, por um lado, mesmo quando os custos gerais relativos às operações de locação financeira de bens móveis, como as que estão em causa no processo principal, não sejam repercutidos no montante devido pelo cliente pela disponibilização do bem em causa, ou seja, na parte tributável da operação, mas no montante dos juros devidos a título da parte «financiamento» da operação, ou seja, na parte isenta da operação, esses custos gerais devem ser considerados, para efeitos de imposto sobre o valor acrescentado, como um elemento constitutivo do preço dessa disponibilização e, por outro lado, que os Estados-Membros não podem aplicar um método de repartição que não tenha em conta o valor inicial do bem em causa no momento da sua entrega, uma vez que esse método não é suscetível de garantir uma repartição mais precisa do que o que decorreria da aplicação do critério de repartição baseado no volume de negócios."

4. Comentário

4.1. Locação financeira – duas operações ou operação única?

Pese embora as questões colocadas ao TJUE se circunscrevam à delimitação do direito à dedução, nas suas conclusões, o Advogado-Geral revelou entender que os contratos celebrados pela *Volkswagen FS* configuravam, à luz da Diretiva IVA e da jurisprudência do TJUE, operações únicas complexas sujeitas e não isentas de IVA, tendo os prestadores o direito de *deduzir a totalidade do IVA* incorrido nos *inputs* utilizados para a realização dessas operações.

Ora, esta parece-nos ser inequivocamente a abordagem correta ao caso apresentado ao TJUE. Com efeito, parece claro e notório que a decomposição da operação de locação financeira num fornecimento de um bem e na concessão de um crédito é puramente artificial. Com efeito, conforme descrito acima, no contrato de locação financeira o locador assume uma posição distinta de um mero mutuante: na verdade estamos perante o fornecedor do automóvel, o qual tem assegurar requisitos de qualidade do produto, assistência e gestão de queixas e reclamações dos clientes. Para além disso, sendo proprietário do bem, assume igualmente os riscos inerentes a essa posição, designadamente o risco de perda. Naturalmente que a assunção de tais riscos e o desempenho de tais funções implicam custos mais elevados do que a mera concessão de crédito. Contudo, uma vez mais por força da lei, o locador é impedido de cobrar uma margem sobre o preço de aquisição do veículo, vendo-se obrigado a incorporar todos os custos e margem de lucro da operação no montante alocado a título de juro. E sublinhe-se aqui a palavra 'alocado'. Na verdade parece-nos que a decomposição do preço é meramente artificial, imposta por restrições legais, porquanto o output do locador é um único – a colocação de um veículo ao dispor mediante um preço.

Nestes termos, o Advogado-Geral conclui que (i) "a decomposição dos contratos de locação financeira em causa no processo principal em operações de entregas de bens tributáveis e em operações de concessão de crédito isentas, admitida ou exigida pela legislação do Reino Unido, é contrária às disposições da Diretiva 2006/112 como interpretadas pelo Tribunal de Justiça" e que (ii) tais operações únicas complexas[4] "devem ser sujeitas a tributação, entendendo-se que os prestadores têm o direito de deduzir a totalidade do IVA a montante sobre os bens e os serviços utilizados para efeitos destas prestações".

Este mesmo entendimento – de que o contrato de locação financeira deve ser tratado como uma única operação tributável – foi também o adotado pelo legislador Português, que no artigo 16.º, n.º 2 *h)* estabelece que o valor tributável da locação financeira corresponde ao valor da renda recebida ou a receber do locatário, sem distinção entre componentes de preço e juro.

Na nossa opinião, é esse o entendimento correto dado que, no contrato de locação financeira, o locador assuma funções e riscos diferentes de um mero mutuante. Na realidade, a renda cobrada ao cliente incorpora, necessariamente, os custos do financiamento mas também os custos específicos da atividade de locação automóvel e a margem de lucro que remunera a atividade como um todo. E esta afirmação parece-nos verdadeira ainda que, por força da lei ou de normas contabilísticas, o locador seja obrigado a indicar o valor de aquisição do veículo sem qualquer margem. Existindo riscos e funções associadas à cedência temporária do gozo do veículo, a sua

---

[4] Salientamos que o Advogado Geral não se pronúncia sobre a qualificação da 'operação única e complexa' em causa, designadamente se deverá ser tratada como uma prestação de serviços ou transmissão de bens. Sobre esse tema, veja-se o recente Acórdão TJUE, *Mercedes-Benz Financial Services UK*, C-164/16, 04.10.2017.

expurga do valor de tal operação é claramente artificial numa perspetiva de IVA[5].

O TJUE não partilhou da posição adotada pelo Advogado-Geral no sentido de a lei do Reino Unido ser violadora da Diretiva IVA, tendo remetido a análise do tratamento da operação para a análise casuística pelos tribunais nacionais, que deverão *fazer todas as apreciações de facto definitivas a esse respeito*, à luz do já jurisprudencialmente definido para o efeito pelo TJUE. Assim, atendendo a que o órgão jurisdicional de reenvio considera que os contratos de locação financeira em questão se decompõem em duas operações distintas, como já acima referido, o TJUE entende que não resulta da decisão de reenvio que essa decomposição não tenha sido efetuada em conformidade com os critérios definidos pelo TJUE para a qualificação das operações. O TJUE releva que o pagamento diferido do preço de compra de um bem mediante o pagamento de juros pode ser considerado como uma concessão de crédito, desde que o pagamento dos juros não constitua um elemento da contrapartida recebida pela entrega dos bens ou pelas prestações de serviços. Ou seja, o pagamento de juros e o *financiamento* são separáveis da disponibilização do bem ao abrigo de um contrato de locação financeira de bem móvel como os que estão em apreciação no processo principal. Essa concessão de crédito é uma operação isenta nos termos da alínea *b)*, do n.º 1 do artigo 135.º da Diretiva IVA. Como já referimos, este entendimento parece-nos incorreto. Na verdade, a clara separação da contrapartida do fornecimento do bem e do elemento de crédito é artificial, imposta pela lei que proíbe a inclusão dos custos de apoio ao cliente, garantia e riscos assumidos no preço do fornecimento do veículo.

Assim, partindo de um pressuposto diferente do da análise do Advogado-Geral, o TJUE também efetua uma análise diversa, centrando-se na proporção do direito à dedução do IVA incorrido para a realização da locação financeira, discutindo os critérios do seu cálculo.

---

[5] Realçamos neste ponto que a lógica subjacente às normas internacionais de contabilidade é distinta. Para efeitos contabilísticos, o que se pretende é reconhecer que o bem dado em locação financeira faz de alguma forma do ativo fixo da empresa e que como tal deve ser sujeito a depreciação. Por outro lado, numa perspetiva de impostos sobre o rendimento, os montantes adicionais pagos correspondem aos custos do deferimento do preço – e nessa medida a financiamento. Esta lógica não se confunde nem transpõe em sede de IVA.

4.2. *Direct link – da repercussão do custo no preço*

O Advogado-Geral Maciej Szpunar, nas suas conclusões, resumiu a questão jurídica em discussão no acórdão que nos propomos comentar do seguinte modo:

> "um sujeito passivo que efetua simultaneamente operações tributadas e operações isentas estreitamente relacionadas com estas operações tributadas, tem direito à dedução de uma proporção do IVA a montante pago sobre os bens e serviços utilizados, de forma indissociável, tanto para efeitos das operações tributadas como das operações isentas, não obstante o facto de as despesas de aquisição desses bens e serviços não estarem incluídas no preço das operações tributadas, mas serem integralmente cobertas pelas receitas das operações isentas?"

A situação pode não ser inteiramente nova, mas não deixa de ser curiosa: algo que se afiguraria como uma mera *business decision* – a determinação dos elementos da formação do preço oferecido por determinado bem ou produto – transforma-se numa discussão em torno de vetores norteadores do sistema IVA, como a existência ou não de direito à dedução de um determinado gasto.

Discute-se algo que por vezes se dá como dado adquirido por ser uma decorrência normal do funcionamento dos mercados: o custo dos bens e serviços utilizados para efeitos das operações tributadas de determinado sujeito passivo consta nos elementos constitutivos do preço das operações tributáveis praticadas a jusante por esse sujeito passivo. Nas conclusões apresentadas, o Advogado-Geral vai ainda mais longe, afirmando que se a jurisprudência do *Tribunal de Justiça não impôs explicitamente como requisito do direito à dedução que o custo dos bens e serviços utilizados para efeitos das operações tributadas do sujeito passivo deve figurar entre os elementos constitutivos do preço das operações a jusante, foi porque esta exigência decorre necessariamente da própria lógica do sistema do IVA.* A colocação dos *inputs* entre os elementos formativos do preço cobrado nos *outputs* é uma referência, e quiçá decorrência, da observação, em determinado caso, de um nexo direto entre operações passivas e ativas de determinado sujeito passivo. Tal nexo traduz-se numa ligação funcional/

causal entre o *input* e a atividade tributável do sujeito passivo, aliado a uma relação económica na qual os *inputs* se fazem refletir no preço dos *outputs*.

Chama a doutrina de *custos diretos* aqueles que são passíveis de associação aos *outputs*, sendo este nexo estabelecido entre operação passiva e ativa que está na base da lógica da dedução enquanto manifestação de neutralidade. Como se pretende tributar o consumo e não os operadores económicos, através da dedução o sujeito passivo liberta-se da carga do imposto incorrido nos *inputs*, por tal imposto incorrido ser condição prévia do exercício da atividade que gerou os *outputs* sujeitos a imposto – sendo nestes outputs que o Estado angaria receita fiscal. Se os *outputs* não estiverem, por sua vez, sujeitos a imposto, a regra geral é a da aproximação do operador económico a consumidor final: aquele não poderá libertar-se da carga do imposto incorrido nos *inputs*. Por outras palavras, aos operadores económicos que desenvolvam operações isentas de IVA não é permitido, em regra e fora as conhecidas exceções, o direito à dedução dos *inputs* incorridos no desenvolvimento dessa atividade.

A dificuldade adensa-se, porém, quando o mesmo sujeito passivo concentra o desenvolvimento de operações tributadas e operações isentas de IVA, nomeadamente quando incorre em custos que são indiferenciadamente alocáveis a ambas as atividades. Se o sujeito passivo incorrer em despesas gerais e comuns a ambas as atividades, a Diretiva IVA[6] prevê que a dedução se faça segundo o método *pro rata*[7]. Quer tal significar que as despesas gerais serão dedutíveis na proporção das operações tributáveis no volume de negócios total do sujeito passivo. Porém, a Diretiva IVA atribui ainda aos Estados-membros a faculdade de imporem diferentes métodos e critérios para definir a proporção do IVA dedutível[8].

É sabido que o IVA coloca no seu âmbito de sujeição o desenvolvimento de uma atividade económica, sendo um imposto plurifásico que acompanha essa atividade em toda a sua extensão, quando efetuada a título oneroso, englobando todos os estádios da produção, distribuição e prestação de serviços. Em cada fase se liquida IVA nas operações ativas, deduzindo-se

---

[6] Diretiva 2006/112/CE, do Conselho, de 28 de novembro de 2006

[7] Previsto no artigo 173.º da Diretiva IVA

[8] Artigo 173.º n.º 2 da Directiva IVA.

o IVA suportado a montante. Este direito a deduzir o imposto suportado é, sem dúvida, uma das principais realizações da presença de espírito do imposto na sua demanda da tributação do consumo, que se pretende sentida junto do consumidor final e não imputada aos operadores económicos. Estes sujeitos passivos não deverão suportar o encargo económico do imposto[9], isto é, o IVA não deverá ser um custo dos sujeitos passivos. Mais do que não ser um custo, as decisões de gestão de um determinado negócio não deverão ser moldadas em face do IVA, que lhes deverá ser indiferente. O IVA não deverá também distorcer a concorrência, não deverá ter efeitos cumulativos. Deverá, contudo, ser aplicado de modo proporcional ao longo da cadeia económica[10], incidindo sobre todas as operações, independentemente da forma jurídica que assumem, que visam retirar receitas com carácter de permanência.

Estes *mandamentos* são realizações do princípio da neutralidade, que se assume, naturalmente, como estrutural e como uma das principais razões de sucesso do IVA. Enquanto princípio algo metafísico, o direito à dedução, como já referido, dá-lhe corpo, por ser o escudo que os sujeitos passivos têm para impedir que suportem o tal encargo económico do imposto.

Qualquer restrição a este direito *colocará areia na engrenagem* do sistema IVA, distorção que terá que ser reduzida a um mínimo essencial: a medida da proteção do direito/princípio que tal restrição visará, por si, proteger. De facto, não conferir direito à dedução distorce os efeitos do método subtrativo indireto, na medida em que permite que a cadeia de criação de valor se interrompa antes de chegar ao consumidor final, que deverá suportar o imposto. Além de distorcer a neutralidade do IVA, favorece o efeito de tributação em cascata, designadamente pelo aparecimento de IVA oculto nas transações: o sujeito passivo, na impossibilidade de deduzir os montantes de IVA que suporta, acaba por repercuti-lo economicamente no preço final, em prejuízo da transparência do mecanismo de tributação.

O direito à dedução encontra-se umbilicalmente ligado ao desenvolvimento, pelo sujeito passivo, de operações tributadas (ou isentas que confi-

---

[9] Apesar de, como é conhecido, o IVA significar elevados custos de *compliance* para os sujeitos passivos, todavia não é esse o sentido de encargo a que o texto se refere.

[10] Cf. Ad Van Doesum/Herman Van Kesteren/Gert-Jan Van Norder, *Fundamentals of EU VAT Law*, Alphen aan den Rijn, 2016, 348.

ram direito à dedução) – tal como resulta, desde logo, do artigo 168.º da Diretiva IVA. O TJUE, no acórdão *Undenkaupungin Kaupunki*[11], refere que de modo expressivo (e quiçá não inteiramente correto) que a "dedução dos impostos pagos a montante está ligada à cobrança dos impostos a jusante".

Tal significa que, em regra e salvo as conhecidas exceções, o exercício de atividades isentas de IVA não confere direito à dedução. A esta luz, a primeira mecânica do direito à dedução parece relativamente simples: através da imputação direta, um sujeito passivo que pratique operações tributáveis terá direito à dedução dos *inputs* utilizados no exercício dessa atividade. Tal afirmação é, todavia, insuficiente para se apurar a extensão do direito à dedução. De facto, atendendo a que o artigo 168.º da Diretiva IVA refere que o direito à dedução é conferido *quando os bens e os serviços sejam utilizados para os fins das suas operações tributáveis*, resulta implícita a noção de uma necessária conexão, uma ligação funcional/causal (*direct link*) entre as despesas realizadas e a atividade económica tributada prosseguida por esse sujeito passivo[12].

Porém, como referido no acórdão *AB SKF*[13], "admite-se igualmente o direito à dedução a favor do sujeito passivo, mesmo na falta de uma relação directa e imediata entre uma determinada operação a montante e uma ou várias operações a jusante com direito à dedução, quando os custos dos serviços em causa fazem parte das suas despesas gerais e são, enquanto tais, elementos constitutivos do preço dos bens que fornece ou dos serviços que presta. Estes custos têm, com efeito, uma relação directa e imediata com o conjunto da actividade económica do sujeito passivo". Ou seja, na falta de uma ligação funcional/causal, um elo económico (através da imputação) entre o custo do *input* e o preço do *output* tributado será suficiente para se aferir que tal custo se enquadra na atividade económica *lato sensu*, mais se enquadrando no âmbito do direito à dedução. Não é necessário que esta conexão seja imediata, pois os resultados dessa atividade económica (os *outputs*) podem só vir a ocorrer (como recorrentemente acontece) em momento posterior ao da despesa realizada.

---

[11] C-184/04, 30.03.2006.

[12] Cf. os acórdãos TJUE, *Midland Bank*, C-98/98, 08.06.2000 e *Abbey National*, C-408/98, 22.02.2001.

[13] C-29/08, 29.10.2009, ponto n.º58.

Pode, assim, resultar que o âmbito do direito à dedução tenha esta dupla vertente: relação funcional/causal e ligação económica. Porém, tem sido discutido se direito à dedução do IVA que incidiu sobre a aquisição de bens ou serviços a montante pressupõe que as despesas efetuadas com a sua aquisição tenham sido imputadas no montante devido pelos clientes como contrapartida das operações tributadas[14].

Como já referido, tal sucede no caso em apreço: as despesas gerais (que são, pelo menos em parte, dedutíveis por se encontrarem funcionalmente ligadas à atividade económica tributada prosseguida pelo sujeito passivo) não são imputadas no preço da operação tributada (a disponibilização de uma viatura), mas antes no juro da operação isenta (a operação de financiamento). A este respeito, o Advogado-Geral parece ter subjacente – em linha, aliás, com o que parece resultar *prima facie* da jurisprudência que vem sendo citada –, que o direito à dedução requer esta ligação económica cumulativamente com a ligação funcional:

> Por um lado, afirma: *afigura-se evidente que a VWFS deve beneficiar do direito à dedução do IVA a montante sobre as suas despesas gerais na medida em que estas são utilizadas para efeitos das operações de entrega de veículos efetuadas pela VWFS.* Ou seja, uma manifestação do critério de aptidão funcional;
>
> Todavia, conclui que *uma vez que estas despesas gerais não são incluídas no preço de tais operações tributadas, mas no preço das operações isentas de concessão do crédito, o direito à dedução é contrário ao princípio da generalidade da tributação.* Isto é, a dedutibilidade está dependente da ligação económica.

Percebe-se a posição adotada pelo Advogado-Geral. De facto, a ligação económica (ainda que nem sempre perfeita ou total[15]) estará em geral presente em qualquer operação económica normal. De outra forma, o sujeito passivo estaria a conduzir uma atividade geradora de prejuízo. Por essa razão, conclui o Advogado Geral não ser possível encontrar uma solução adequada ao caso em apreço sem atender à realidade económica da ope-

---

[14] Cf. o acórdão TJUE, *Cibo Participations*, C-16/00, 27.09.2001.

[15] Na medida em que, ocasionalmente, os sujeitos passivos poderão não conseguir repercutir inteiramente os seus custos no preço. Note-se que esta situação será necessariamente ocasional, pois de outro modo a atividade do sujeito passivo geraria prejuízo.

ração em causa. É que, como já referido, em causa está apenas uma única operação económica e a decomposição do preço (fornecimento do veículo a preço de custos e repercussão de custos e margem de lucro apenas no juro) meramente artificial, decorrente de exigências legais e não de causas económicas.

Com efeito, não é verdade que os custos gerais não se encontrem repercutidos no preço. O que acontece é que, por decorrência de imposições legais, o sujeito passivo é obrigado a alocar tais custos gerais da atividade aos seus outputs isentos que não conferem direito à dedução.

Já o TJUE, recusando-se a analisar a qualificação da locação financeira como operação única, vê se forçado a desconsiderar a inerente ligação económica entre *inputs* e *outputs* tributáveis. Da leitura do acórdão perpassa a sensação de o TJUE reconhecer a necessidade de repor a neutralidade do sistema, reconhecendo o direito à dedução de despesas gerais que estão inequivocamente ligadas aos outputs tributáveis (como seja as despesas relativas ao apoio administrativo à atividade de locação propriamente dita). Contudo, aceitando a premissa que é possível a um Estado-Membro tratar uma locação financeira como duas operações tributáveis independentes, e mais que isso, aceitar que a alocação do preço imposta por lei corresponde à verdade económica da operação, a única solução será ignorar a existência da ligação económica que decorre do normal funcionamento do mercado e que, regra geral, é um bom indicador da existência de um *direct link* entre inputs e outputs.[16]

O TJUE parece concordar, assim, com o elemento de ligação económica, apesar de também parecer inferir que este não tem de ser visível. Sem es-

[16] Nas conclusões do Advogado Geral é referida brevemente a proposta da Comissão, segundo a qual o enquadramento correto passaria por considerar que a transmissão do veículo era feita a prejuízo, pelo que os custos referentes a esta atividade se encontravam ainda assim "embutidas" no preço da operação tributável não isenta. O Advogado Geral exclui esta possibilidade por considerar esta configuração puramente artificial. Na nossa opinião, esta proposta será contudo a mais consentânea com a natureza económica da locação financeira, caso se aceitasse que a locação financeira deve ser decomposta em duas operações distintas. Na verdade, entendemos que no caso concreto o elemento preço não poderá ser considerado como um elemento relevante porquanto ele é, em si mesmo, artificial, não resultando do acordo entre as partes mas sim de imposições legais. Provavelmente, a leitura da Comissão revela a verdade económica subjacente a esta operação.

quecer o acórdão *Iberdrola Inmobiliaria Real Estate Investments*[17], o TJUE afirma que o direito à dedução pressupõe que as despesas efetuadas tenham feito parte dos elementos constitutivos do preço dos bens fornecidos ou dos serviços prestados. Todavia, afirma, simultaneamente, que o facto de a *Volkswagen FS* não incluir os custos gerais no preço das operações tributadas não pode ter qualquer repercussão na conclusão que tais despesas são gerais, transversais à atividade do sujeito passivo, e enquanto tal têm uma relação direta e imediata com a totalidade das atividades da *Volkswagen FS*.

Esta conclusão parece indiciar que o preço é um elemento de resultado de uma operação, não sendo porém determinante do direito à dedução. Esta conclusão terá suporte na verificação que o direito à dedução existirá ainda que a operação para a qual foram suportados determinados custos não se realize, sequer, ou seja se não for recebido o valor a jusante onde seria imputado a despesa a montante. Por outro lado, se a operação se realizar, o preço poderá ser fixado atendendo a múltiplos fatores – pelo que o direito à dedução não se encontrará na disponibilidade arbitrária da ocorrência desses fatores. O direito à dedução assentará no ADN do princípio da neutralidade e do sistema IVA, abstraindo-se das motivações de um sujeito passivo que é compelido a vender determinado bem ou prestar determinado serviço bem abaixo do preço de custo, por exemplo.

O que se tem verificado na jurisprudência recente do TJUE é que o direito à dedução não parece ser totalmente limitado pela imputação económica de um custo a um proveito concreto de uma operação tributada. O TJUE recorda, assim:

– o acórdão *Gemeente Woerden*[18] para suportar uma posição que parece não requisitar uma ligação económica para efeitos de verificação do direito à dedução, afirmando: *No que diz respeito ao facto de os custos gerais em causa no processo principal não se refletirem, de modo visível, no preço das operações tributáveis de fornecimento de veículos, importa recordar que o resultado dessas operações económicas não é pertinente, à luz do direito à dedução, na condição de a própria atividade estar sujeita a IVA;*

[17] C-132/16, 14.09.2017.
[18] C-267/15, 22.06.2016.

– o acórdão *Marle Participations*[19], invocando que o TJUE já declarou que *importa garantir o direito à dedução do IVA sem o subordinar a um critério relativo, designadamente ao resultado da atividade económica do sujeito passivo, em conformidade com as disposições do artigo 9.º, n.º 1 da Diretiva IVA, nos termos das quais é sujeito passivo «qualquer pessoa que exerça, de modo independente e em qualquer lugar, uma atividade económica, seja qual for o fim ou o resultado dessa atividade»*

No acórdão *Ryanair,* o TJUE afirma que sujeito passivo que incorra em despesas tendo a intenção de exercer uma atividade económica tributada beneficia, "em princípio, do direito a deduzir imediatamente o IVA pago (...), mesmo que, em última análise, essa atividade económica, que devia dar lugar a operações tributáveis, não tenha sido realizada e, portanto, não tenha dado origem a essas operações"[20]. Esta corrente jurisprudencial do TJUE parece, assim, afastar-se de uma ideia de relação causal, aproximando-se de uma ligação abstrata mas funcional[21] entre despesa e a atividade económica prosseguida. Dito de outro modo, caso o TJUE entendesse que a ligação causal entre a despesa e a operação tributável era um critério determinante na verificação do direito à dedução, essa relação causal não poderia existir caso a operação tributada não se realizasse, pelo que a consequência seria a negação do direito à dedução.

O caráter abstrato do direito à dedução, fundado numa relação funcional entre uma determinada despesa e a atividade económica prosseguida, terá, necessariamente, que se afastar igualmente do elemento *montante recebido* das operações realizadas por esse sujeito passivo. De facto, se a operação poderá, até, nem vir a ocorrer, não se prejudicando, porém, o direito á dedução, parece coerente afirmar-se que caso tal operação venha, de facto, a ocorrer, os montantes recebidos serão irrelevantes para efeitos da verificação daquele direito.

---

[19] C-320/17, 05.07.2018.

[20] C-249/17, 17.10.2018, ponto n.º31.

[21] Esta ligação funcional é afirmada no acórdão *Volkswagen FS*, referindo o tribunal que *o âmbito desse direito à dedução varia em função do uso a que os bens e os serviços em causa se destinam.*

O direito à dedução nasce, de modo imediato, no momento em que o sujeito passivo incorre no custo de algo funcionalmente apto para o exercício da sua atividade económica, não sendo dependente da realização efetiva da operação para o qual tal custo foi suportado a montante – logo não sendo também dependente dos montantes recebidos da operação a jusante.

Certo é que a aplicação do critério da relação direta entre os custos e a atividade terá que ter em consideração todas as circunstâncias em que se desenrolaram as operações em causa, designadamente tem de ter em conta apenas as operações que têm relação objetiva com a atividade tributável do sujeito passivo. A existência dessa relação deve, assim, ser apreciada à luz do conteúdo objetivo da operação em questão. No acórdão *Ryanair*, o TJUE refere um novo elemento, provavelmente procurando renovar a objetividade que a relação causal transmite: será necessário que as despesas efetuadas tenham, em princípio, a sua causa exclusiva na atividade económica projetada.

A jurisprudência do TJUE que vem sendo referida tem sido expressiva na defesa do direito à dedução, procurando remover obstáculos à sua verificação. A tónica é colocada na relação dos custos incorridos a montante com a atividade económica, impondo-se que aqueles sejam funcionalmente aptos ao desenvolvimento daquela atividade. A ligação causal e económica com o resultado dos *outputs* parece esfumar-se se tivermos em consideração que os *outputs,* enquanto resultado de uma atividade económica, não são, apesar de desejados, um requisito dessa atividade.

É, diga-se, justo que um sujeito passivo que tenha incorrido em custos legítimos para preparar uma determinada atividade económica que, no final do dia, acabou por não ocorrer, não seja colocado na posição de consumidor final, pelo menos na parte em que procurou desenvolver operações tributadas. Neste pressuposto, a imputação de determinada despesa no resultado de uma operação não deverá ser relevante para efeitos da dedutibilidade do imposto suportado, se essa despesa estiver, quando é incorrida, funcionalmente integrada na atividade económica do sujeito passivo.

Nesta perspetiva, o TJUE conclui, no acórdão em análise, que quando os custos gerais não sejam repercutidos no montante devido pelo cliente na parte tributável da operação, mas apenas no montante devido na parte isenta, tal não será obstáculo à sua dedutibilidade, uma vez que esses custos gerais deverão, ainda assim, ser considerados como um elemento constitutivo do preço da operação tributável[22].

Sem prejuízo de se subscrever inteiramente a jurisprudência consolidada do TJUE de que o direito à dedução não depende necessariamente da possibilidade de os inputs se repercutirem totalmente nos outputs, não podemos concordar com a aplicação dos referidos princípios ao caso vertente. Efetivamente, o sujeito passivo que entre em insolvência ou que se veja forçado a vender abaixo de custo não deve perder o direito à dedução na medida em que incorreu em IVA na perspetiva da realização de operações tributáveis. Situação diversa é a que nos ocupa: o que o Tribunal na verdade acaba por defender é que é possível um sujeito passivo conduzir de uma forma normal e reiterada uma atividade económica sem que incorpore nos seus outputs tributáveis os custos da referida atividade e – mais que isso – que esses custos sejam *antes repercutidos no valor da atividade que não confere direito à dedução*, preservando ainda assim integral direito à dedução do IVA. Note-se que esta situação é totalmente diversa das situações analisadas pelo TJUE em casos anteriores – nos restantes casos, os custos eram suportados em termos finais pelo sujeito passivo. Neste caso os custos são integralmente repercutidos no consumidor final mas como preço de uma operação isenta. Reconhecer o direito à dedução do IVA suportado em tais despesas equivale a transformar uma isenção incompleta numa isenção com direito à dedução – na verdade, o IVA suportado nas despesas gerais é deduzido e não é repercutido no consumo final, tal como se a operação estivesse sujeita a 0% de IVA.

Ora, tal entendimento abre espaço à manipulação dos preços de sujeitos passivos mistos que, por esta via poderão deduzir o IVA suportado nos *inputs* sem o repercutirem no consumidor final, distorcendo em absoluto a finalidade de tributação do consumo.

Em síntese, parece-nos que o TJUE ao se furtar à análise da qualificação da operação de locação financeira para efeitos de IVA, e ao aceitar que a legislação de um Estado-Membro fragmente duas operações e defina a alocação dos custos entre elas para efeitos de IVA, abre a porta a um entendimento que, no limite, poderá ser fortemente distorcivo da neutralidade do IVA.

---

[22] Cf. acórdão TJUE, *Volkswagen FS*, ponto n.º59.

O IVA nas Operações Intracomunitárias: as *Quick Fixes*

MARTA MACHADO DE ALMEIDA & SORAIA JOÃO SILVA

1. Enquadramento

Enquadrando os antecedentes das medidas cuja análise nos iremos debruçar, importa recordar que, em 2016, a Comissão Europeia, numa Comunicação relativa a um Plano de Acção sobre o IVA, denominada "Rumo a um espaço único do IVA na União Europeia – Chegou o momento de decidir" [1] anunciou a sua intenção de adoptar um regime definitivo de IVA para o comércio transfronteiras intra-União – mais simples e impulsionador do mercado comum e das trocas transfronteiriças – baseado no princípio da sua tributação no Estado-Membro de destino dos bens, a fim de criar um espaço único de IVA, na União Europeia.

---

[1] Cf. COM (2016) 148 final – *Communication from the Commission to the European Parliament, the Council and the European Economic and Social Committee on an action plan on VAT. Towards a single EU VAT area – Time do decide.*

Nas suas conclusões, o Conselho defendeu que, enquanto decorriam os trabalhos da Comissão sobre o regime definitivo de IVA para as trocas comerciais intra-União, deviam ser introduzidas melhorias no actual sistema de IVA, tendo sido solicitadas alterações de curto prazo, relativas às trocas comerciais transfronteiriças realizadas entre empresas (B2B – *Business to Business*), com o objectivo de alcançar um sistema de IVA assente na tributação com base no destino.

Em concreto, o Conselho solicitou alterações com respeito a quatro medidas, entretanto denominadas de *Quick Fixes*, (em português, soluções rápidas), pretendendo-se, neste âmbito, e com respeito a relações B2B, regular situações relativas (i) a vendas à consignação, (ii) a transacções em cadeia, (iii) à prova do transporte para efeitos de acesso à isenção e, (iv) ao número de identificação de IVA.

Posteriormente, em Outubro de 2017, foi conhecida a Proposta de Directiva do Conselho[2], com vista à alteração da Directiva 2006/112/CE, no que diz respeito à harmonização e simplificação de determinadas regras no sistema do IVA e que estabelece o regime definitivo de tributação das trocas comerciais entre Estados-Membros.

Nesse seguimento, e tendo por base a referida Proposta, foi publicada, no passado dia 4 de Dezembro de 2018, (i) a Directiva (UE) 2018/1910 do Conselho [que altera a Directiva 2006/112/CE no que diz respeito à harmonização e simplificação de determinadas regras no sistema do IVA em matéria de tributação das trocas comerciais entre Estados-Membros] e, bem assim, (ii) o Regulamento de Execução (EU) 2018/1912 do Conselho [que altera o Regulamento de Execução (UE) n.º 282/2011 no que respeita a certas isenções relacionadas com as operações intracomunitárias].

No caso da Directiva, as medidas dela constantes deverão ser implementadas pelos Estados-Membros até ao próximo dia 31 de Dezembro de 2019, prevendo-se, no caso das alterações ao Regulamento que as alterações aí constantes sejam aplicáveis a partir de 1 de Janeiro de 2020.

---

[2] Cf. COM (2017) 569 final – Proposal for a COUNCIL DIRECTIVE amending Directive 2006/112/EC as regards harmonising and simplifying certain rules in the value added tax system and introducing the definitive system for the taxation of trade between Member States.

Com efeito, apesar de serem medidas cirúrgicas dirigidas a transacções identificadas, pela Comissão e pelo Conselho, como transacções que careciam de simplificação e harmonização, e de terem sido apresentadas como "pensos rápidos" para solucionar questões prementes, a verdade é que tais medidas foram revestidas de carácter definitivo.

De facto, a Directiva que aprova as medidas *Quick Fixes* suprime, da denominada Directiva IVA, as disposições que previam a transitoriedade do regime estabelecido para as trocas comerciais entre Estados-Membros[3].

Assim, independentemente do *branding* que seja dado a estas quatro medidas aprovadas em Dezembro de 2018, elas vieram para ficar e prometem revolucionar as soluções que foram sendo, paulatinamente, desenhadas pelo Tribunal de Justiça da União Europeia ("TJUE") e pelas Administrações fiscais dos Estados-Membros, para algumas das questões controvertidas que foram surgindo nas transacções comerciais B2B.

2. Vendas à Consignação

A primeira das medidas prende-se com o regime de tributação aplicado às vendas à consignação entre Estados-Membros e consiste na implementação de um regime específico para este tipo de operação.

2.1. Do actual regime de IVA aplicável às vendas à consignação

A venda de bens à consignação consiste, *grosso modo*, no contrato pelo qual uma das partes (*consignante*) entrega à outra (*consignatário*) determinada quantidade de bens para que esta (*consignatário*) os coloque à venda, reservando para si (*consignante*) a propriedade dos mesmos e, nessa medida, a possibilidade de reaver os bens que não sejam vendidos.

No fundo, o regime de venda de bens à consignação visa disponibilizar ao consignatário uma determinada quantidade de bens para venda, sem que

[3] A Directiva 1910/2018 de 4 de Dezembro suprime no ponto 6) os artigos 403.º e 404.º da Directiva 2006/112/CE do Conselho de 28 de Novembro, conhecida por Directiva IVA.

este tenha que suportar os encargos inerentes à propriedade dos mesmos, designadamente, o risco de perda ou de não alienação do *stock*.

A opção por este tipo de venda pode ser exercida quer por sujeitos passivos de IVA situados no mesmo Estado-Membro e que realizam transacções comerciais entre si, ou por sujeitos passivos de IVA, que realizando transacções comerciais entre si, estão situados em Estados-Membros distintos.

Actualmente, quando existe a realização de uma venda de bens à consignação entre sujeitos passivos de IVA situados em Estados-Membros distintos, tal operação é enquadrada, para efeitos de tributação, da seguinte forma:

(i) presume-se existência de uma transmissão intracomunitária de bens, efectuada pelo sujeito passivo consignante;
(ii) à qual se segue uma, também, presumida, aquisição intracomunitária de bens pelo mesmo sujeito passivo, registado para efeitos de IVA no Estado-Membro de chegada dos bens;
(iii) e que culmina com uma transmissão interna de bens, entre este sujeito passivo, registado para efeitos de IVA no Estado de chegada dos bens (consignante) e o sujeito passivo de IVA situado no Estado-Membro de chegada dos bens (consignatário), conforme adiante ilustrado.

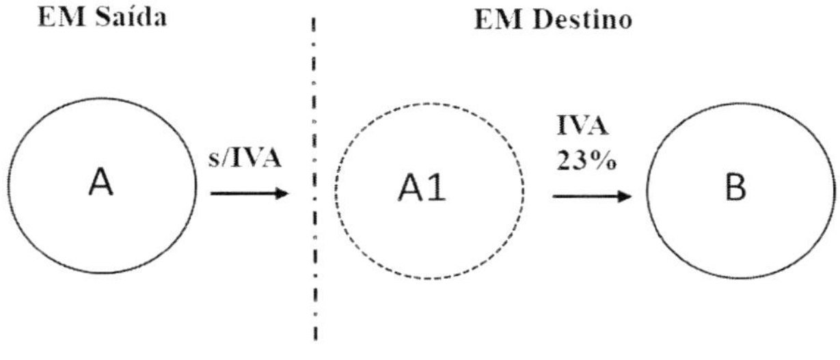

Legenda: A – Consignante, A1 – Registo IVA Consignante, B – Consignatário

No fluxo de transacções ora descrito, apenas existe liquidação de IVA no momento em que ocorre a transmissão interna de bens entre o registo de IVA do sujeito passivo consignante e o sujeito passivo consignatário.

Com efeito, ao abrigo das normas constantes no Regime do IVA das Transacções Intracomunitárias de Bens, a transacção (i) e a transacção

(ii) anteriormente descritas são consideradas como transacções isentas de imposto.

Tal como está actualmente configurado o enquadramento em sede de IVA destas operações, o sujeito passivo consignante fica adstrito a registar-se, para efeitos de IVA, no Estado-Membro de destino dos bens e, consequentemente, a cumprir todas as obrigações declarativas existentes, sendo equiparado, nessa medida, aos demais sujeitos passivos de IVA desse Estado.

2.2. Do Novo regime de IVA aplicável às vendas à consignação

Conhecido o actual regime, importa notar que a *Quick Fix* concebida para as vendas de bens à consignação entre sujeitos passivos de IVA de Estados-Membros distintos (relações B2B transfronteiriças), prevê a possibilidade de simplificação desta transacção, designadamente, através da dispensa de registo para efeitos de IVA, no Estado-Membro de destino, do sujeito passivo consignante.

Assim, o novo artigo 17.º-A da Directiva IVA (introduzido pela já referida Directiva n.º 1910/2018, de 4 de Dezembro), implementa um regime próprio de venda de bens à consignação, retirando esta transacção do escopo da norma que a equiparava a uma entrega onerosa de bens.

De acordo com o novo regime, considera-se existir uma venda à consignação quando, estiverem, cumulativamente, preenchidos os seguintes requisitos:

(i) os bens são expedidos ou transportados por um sujeito passivo (consignante), para outro Estado-Membro, tendo em vista a entrega dos bens nesse Estado-Membro, numa fase posterior, a outro sujeito passivo (consignatário) habilitado a adquirir a propriedade desses bens nos termos entre si negociados;

(ii) o sujeito passivo consignante não está registado nem dispõe de actividade ou estabelecimento estável no Estado-Membro de chegada dos bens;

(iii) o sujeito passivo consignatário está registado para efeitos do IVA no Estado-Membro de chegada dos bens e a sua identidade e número de identificação IVA são do conhecimento do sujeito passivo consignante no momento em que se inicia a expedição ou transporte no Estado-Membro de saída dos bens; e,

(iv) o sujeito passivo consignante mantém um registo actualizado e disponível para consulta da Administração fiscal, dos bens expedidos ao abrigo deste regime.

Nestes casos, existirá assim, apenas, uma transmissão intracomunitária de bens seguida de uma aquisição intracomunitária, pelo sujeito passivo consignatário, sem necessidade de registo para efeitos de IVA do sujeito passivo consignante, ambas, tanto quanto parece, isentas de imposto, ao abrigo das disposições em vigor na Directiva IVA, conforme ilustrado adiante.

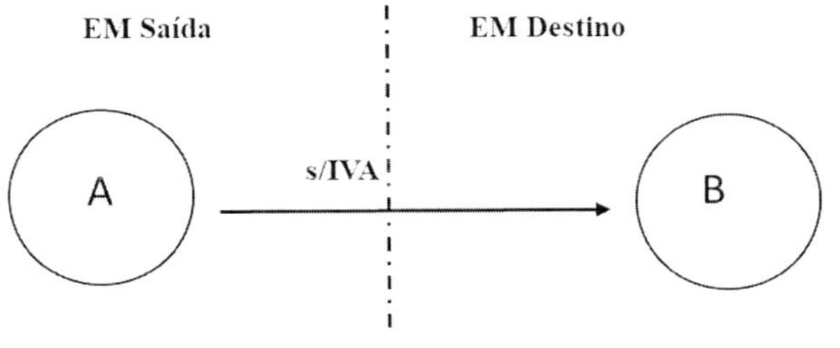

Legenda: A – Consignante, B – Consignatário

Adicionalmente, este novo regime faz depender a sua aplicabilidade da entrega dos bens ao sujeito passivo consignatário num prazo de 12 meses.

Na ausência de tal entrega no prazo estipulado, considerar-se-á, para efeitos de liquidação de imposto que existiu uma transmissão onerosa de bens, sujeita a tributação nos termos gerais.

Tal requisito temporal (entrega dos bens num período até 12 meses) apenas é derrogado nos casos em que:

(i) não tendo sido transferida a propriedade dos bens os mesmos foram reexpedidos para o Estado-Membro de saída, e

(ii) o sujeito passivo de IVA consignante regista no registo de bens expedidos a reexpedição dos referidos bens.

A possibilidade de beneficiar deste regime de IVA aplicável à venda de bens à consignação entre sujeitos passivos de IVA situados em diferentes

Estados-Membros cessa, igualmente, caso cesse algum dos requisitos materiais de que depende a sua aplicabilidade, ainda que, não tenha expirado o requisito temporal dos 12 meses.

A título de exemplo, a possibilidade de beneficio deste regime cessa no caso de os bens expedidos à consignação serem, novamente, expedidos, a partir do Estado-Membro de destino, considerando-se que existe um facto tributável e, nessa medida, uma transmissão onerosa de bens sujeita a imposto, no momento imediatamente antecedente ao da referida reexpedição para um terceiro Estado-Membro.

De referir, também, que os sujeitos passivos que transfiram bens, ou a quem sejam efectuadas entregas, ao abrigo do regime de vendas à consignação deverão manter um registo de modo a que a Administração fiscal possa verificar a correcta aplicação do regime previsto.[4]

Em teoria, este novo regime, cuja diferença principal se reflecte na dispensa de registo para efeitos de IVA do sujeito passivo consignante no Estado-Membro de destino dos bens, permitirá uma simplificação burocrática deste tipo de operações, designadamente, ao nível da diminuição das obrigações declarativas decorrentes do registo para efeitos de IVA.

3. Operações em Cadeia

As operações em cadeia dizem respeito a sucessivas entregas de bens que são objecto de um único transporte intracomunitário, sendo certo que, com esta alteração se pretende obter a uniformização da forma como as diversas Administrações fiscais encaram este tipo de operações.

Esta uniformização da forma de actuação das Administrações fiscais foi, de acordo com a explicação dada pelo Conselho na proposta de Directiva apresentada, como sendo a resposta às solicitações dos Estados-Membros

[4] A obrigatoriedade de criação e manutenção do registo das vendas efectuadas à consignação decorre da introdução do número 3 ao artigo 243.º da Directiva IVA (constante da Directiva (UE) 2018/1910 do Conselho, de 4 de Dezembro), tendo sido introduzido, no Regulamento de Execução, [mediante o Regulamento de Execução (EU) 2018/1912 do Conselho, de 4 de Dezembro], o artigo 54.º-A que determina os elementos que devem constar do aludido registo.

no sentido de aumentar a segurança jurídica dos operadores na determinação da entrega a que deveria ser imputada a isenção prevista para as entregas intracomunitárias de bens.

Com efeito, a circulação intracomunitária dos bens só deverá ser imputada a uma das entregas e só essa entrega deverá beneficiar da isenção de IVA prevista para as entregas intracomunitárias, evitando-se, assim, que diferentes formas de actuação das Administrações fiscais resultem em situações nas quais não existe aplicação de isenção, ou em que não exista qualquer tipo de tributação.

Para o efeito, resulta do novo artigo 36.º-A da Directiva IVA, que caso os mesmos bens sejam objecto de entregas sucessivas e sejam expedidos ou transportados a partir de um Estado-Membro para outro Estado-Membro directamente do primeiro fornecedor para o último destinatário da cadeia, a expedição (ou transporte) é exclusivamente imputada à entrega efectuada ao operador intermediário.

Contudo, em derrogação de tal regra, prevê-se que a expedição é exclusivamente imputada à entrega de bens efectuada pelo operador intermediário, caso este tenha comunicado ao seu fornecedor o número de identificação de IVA que lhe foi emitido pelo Estado-Membro a partir do qual os bens são expedidos ou transportados.

Neste âmbito, deverá entender-se por operador intermediário um fornecedor da operação em cadeia que não seja o primeiro fornecedor da cadeia e que proceda, por si ou por conta de terceiro agindo por sua conta, à expedição ou transporte dos bens.

Por esta via, assegura-se uma regra comum segundo a qual, desde que estejam reunidas determinadas condições, o transporte de bens deverá ser imputado a uma única entrega na cadeia de operações.

4. Prova do Transporte para Efeitos das Isenções Relacionadas com Operações Intracomunitárias

A terceira medida *Quick Fix* aprovada está, também, directamente relacionada com os critérios de controlo que circundam a aplicação da isenção prevista para as transacções intracomunitárias.

Com efeito, a Directiva IVA estabelece uma série de condições para isentar de IVA as entregas de bens no contexto de certas operações intracomunitárias, sendo que uma dessas condições passa pela necessidade de os bens terem de ser transportados ou expedidos de um Estado-Membro para outro.

No entanto, a abordagem divergente entre os Estados-Membros na aplicação dessas isenções às operações transfronteiriças criou dificuldades e insegurança jurídica para as empresas.

Neste sentido, a fim de criar uma solução rápida às empresas e também proporcionar garantias às Administrações fiscais, foram consagradas duas presunções inilidíveis[5].

Assim, em matéria de isenções relacionadas com operações intracomunitárias, nos termos da nova disposição aditada ao Regulamento de Execução n.º 282/2011, de 15 de Março (pelo Regulamento de Execução n.º 1912/2018, de 4 de Dezembro), presume-se que os bens foram expedidos ou transportados a partir de um Estado-Membro para fora do respectivo território mas na comunidade, quando o vendedor indica que os bens foram por ele transportados ou expedidos, ou por terceiros agindo por sua conta, e que está na posse de:

(i) pelo menos, dois elementos de prova não contraditórios relativos à transmissão – considerando-se elementos de prova, para este efeito, documentos relacionados com o transporte ou a expedição dos bens, tais como uma declaração de expedição CMR assinada, um conhecimento de embarque, uma factura do frete aéreo, uma factura emitida pelo transportador dos bens –, emitidos por duas partes independentes uma da outra, do vendedor e do adquirente, ou

(ii) de qualquer um dos elementos de prova acima referidos em conjunto com qualquer um dos elementos de prova não contraditórios relativos ao transporte – considerando-se elementos de prova, para este efeito, uma apólice de seguro relativa ao transporte ou à expedição dos bens ou documentos bancários comprovativos do paga-

[5] Através da introdução no Regulamento de Execução n.º 282/2011, de 15 de Março do artigo 45.º-A [mediante o Regulamento de Execução (EU) 2018/1912 do Conselho, de 4 de Dezembro].

mento do transporte ou da expedição dos bens; documentos oficiais emitidos por uma entidade pública, por exemplo um notário, que confirmem a chegada dos bens ao Estado-Membro de destino; e um recibo emitido por um depositário no Estado-Membro de destino, que confirme a armazenagem dos bens nesse Estado-Membro – que confirmem o transporte ou a expedição emitidos por duas partes independentes uma da outra, do vendedor e do adquirente.

Já da segunda presunção inilidível consagrada resulta que se presume que os bens foram expedidos ou transportados a partir de um Estado-Membro para fora do respectivo território, mas na comunidade, quando o vendedor está na posse:

(i) de uma declaração escrita do adquirente, indicando que os bens foram por ele transportados ou expedidos, ou por terceiros agindo por conta do adquirente, e mencionando o Estado-Membro de destino dos bens e a data de emissão, o nome e endereço do adquirente, a quantidade e natureza dos bens, a data e o lugar de chegada dos bens e, no caso de entregas de meios de transporte, o número de identificação dos meios de transporte, e a identificação da pessoa que aceita os bens por conta do adquirente (devendo esta declaração ser fornecida pelo adquirente, ao vendedor, até ao décimo dia do mês seguinte ao da entrega); e

(ii) pelo menos dois elementos de prova não contraditórios relativos à transmissão – considerando-se elementos de prova, para este efeito, tal como referido anteriormente, documentos relacionados com o transporte ou a expedição dos bens, tais como uma declaração de expedição CMR assinada, um conhecimento de embarque, uma factura do frete aéreo, uma factura emitida pelo transportador dos bens –, emitidos por duas partes independentes uma da outra, do vendedor e do adquirente, *ou* de qualquer um dos referidos elementos em conjunto com qualquer um dos elementos de prova não contraditórios que confirmem o transporte ou a expedição – considerando-se elementos de prova, para este efeito, uma apólice de seguro relativa ao transporte ou à expedição dos bens ou documentos bancários comprovativos do pagamento do transporte ou da expe-

> dição dos bens; documentos oficiais emitidos por uma entidade pública, por exemplo um notário, que confirmem a chegada dos bens ao Estado-Membro de destino; e um recibo emitido por um depositário no Estado-Membro de destino, que confirme a armazenagem dos bens nesse Estado-Membro –, que confirmem o transporte ou a expedição emitidos por duas partes independentes uma da outra, do vendedor e do adquirente.

Estabelece-se, por esta via, para além das pretendidas presunções, a concreta determinação dos documentos que devem ser apresentados pelos sujeitos passivos como prova do transporte ou expedição de bens de um Estado-Membro com destino a outro Estado-Membro, definindo-se critérios formais para efeitos de aplicação das isenções relacionadas com as operações intracomunitárias (previstas nos artigos 138.º a 142.º da Directiva IVA).

Da redacção da norma parece resultar que a mesma se dirige, essencialmente, ao sujeito passivo vendedor, o que bem se compreende à luz das regras relativas à liquidação do imposto e emissão de factura, sendo a este que compete *invocar* as disposições relativas à prática de uma operação isenta de imposto.

Não obstante ser compreensível, à luz da necessidade de implementação de medidas de combate à fraude e evasão fiscal – em especial, num campo tão propício como o das operações isentas –, a criação de uma norma na qual se tipifiquem os documentos a servir como meios de prova de que os bens foram transportados a partir de um Estado-Membro para fora do respectivo território, mas na Comunidade, esta medida parece implicar um esforço burocrático na esfera das empresas que pratiquem este tipo de operações, prejudicando, assim, a simplificação que também é pretendida na aplicação deste imposto.

De outra perspectiva, também é possível antever que a litigiosidade em torno da prova documental e da materialidade das operações poderá não diminuir, mas, simplesmente, mudar o foco, passando a centrar-se na discussão acerca da exaustividade da lista de documentos tipificada no Regulamento de Execução.[6]

---

[6] De acordo com o dispostos no número 3 do artigo 45.º – A "Para efeitos do n.º 1, são aceites como prova do transporte ou da expedição os seguintes elementos: *a)* Do-

5. Número de IVA: de Requisito Formal a Substancial

Esta medida *Quick Fix*[7] directamente relacionada com a isenção de IVA nas entregas intracomunitárias e, nessa medida, com as situações de *Fraude Carrossel* visa dar resposta às solicitações formuladas pelos Estados-Membros no sentido de a Directiva IVA comtemplar a exigência de um número de IVA válido ao adquirente do bem num Estado-Membro diferente daquele em que se inicia o transporte dos bens, como condição substantiva para que o fornecedor pudesse ser autorizado a aplicar a isenção.

O regime previsto na Directiva IVA baseava-se na obrigação de o fornecedor apresentar uma declaração recapitulativa na qual estava incluído o número de identificação de IVA do adquirente e que se consubstanciava numa condição formal de acesso à isenção.

Neste contexto, o regime até então em vigor, apenas permitia às Administrações fiscais dos Estados-Membros desencadear sanções com vista a punir as incorrecções nas informações prestadas, não impedindo, a aplicação da isenção prevista para as entregas intracomunitárias.

Com as alterações agora introduzidas passa a constituir uma condição substantiva para a aplicação da isenção que o adquirente esteja identificado

---

cumentos relacionados com o transporte ou a expedição dos bens, tais como uma declaração de expedição CMR assinada, um conhecimento de embarque, uma fatura do frete aéreo, uma fatura emitida pelo transportador dos bens; *b)* Outros documentos: *i)* uma apólice de seguro relativa ao transporte ou à expedição dos bens ou documentos bancários comprovativos do pagamento do transporte ou da expedição dos bens; *ii)* documentos oficiais emitidos por uma entidade pública, por exemplo um notário, que confirmem a chegada dos bens ao Estado-Membro de destino; *iii)* um recibo emitido por um depositário no Estado-Membro de destino, que confirme a armazenagem dos bens nesse Estado-Membro."

[7] Alteração que se materializa numa nova redacção do número 1 do artigo138.º da Directiva IVA através da Directiva 2018/1910 de 4 Dezembro, passando tal disposição a ter a seguinte formulação "1.Os Estados-Membros isentam as entregas de bens expedidos ou transportados, para fora do respectivo território mas na Comunidade, pelo vendedor, pelo adquirente ou por conta destes, se estiverem reunidas as seguintes condições: *a)* Os bens são fornecidos a outro sujeito passivo ou a uma pessoa colectiva que não seja sujeito passivo agindo nessa qualidade num Estado-Membro diferente do Estado de partida da expedição ou do transporte dos bens; *b)* O sujeito passivo ou a pessoa colectiva que não seja sujeito passivo a quem a entrega é efectuada está registado para efeitos do IVA num Estado-Membro diferente do Estado de partida da expedição ou do transporte dos bens e comunicou esse número de identificação IVA ao fornecedor.";

para efeitos de IVA num Estado-Membro diferente do Estado de partida da expedição ou do transporte de bens.

Do preâmbulo da Directiva resulta assim que: "no que diz respeito ao número de identificação IVA do adquirente dos bens no Sistema de Intercâmbio de Informações sobre o IVA ("VIES"), atribuído por um Estado--Membro diferente do Estado de partida do transporte dos bens, passe a constituir, para além da condição relativa ao transporte dos bens para fora do Estado-Membro de entrega, uma condição substantiva para aplicação da isenção, em vez de um requisito formal."

Assim, e como já acontece actualmente, o fornecedor terá que verificar o estatuto do adquirente dos bens através do sistema VIES antes de aplicar a isenção.

Desta forma, do ponto de vista do fornecedor, a sua obrigação de verificação das informações constantes do VIES relativas ao adquirente mantém--se intacta, sendo que as consequências associadas à incorrecção de tais informações, mudam substancialmente passando a ser motivo de rejeição da aplicação da isenção.

Nesta medida, as Administrações fiscais dos Estados-Membros podem, legitimamente, não aplicar a isenção na transmissão de bens entre Estados--Membros com fundamento na ausência de informação sobre o número de identificação IVA registado no VIES.

Para a Comissão Europeia, esta mudança de paradigma na forma de encarar as informações relativas ao número de identificação IVA dos sujeitos passivos nas transacções B2B intracomunitárias, é "um elemento fundamental da luta contra a Fraude na União."

A Jurisprudência do TJUE

A alteração agora aprovada terá um impacto, também, ao nível da jurisprudência do TJUE que tem vindo a ser proferida a respeito da isenção de IVA nas entregas intracomunitárias.

Esta alteração de paradigma foi aliás salientada pelo Conselho Europeu na proposta de Directiva[8], salientando que: "Esta exigência vai mais longe

[8] Cf. COM (2017) 569 final – Proposal for a COUNCIL DIRECTIVE amending Directive 2006/112/EC as regards harmonising and simplifying certain rules in the value added tax

do que a situação actual em que, de acordo com a interpretação do Tribunal de Justiça da União Europeia, o número de identificação IVA do adquirente é apenas uma condição formal do direito de isentar uma entrega intracomunitária. Tal conduz actualmente a situações em que, quando a condição não tiver sido respeitada, os Estados-Membros só podem aplicar multas ou sanções administrativas, mas não recusar a isenção em si mesma."

De acordo com o TJUE, a não inscrição válida no número de IVA no VIES, enquanto requisito formal, não pode obstar à aplicação da isenção prevista para as entregas de bens, quando, com fundamento em elementos objectivos se provar que estão reunidos os requisitos previstos na Directiva IVA.[9]

Para tal, a jurisprudência do TJUE, tem vindo a estabelecer duas condições para que a falta de cumprimento de um requisito formal não dite a ilegitimidade da recusa de isenção de IVA: (i) o incumprimento do requisito formal não pode impedir a prova conclusiva de que os requisitos substantivos foram satisfeitos e (ii) não pode existir qualquer indicação de que o sujeito passivo tenha participado, intencionalmente, num esquema de evasão fiscal.

Um dos processos de reenvio prejudicial paradigmáticos nesta matéria é o caso que opõe a *Euro Tyre BV*- Sucursal em Portugal à Autoridade Tributária e Aduaneira (Processo c-21/16). No âmbito deste processo de reenvio prejudicial, o TJUE afirma que: "A Administração de um Estado-Membro não pode, em principio, recusar a isenção de IVA de uma entrega comunitária pelo simples motivo de o adquirente não estar inscrito no sistema VIES nem se encontrar abrangido por um regime de tributação das aquisições intracomunitárias.".

Com a *transformação* do requisito da inscrição válida do número de IVA no VIES enquanto requisito substancial para a aplicação da isenção prevista para as transmissões intracomunitárias de bens, a jurisprudência até aqui conhecida poderá vir a ser invertida.

Do ponto de vista prático, tanto quanto nos parece, a verificação de inscrição no VIES dos números de identificação de IVA está generalizada en-

---

system and introducing the definitive system for the taxation of trade between Member States.

[9] Veja-se a título de exemplo o Acórdão TJUE, *Euro-Tyre*, C-21/16, 09.02.2017, o Acórdão *Mecsek-Gabona*, C-273/11, 06.09.2012 e o Acórdão *Plöck*, C-24/15, 20.10.2016.

tre os sujeitos passivos que praticam este tipo de transacções (pelo menos, entre os sujeitos passivos nacionais), de modo a estarem munidos de prova para eventuais casos de fraude fiscal.

6. Conclusões

Efectivamente, estas quatro medidas revelam um esforço no sentido de uma maior uniformização da aplicação deste imposto pelos diferentes operadores económicos e, em especial, pelas diferentes Administrações fiscais, numa tentativa de conciliar o que têm sido as diferentes solicitações quer dos sujeitos passivos, quer dos Estados-Membros quanto a problemas que consideram ter um maior impacto na gestão das transacções efectuadas.

Contudo, e sem duvidar da sua bondade, estas medidas parecem implicar um esforço burocrático na esfera das empresas que praticam este tipo de operações, prejudicando, assim, a simplificação que também é pretendida na aplicação deste imposto.

O Direito à Dedução do IVA das Sucursais de Sujeitos Passivos Mistos: O Acórdão *Morgan Stanley*

PEDRO COSTA MONTEIRO

1. Introdução

O direito à dedução constitui um dos eixos fundamentais da mecânica do Imposto sobre o Valor Acrescentado (IVA)[1], sendo absolutamente necessário para assegurar o princípio da neutralidade, pelo que, não deve, em regra, ser limitado/tolhido[2].

Na realidade, um imposto sobre o consumo que não previsse/adotasse o princípio do direito à dedução, passaria a comportar um efeito de *cascata* (i.e., cada sujeito passivo ficaria onerado do IVA suportado nas aquisições que efetivasse a montante da cadeia de produção/comercialização), e, as-

[1] Luis Manuel Alonso González, *Fraude y delito fiscal en el IVA: fraude carrusel, truchas y otras tramas*, 2008, 22.

[2] *Vide* Acórdão TJUE, *Barlis 06 – Investimentos Imobiliários e Turísticos*, C-516/14, 15.09.2016, ponto n.º38.

sim sendo, tenderia a existir um impacto nefasto no preço, já que haveria a tentação de repercutir o ónus tributário no operador económico situado a jusante da cadeia ou no próprio consumidor final, afetando-se, assim, de forma inelutável, a desejada proporcionalidade do imposto[3].

Contudo, para que o direito à dedução possa funcionar em moldes plenos, é imperioso que haja uma relação direta e imediata entre as operações efetuadas a montante e as operações praticadas a jusante, com direito à dedução (i.e., as despesas, com exceção do próprio IVA, suportadas na aquisição de bens e serviços, devem, em moldes irrefragáveis, fazer parte dos elementos constitutivos do preço das operações realizadas pelo sujeito passivo, no exercício da respetiva atividade económica, que quede sujeita a tributação)[4].

Não obstante, isto não quer dizer que o exercício do direito à dedução deva ficar condicionado, obrigatoriamente, à efetivação de *outputs*, num dado período de tributação (i.e., mesmo que a atividade económica projetada não dê origem a operações tributáveis ou quando o sujeito passivo, por razões alheias à sua vontade, não tenha podido utilizar os bens/serviços, sobre os quais deduziu imposto, na realização de operações tributáveis, encontra-se, não obstante, legitimado a deduzir o imposto suportado a montante)[5].

Mas, como é que se se apura o imposto dedutível que incidiu sobre a aquisição dos denominados bens ou serviços de *utilização promíscua*?

De facto, quando se trate de sujeitos passivos que adquiram bens que sejam indistintamente/simultaneamente utilizados em operações que conferem direito à dedução do IVA e em operações que não conferem esse direito (i.e., operações sujeitas a imposto, mas dele isentas, ou operações que, por não configurarem o exercício de uma atividade económica, se encontram fora do respetivo âmbito de incidência), haverá que se instituir mecanismos específicos de determinação do montante de imposto a deduzir. Sendo perfeitamente linear que, nestes casos, deve haver a possibilidade de dedução de uma fração do IVA, suportado pelo sujeito passivo, na aquisição de tais bens/serviços utilizados (parcialmente) na prossecução da sua atividade tri-

[3] Ad Van Doesum/Herman Van Kesteren/ Gert-Van Norden, *Fundamentals of EU VAT Law*, 2016, 37.

[4] *Vide* Acórdão TJUE, *Larentia + Minerva*, C-108/14 e C-109/14, 16.07.2015, ponto n.º 23.

[5] *Vide* Acórdão TJUE, *Midland Bank*, C-98/98, 08.06.2000, ponto n.º22.

butada. Tendo, para esse mesmo efeito, sido instituído um conjunto de métodos de apuramento do imposto dedutível (i.e., método da afetação real e do "*pro-rata*"), os quais serão objeto de cuidada análise ao longo deste artigo.

Contudo, até recentemente, existia um contexto de relativa incerteza jurisprudencial e doutrinária, no que se referia ao exercício do direito à dedução de sucursais de sujeitos passivos mistos, sitos noutros Estados-Membros.

Deveriam, ou não, a sucursal e a respetiva sede, ser consideradas como um único sujeito passivo? Poderia, ou não, a sucursal deduzir o imposto suportado na aquisição de bens/serviços necessários à atividade prosseguida pela sede? Qual o enquadramento jurídico-tributário a dispensar ao IVA suportado, por esta sucursal, em despesas atinentes à atividade económica, desenvolvida, não só por si própria, mas, igualmente, pelo sujeito passivo, no Estado-Membro onde se encontra sedeado/estabelecido? E como se determinaria, nestes casos, a fórmula do "*pro-rata*"?

O recente Acórdão *Morgan Stanley & Co International plc vs. Ministre de l'Économie e des Finances*[6] providenciou um acervo de respostas claras/assertivas a estes quesitos.

Contudo, e antes de nos debruçarmos, em concreto, sobre as conclusões expendidas neste aresto do Tribunal de Justiça da União Europeia (TJUE), importa clarificar alguns conceitos basilares, atinentes aos sujeitos passivos mistos.

2. Conceito de Devedor de Imposto Parcial e de Sujeito Passivo Parcia

Cumpre, na realidade, atender, em primeiro lugar, aos conceitos de *devedor de imposto parcial* e de *sujeito passivo parcial*[7], instituídos pelos Acórdãos *Polysar*[8] e *Satam*[9] do TJUE.

---

[6] Acórdão TJUE, *Morgan Stanley & Co International*, C-165/17, 24.01.2019.

[7] Ambos subsumíveis no conceito, mais abrangente, de sujeito passivo misto.

[8] Acórdão TJUE, *Polysar Investments Netherlands v Inspecteur der Invoerrechten en Accijnzen*, C-60/90, 20.06.1991.

[9] Acórdão TJUE, *Sofitam SA vs Ministre chargé du Budget*, C-333/91, 22.06.1993.

Assim:

- Deve entender-se por *devedores de imposto parciais* aqueles sujeitos passivos que realizem operações que, na sua globalidade, se encontram sujeitas a IVA, beneficiando, contudo, parte delas, de uma isenção incompleta (i.e., nomeadamente, uma das previstas no art.º 9.º do CIVA);
- Consideram-se como *sujeitos passivos parciais*, as entidades que realizem operações sujeitas a imposto e operações que se encontram fora do seu campo de incidência, como seja o caso de operações realizadas por pessoas coletivas de direito público, no exercício de um poder de autoridade, contanto que não promovam distorções de concorrência[10].

Realce-se que esta distinção não é espúria, dado que – como veremos de seguida –, a mesma comporta notórias implicações práticas, aquando da seriação do método de determinação do imposto dedutível, no que concerne aos referidos bens e serviços de *utilização promíscua*.

3. *Direct Attribution of Input Tax*

No que concerne, especificamente, aos métodos de apuramento do imposto dedutível, à disposição dos sujeitos passivos mistos, há, em primeiro lugar, que atender ao método da *direct attribution of input tax*, o qual foi introduzido no sistema comum do IVA, através do Acórdão *Abbey National*[11]. Neste aresto, quedou expressamente consignado que os sujeitos passivos mistos devem, necessariamente, efetuar uma alocação direta dos *inputs* às atividades económicas, a que os mesmos se destinam, deduzindo a totalidade do IVA, na eventualidade de o bem/serviço ser utilizado numa atividade que lhes confira direito à dedução do imposto ou não deduzindo a integralidade do IVA suportado em bens/serviços destinados a uma atividade

---

[10] *Vide* o n.º 2 do art.º 2.º do CIVA.

[11] *Vide* Acórdão TJUE, *Abbey National*, C-408/98, 22.02.2001, ponto n.º38.

em que se encontre vedado o exercício deste mesmo direito à dedução[12]. Note-se que, neste caso, não estamos perante bens/serviços de *utilização promíscua*, dado que, os mesmos, encontram-se integralmente afetos a uma atividade isenta/não sujeita ou, ao invés, a uma atividade tributada.

Residualmente (i.e., quando estejamos, de facto, perante bens de *utilização promíscua*), devem os sujeitos passivos mistos recorrer aos métodos do *pro-rata* ou da afetação real, nos moldes que serão, de seguida, descritos.

4. Do Método do *Pro-Rata*

Os *devedores de imposto parciais* podem recorrer ao método do *pro-rata* ou, opcionalmente, ao método da afetação real.

Há que referir, numa ótica cronológica, ter-se inicialmente instituído, de acordo com o terceiro parágrafo do n.º 2 do art.º 11.º da Segunda Diretiva[13], uma restrição do direito à dedução do IVA que tivesse onerado os bens e/ou serviços, adquiridos pelo sujeito passivo, e que fossem utilizados indistintamente/simultaneamente em operações que conferissem direito à dedução e operações que não conferissem um tal direito.

Só posteriormente, com o art.º 19.º da Sexta Diretiva[14], é que se veio a consagrar a fórmula de cálculo do *pro-rata*, dando-se, assim, azo à possibilidade de se refletir, em moldes objetivos, a parte de imputação do IVA que

---

[12] Importa, aqui, referir o facto de o Estado português ter sido objeto de uma Notificação para Cumprir, dado que a Comissão Europeia entendeu que não se tinha efetivado uma transposição adequada do conteúdo normativo vertido no art.º 19.º da Sexta Diretiva, tendo em conta os avanços jurisprudenciais do TJUE, quanto a esta temática. Em decorrência, foi criado, por Despacho do Diretor-Geral dos Impostos, datado de 6 de novembro de 2006, um Grupo de Trabalho, cujas conclusões foram no sentido de clarificar o cariz primacial do método da *direct attribution of input tax* e a índole subsidiária dos métodos do *pro-rata* e da afetação real. Isto ocasionou a alteração do art.º 23.º do CIVA, e, em decorrência, a emissão do Ofício-Circulado N.º 30103, de 23 de abril de 2008, da Área de Gestão Tributária – IVA.

[13] Segunda Directiva do Conselho, de 11 de Abril de 1967, relativa à harmonização das legislações dos Estados-Membros respeitantes aos impostos sobre o volume de negócios – estrutura e modalidades de aplicação do sistema comum de imposto sobre o valor acrescentado (67/228/CEE).

[14] Sexta Directiva do Conselho de 17 de Maio de 1997 relativa à harmonização das legislações dos Estados-membros respeitantes aos impostos sobre o volume de negócios – sistema comum do imposto sobre o valor acrescentado: matéria colectável uniforme (77/388/CEE).

onerou as despesas suportadas a montante, relacionadas, simultaneamente, com cada uma das atividades (isenta/tributada) prosseguidas pelo sujeito passivo.

Esta fórmula encontra-se, hodiernamente, consignada no n.º 4 do art.º 23.º do CIVA[15], nos seguintes moldes:

MAOD / MAVNT x 100

Em que:
MAOD: Montante anual (IVA excluído) das operações que conferem direito à dedução, nos termos do n.º 1 do art.º 20.º do CIVA.
MAVNT: Montante anual (IVA excluído) de todas as operações, efetuadas pelo sujeito passivo, decorrentes de uma atividade económica (operações com direito à dedução, acrescido das operações que não conferem direito à dedução, bem como as subvenções não tributadas[16], que visem financiar uma atividade económica sujeita a IVA, que não sejam subsídios ao equipamento[17]).

Tendo, ainda, sido clarificado que no numerador e no denominador não são incluídas as transmissões de bens do ativo imobilizado (bens do ativo fixo tangível ou de outras contas da classe de investimentos), que tenham sido utilizadas na atividade da empresa e as operações imobiliárias e financeiras de índole acessória. Realce-se, incidentalmente, que, para aferir a acessoriedade destas operações, deve atender-se: *(i)* à natureza da atividade exercida; e *(ii)* às condições concretas da sua realização (e.g., caráter habitual ou ocasional, maior ou menor utilização de recursos da empresa).

[15] O qual resulta da transposição, para a ordem jurídica nacional, do consignado, hodiernamente, no art.º 174.º da Diretiva 2006/112/CE do Conselho de 28 de novembro de 2006 relativa ao sistema comum do imposto sobre o valor acrescentado (Diretiva IVA).

[16] Trata-se de subvenções não diretamente conexas com o preço das operações tributáveis. Ou seja, que não tenham sido concedidas em função das unidades de bens transmitidas ou do volume de serviços prestados ou que, tendo sido concedidas nestes termos, tenham, não obstante, sido fixadas após a realização das operações (*vide ad contrario* a alínea *c)* do n.º 5 do art.º 16.º do CIVA).

[17] Refira-se, incidentalmente, que o TJUE já asseverou que os Estados-Membros não podem limitar o exercício do direito à dedução do imposto, com o fundamento de os sujeitos passivos não terem repercutido, no preço, os fundos, recebidos a título de subvenções, para a aquisição de bens de equipamento – *vide* Acórdão TJUE, *Comission v France*, C-243/03, 06.10.2005, ponto n.º37.

Sendo que, como é óbvio, deve considerar-se que as operações são exercidas a título principal, quando, as mesmas, estejam incluídas no objeto social, prosseguido pelo sujeito passivo[18].

Importa, por seu turno, referir que a percentagem determinada de acordo com a fórmula do *pro-rata* aplica-se ao IVA suportado em cada uma das aquisições (exceto as mencionadas nas alíneas *a)* a *e)* do n.º 1 do art.º 21.º do CIVA) efetivadas pelo sujeito passivo misto, resultando, daí, o imposto passível de dedução.

Note-se que os sujeitos passivos devem utilizar o *pro-rata* que foi apurado, no ano transato (i.e., *pro-rata* provisório), às operações que pratiquem no ano civil em curso (*vide* o n.º 6 do art.º 23.º do CIVA). Sendo que, nos casos em que iniciem a respetiva atividade ou a alterem substancialmente, devem recorrer a uma estimativa provisória, passível de controlo pela Autoridade Tributária e Aduaneira (AT). Tendo, ainda, quedado consagrado que, no final de cada ano, devem, os sujeitos passivos mistos regularizar, com base no *pro-rata* definitivo (o qual é determinado para cada ano, durante o ano subsequente), as deduções anteriormente efetivadas.

Para melhor percebermos esta metodologia de apuramento do IVA, atendamos ao seguinte exemplo prático:

Exemplo prático 1

Um sujeito passivo realizou, num dado ano, operações tributáveis no montante de €150.000.

O montante total do seu volume de negócios (i.e., operações tributáveis, acrescidas de operações isentas) ascendeu a €250.000.

Assim sendo, apurou-se um *pro-rata* de 60% [€150.000 / €250.000 = 0,60], o qual deve ser aplicado, a título provisório, no ano subsequente, ao montante de IVA suportado na aquisição de bens e serviços de *utilização promíscua*.

No final deste último ano, o sujeito passivo constatou ter tido um montante de operações tributáveis de €90.000, sendo que o total de operações, por si praticadas (tributáveis e isentas de imposto) ascendeu aos €270.000.

Pelo que, o *pro-rata* definitivo desse ano foi de 33% [€90.000 / €270.000 = 0,33].

[18] *Vide* a alínea *C)* do Capítulo VII do Ofício Circulado N.º 30103, de 23 de abril de 2008, da DSIVA.

Considerando-se que, neste ano, o sujeito passivo suportou, hipoteticamente, €90.000 de IVA na aquisição de bens/serviços de *utilização promíscua*, tendo deduzido €54.000, de acordo com o *pro-rata* provisório [€90.000 x 0.60], impõe-se, face ao *pro-rata* definitivo, que proceda a uma regularização de imposto, a favor do Estado, no montante de €24.300. Ou seja:

€90.000 x 0.33 = €29.700
€29.700- €54.000 = – €24.300.

De acordo com o n.º 6 do art.º 23.º do CIVA, esta regularização deve ser efetuada na declaração periódica do último período do ano[19].

Comprova-se, desta forma, que o *pro-rata* é uma decorrência natural da mecânica do IVA, dado que, no sentido de garantir a neutralidade, é absolutamente necessário que se possa permitir, aos sujeitos passivos mistos, um direito de dedução parcial do imposto suportado nos respetivos *inputs* (i.e., a dedução do imposto pago a montante está indelevelmente associado à cobrança do imposto a jusante e reflete a proporção em que se efetua tal cobrança).

4.1. *Regularização de variações de pro-rata definitivo*

O art.º 24.º do CIVA obriga a que se proceda a uma regularização do IVA, no que concerne a bens do ativo imobilizado e bens imóveis, quando entre a percentagem do *pro-rata* definitivo do ano de início de utilização do bem e em cada um dos quatro[20] ou dos dezanove anos posteriores[21] e a que tiver sido apurada no ano de aquisição[22] houver uma diferença, para mais ou para menos, igual ou superior a cinco pontos percentuais[23].

[19] Esta regularização deve ser efetuada no Campo 41 da declaração periódica de imposto. Na hipótese contrária (i.e., de se ter constatado um *pro-rata* definitivo superior ao *pro-rata* provisório), a regularização deverá ser efetivada no Campo 40 da declaração periódica de imposto. *Vide*, igualmente, a Portaria N.º 221/2017, de 21 de julho, que aprovou os novos modelos de anexos de regularizações do campo 40 e do campo 41.

[20] No caso de bens não imóveis do ativo imobilizado.

[21] No caso de bens imóveis.

[22] A contagem, no que se refere a despesas de investimento na aquisição de bens imóveis inicia-se a partir do ano da respetiva ocupação/utilização, nos termos do n.º 2 do art.º 24.º do CIVA.

[23] Refira-se, incidentalmente, que, no concerne ao imposto apurado de acordo com o método da afetação real, impõe-se esta regularização quando, entre o ano de aquisição e

O intuito desta regularização é o de evitar que um dado sujeito passivo planeie a aquisição de um bem do ativo imobilizado, num ano em que saiba, à partida, que irá praticar um volume elevado de operações que conferem direito à dedução, para, assim, beneficiar, através do recurso ao método do *pro-rata*, de uma percentagem de dedução do IVA superior àquela que teria num ano em que exercesse, em moldes normais, as respetivas atividades económicas. O que significa, portanto, que deve, esta *regularização de variações de pro-ratas definitivos*, ser, de facto, perspetivada como uma medida antiabuso específica, no âmbito do sistema comum do IVA (embora de âmbito mitigado, já que estas regularizações não são aplicáveis a bens do ativo imobilizado de valor unitário inferior a €2.500 ou aos que, nos termos do Decreto-Regulamentar N.º 25/2009, de 14 de setembro[24], tenham um período de vida útil inferior a 5 anos).

Para melhor percebermos esta metodologia, atendamos ao seguinte exemplo prático:

Exemplo prático 2

Um sujeito passivo adquiriu, em 2014, uma máquina industrial, afeta, indistintamente, quer a atividades isentas, quer a atividades tributadas, pelo preço de €4.347,83, tendo suportado IVA no montante de €1.000. O *pro-rata* definitivo, registado, nesse ano, foi de 67%. Pelo que pôde deduzir €670 de imposto [€1.000 x 0,67].

Nos anos subsequentes, o sujeito passivo apurou os seguinte *pro-ratas* definitivos.

2015	2016	2017	2018	2019
60%	63%	73%	65%	60%

Constata-se, portanto, que, em 2015, teria de haver uma regularização, a favor do Estado, dado que a diferença entre o *pro-rata* definitivo, desse ano, foi inferior, em mais de 5 pontos percentuais, ao registado no ano de aquisição. O montante desta regularização seria de €14.

qualquer um dos 4 anos subsequentes (no caso de bens móveis) ou dos 19 anos subsequentes (no caso de bens imóveis), tiver existido uma alteração do IVA dedutível (para mais ou para menos) igual ou superior a €250 – *vide* o n.º 4 do art.º 24.º do CIVA.

[24] Este diploma legal revogou o anterior Decreto Regulamentar N.º 2/90, de 12 de janeiro, a que alude o n.º 7 do art.º 24.º do CIVA.

€1.000 x 0,60 = €600
€600 – €670 = € -70
€70 / 5 = – €14

Por seu turno, no ano de 2017, verificou-se que o *pro-rata* definitivo foi superior em 6 pontos percentuais, relativamente ao *pro-rata* definitivo de 2014, impondo-se uma regularização, a favor do sujeito passivo, no montante de €12. Ou seja:

€1.000 x 0,73 = €730
€730 – €670 = €60
€60 / 5 = €12

Note-se que, apesar de, no ano de 2019, se ter registado um *pro-rata* definitivo inferior a mais do que 5 pontos percentuais do registado no ano da aquisição do equipamento, o mesmo não releva, para efeitos de regularização, dado ter ocorrido para lá dos quatro anos previstos na alínea *a)* do n.º 3 do art.º 24.º do CIVA.

4.2. Regularização por transmissão de bens de investimento

Já quanto às *regularizações por transmissão de bens de investimento* prevista no n.º 5 e no n.º 6 do art.º 24.º do CIVA, as mesmas devem considerar-se, uma vez mais, como mera decorrência do direito à dedução, e não como uma medida antiabuso. Na realidade, este normativo diz-nos que os sujeitos passivos mistos que utilizem o método do *pro-rata* são obrigados a proceder a uma regularização, por uma só vez, se alienarem algum dos supramencionados bens, relativamente ao período, ainda não decorrido, de *regularização de variações de pro-ratas definitivos*. Esta regularização visa, na esmagadora maioria dos casos, permitir-lhes a dedução de uma parte adicional/acrescida do imposto suportado no momento de aquisição do bem, em virtude de não ter ainda transcorrido o hiato de tempo, legalmente convencionado, para uma sua utilização duradoura/amortização dos respetivos custos de aquisição.

No caso de bens móveis, considera-se que o bem transmitido se encontrava afeto a uma atividade tributada. Sendo que, no caso de bens imóveis, há que distinguir se o bem foi ou não alienado com renúncia à isenção do imposto[25]. A fim de melhor compreendermos a implicações práticas, que decorrem destas regularizações, vejamos os seguintes exemplos práticos:

Exemplo prático 3

Uma empresa adquire um bem de equipamento em 2014, com IVA suportado de €5.000, tendo deduzido uma percentagem de 70% (*pro-rata* definitivo desse mesmo ano). Em 2017 procedeu à venda desse bem. Temos, assim, que, no ano de aquisição, a empresa deduziu de IVA €3.500 (€5.000 x 0,70). E que, no ano da venda, tem que proceder a uma regularização, a seu favor, de €600. Ou seja: (€3.500 – €5.000) / 5 x 2 = – €600).

Exemplo prático 4

- Uma empresa adquire um bem imóvel, em 2012, com renúncia à isenção do imposto, tendo suportado de IVA €10.000, e deduzido €8.000, com base no *pro-rata* definitivo do ano de aquisição. Em 2017 procede à respetiva venda, com isenção do imposto, pelo que, teve que proceder a uma regularização, a favor do Estado, no montante de €6.000. Ou seja: (€8.000 – 0€) / 20 x 15 = €6.000[26];
- Se, no caso imediatamente anterior, o imóvel tivesse sido vendido com renúncia à isenção do imposto, teríamos uma regularização, a favor do sujeito passivo, de €1.500. Ou seja: (€8.000 – €10.000) / 20 x 15 = – €1.500.

Saliente-se que a ordem jurídica interna, prevê, através do Anexo ao Decreto-Lei N.º 21/2007, de 29 de janeiro, os termos e condições da renúncia à isenção, consignada no n.º 4 e 5 do art.º 12.º do CIVA.

Estando consignado, no n.º 1 do art.º 10.º, daquele regime legal, a obrigatoriedade de os sujeitos passivos, que utilizem bens, relativamente aos quais se exerceu o direito à dedução total ou parcial do imposto, terem de regularizar o IVA, de uma só vez, nos termos do n.º 5 do art.º 24.º do CIVA, considerando,

[25] *Vide* a alínea 9) do Anexo X da Diretiva IVA, assim como os correspetivos art.ºs 377.º e 137.º, e, na ordem jurídica nacional, a alínea 30) do art.º 9.º e o n.º 5 e 6 do art.º 12.º do CIVA, assim como o Anexo ao Decreto-Lei N.º 21/2007, de 19 de janeiro.

[26] Neste caso, dado que o bem foi objeto de uma alienação isenta de imposto, o sujeito passivo vê-se, assim, forçado a suportar um montante acrescido do imposto pago aquando da sua aquisição, em função do período de tempo ainda não transcorrido.

para o efeito, que os bens se encontram afetos a uma atividade não tributada, no caso de: *(i)* imóveis afetos a fins alheios à atividade exercida pelo sujeito passivo, e *(ii)* imóveis que, ainda que não se encontrem afetos a fins alheios à atividade exercida, não sejam efetivamente utilizados em fins da empresa por um período superior a dois anos consecutivos.

Sendo que, no que concerne a esta última hipótese, o TJUE, no Acórdão *Imofloresmira*[27], considerou que a obrigação legal de se proceder à regularização do imposto atenta contra o princípio da neutralidade (i.e., mantendo-se, portanto, o direito à dedução), quando o edifício, em questão, estiver desocupado, por um determinado período de tempo (interrompendo-se a sua afetação aos fins da empresa), contanto que se comprove que essa desafetação se deveu a circunstâncias independentes da vontade do sujeito passivo, e que este sempre teve a intenção de continuar a exercer uma atividade tributada[28] (e.g., se se provar que o sujeito passivo procurou arrendar o imóvel durante o período em que o mesmo se manteve desocupado).

5. Da Afetação Real

Os *sujeitos passivos parciais* encontram-se constrangidos, nos termos da alínea *a)* do n.º 1, conjugado com o n.º 2, ambos do art.º 23.º do CIVA, a adotar, em exclusivo, o método da afetação real.

Realce-se que a consagração legal desta obrigação de assunção do método da afetação real é uma prerrogativa que foi exercida pelo Estado português, face aos considerandos tecidos pelo TJUE, no Acórdão *Securenta*[29], no qual se refere que: "(...) os Estados-Membros devem exercer o seu poder de apreciação de modo a assegurar que a dedução só será efectuada para a parte do IVA que é proporcional ao montante referente às operações que conferem direito a dedução".

Os Pontos A) e B) do Capítulo VII do Ofício-Circulado N.º 30103, de 23 de abril de 2008, da Área de Gestão Tributária – IVA, destrinçam o concei-

---

[27] Acórdão TJUE, *Imofloresmira – Investimentos Imobiliários*, C-672/16, 28.02.2018.

[28] *Vide* os N.ºs 40 a 42 e 47 do referido acórdão comunitário.

[29] *Vide* o Acórdão TJUE, *Securenta*, C-437/06, 13.03.2008.

to de *operações decorrentes de uma atividade económica* (as quais devem, como vimos, ser integradas no denominador da fórmula do "*pro rata*", na eventualidade de não se ter optado pelo método da afetação real) do conceito de *operações não decorrentes de uma atividade económica* (as quais implicam a adoção, obrigatória, do método da afetação real, não podendo, naturalmente, ser consideradas para efeitos do cálculo do *pro rata*).

Assim:

- As *operações decorrentes de uma atividade económica* são aquelas que sejam subsumíveis no n.º 1 do art.º 2.º do CIVA (i.e., as afetas ao exercício de uma atividade de produção, comercialização ou de prestação de serviços, incluindo as atividades extrativas, agrícolas e as profissões liberais);
- As *operações não decorrentes de uma atividade económica* reportam-se, entre outras, às entradas de capital em sociedades, à perceção de dividendos/lucros e aos rendimentos resultantes de aplicações em fundos de investimento[30].

Note-se que, as operações que beneficiem de uma isenção do imposto, nos termos, nomeadamente, do art.º 9.º do CIVA, são subsumíveis no conceito de *operações decorrentes de uma atividade económica*. Assim sendo, e a título meramente exemplificativo, devem considerar-se, no denominador do *pro-rata*, o montante das operações financeiras consignadas no n.º 27 do art.º 9.º do CIVA (e.g., juros de depósitos bancários, de detenção de obrigações, de concessão de crédito a entidades participadas, *swaps*, etc.). A inclusão destas operações no denominador do *pro-rata* só não ocorrerá, como referimos supra, quando se constatar que, as mesmas, são exercidas a título acessório.

O método da afetação real permite a dedução do imposto suportado na aquisição de *bens ou serviços promíscuos* com base em critérios objetivos, que permitam determinar o grau de utilização de tais bens/serviços em operações que conferem direito à dedução e em operações às quais esse direito se encontra vedado.

---

[30] *Vide* o Ponto B) do Capítulo VII do Ofício Circulado N.º 30103.

Estes critérios objetivos, que devem ser adaptados à situação e organização concretas do sujeito passivo, assim como à natureza das respetivas operações, no contexto da atividade global, por si exercida, podem, nomeadamente, consistir: *(i)* na ponderação da área ocupada para o exercício da atividade tributada e para o exercício da atividade isenta/não sujeita a tributação; *(ii)* no número de funcionários afetos a uma e a outra atividade; *(iii)* na correspetiva massa salarial; *(iv)* nas horas-máquina ou horas-homem[31].

Realce-se que estes critérios devem ser aplicados bem a bem ou serviço a serviço, de molde a determinar a sua concreta utilização na atividade sujeita a imposto e na atividade isenta/não sujeita.

De molde a termos uma perspetiva clara desta matéria, atendamos ao seguinte exemplo prático:

Exemplo prático 5

Um dado sujeito passivo adquire um equipamento, por um valor tributável de €3.000, tendo suportado €690 de IVA.

Constatou que o número de horas-máquina, afetas à atividade sujeita e não isenta de imposto era de 4/5 do total (i.e., o número de horas-máquina, para o exercício da atividade isenta correspondia, tão-somente, a 1/5).

Assim sendo, poderá deduzir o montante de €552 de IVA [€690 x 4/5 = €552].

6. O Acórdão *Stanley Morgan* e suas Consequências Práticas

Através do supramencionado Acórdão *Stanely Morgan*, o TJUE foi chamado a pronunciar-se sobre a forma como se deve efetivar o exercício do direito à dedução do imposto suportado por uma sucursal, registada num dado Estado-Membro, de um sujeito passivo misto, localizado numa outra jurisdição comunitária.

---

[31] *Vide* os Pontos 2 e 3 do Capítulo V do Ofício Circulado N.º 30103.

Assim, e antes de tudo o mais, o TJUE asseverou, em moldes perfeitamente lineares, que, para efeitos do sistema comum do IVA, quer a sucursal, quer a sede, constituem um só e mesmo sujeito passivo, devendo, em decorrência, entender-se que: *(i)* a sucursal tem direito à dedução do imposto, por si suportado, para o exercício da atividade prosseguida pelo sujeito passivo, através da sede ou da própria sucursal; *(ii)* as prestações reciprocas entre a sede e a sucursal (e.g., a alocação de lucros da sede à sucursal, na proporção dos valores relativos às operações realizadas, por esta última, junto dos clientes) devem ser consideradas, para efeitos do sistema comum do imposto, como fluxos internos não tributáveis[32].

Contudo, na eventualidade de estarmos perante um sujeito passivo misto, o apuramento do IVA dedutível, deve, em primeiro lugar, efetivar-se, como referimos supra, de acordo com método da *direct attribution of input tax*.

Pelo que, caso a sucursal tenha adquirido um bem/serviço que seja, exclusivamente, utilizado numa atividade, prosseguida pela sede, sujeita mas isenta de imposto, no Estado-Membro do registo da sucursal, não pode, necessariamente, a sucursal, deduzir o correspetivo imposto. Podendo a sucursal, não obstante, deduzir, na íntegra, o imposto suportado nos *inputs* que se destinem exclusivamente a uma atividade prosseguida pela sede que, no Estado-Membro de registo da sucursal, deem azo ao direito à dedução.

Por seu turno, na eventualidade de a sucursal ter adquirido um bem/serviço que seja, exclusivamente, utilizado numa atividade, prosseguida, quer pela sucursal, quer pela sede, sujeita mas isenta de imposto, no Estado-Membro de registo da sucursal, não pode proceder à dedução do IVA suportado em tais *inputs*. Ao invés, se se tratar do IVA que onerou despesas referentes à aquisição de bens/serviços destinados a uma atividade prosseguida, em simultâneo, pela sucursal e pela sede, que seja sujeita e não isenta de imposto, no Estado-Membro do registo da sucursal, pode, este IVA, ser integralmente deduzido.

Como referimos supra, os *devedores de imposto parciais* podem recorrer, residualmente, ao método do *pro-rata* ou da afetação real.

---

[32] *Vide* Acórdão TJUE, *Morgan Stanley & Co International*, C-165/17, 24.01.2019, pontos n.º35 e 38.

Pelo que, na eventualidade de se adotar o método do *pro-rata*, face a *bens/serviços promíscuos*, o Acórdão *Stanley Morgan* esclarece a fórmula concreta que se deve utilizar. Assim:

- O *pro-rata* a aplicar às despesas, suportadas pela sucursal, que são afetas, exclusivamente, tanto a operações sujeitas ao IVA, como dele isentas, realizadas pela sede, noutro Estado-Membro, deve ser determinado através de uma fração, cujo denominador é composto pelo volume de negócios, líquido do IVA, constituído apenas por estas operações, e cujo numerador é constituído pelas operações tributáveis que dariam azo ao direito à dedução se tivessem sido efetuadas no Estado-Membro do registo da sucursal, incluindo aquelas cujo direito à dedução resulta do exercício de uma opção (e.g., de uma renúncia à isenção do imposto, efetivada pela sucursal)[33];
- O *pro-rata* a aplicar ao imposto que onerou as despesas, suportadas pela sucursal, para a atividade prosseguida por seu intermédio, e pela própria sede, resulta de uma fração cujo numerador é composto pelas operações tributáveis efetuadas no Estado-Membro do registo da sucursal, acrescido das operações tributáveis, realizadas pela sede, que também dariam azo à dedução do imposto, se praticadas nesta última jurisdição, e no denominador, o conjunto de todas as operações realizadas tanto pela sucursal como pela correspetiva sede[34].

Se, porventura, optarem pela aplicação do método da afetação real, deve recorrer-se a um critério objetivo, que possibilite a determinação do grau de afetação dos bens ou serviços de *utilização promíscua* na atividade isenta e na atividade tributada, tendo presente que:

- Quando se trate de despesas, suportadas pela sucursal, em exclusivo, para a atividade prosseguida pela sede, a proporção do IVA dedutível, aferida de acordo com o critério objetivo que venha a ser adotado, deverá atender, tão-somente, ao volume de negócios da sede;

---

[33] *Vide* o N.º 26 do referido Acórdão *Morgan Stanley & Co International*.

[34] *Vide* o N.º 59 do referido Acórdão *Morgan Stanley & Co International*.

- Quando se trate de despesas, suportadas pela sucursal, para o exercício de operações a realizar tanto pela sede como pela própria sucursal, tal proporção deve ter por base o conjunto total destas operações.

Para melhor se perceber esta última questão, atentamos aos seguintes exemplos práticos:

Exemplo prático 6

Uma sucursal adquiriu um equipamento, para ser utilizado indistintamente, na atividade isenta e na atividade tributada, prosseguida pela sede.

Com base no critério de número de horas-máquina apurou-se uma proporção de 1/5, no que concerne à atividade prosseguida pela sede, considerada como isenta no Estado-Membro de registo da sucursal (i.e., a atividade tributada, que beneficiaria do direito à dedução, equivalia a 4/5). O volume total de IVA suportado, pela sucursal, no exercício da respetiva atividade, foi de €100.000. Assim sendo, poderá deduzir €80.000 [€100.000 x 4/5].

Exemplo prático 7

Uma sucursal adquiriu um equipamento, para ser utilizado indistintamente, na atividade isenta e na atividade tributada, prosseguida por si própria e pela sede.

Com base no critério de número de horas-máquina apurou-se uma proporção de 4/5, no que concerne à atividade (prosseguida por ambas as entidades) que não beneficia do direito à dedução, no Estado-Membro de registo da sucursal.

O volume total de IVA, suportado pela sucursal foi de €100.000, dando-se, assim, azo a uma dedução de €20.000 [€100.00 x 1/5].

7. Conclusões

Assim, no que concerne, especificamente, ao enquadramento jurídico-tributário a providenciar às sucursais de sujeitos passivos mistos, para efeitos do exercício do direito à dedução, cumpre concluir o seguinte:

- A sucursal e a respetiva sede devem ser consideradas como um único e mesmo sujeito passivo;
- Tratando-se de um sujeito passivo misto, deve, sempre que possível, recorrer-se, antes de mais, ao método do *direct attribution of input tax*;
- Contudo, se estivermos perante a aquisição de bens/serviços de *utilização promíscua*, e se trate de um *devedor de imposto parcial* é-lhe concedida a prerrogativa de optar pelo método do *pro-rata* ou da afetação real;
- Os *sujeitos passivos parciais* encontram-se, não obstante, obrigados a recorrer ao método da afetação real, com vista a determinar o IVA dedutível, referente a bens/serviços de *utilização promíscua*;
- O *pro-rata* a aplicar às despesas, suportadas pela sucursal, que são afetas, exclusivamente, tanto a operações sujeitas ao IVA, como dele isentas, realizadas pela sede, noutro Estado-Membro, deve ser determinado através de uma fração, cujo denominador é composto pelo volume de negócios, líquido do IVA, constituído apenas por estas operações, e cujo numerador é constituído pelas operações tributáveis que dariam azo ao direito à dedução se tivessem sido efetuadas no Estado-Membro do registo da sucursal;
- O *pro-rata* a aplicar ao imposto que onerou as despesas, suportadas pela sucursal, para a atividade prosseguida por seu intermédio, quando o sujeito passivo realize operações, quer no Estado-Membro da sucursal, quer no Estado-Membro da sede, resulta de uma fração cujo numerador é composto pelas operações tributáveis efetuadas no Estado-Membro do registo da sucursal, acrescido das operações tributáveis, realizadas pela sede, que também dariam azo à dedução do imposto, se praticadas nesta última jurisdição, e no denominador, o conjunto de todas as operações praticadas pela sucursal e pela correspetiva sede;
- Optando-se pelo método da afetação real, o critério objetivo de determinação do grau de afetação dos bens/serviços de *utilização promíscua* deve ter em conta o volume de negócios da sede ou, ao invés, o volume de negócios *combinado* da sede e da sucursal, consoante estejamos, respetivamente, perante o apuramento do IVA dedutível de atividades prosseguidas estritamente pela sede ou por ambas;

- Finalmente, deve entender-se que quaisquer prestações reciprocas entre a sede e a sucursal são consideradas como fluxos internos, não passíveis de tributação, para efeitos do IVA.

A Revolução na Tributação do E-Commerce*

RAQUEL MONTES FERNANDES

> *"Brick by brick and piece by piece, a new VAT system is being built that is fit for purpose and within which internet companies operating across borders can thrive."*[1]

* A análise efetuada pela Autora neste artigo reporta-se a 31.03.2019.

[1] Pierre Moscovici, Comissário Europeu para os Assuntos Económicos e Financeiros, dezembro 2017.

1. Contexto Económico

Em agosto de 2018 a Apple tornou-se a primeira empresa norte-americana, e a segunda a nível mundial, a atingir uma capitalização bolsista de 1 bilião de dólares, transformando-se numa *trillion-dollar-baby*. Um mês depois, foi a vez da Amazon lhe seguir as pisadas.

Segundo um estudo da revista Forbes sobre as 20 marcas mais valiosas do mundo em 2018, as primeiras 5 são gigantes da tecnologia (Apple, Google, Microsoft, Facebook e Amazon), cujo estatuto e poder têm vindo a ser progressivamente consolidados[2].

Na Europa, o comércio eletrónico também está em franca progressão, crescendo a dois dígitos e reforçando a sua contribuição para o PIB da Comunidade. Segundo dados oficiais, as vendas *online* na União Europeia ("UE") movimentam, anualmente, cerca de € 550 mil milhões, dos quais € 96 mil milhões respeitam ao comércio intracomunitário.

Por sua vez, estima-se em € 5 mil milhões (€ 7 mil milhões já em 2020) a perda de receita anual de IVA no setor do *e-commerce*, a qual deriva do custo significativo do *compliance* em sede de IVA, que serve de desincentivo ao crescimento do *e-commerce*, bem como dos níveis de fraude neste setor.

Enquanto a internet e a economia digital mudam o nosso mundo e transformam as nossas vidas[3], suscitam-se questões cada vez mais prementes, a par dos próprios custos de contexto do *e-commerce*, quanto à concorrência desleal entre sujeitos passivos estabelecidos e não estabelecidos na UE, à necessidade de uma cooperação mais eficaz entre as administrações fiscais para salvaguarda da receita fiscal da Comunidade, ao *enforcement*

[2] "Global B2C e-commerce sales of goods alone are now estimated to be worth in the region of USD 2 trillion annually with projections indicating they may reach USD 4.5 trillion by 2021, USD 1 trillion of which is estimated to be cross-border e-commerce", OECD, http://www.oecd.org/tax/consumption/the-role-of-digital-platforms-in-the-collection-of-vat-gst-on-online-sales.pdf, 13.

[3] Conforme conclui a OCDE em 2015 no âmbito do projeto *BEPS*, "because the digital economy is increasingly becoming the economy itself, it would not be feasible to ring-fence the digital economy from the rest of the economy for tax purposes", http://www1.oecd.org/publications/addressing-the-tax-challenges-of-the-digital-economy-action-1-2015-final-report-9789264241046-en.htm.

das regras de tributação junto dos sujeitos passivos não estabelecidos na Comunidade, etc. [4]

Nos capítulos seguintes propomo-nos debruçar sobre as recentes iniciativas legislativas promovidas a nível comunitário que têm por objeto a reforma da tributação da economia digital em sede de IVA.

> *"[W]e are bringing VAT rules into de 21st century, adapting them to an increasingly digital and globalised economy. Businesses should look forward to a smooth transition to the broader VAT system for e-commerce in 2021."*[5]

2. Contexto Legislativo

Em 2015 entraram em vigor as regras de tributação no destino aplicáveis aos serviços de telecomunicações, radiofusão e televisão e serviços eletrónicos prestados a não sujeitos passivos (i.e., operações *B2C*, *business-to--consumer*) estabelecidos ou domiciliados na Comunidade[6].

Nessa sequência, foi implementado o regime especial do Mini-Balcão Único ("MOSS")[7], nas suas vertentes de regime da União e regime extra--União, que permite que os prestadores dos serviços *supra* referidos cumpram as suas obrigações declarativas e de pagamento do imposto através de um registo único de IVA num EM (designado EM de identificação), ao

---

[4] "The two main challenges (albeit not the only ones) that the digital economy has posed to the traditional VAT systems are how to adequately levy VAT and how to remit and collect the tax due when it comes to: (i) the importation of low-value goods; and (ii) supplies of services and intangibles to final consumers", Laura Mattes, "VAT aspects of cross-border transactions in the BEPS era", *International VAT Monitor*, 2016, 180.

[5] Pierre Moscovici, Comissário Europeu para os Assuntos Económicos e Financeiros, março 2019.

[6] Para maior detalhe sobre o pacote de 2015, *v.* Conceição Gamito/Catarina Belim/Rita Chambel, "Localização dos serviços de telecomunicações, dos serviços de radiodifusão e televisão e dos serviços eletrónicos", *Cadernos do IVA 2014*, 2015.

[7] Decreto-Lei n.º 158/2014, de 24.09.2014. Para mais informações sobre o regime do MOSS, *v.* Olívia Maurício, "O Mini Balcão Único (MOSS) – Um passo em frente na simplificação do cumprimento das obrigações do IVA a nível da União Europeia", *Cadernos do IVA 2014*.

invés de serem obrigados a registar-se em todos os EM para onde prestam serviços.

Nesse mesmo ano (2015), tendo em vista promover a adaptação das restantes regras do sistema IVA – que visam, essencialmente, realidades não digitais – ao crescimento exponencial do *e-commerce*, a Comissão Europeia delineou uma Estratégia para o Mercado Único Digital[8], a qual visou: (i) um melhor acesso dos consumidores e empresas a bens e serviços em linha em toda a Europa, (ii) a criação das condições adequadas para o desenvolvimento de redes e serviços digitais e (iii) a otimização do potencial de crescimento da Economia Digital Europeia[9].

No ano seguinte (2016), a Comissão Europeia lançou o seu plano de ação sobre o IVA[10] e definiu o objetivo de criar um espaço único do IVA na UE, adequado às exigências do século XXI. Uma das vertentes deste plano visava, precisamente, (i) estabelecer um *level playing field* entre o comércio digital e os restantes setores da economia e (ii) modernizar e simplificar as obrigações em sede de IVA para o comércio *online* intra-UE.

Em dezembro de 2017, o Conselho da União Europeia aprovou o Pacote IVA para o comércio eletrónico[11], o qual é composto pelos seguintes documentos:

1. Regulamento (UE) 2017/2454 do Conselho, que altera o Regulamento (UE) n.º 904/2010 relativo à cooperação administrativa e à luta contra a fraude no domínio do IVA;
2. Diretiva (UE) 2017/2455 do Conselho, que altera a Diretiva 2006/112/CE ("Diretiva IVA") e a Diretiva 2009/132/CE no que diz

---

[8] COM(2015) 192 final, de 06.05.2015 – Comunicação da Comissão ao Parlamento Europeu, ao Conselho, ao Comité Económico e Social Europeu e ao Comité das Regiões.

[9] Para uma análise mais aprofundada desta evolução, *v.* Conceição Gamito/Ana Raquel Costa/Joana Branco Pires, "IVA e Economia Digital", *Cadernos do IVA 2017*.

[10] COM(2016) 148 final, de 07.04.2016 – Comunicação da Comissão ao Parlamento Europeu, ao Conselho e ao Comité Económico e Social Europeu relativa a um plano de ação sobre o IVA. *V.* Deloitte, "VAT aspects of cross-border e-commerce – Options for modernisation": https://publications.europa.eu/en/publication-detail/-/publication/285917c5-b79b-11e6-9e3c-01aa75ed71a1/language-en/format-PDF/source-search.

[11] Conforme iniciativa legislativa da Comissão Europeia na COM(2016) 757 final, de 01.12.2016 – Modernizar o IVA no comércio B2C transfronteiras.

respeito a determinadas obrigações relativas ao IVA para as prestações de serviços e as vendas à distância de bens;
3. Regulamento de Execução (UE) 2017/2459 do Conselho, que altera o Regulamento de Execução (UE) 282/2011 ("Regulamento de Execução") que estabelece medidas de aplicação da Diretiva IVA.

Este Pacote IVA para o comércio eletrónico entra em vigor de forma faseada: a maioria das regras vigora apenas a partir de 2021, para dar tempo aos sujeitos passivos e aos Estados-membros ("EM") para adaptarem os seus sistemas às alterações significativas aí promovidas; não obstante, algumas simplificações ao atual sistema MOSS entraram em vigor em janeiro de 2019.

No que respeita às novas regras de IVA aplicáveis a partir de 2021, a Comissão Europeia apresentou ainda, em dezembro de 2018, as seguintes propostas complementares ao referido Pacote IVA de 2017:

1. COM(2018) 819 final – Proposta de Diretiva do Conselho, que altera a Diretiva IVA no que respeita às disposições relativas às vendas à distância de bens e a determinadas entregas de bens[12] ao nível nacional;
2. COM(2018) 821 final – Proposta de Regulamento de Execução do Conselho, que altera o Regulamento de Execução no que respeita às entregas de bens ou prestações de serviços facilitadas por interfaces eletrónicas e aos regimes especiais aplicáveis aos sujeitos passivos que prestem serviços a pessoas que não sejam sujeitos passivos e efetuem vendas à distância de bens e determinadas entregas internas de bens.

Em março de 2019 foi alcançado um acordo político entre os EM sobre estas propostas[13], sendo expectável para breve a sua formalização e publicação.

---

[12] As expressões "transmissão de bens", "entregas de bens" e "vendas de bens" são usadas indistintamente neste artigo.

[13] "The European Union and the United States have both updated their approaches to the issue of how to effectively collect indirect tax in the e-commerce sector in order to reduce lost revenues for states while controlling compliance costs for small and medium-sized

No essencial, este Pacote IVA para o *e-commerce* pretende generalizar o princípio da tributação no EM de consumo/destino nas operações *B2C* de bens e serviços[14], nos seguintes termos:

a) *Transações intracomunitárias de bens*: a abolição dos atuais limiares das vendas à distância, que originam distorções de concorrência (em particular, no caso de vendas através de plataformas eletrónicas em que o fornecedor se regista no EM que aplica as taxas mais baixas), permitirá a aplicação plena da (atual) regra geral de tributação destas operações no EM de consumo;

b) *Importações de bens de países e territórios terceiros*: a abolição do atual limiar de isenção de IVA de € 22, usado de forma abusiva pelos sujeitos passivos, em particular os não estabelecidos na Comunidade, permitirá a tributação de todas as importações no espaço europeu, as quais, tratando-se de remessas até € 150, podem, contudo, a partir de 2021, beneficiar de simplificações declarativas e de pagamento de IVA;

c) *OSS*[15]: para cumprimento das obrigações resultantes das novas regras aplicáveis às vendas à distância de bens, bem como para reporte da prestação de qualquer serviço *B2C* tributado no EM do adquirente, foi acordada a extensão do atual MOSS[16];

d) *Plataformas eletrónicas*: as plataformas eletrónicas que facilitem vendas de bens a consumidores finais da Comunidade, nos termos previstos no novo art.º 14-A da Diretiva IVA, são responsáveis pela declaração e pagamento do IVA devido nessas operações.

---

enterprises across a multiplicity of jurisdictions, and dealing with unbalanced rules that favoured out-of-state sellers and put in-state sellers at a competitive disadvantage", Elvire Tardivon-Lorizon and Amanda Z. Quenette, "Indirect taxation of e-commerce – Significant recent changes in the United States and the European Union", *International VAT Monitor*, 2018, 218.

[14] *V.* Elisabeth Ashworth, Marie-Odile Duparc and Amélie Retureau, "E-commerce: the EU revises the VAT system", *Taxation of the digital economy*, CMS, 2019.

[15] *One-Stop-Shop*.

[16] Segundos dados da Comissão, a extensão do MOSS reduzirá em 95% os custos administrativos dos agentes económicos na gestão de IVA devido em operações intra-UE, o que permitirá uma redução anual de mais de € 2 mil milhões nos custos de *compliance*.

3. Regras de IVA em Vigor Desde Janeiro de 2019 – Simplificação do MOSS

Sem prejuízo do novo paradigma do *e-commerce*, em sede de IVA, que entra em vigor em 2021, os EM decidiram simplificar, com efeitos imediatos, certas obrigações aplicáveis aos serviços já abrangidos pelo MOSS[17], para minimizar alguns custos associados ao comércio intra-UE[18] na esfera das pequenas e médias empresas ("PME").

As alterações em causa, explicitadas em detalhe *infra*, visaram (i) introduzir um limiar de € 10.000 abaixo do qual as prestações de serviços abrangidas pelo MOSS continuam a ser localizadas, para efeitos de IVA, no EM do prestador, (ii) permitir a aplicação das regras de faturação do EM de identificação do MOSS (e não do EM de cada adquirente) e (iii) simplificar o requisito de prova do lugar de estabelecimento do destinatário de alguns destes serviços.

3.1. Derrogação à regra de localização dos serviços eletrónicos

No que respeita aos serviços de telecomunicações, radiodifusão ou televisão e serviços eletrónicos prestados a não sujeitos passivos vigora, desde 2015, a regra de tributação no destino, i.e., no EM de consumo, como vimos *supra*.

Não obstante, aquando do balanço recentemente efetuado ao funcionamento do regime especial do MOSS, concluiu-se que esta regra de tributação se afigurava muito gravosa para as PME. Neste sentido, tendo em vista reduzir os encargos das microempresas estabelecidas num único EM, que prestam serviços de telecomunicações, radiodifusão ou televisão e serviços eletrónicos a título ocasional noutros EM, foi acordado um limiar comunitário até ao qual estes serviços se consideram localizados e, como

[17] As melhorias ao MOSS vigentes desde janeiro não implicaram alterações informáticas, ao contrário das regras que entram em vigor em 2021.

[18] Estima-se em € 8.000, por cada EM de destino, o custo anual associado ao cumprimento de obrigações em sede de IVA do comércio eletrónico intra-UE: https://publications.europa.eu/en/publication-detail/-/publication/285917c5-b79b-11e6-9e3c-01aa75ed71a1/language-en/format-PDF/source-search.

tal, sujeitos a IVA no EM do prestador (i.e., dentro deste limiar aplicam-se, novamente, as regras de tributação na origem).

Assim, o Orçamento do Estado para 2019[19] transpôs parcialmente a Diretiva (UE) 2017/2455, a qual estabelece, em vigor desde janeiro, uma norma derrogatória à regra geral de localização destes serviços, permitindo a sua tributação no EM da sede ou estabelecimento do prestador, ao invés do EM do adquirente, quando, cumulativamente, se verifiquem as seguintes condições:

i. O prestador tenha sede, estabelecimento estável ou domicílio num único EM; e
ii. Estejam em causa serviços de telecomunicações, radiodifusão ou televisão e serviços por via eletrónica prestados a não sujeitos passivos (operações *B2C*) estabelecidos ou domiciliados em outros EM; e
iii. O valor total, líquido de IVA, destas prestações de serviços não seja superior, no ano civil anterior ou em curso, a € 10.000.

Reunidas as condições *supra*, e estando em causa serviços prestados por sujeitos passivos estabelecidos em território nacional, estes serão objeto de tributação em Portugal por via do novo art.º 6-A e do art.º 6 n.º 6 *b)* do Código do IVA, permitindo, deste modo, aos prestadores nacionais continuar a aplicar a estas operações intra-UE as regras vigentes em Portugal.

A partir do momento em que, no decurso de um ano civil, seja excedido o limiar de € 10.000, cessa de imediato a aplicação desta norma derrogatória, sendo, então, tais serviços sujeitos a tributação no EM do adquirente, de acordo com o disposto na alínea *h)* do n.º 9 do art.º 6 do Código do IVA.

A regra de localização destes serviços com base no critério do estabelecimento ou domicílio do adquirente é, igualmente, aplicável nos casos em que, não obstante não ter sido excedido o referido limiar (€ 10.000), o prestador tenha expressamente optado pela tributação destes serviços no destino.

[19] Lei 71/2018, de 31.12.2018. *V.* Ofício-Circulado n.º 30206 da AT, de 18.12.2018.

3.2. *Aplicação das regras de faturação do EM de identificação*

Regra geral, a obrigação de faturação de transmissões de bens ou prestações de serviços está sujeita às regras aplicáveis no EM onde estas se consideram realizadas.

Tal significava, no que respeita aos serviços reportados através do MOSS, que os seus prestadores estavam sujeitos ao cumprimento das regras de faturação vigentes nos vários EM de domicílio dos seus clientes.

Atendendo aos custos de contexto inerentes à aplicação desta regra aos serviços declarados no MOSS, os EM acordaram permitir a aplicação das regras de faturação do EM de identificação do prestador a todas as operações declaradas no MOSS, evitando, desta forma, que os prestadores destes serviços que estejam registados no MOSS tenham de observar, como até agora, as regras de faturação de cada EM de destino dos bens ou serviços.

Estas alterações foram concretizadas no n.º 5 do novo art.º 35-A do Código do IVA, aditado pelo Decreto-Lei n.º 28/2019, de 15.02.2019, o qual determina a sujeição às regras nacionais de faturação das operações efetuadas por sujeitos passivos que utilizem Portugal como EM de identificação para efeitos do MOSS.

3.3. *Simplificação da prova de estabelecimento*

A aplicação das regras de localização das prestações de serviços de telecomunicações, radiodifusão ou televisão e serviços por via eletrónica a não sujeitos passivos observa, igualmente, o disposto no Regulamento de Execução, o qual, entre outros, estabelece um conjunto de presunções para determinação da localização do adquirente não sujeito passivo (art.º 24-B) através da utilização de equipamentos específicos – linhas fixas, redes móveis e descodificadores ou dispositivos similares ou cartões de visualização – ou, nos restantes casos, através de uma presunção genérica de localização no local identificado pelo prestador com base em dois elementos de prova não contraditórios.

Uma vez que a recolha destes dois elementos de prova se tem revelado particularmente onerosa para as PME, o Regulamento de Execução (UE) 2017/2459 altera o referido art.º 24-B do Regulamento de Execução no sentido de permitir que o prestador dos serviços apresente apenas um elemento de prova do estabelecimento, domicílio ou residência habitual do seu adquirente, desde que (i) a prova em causa seja fornecida por uma pessoa (com exceção do prestador ou destinatário) que intervenha na prestação dos mencionados serviços e (ii) o valor total dessas prestações, líquido de IVA, não exceda € 100.000 no ano civil em curso e no anterior[20].

Tratando-se de uma norma constante de um regulamento comunitário, a sua aplicação nos vários EM é direta e imediata (desde janeiro de 2019), não carecendo de transposição para a legislação nacional.

3.4. Alteração ao regime do MOSS

Foi alterado o DL 158/2014 para permitir que os sujeitos passivos não estabelecidos na UE mas registados para efeitos de IVA nalgum EM possam optar pela aplicação do regime extra-União do MOSS[21].

4. Regras de IVA com Entrada em Vigor em 2021

4.1. Resumo do Pacote IVA para o e-commerce

Aproveitando a experiência do MOSS[22], e indo ao encontro das reivindicações dos sujeitos passivos que não podem atualmente beneficiar do siste-

[20] A partir do momento em que este limite seja excedido durante um ano civil, a simplificação cessa, de imediato, a sua aplicação, sendo novamente aplicável se e quando as suas condições forem, de novo, cumpridas.

[21] Até aqui, o facto de possuírem um número de IVA comunitário impedia-os de usarem o MOSS.

[22] "One of the reasons for extending the MOSS is that both businesses and tax administrations are very satisfied with its current operation. According to the European Commission, VAT compliance costs for businesses have decreased by EUR 500 million, or about EUR 41,000 per company, compared to the alternative of having to register and account for VAT in each and every Member State where customers are based. In 2015, approximately EUR 3 billion of VAT was paid via the MOSS, representing about 70% of the total sales of electronic telecommunication and broadcasting services. This shows that direct registration in each Member State was chosen only by a small minority of generally large businesses who are already registered for other reasons", Aleksandra Bal, "EU VAT proposals to stimulate

ma MOSS dado o seu âmbito limitado, os EM promovem, a partir de 2021, o alargamento deste sistema (i) a todos os outros serviços prestados por sujeitos passivos estabelecidos e não estabelecidos na UE a consumidores finais da União, (ii) às vendas à distância intracomunitárias de bens e (iii) às vendas à distância de bens importados de territórios ou países terceiros.

O alargamento do MOSS comporta a adoção dos seguintes regimes especiais:

a) *Regime da União* (abrange bens e serviços) – (i) para sujeitos passivos estabelecidos na UE, mas não no EM de consumo, que prestem serviços a não sujeitos passivos, (ii) para sujeitos passivos, estabelecidos ou não estabelecidos na UE[23], que realizem vendas à distância intracomunitárias de bens e (iii) para as plataformas eletrónicas que efetuem vendas locais de bens nalgum EM;

b) *Regime extra-União* (apenas abrange serviços) – para sujeitos passivos não estabelecidos na UE que prestem qualquer serviço a não sujeitos passivos da Comunidade;

c) *Regime de importação (IOSS)*[24] (apenas abrange bens) – para sujeitos passivos estabelecidos ou não estabelecidos na UE que efetuem vendas à distância de bens importados de países ou territórios terceiros cujo valor intrínseco de cada remessa não exceda € 150.

É, ainda, implementado um regime simplificado para a declaração e pagamento do IVA na importação de remessas até € 150 para as entidades (em particular, serviços postais) que atuem como transportadores/importadores de bens destinados a consumidores finais da União, se o respetivo imposto não tiver sido pago através do sistema IOSS (nomeadamente, por o fornecedor dos bens não estar registado no Balcão Único).

---

electronic commerce and digital publishing", *International VAT Monitor*, 2017, 134. Em sentido contrário, *v.* Marie Lamensch, "European Commission's new package of proposals on e-commerce: A critical assessment", *International VAT Monitor*, 2017.

[23] Ao contrário do atual regime da União, que se destina, apenas, a sujeitos passivos estabelecidos na UE.

[24] Ainda por definir se o IOSS será integrado na mesma interface que os regimes da União e extra-União do OSS.

Paralelamente, são suprimidos os atuais limiares nacionais de vendas à distância intracomunitárias de bens (€ 35.000 ou € 100.000), bem como a isenção de IVA aplicável na importação de bens de valor insignificante (até € 22), por originarem distorções no mercado único.

Os EM adotaram, ainda, um limiar de IVA comunitário (€ 10.000) combinado para as vendas à distância intracomunitárias de bens e as prestações de serviços de telecomunicações, radiodifusão ou televisão e serviços prestados por via eletrónica, tendo em vista simplificar as obrigações das microempresas[25].

Por último, prevê-se, em termos genéricos, que as plataformas de *e-commerce* sejam responsáveis pela liquidação e pagamento do IVA devido pelas vendas de bens a consumidores finais da Comunidade por si facilitadas.

4.2. Alargamento do MOSS a outros serviços – Regime União e extra-União

Tendo em vista concretizar o alargamento do MOSS a todos os restantes serviços intra-UE prestados a não sujeitos passivos da UE por (i) sujeitos passivos não estabelecidos na UE (regime extra-União) ou por (ii) sujeitos passivos estabelecidos na UE mas não no EM de consumo (regime União), a Diretiva (UE) 2017/2455 aprovou as seguintes alterações à Diretiva IVA:

i. Introdução de um novo conceito de EM de consumo, desde que este seja o EM em que se considera efetuada a prestação de serviços com base nas regras de localização dos mesmos;
ii. Substituição das referências a "serviços de telecomunicações, de radiodifusão e televisão ou serviços eletrónicos" por "serviços".

Refira-se que o regime da União não se aplica aos serviços prestados no EM de estabelecimento do prestador. Tais serviços continuarão a ser reportados nas declarações de IVA desse EM.

[25] Segundo a Comissão, este limite beneficiará 430.000 sujeitos passivos da UE, representando 97% das microempresas envolvidas no comércio intracomunitário.

Foram, ainda, aprovadas as seguintes melhorias ao sistema MOSS:

a) Alargamento do prazo para apresentação da declaração de IVA no âmbito do OSS – dos atuais 20 dias a contar do termo do respetivo período trimestral de tributação para o fim do mês seguinte ao mencionado termo;

b) Alteração das regras aplicáveis às correções de declarações de IVA anteriormente submetidas, permitindo que estas sejam efetuadas numa declaração posterior, o mais tardar no prazo de 3 anos a contar da data em que deveria ser apresentada a declaração inicial, em vez de terem de ser registadas nas declarações dos períodos fiscais a que as correções dizem respeito. Essa declaração de IVA posterior deve identificar o EM de consumo relevante, o período de tributação e o montante de IVA em relação ao qual é necessário efetuar alterações.

4.3. Aplicação do OSS a vendas à distância intracomunitárias de bens

O alargamento do regime especial do MOSS às vendas à distância intracomunitárias de bens pressupõe a substituição das atuais normas que disciplinam estas transmissões de bens por novas regras, incluindo a definição de um novo limiar de € 10.000 para as PME.

1) Definição de vendas à distância intracomunitárias de bens

Consideram-se *vendas à distância intracomunitárias de bens* [alínea 1) do n.º 4 do art.º 14 da Diretiva IVA] as entregas de bens expedidos ou transportados pelo fornecedor ou por conta deste, inclusive caso o fornecedor intervenha indiretamente no transporte ou na expedição dos bens, a partir de um EM que não seja o EM onde acaba a expedição ou o transporte dos bens para o cliente, quando estejam reunidas as seguintes condições:

a) A entrega de bens seja efetuada a um sujeito passivo ou a uma pessoa coletiva que não seja sujeito passivo, cujas aquisições intracomunitárias de bens não estão sujeitas a IVA (por ex., por se tratar de entregas de bens que estariam isentas no território nacional) ou a qualquer outra pessoa que não seja sujeito passivo (em termos gerais, estamos perante operações *B2C*); e

b) Os bens entregues não sejam meios de transporte novos nem bens entregues após montagem ou instalação, pelo fornecedor ou por sua conta.

2) *Regra de localização das vendas à distância intracomunitárias de bens*

Em derrogação da regra geral de localização das transmissões de bens com transporte (art.º 6 n.º 1 do Código do IVA), considera-se que o local de entrega das vendas à distância intracomunitárias de bens é o EM onde se encontram os bens no momento em que acaba a respetiva expedição ou transporte para o cliente[26]. Este EM, denominado EM de consumo, é o EM onde se consideram localizadas estas operações para efeitos de IVA.

3) Limiar aplicável às vendas à distância intracomunitárias de bens

Tendo em vista simplificar as obrigações na esfera das microempresas, os EM acordaram um limiar de € 10.000, abaixo do qual as vendas à distância intracomunitárias de bens abrangidas por este regime especial se consideram, ainda, localizadas no EM de estabelecimento do fornecedor (exceto se este optar pela regra geral).

Refira-se que este limiar de € 10.000 abrangerá cumulativamente, a partir de 2021, as vendas à distância intracomunitárias de bens e as prestações de serviços de telecomunicações, radiodifusão ou televisão e serviços prestados por via eletrónica (até 2021, como vimos, este limiar aplica-se apenas aos serviços do MOSS, não abrangendo as transmissões de bens).

Assim, sempre que o fornecedor esteja estabelecido ou domiciliado num único EM, os bens sejam expedidos ou transportados para outro EM e o valor total, líquido de IVA, destas transmissões de bens (e das referidas prestações de serviços) não seja superior, no ano civil em curso ou no anterior, a € 10.000, considera-se que estas vendas à distância intracomunitárias de bens são localizadas, para efeitos de

---

[26] Não aplicáveis às entregas de bens em segunda mão, de objetos de arte e de coleção ou de antiguidades nem às entregas de meios de transporte em segunda mão.

IVA, no EM de estabelecimento do fornecedor, ao invés de o serem no EM de consumo.

4) Obrigações de faturação das vendas à distância intracomunitárias de bens
A partir de 2021, deixa de existir a obrigação de emissão de fatura para as vendas à distância intracomunitárias de bens, uma vez que tal obrigação, no atual regime, tem por objetivo a necessidade de monitorização dos limiares nacionais (a revogar no fim de 2020).

5) Adaptação do regime especial do OSS às vendas à distância intracomunitárias de bens – obrigações declarativas
O alargamento do regime especial do OSS às vendas à distância intracomunitárias de bens implica, igualmente, alterações em sede de obrigações declarativas. Neste sentido, aprovou-se uma ampliação do conteúdo da atual declaração de IVA do MOSS, de forma a permitir que, a partir de 2021, os sujeitos passivos que efetuem prestações de serviços e vendas à distância intracomunitárias de bens possam declarar estes dois tipos de fornecimentos na mesma declaração. Paralelamente, existindo transmissões de bens provenientes de diferentes EM ao abrigo deste regime especial, a declaração de IVA deve discriminar essas transmissões de bens por EM de consumo, para cada EM de expedição.
A nova declaração de IVA do OSS deverá ser apresentada até ao fim do mês seguinte ao termo do respetivo período (trimestral) de tributação. Sendo necessário proceder a correções a declarações de IVA anteriormente submetidas, estas poderão ser efetuadas numa declaração de imposto a entregar posteriormente, no prazo de três anos a contar da data em que deveria ser apresentada a declaração de IVA inicial.

6) Dedução de IVA no âmbito do OSS
O atual regime especial do MOSS não permite que o IVA incorrido, no EM de identificação ou nos EM de consumo, pelos sujeitos passivos registados neste regime, possa ser deduzido nas respetivas declarações de IVA do MOSS. Para o efeito, estes sujeitos passivos deduzem o imposto suportado no EM de identificação na respetiva declaração nacional de IVA, e recorrem ao mecanismo da Diretiva

2008/9/CE, transposta pelo DL n.º 186/2009, de 12.08.2009, no que respeita a imposto suportado nos EM de consumo.
A partir de 2021, estas regras continuarão a aplicar-se nos mesmos moldes, na medida em que continuará vedado o direito à dedução de IVA na declaração do OSS.

4.4. Aplicação do IOSS a vendas à distância de bens importados de valor até € 150 – Regime de importação

A partir de 2021, o regime especial do IOSS poderá ser usado para a declaração de vendas à distância de bens importados de países ou territórios terceiros cujo valor intrínseco por remessa não exceda € 150. Este regime permitirá simplificar os procedimentos de importação de bens e obviar ao seu controlo (físico) aduaneiro para efeitos de IVA[27], apresentando, no essencial, a mesma estrutura e os mesmos princípios que os regimes especiais OSS da União e extra-União *supra* identificados.

1) Definição de vendas à distância de bens importados
Entende-se por vendas à distância de bens importados de países ou territórios terceiros as entregas de bens expedidos ou transportados pelo fornecedor ou por sua conta, inclusive quando o fornecedor intervém indiretamente no transporte ou expedição de bens, a partir de um território ou país terceiro, para um cliente num EM, quando estejam reunidas as seguintes condições:
   a) A entrega de bens seja efetuada a um sujeito passivo ou a uma pessoa coletiva que não seja sujeito passivo, cujas aquisições intracomunitárias de bens não estão sujeitas a IVA (por ex., por se tratar de entregas de bens que estariam isentas no território nacional) ou a qualquer outra pessoa que não seja sujeito passivo;
   b) Os bens entregues não são meios de transporte novos nem bens entregues após montagem ou instalação, pelo fornecedor ou por sua conta.

[27] Não obstante estes bens importados deixarem de estar sujeitos a controlo aduaneiro para efeitos de pagamento do IVA devido na importação, poderá justificar-se o seu controlo para outros fins (de saúde pública, de segurança, etc.)

Este conceito foi, portanto, construído à semelhança do conceito de vendas à distância intracomunitárias de bens.

2) Regra de localização das vendas à distância de bens importados
Em derrogação da regra geral de localização das transmissões de bens com transporte (art.º 6 n.º 1 do Código do IVA), considera-se o seguinte[28]:
   a) As vendas à distância de bens importados para um EM diferente daquele em que acaba a expedição ou transporte dos bens para o cliente consideram-se localizadas no EM onde se encontram os bens no momento em que acaba a expedição ou transporte dos bens para o cliente;
   b) As vendas à distância de bens importados para o EM onde acaba a expedição ou transporte dos bens para o cliente consideram-se localizadas nesse EM, desde que o IVA sobre esses bens seja declarado no IOSS.

   O EM onde acaba a expedição ou transporte dos bens para o cliente assume a natureza de EM de consumo.
3) Limiar aplicável às vendas à distância de bens importados
O regime especial de importação do IOSS é aplicável apenas a bens[29] e, bem assim, apenas a remessas cujo valor intrínseco não exceda € 150. De acordo com a Comissão, o valor intrínseco dos bens é o seu valor propriamente dito (i.e., o seu preço), não incluindo custos de seguros ou de transporte.
4) Responsável pelo cumprimento das obrigações estabelecidas neste regime especial de importação
As vendas à distância de bens importados de territórios ou países terceiros podem ser declaradas no IOSS pelas seguintes pessoas:
   i. Sujeitos passivos estabelecidos na Comunidade;
   ii. Sujeitos passivos, estabelecidos ou não na Comunidade, que sejam representados por um intermediário estabelecido na Comunidade;

[28] Não aplicável às entregas de bens em segunda mão, de objetos de arte e de coleção ou de antiguidades nem às entregas de meios de transporte em segunda mão.

[29] Excluem-se deste regime os produtos sujeitos a impostos especiais de consumo.

iii. Sujeitos passivos estabelecidos num país terceiro com o qual a União tenha celebrado um acordo de assistência mútua[30], quando efetue vendas à distância de bens provenientes desse país terceiro.

Neste sentido, os sujeitos passivos estabelecidos na Comunidade podem usar o IOSS no seu EM de identificação. Por sua vez, os sujeitos passivos não sedeados nem estabelecidos na Comunidade devem designar um intermediário, salvo se estiverem estabelecidos num país terceiro com o qual a União tenha celebrado um acordo de assistência mútua (como é o caso da Noruega), caso em que poderão atuar diretamente no IOSS.

Para este efeito, entende-se por intermediário uma pessoa estabelecida na Comunidade, designada por um sujeito passivo, estabelecido ou não na União, que efetue vendas à distância de bens importados de territórios ou países terceiros, em nome e por conta desse sujeito passivo, assumindo a natureza de devedor do IVA e de responsável pelo cumprimento das obrigações deste no regime especial de importação. Cada sujeito passivo poderá, apenas, designar um intermediário de cada vez.

Os sujeitos passivos acima referidos em *i.* a *iii.* utilizarão este regime especial de importação para todas as suas vendas à distância de bens importados de territórios ou países terceiros[31].

5) Facto gerador e exigibilidade do IVA

Para as vendas à distância de bens importados de territórios ou países terceiros em que o IVA seja declarado ao abrigo deste regime especial, o facto gerador do imposto ocorre, e o IVA torna-se exigível, na data da entrega dos bens ao cliente. Considera-se que os bens foram entregues ao cliente na data em que o pagamento foi aceite.

[30] Em lista a adotar pela Comissão.

[31] Conforme resulta do Regulamento (UE) 2017/2454, o número de identificação ao abrigo do qual é pago o IVA da importação deverá ser comunicado com antecedência pelo sujeito passivo às autoridades nacionais (o mais tardar, na data da apresentação da declaração de importação), para que as instâncias aduaneiras possam verificar a sua validade no momento da importação dos bens.

6) Registo no IOSS
   À semelhança dos regimes especiais da União e extra-União, os sujeitos passivos e os intermediários que pretendam utilizar este regime especial do IOSS devem registar-se no EM de identificação.
   O EM de identificação atribuirá um número fiscal de identificação de IVA aos sujeitos passivos (mesmo aqueles que optem pela nomeação de representante ou a isso sejam obrigados) e aos intermediários que utilizem o IOSS, o qual apenas será válido para efeitos deste regime[32]. No caso dos intermediários, o seu EM de identificação deve atribuir um número individual de identificação de IVA por cada sujeito passivo que o tenha designado.
   Para efeitos deste regime especial, o EM de identificação é: (i) para os sujeitos passivos não estabelecidos na Comunidade, o EM onde estes decidam registar-se ou, no caso de ser designado um intermediário, o EM onde o intermediário estiver sedeado ou estabelecido (nos casos em que este tem sede fora da Comunidade) e, (ii) no caso de sujeitos passivos estabelecidos na Comunidade, o EM da sua sede ou estabelecimento estável (no caso de sede fora da União) ou da sede ou estabelecimento estável do seu representante[33].
   O número individual de identificação de IVA para efeitos do IOSS é cancelado nos termos legalmente previstos, em particular quando deixar de ser usado ou cessarem as condições necessárias para a utilização deste regime especial (por incumprimento das regras aplicáveis, etc.).
7) Obrigações declarativas e de pagamento do IVA no IOSS
   Os sujeitos passivos que utilizem este regime especial, ou os seus intermediários, devem apresentar por via eletrónica, no EM de identificação, uma declaração mensal de IVA, independentemente de terem sido, ou não, efetuadas vendas à distância de bens importados de territórios ou países terceiros, a qual deverá ser apresentada até

[32] Este número do regime IOSS não será registado no VIES mas constará de uma base própria, disponível às autoridades fiscais nacionais.

[33] Quando o sujeito passivo ou o seu intermediário tiverem mais do que um estabelecimento estável na Comunidade, é necessário indicar qual desses será utilizado para efeitos do IOSS, ficando vinculado por essa opção durante o ano de opção e os dois anos civis subsequentes.

ao fim do mês seguinte ao termo do respetivo período de tributação, não podendo, nestes casos, ser imposta, para efeitos de IVA, qualquer obrigação adicional ou outra formalidade na importação[34].
A declaração de IVA do IOSS deve mencionar o respetivo número de identificação de IVA para efeitos deste regime e, para cada EM de consumo em que o IVA é devido, a discriminação (i) do valor líquido de IVA destas vendas, (ii) do montante total de IVA correspondente, discriminado por taxa, (iii) das taxas de imposto aplicáveis e (i) do montante total do IVA devido.
Tal como nos outros regimes especiais, permite-se que correções a declarações de IVA anteriormente submetidas possam ser efetuadas numa declaração posterior no prazo de três anos.
O pagamento do IVA devido ao abrigo deste regime especial deve ocorrer no termo legal do prazo para a apresentação da respetiva declaração, mediante depósito em conta bancária indicada no EM de identificação.
Nos casos de utilização deste regime, o IVA deixa, portanto, de ser pago aquando da importação dos bens, desde que, na data de apresentação da declaração de importação, seja comunicado à estância aduaneira competente no EM de importação o número individual de identificação de IVA do IOSS do fornecedor e/ou prestador ou do intermediário agindo por sua conta. Nos casos em que tal não suceda, haverá duplicação de imposto, na medida em que os bens importados também serão sujeitos a IVA no ato de importação.

4.5. Clarificações adicionais respeitantes ao OSS e ao IOSS

Conforme resulta do *supra* exposto, para cada um dos regimes especiais – União, extra-União ou IOSS – existirá um número de identificação fiscal diferente[35], devendo ser entregue uma declaração de IVA por cada período (mensal ou trimestral) para cada um dos regimes.

---

[34] Os EM não podem impor outras obrigações declarativas para além da declaração periódica de IVA.

[35] Ao contrário do que sucede atualmente, aos sujeitos passivos que utilizem os regimes especiais serão atribuídos números específicos para cada regime. Em particular, as platafor-

Em caso de pagamento de IVA em excesso pelo sujeito passivo ao EM de identificação em qualquer um dos regimes especiais, o respetivo reembolso será processado pelo EM de identificação ou, no caso de o montante em causa já ter sido distribuído ao(s) EM de consumo, pelos próprios EM de consumo, proporcionalmente ao montante recebido por cada um.

Em caso de falta de pagamento de IVA após submissão da declaração de IVA de algum dos regimes especiais, a responsabilidade de cobrança deste, bem como dos respetivos juros e coimas, cabe ao EM de consumo.

4.6. Regime especial para a declaração e pagamento do IVA na importação para remessas de valor até € 150 que não sejam declaradas pelo IOSS

As novas regras preveem, ainda, um regime simplificado (designado de regime especial para a declaração e pagamento do IVA na importação) aplicável à importação de remessas de valor intrínseco não superior a € 150 (com exclusão dos produtos sujeitos a impostos especiais sobre o consumo, não abrangidos por este regime), que não seja efetuada através do regime especial de importação (IOSS) acima descrito.

Nas importações de bens efetuadas ao abrigo deste regime simplificado, os sujeitos passivos responsáveis pela apresentação dos bens às alfândegas (por regra, os operadores postais e de serviços de correio expresso responsáveis pelo transporte e entrega dos bens) declaram mensalmente, por via eletrónica, em nome do destinatário das referidas remessas, o IVA devido pela importação dos bens. O pagamento deste imposto é da responsabilidade do destinatário dos bens, cabendo aos serviços postais (ou prestadores equivalentes) a liquidação do respetivo IVA e posterior entrega às autoridades nacionais, até ao fim do mês seguinte ao da importação.

A fim de simplificar os procedimentos declarativos, os EM podem estabelecer que a taxa aplicável neste regime especial é a taxa normal de IVA aplicada no EM de importação.

---

mas eletrónicas (por ex., a Amazon) que utilizem os três regimes especiais (por prestarem serviços e efetuarem vendas locais ou intracomunitárias de bens, bem como importações de bens na União) terão três números diferentes para o cumprimento das obrigações resultantes destes regimes especiais.

Este regime especial será, essencialmente, usado pelos sujeitos passivos não estabelecidos na UE que efetuem vendas à distância de bens importados sem recurso a plataformas eletrónicas.

4.7. A atual isenção de IVA na importação de bens de valor insignificante (até € 22)

A Diretiva 2009/132/CE, de 10.11.2009, isenta de IVA as importações de bens na Comunidade cujo valor por remessa não exceda € 22.

Com o crescimento exponencial do comércio eletrónico, verifica-se que esta isenção de IVA tem sido usada de forma abusiva[36], em particular por sujeitos passivos não estabelecidos na Comunidade, que subdeclaram os seus bens, a fim de não os sujeitar a imposto. Tal situação provoca distorções de concorrência com os sujeitos passivos estabelecidos na Comunidade, que não podem beneficiar de qualquer isenção de IVA na venda dos seus bens, e afeta significativamente as receitas fiscais dos EM[37].

Face ao exposto, a partir de 2021 é revogada a atual isenção de IVA na importação de bens de valor insignificante (até € 22).

[36] "A recent study based on real purchases found that 65% of consignments from third countries were non-compliant with the EU VAT rules. Moreover, the existing rules do not offer significant simplification in situations in which a commercial consignment has a value of between EUR 22 and EUR 150; such consignments are exempt from customs duties but still subject to VAT", Aleksandra Bal, "EU VAT proposals to stimulate electronic commerce and digital publishing", *International VAT Monitor*, 2017, 135.

[37] "In the European Union, the number of small consignments that entered from third countries (i.e., non-EU Member States) and that fell under the exemption threshold (...) rose from 30 million in 1999 to almost 115 million in 2013. (...) in 2013 the VAT foregone was estimated at the rather shocking amount of EUR 535 million. In addition, the existence of the exemption thresholds is also distorting the competition between non-resident and local suppliers, given that the latter must collect and remit VAT on the same products that the former are supplying VAT free to the same customers", Laura Mattes, "VAT aspects of cross-border transactions in the BEPS era", *International VAT Monitor*, 2016, 176.

4.8. Regras aplicáveis às vendas de bens efetuadas em plataformas eletrónicas[38]

Conforme resulta dos considerandos da Diretiva 2017/2455, a realização do mercado interno, a globalização e a evolução tecnológica originaram um crescimento exponencial do comércio eletrónico e das vendas à distância de bens. No entanto, o sistema comum do IVA não evoluiu ao mesmo ritmo, verificando-se um desajuste entre esta nova realidade e as regras de tributação aplicáveis, o que impede uma cobrança eficaz e eficiente do IVA devido nas vendas à distância de bens.

Tendo em vista salvaguardar a receita fiscal dos EM e reduzir os encargos administrativos dos fornecedores de bens e dos seus clientes, bem como das administrações fiscais, entendeu-se necessário envolver, no processo de cobrança do IVA, os sujeitos passivos que facilitam as vendas à distância de bens por via eletrónica, tendo por base, entre outros, as discussões sobre este tema existentes ao nível da OCDE[39]. Neste sentido, os EM aproveitaram as discussões das novas propostas da Comissão sobre tributação de *e-commerce* para, em complemento, aprovar um conjunto de regras aplicáveis às vendas de bens facilitadas mediante a utilização de uma interface eletrónica:

> "Today´s agreement introduces for the first time an EU-wide VAT liability for online marketplaces. At the moment, goods can be sold online in the EU by non-EU companies who make use of the storage facilities or «fulfilment centres» of the online platforms within the EU. Because the goods in the fulfilment houses normally belong to companies from outside the EU, it can be difficult to obtain the VAT due on those goods. By introducing liability for online marketplaces, tax authorities will now be able to claim the VAT due on those sales from fulfilment houses from these online marketplaces that facilitated the transaction."[40]

[38] As novas obrigações impostas às plataformas eletrónicas merecem, por si só, um artigo autónomo numa próxima edição dos Cadernos do IVA. Nesta fase preliminar, limitamo-nos a uma descrição breve do novo regime. *V.* ainda Marie Lamensch, "Rendering platforms liable to collect and pay VAT on B2C imports: A silver billet?", *International VAT Monitor*, 2018.

[39] Por todos, *vide* http://www.oecd.org/tax/consumption/the-role-of-digital-platforms-in--the-collection-of-vat-gst-on-online-sales.pdf.

[40] http://europa.eu/rapid/press-release_MEMO-16-3746_en.htm.

De acordo com o disposto no novo art.º 14-A da Diretiva IVA, aditado pela Diretiva 2017/2455, se um sujeito passivo facilitar, mediante a utilização de uma interface eletrónica (i.e., um mercado, uma plataforma, um portal ou meios similares):

i. Vendas à distância de bens importados de territórios ou países terceiros em remessas de valor intrínseco não superior a € 150[41], ou
ii. Vendas de bens na Comunidade efetuadas por sujeitos passivos não estabelecidos na UE a consumidores finais da UE,

Considera-se que esse sujeito passivo (facilitador) recebeu e entregou pessoalmente esses bens, i.e., adquiriu do fornecedor original e, subsequentemente, forneceu ao cliente final deste os bens em causa, independentemente da plataforma eletrónica estra, ou não, estabelecida na UE e estar, ou não, registada no OSS.

Com estas novas regras, pretende-se responsabilizar os sujeitos passivos das interfaces eletrónicas pelo pagamento do IVA devido, de acordo com o princípio da tributação no destino[42], nas vendas à distância de bens aí realizadas, ficcionando, para efeitos de IVA, a existência de duas operações – uma transmissão de bens do fornecedor original para a interface (a qual assume a natureza de *B2B*), e uma transmissão de bens subsequente desta para o consumidor final daquele na UE (a qual, em termos gerais, assume a natureza de *B2C*).

Não obstante estas regras apenas entrarem em vigor em 2021, a sua concretização prática já começou a suscitar várias questões. Neste sentido, em complemento ao Pacote IVA para o comércio eletrónico (de 2017), a

[41] De assinalar que o n.º 1 do art.º 14-A da Diretiva IVA, ao contrário do seu n.º 2, não exige que os sujeitos passivos fornecedores dos bens não estejam estabelecidos na UE. Neste sentido, questiona-se se o legislador comunitário também pretendeu a aplicação do n.º 1 do referido art.º 14-A às vendas à distância de bens importados de territórios ou países terceiros efetuadas por sujeitos passivos estabelecidos na UE.

[42] "In theory, destination-based systems could help to level the playing field between local and non-resident suppliers and to protect VAT revenue. However, this solution is far from perfect because tax administrations might find it difficult to enforce compliance and to collect the VAT due from non-resident suppliers, as they have limited jurisdiction powers over them", Laura Mattes, "VAT aspects of cross-border transactions in the BEPS era", *International VAT Monitor*, 2016, 176.

Comissão propôs, como vimos *supra*, em dezembro de 2018, iniciativas legislativas adicionais (sob a forma de proposta de alteração da Diretiva IVA e proposta de alteração do Regulamento de Execução) sobre as quais existe já um acordo político entre os EM.

No essencial, estas propostas legislativas clarificam os seguintes aspetos:

i. COM(2018) 819 final

O art.º 14-A da Diretiva IVA ficciona, para efeitos deste imposto, que a transmissão de bens efetuada pelo fornecedor a um cliente da UE através de uma plataforma eletrónica se desdobra em duas operações – uma transmissão de bens do fornecedor original para a interface (*B2B*), e uma transmissão de bens subsequente desta para o consumidor final daquele na UE (*B2C*). Não obstante, estas operações dão origem a um único transporte de bens, i.e., do local de armazenagem do bem até à morada indicada pelo cliente.

Face ao exposto, existindo a necessidade de clarificar a qual das duas operações deverá ser alocado o referido transporte dos bens, foi acordada a sua alocação à segunda transação, i.e., à transmissão de bens *B2C* efetuada pela interface eletrónica ao consumidor final. Neste sentido, conclui-se que a transação *B2B* entre o fornecedor dos bens e a plataforma eletrónica configura, para efeitos de IVA, uma transmissão de bens sem transporte.

Estas novas regras clarificam, ainda, que a transmissão de bens *B2B* entre o fornecedor e a interface eletrónica configura uma operação isenta de IVA[43], a qual, não obstante, confere ao fornecedor dos bens o direito à dedução do imposto incorrido na aquisição ou importação dos bens transacionados, existindo uma obrigação deste estar registado no EM de aquisição ou importação dos bens.

O facto tributário destas duas transações é simultâneo e ocorre quando o pagamento é aceite.

---

[43] A aplicação desta isenção de IVA na transmissão de bens entre os fornecedores de bens e as plataformas eletrónicas pretende acautelar eventuais perdas de receita fiscal da Comunidade, caso estas tivessem direito à dedução do IVA pago aos seus fornecedores que estes, por sua vez, não entregassem às autoridades fiscais da UE.

No caso de sujeitos passivos não estabelecidos na UE, o EM de identificação é o EM de expedição dos bens (i.e., onde começa o transporte destes) ou, no caso de vários, aquele que o sujeito passivo indicar para o efeito[44]. Refira-se que o regime especial do OSS também pode ser usado pelas plataformas eletrónicas quando facilitem vendas locais de bens, i.e., quando os seus fornecedores tenham *stock* de bens no EM do adquirente e, como tal, o início e o fim do transporte dos bens ocorram dentro do mesmo EM[45].

As alterações propostas à Diretiva IVA clarificam, ainda, o conceito de EM de consumo, nos seguintes termos:

a) O EM onde se considera realizada a prestação de serviços, de acordo com as respetivas regras de localização;
b) O EM de destino dos bens sujeitos a transporte, no caso de vendas intracomunitárias de bens à distância;
c) O EM onde começa e acaba o transporte de bens, no caso de vendas efetuadas através de plataformas eletrónicas em que o bem é disponibilizado localmente.

Por último, esta proposta legislativa propõe o alinhamento das regras do prazo de pagamento do IVA devido no regime especial para a declaração e pagamento do IVA na importação para remessas de valor até € 150 que não sejam declaradas pelo IOSS com os prazos previstos na legislação aduaneira.

ii. COM(2018) 821 final

Esta proposta versa, entre outros, sobre os seguintes aspetos vertidos no Regulamento de Execução:

a) Intervenção indireta do fornecedor no transporte dos bens
b) Facilitar vendas de bens através de plataformas eletrónicas

---

[44] O sujeito passivo fica vinculado a esta designação de EM de identificação até ao final do 2.º ano civil seguinte após o ano de designação.

[45] Apesar de, nestes casos, não estarem em causa transações intra-UE, entendeu-se permitir a aplicação do regime especial do OSS a estas operações locais, a fim de evitar registos de IVA nos EM de localização dos *stocks*, quando estes coincidam com os EM de consumo.

c) Natureza presumida do cliente final
d) Momento de aceitação do pagamento

a) Intervenção do fornecedor no transporte dos bens

Para efeitos de vendas intracomunitárias de bens à distância e de vendas à distância de bens importados de países ou territórios terceiros, entende-se que os bens são expedidos ou transportados pelo fornecedor, ou por sua conta, incluindo os casos em que este intervém indiretamente no transporte[46], quando, em particular, ocorra algum dos cenários *infra*:

i. O transporte dos bens é subcontratado pelo fornecedor a um terceiro, responsável pela entrega dos mesmos ao seu cliente; ou
ii. O transporte dos bens é efetuado por um terceiro, mas o fornecedor é responsável, total ou parcialmente, pela entrega dos bens ao seu cliente; ou
iii. O fornecedor é responsável pela faturação e recolha do pagamento dos custos de transporte do seu cliente, após o qual estes são remetidos para um terceiro, responsável pelo transporte dos bens; ou
iv. O fornecedor promove os serviços de transporte de um terceiro junto do seu cliente, colocando ambas as partes em contacto ou, em qualquer dos casos, disponibilizando ao terceiro a informação necessária à entrega dos bens ao seu cliente.

Diferentemente, considera-se inexistir intervenção do fornecedor no transporte dos bens quando este serviço esteja a cargo do cliente final, ou por sua conta, ou quando este promova a entrega dos bens diretamente com um terceiro, sem que o fornecedor intervenha, direta ou indiretamente, na organização ou concretização desse transporte.

---

[46] O conceito de intervenção indireta do fornecedor no transporte dos bens é decalcado do conceito anteriormente acordado pelo Comité do IVA em junho de 2015.

b) Facilitar vendas de bens através de plataformas eletrónicas

No que respeita às vendas de bens efetuadas ao abrigo do disposto no art.º 14-A da Diretiva IVA, entende-se que estas são facilitadas através de plataformas eletrónicas quando estes veículos põem em contacto clientes e fornecedores, resultando desse contacto uma venda de bens através da referida plataforma[47].

Diversamente, a plataforma eletrónica não facilita vendas de bens e, como tal, não pode ser responsabilizada pela declaração e pagamento do respetivo IVA, quando estejam, cumulativamente, preenchidos os seguintes requisitos:

i. A plataforma eletrónica não determina, direta ou indiretamente, nenhum dos termos e condições da venda de bens em causa; e
ii. A plataforma eletrónica não está, direta ou indiretamente, envolvida no processo de autorização da cobrança do preço ao cliente final; e
iii. A plataforma eletrónica não está, direta ou indiretamente, envolvida no processo de encomenda ou entrega dos bens.

A obrigação de declaração e pagamento de imposto em vendas de bens não se aplica às plataformas eletrónicas quando estas atuam de forma meramente instrumental e residual numa determinada operação, i.e. quando apenas estejam encarregues (i) do processamento do pagamento das transações, ou (ii) da publicação ou publicitação dos bens, ou (iii) do redireccionamento ou transferência dos clientes para outras plataformas eletrónicas, onde os bens são publicitados para venda, sem qualquer intervenção nessa venda.

Foi, igualmente, aprovada uma regra de limitação da responsabilidade das plataformas eletrónicas nos casos de IVA adicionalmente devido face ao declarado e pago por estas por conta das vendas de bens aí facilitadas, no caso de verificação cumulativa dos critérios *infra*:

[47] Refira-se que cada transação pode apenas ser facilitada por uma plataforma, ainda que mais do que uma plataforma possa ter tido intervenção em momentos diferentes do processo.

i. A plataforma eletrónica está dependente de informação dos seus fornecedores ou de terceiros para a correta declaração e pagamento do IVA devido nas respetivas transações; e
ii. A informação prestada por fornecedores ou terceiros, mencionada na alínea anterior, é errónea; e
iii. A plataforma eletrónica pode demonstrar que não sabia, nem poderia razoavelmente saber, que a informação prestada era incorreta.

c) Natureza do cliente final

No que respeita às regras aplicáveis às vendas de bens em plataformas eletrónicas, presume-se, exceto se a plataforma eletrónica dispuser de informação contrária, estarmos na presença de transações *B2C*, i.e., vendas de bens efetuadas por sujeitos passivos (as plataformas) a consumidores finais.

d) Momento de aceitação do pagamento

No que respeita às regras aplicáveis às vendas de bens em plataformas eletrónicas, clarifica-se que o pagamento se considera aceite (momento igualmente relevante para efeitos de determinação do facto tributário) quando ocorre o primeiro dos seguintes eventos: (i) o efetivo pagamento do preço, ou (ii) a confirmação do pagamento, ou autorização deste, ou a sua assunção, por parte do cliente final, é recebida pela plataforma eletrónica, ou por sua conta.

5. Conclusões

O Pacote IVA para o *e-commerce* era aguardado com bastante expectativa. De um lado, os sujeitos passivos da UE apelavam à extensão do MOSS a outras operações, tendo em vista permitir, de forma generalizada e simplificada, o cumprimento das suas obrigações em sede de IVA nos vários EM. Do outro lado, as administrações fiscais manifestavam a sua impotência na cobrança eficaz do imposto devido nas transmissões de bens efetuadas a não sujeitos passivos da Comunidade, em particular quando se trata de bens importados por sujeitos passivos não estabelecidos na UE.

A abolição dos atuais limiares de vendas à distância, que originam significativas distorções de concorrência entre sujeitos passivos, permitirá que, a partir de 2021, a tributação no EM de consumo seja a regra para todos os agentes económicos (com exceção do referido limiar de € 10.000). Paralelamente, as importações de bens no espaço europeu passarão a ser, em 2021, todas sujeitas a IVA, o que se traduzirá em receita adicional para os EM.

Tendo em vista facilitar o cumprimento destas novas obrigações, os operadores económicos, estabelecidos ou não na UE, poderão beneficiar da extensão do atual MOSS. Não obstante, as novas regras não comportam qualquer melhoria face ao regime atual em sede de dedução do IVA incorrido por conta destas operações.

As novas regras constituirão, outrossim, um grande teste ao funcionamento do Balcão Único (incluindo as transferências de receita entre EM) e à gestão eficiente dos pedidos de reembolso de IVA de sujeitos passivos não estabelecidos no EM de consumo, colocando maior pressão na cooperação entre administrações fiscais (as quais apresentam graus desiguais de desenvolvimento tecnológico e de recursos) e na confiança entre EM.

Estamos, igualmente, expectantes quanto às novas regras de tributação aplicáveis às plataformas eletrónicas, em particular no que respeita às de menor dimensão ou às que, devido ao seu modelo de negócio, apresentem um menor controlo sobre o processo de venda.

Paralelamente, existem, ainda, muitas questões em aberto, em particular em caso de devolução de bens em vendas facilitadas por plataformas; quanto aos procedimentos de verificação, pelas administrações fiscais, dos números de identificação do IOSS para aplicação da isenção na importação e dos respetivos valores das remessas; como recuperar IVA pago em duplicado (no IOSS e no momento da importação), etc.

Em suma, é expectável que as novas regras contribuam para estimular o comércio eletrónico na Comunidade, nivelando a concorrência entre sujeitos passivos estabelecidos e não estabelecidos na UE e proporcionando maior certeza jurídica nas regras aplicáveis a estas operações. Não obstante, antecipamos, em particular, que a implementação das regras aplicáveis às vendas de bens facilitadas por plataformas eletrónicas apresente desafios consideráveis para todas as partes envolvidas, incluindo as administrações fiscais.

Procedimento Aduaneiro 42 – Contextualização e o Eterno Problema da Fraude

SARA CARMO

1. Introdução

Determinou o artigo 113.º do Tratado de Funcionamento da União Europeia (TFUE) a competência do Conselho no sentido da adoção de disposições fitadas à harmonização das legislações em matéria de impostos indiretos. Constituindo o Imposto sobre o Valor Acrescentado (IVA) uma fonte de receitas, não apenas relevantes, como crescentes na União Europeia (UE) – no ano de 2016, o IVA arrecadou um total de 1,044,987.8 milhões de euros e, no ano seguinte, 1,084,810.0 milhões de euros[1] – seria mais que natural a procura de uniformidade nesta matéria entre Estados-Membros da União, tendo em vista um melhor funcionamento do mercado interno.

O tema que vamos analisar entronca numa particular isenção de IVA aplicável em determinadas transações intracomunitárias de bens que, se por um lado, veio desonerar os operadores de uma carga desnecessária de IVA

[1] "Main national accounts tax aggregates", *Eurostat*; 28.11.2018; *in* http://appsso.eurostat.ec.europa.eu/nui/submitViewTableAction.do; 29.01.2019.

que prejudicaria o seu fluxo de caixa e aumentaria os encargos administrativos, por outro, abriu caminho a um tipo de fraude transfronteiriça que muito tem preocupado responsáveis a nível europeu. Trata-se do "procedimento aduaneiro 42" ou "regime 42".

2. Condições de Aplicação

Começando por descortinar a sua designação, a mesma deve-se ao facto de o código que identifica este procedimento de importação, que deverá ser inscrito na casa 37 da Declaração Aduaneira de Importação (DAI), a entregar às autoridades aduaneiras do Estado Membro de importação, principiar pelo número 42 (no caso de se tratar de uma reimportação, o código é o 63).

A regra fixada no artigo 201.º da Diretiva 2006/112/CE, do Conselho, de 26 de novembro de 2006, relativa ao sistema comum do imposto sobre o valor acrescentado (Diretiva IVA), determina que o IVA é devido pela(s) pessoa(s) designada(s) ou reconhecida(s) como devedor(es) pelo Estado-Membro de importação. Não obstante, sabendo-se, no momento da importação, que aquelas mercadorias importadas têm como destino a expedição para outro Estado-Membro, o IVA será apenas devido nesse Estado-Membro que constitui o destino final. É a isto que se refere a alínea *d)*, do n.º 1, do artigo 143.º da Diretiva IVA, segundo a qual os Estados-Membros isentam "As importações de bens expedidos ou transportados a partir de um território terceiro ou de um país terceiro para um Estado-Membro que não seja o de chegada da expedição ou do transporte, no caso de a entrega desses bens, efetuada pelo importador designado ou reconhecido como devedor do imposto por força do disposto no artigo 201.º, estar isenta em conformidade com o artigo 138.º."

Se uma importação de bens está sujeita a IVA e o importador vende as mercadorias no mesmo país, ele consegue a compensação do IVA de importação (pago) com o IVA sobre as vendas. Porém, se o importador não tiver operações de IVA tributáveis no país de importação, não poderá efetuar essa compensação e ver-se-ia na necessidade de solicitar o reembolso do IVA às autoridades fiscais, estando neste entretanto a suportar o encargo do imposto quando, no final de contas, o mesmo não é devido no país de importação. É a isto que o Regime 42 visa obviar.

Caberá às autoridades aduaneiras do Estado de importação conceder esta isenção, mediante a prestação, pelo menos, das informações constantes das alíneas *a)* a *c)*, do n.º 2, do artigo 143.º da Diretiva IVA (nos termos da alteração operada pela Diretiva 2009/69/CE, do Conselho, de 25 de junho de 2009), a saber: o número de identificação para efeitos de IVA do importador ou do seu representante fiscal, emitido no Estado-Membro de importação; o número de identificação para efeitos de IVA do adquirente que recebe os bens; e a prova de que os bens serão transportados ou expedidos do Estado-Membro de importação para um outro Estado-Membro. O transporte ou expedição deverão ser imediatos à importação, isto é, deverão ter lugar "no tempo estritamente necessário para a prática dos atos e formalidades aduaneiras"[2].

Os números de identificação para efeitos de IVA estão inscritos no VIES – *VAT Information Exchange System* / Sistema de Intercâmbio de Informações sobre o IVA – uma rede eletrónica de validação de números de identificação para efeitos de IVA dos operadores económicos registados na UE[3], bem como para trocas de informações entre as administrações dos vários Estados-Membros.

O artigo 131.º da Diretiva IVA delega nos Estados-Membros a competência de fixar as condições que previnam fraudes, evasões ou abusos, assegurando a aplicação correta e simples desta e das demais isenções. O Regime do IVA nas Transações Intracomunitárias, aprovado pelo Decreto-Lei n.º 290/92, de 28 de dezembro (RITI), reitera a obrigação de prestação das informações referenciadas supra [alíneas *a)* a *c)*, do n.º 2, do artigo 143.º da Diretiva IVA] no seu n.º 2, do artigo 16.º, acrescentando que, se as mesmas não forem prestadas ou não for apresentada a prova requerida, será exigida uma garantia, mantida pelo prazo máximo de 30 dias, findo o qual é exigido o imposto (*vide* n.os 5 e 6, do artigo 16.º do RITI).

---

[2] Ministério das Finanças, Direção Geral das Alfândegas e dos Impostos Especiais sobre o Consumo, *Manual do IVA – Vertente Aduaneira*, abril de 2010 (revisto e continuado em fevereiro de 2011), 90.

[3] "VIES", *Comissão Europeia*; *in* http://ec.europa.eu/taxation_customs/vies/faq.html?locale=pt#item_1; 29/01/2019.

O Manual do IVA[4] esclarece os procedimentos a observar pelo declarante para a aplicação do regime de isenção, referindo-se, nomeadamente, o processamento de uma declaração aduaneira, na qual se sujeitam as mercadorias a um regime aduaneiro (casa 37 da DAI, com o código 42, neste caso) e onde devem constar: a inscrição do número EORI[5] da pessoa por conta de quem é processada a declaração (casa 8 da DAI), a identificação do declarante ou representante (na casa 14), a inscrição do número de identificação para efeitos de IVA da pessoa por conta da qual é feita a declaração (casa 44 da DAI) e a inscrição do número de identificação para efeitos de IVA do destinatário dos bens (casa 44 da DAI). Acresce o pedido de isenção de IVA, através de requerimento autónomo, que compreende obrigatoriamente a identificação do importador e do destinatário dos bens e os respetivos números de identificação para efeitos de IVA, bem como a origem, quantidade, valor, designação e classificação pautal das mercadorias[6]. No que concerne à prova do transporte ou expedição imediata dos bens para outro Estado-Membro que o importador tem de prestar, importa clarificar que a mesma terá lugar através da apresentação do documento de transporte – no caso de ser utilizada a via rodoviária, o CMR (Contrato de Transporte Internacional de Mercadorias por Estrada); na via aérea, a carta de porte ou conhecimento de embarque; ou na via marítima, o B/L (*Bill of Lading*) – que contenha informações tais como a natureza da mercadoria e a sua quantidade, a identificação do expedidor, transportador e destinatário, a data de saída dos bens do Estado-Membro de expedição e de entrega

[4] Ministério das Finanças, Direção Geral das Alfândegas e dos Impostos Especiais sobre o Consumo, *Manual do IVA – Vertente Aduaneira*, abril de 2010 (revisto e continuado em fevereiro de 2011), 93ss.

[5] "O número EORI serve de referência em todas as relações, transações e atividades aduaneiras onde a identificação do operador económico seja requerida, independentemente do Estado-Membro onde este tenha sido registado. Serve, de igual modo, no intercâmbio de informações entre autoridades aduaneiras e entre estas e demais autoridades. É definido pela Comissão como "an identification number, unique in the customs territory of the European Union, assigned by a customs authority to an economic operator or to another person in order to register him for customs purposes". – *in* Adérito Silva/Luís Carmo/Sara Carmo, *Código Aduaneiro da União – Anotado e Remissivo*, Almedina, 2018, 95ss.

[6] Ministério das Finanças, Direção Geral das Alfândegas e dos Impostos Especiais sobre o Consumo, Circular n.º 19/2004, Série II, de 18 de fevereiro de 2004. Ministério das Finanças, Direção Geral das Alfândegas e dos Impostos Especiais sobre o Consumo, Circular n.º 36/2004, Série II, de 19 de abril de 2004.

no Estado-Membro de destino. O Acórdão do Tribunal de Justiça da União Europeia (TJUE) (Quarta Secção), de 20 de junho de 2018, no Processo C-108/17, precisou que "documentos que confirmam o transporte de bens a partir de um entreposto fiscal situado num Estado-Membro de importação com destino a um entreposto fiscal situado noutro Estado-Membro, e não ao adquirente, podem ser considerados elementos de prova suficientes da expedição ou do transporte desses bens para outro Estado-Membro; documentos como declarações de expedição baseadas na Convenção relativa ao contrato de transporte internacional de mercadorias por estrada, (...), podem ser tidos em conta para demonstrar que, no momento da importação para um Estado-Membro, os bens em questão se destinam a ser expedidos ou transportados para outro Estado-Membro, (...) desde que os referidos documentos sejam apresentados nesse momento e contenham todas as informações necessárias. (...)".

Gostaríamos, de igual modo, de mencionar o recente Acórdão do TJUE (Nona Secção), de 25 de outubro de 2018, no Processo C-528/17, que determinou que a alínea *d)*, do n.º 1, do artigo 143.º da Diretiva IVA deve ser interpretada no sentido de que não é exigido "em circunstâncias em que o sujeito passivo importador e fornecedor beneficiou de uma isenção de imposto sobre o valor acrescentado na importação com base numa autorização concedida após controlo prévio pelas autoridades aduaneiras competentes tendo em conta os elementos de prova fornecidos por esse sujeito passivo, que o mesmo seja obrigado a pagar o IVA *a posteriori* quando se verifique num controlo posterior que os requisitos materiais para beneficiar da isenção não estavam preenchidos, exceto se estiver provado, mediante elementos objetivos, que o referido sujeito passivo sabia ou devia saber que as entregas subsequentes às importações em causa estavam envolvidas numa fraude cometida pelo adquirente e não tomou todas as medidas razoáveis ao seu alcance para evitar essa fraude, o que cabe ao órgão jurisdicional de reenvio verificar.". O Acórdão do TJUE (Quarta Secção), de 20 de junho de 2018, no Processo C-108/17, tinha já referido algo semelhante, acrescentando que "O mero facto de o importador e o adquirente terem comunicado através de meios de comunicação eletrónicos não permite presumir que o importador sabia ou devia saber que participava nessa fraude."

Na sequência da introdução em livre prática no Estado de importação, as mercadorias deverão ser entregues num outro Estado-Membro, devendo atentar-se a isenção plasmada no artigo 138.º da Diretiva IVA, nos termos do qual "Os Estados–Membros isentam as entregas de bens expedidos ou transportados, para fora do respectivo território mas na Comunidade, pelo vendedor, pelo adquirente ou por conta destes, efectuadas a outro sujeito passivo ou a uma pessoa colectiva que não seja sujeito passivo agindo como tal num Estado-Membro diferente do Estado de partida da expedição ou do transporte dos bens.".

O importador (ou o seu representante fiscal) deverá estar registado como sujeito passivo de IVA no Estado-Membro de importação, bem como no Estado-Membro de destino (no caso de uma transferência ou entrega a um cliente aí identificado) e, ainda, fazer constar do mapa recapitulativo (*vide* artigo 262.º da Diretiva IVA) a entrega ou transferência intracomunitária.

Por seu turno, aquele que recebe a mercadoria encontra-se incumbido de declarar à administração fiscal do Estado-Membro de destino a aquisição intracomunitária ocorrida, o que irá desencadear a cobrança do IVA nesse país.

3. O *VAT Gap* no Regime 42

Esta dilação do pagamento do IVA nas transações intracomunitárias que usufruem do Regime 42 são propensas ao desenvolvimento de uma série de comportamentos abusivos e fraudulentos. Por exemplo, pode ocorrer o desvio dos bens para o mercado negro sem que haja lugar ao pagamento do IVA – este esquema traz consigo o risco concomitante de os bens serem trazidos para o mercado único subavaliados, isto é, a um custo muito reduzido, minorando o valor de direitos aduaneiros a pagar. O Organismo Europeu de Luta Antifraude (OLAF) determinou uma multa de 2 mil milhões de euros, a pagar pelo Reino Unido, devido a direitos aduaneiros não cobrados em importações de calçado e têxteis cujo valor foi subavaliado, durante os anos de 2013 a 2016, e que beneficiaram do Regime 42. Estes bens terão sido vendidos no mercado negro em diversos Estados-Membros por organizações criminosas.[7]

---

[7] European Commission, "Commission Staff Working Document – Impact Assessment – Accompanying the document – Amended proposal for a Council Regulation Amending

Temos também a possibilidade de os bens importados, ao invés de serem expedidos para o outro Estado-Membro que constituiria o seu destino final, não chegarem a sair do primeiro território, sendo vendidos sem que tenha sido pago o IVA devido.

Perspetiva-se ainda a possibilidade de ter lugar uma *fraude carrossel*, na qual o importador no país de destino é uma entidade fictícia/inexistente.

Todos estes tipos de fraude desembocam num problema com múltiplas consequências: a distorção da concorrência no mercado único, já para não falar nas receitas subtraídas aos orçamentos dos Estados e da União.

Note-se que, no ano de 2015, o número de operações de importação com isenção de IVA atingiu os 8,5 milhões, num valor de 74 mil milhões de euros.[8]

Ainda no ano de 2015, o *VAT Gap*[9] nos Estados-Membros da UE correspondeu a 151,5 mil milhões de euros. No ano que se seguiu, os valores decresceram, atingindo os 147,1 mil milhões de euros.[10] No caso particular do nosso país, o decréscimo foi acompanhado, passando de 2.272 milhões de euros para 1.784 milhões de euros (-2,72%)[11].

Várias foram, igualmente, as deficiências encontradas, a nível nacional pelos vários Estados-Membros, aquando da aplicação dos Regimes 42 e 63, vertidas no Documento de Trabalho dos Serviços da Comissão Europeia que propunha a alteração do Regulamento (UE) n.º 904/2010[12]. Aponta-se

---

Regulation (EU) N.º 904/2010 as regards measures to strengthen administrative cooperation in the field of value added tax"; SWD(2017) 428 final, Brussels, 30.11.2017, 25 e 26.

[8] Comissão Europeia, "Rumo a um espaço único do IVA na UE – Chegou o momento de agir; Proposta alterada de Regulamento do Conselho, que altera o Regulamento (UE) n.º 904/2010 no que diz respeito às medidas destinadas a reforçar a cooperação administrativa no domínio do imposto sobre o valor acrescentado"; COM(2017) 706 final 2017/0248(CNS), Bruxelas, 30.11.2017.

[9] "The VAT Gap (...) refers to the difference between expected and actual VAT revenues and represents more than just fraud and evasion and their associated policy measures. The VAT Gap also covers VAT lost due to, for example, insolvencies, bankruptcies, administrative errors, and legal tax optimisation. It is defined as the difference between the amount of VAT collected and the VAT Total Tax Liability (VTTL) – namely, the tax liability according to tax law." – *in* "Study and Reports on the VAT Gap in the EU-28 Member States: 2018 Final Report, TAXUD/2015/CC/131", CASE – Center for Social and Economic Research, Warsaw, 11.09.2018, 9.

[10] *Idem*, p. 16.

[11] *Idem*, p. 19.

[12] European Commission, "Commission Staff Working Document – Impact Assessment – Accompanying the document – Amended proposal for a Council Regulation Amending

o facto de não serem feitas análises preliminares, em todos os casos, por parte das autoridades aduaneiras de importação (por exemplo, a falta de confirmação de números de identificação para efeitos de IVA válidos no VIES no momento da importação); as autoridades do Estado-Membro de importação nem sempre são notificadas de que as mercadorias entraram no território da UE sem ter sido cobrado IVA, impedindo-as de verificar se as informações comunicadas sobre a importação e as informações comunicadas pelo importador às autoridades fiscais após a apresentação do seu mapa recapitulativo são consistentes e se as mercadorias foram realmente expedidas para outro Estado-Membro; e, ainda, a questão de as informações sobre o Regime 42 ou 63 permanecem no país de importação – apenas são partilhadas com o segundo Estado-Membro as informações sobre a entrega subsequente no interior da UE, se o importador reportar corretamente nas declarações recapitulativas. Isto impede que as autoridades fiscais do Estado-Membro de destino procedam a uma adequada verificação cruzada dessas informações com as fornecidas pelo destinatário das mercadorias.

4. A Luta da UE Contra a Fraude nas Transacções Intracomunitárias

Têm vindo a ser desenvolvidas alterações ao regime aplicável de IVA, nomeadamente no seguimento de propostas elaboradas ao nível da UE, quer pela Comissão Europeia, quer pelo Tribunal de Contas Europeu, procurando modernizar o sistema em vigor, tornando-o mais sólido e dotando-o de meios para evitar fraudes, detetá-las antecipadamente ou remediar o mal por elas causado, quando as mesmas ocorrerem efetivamente.

Ora, na base da pirâmide encontrar-se-á sempre o reforço dos instrumentos de cooperação administrativa entre autoridades administrativas e fiscais. E é precisamente na prossecução deste objetivo que entra em cena o Regulamento (UE) n.º 904/2010, de 7 de outubro de 2010, relativo à cooperação administrativa e à luta contra a fraude no domínio do imposto

---

Regulation (EU) N.º 904/2010 as regards measures to strengthen administrative cooperation in the field of value added tax"; SWD(2017) 428 final, Brussels, 30.11.2017, 26ss.

sobre o valor acrescentado[13]. Este documento veio estabelecer procedimentos para um trabalho conjunto e partilha de informações entre as autoridades aduaneiras e fiscais dos Estados-Membros da UE, no sentido de promover uma correta fixação do montante de IVA e a proteção das receitas deste imposto, prevenindo as situações de fraude. Como meios para atingir estes objetivos, determina-se, por exemplo, que cada Estado-Membro designa um serviço central de ligação responsável pelos contactos com os restantes Estados-Membros ou com a Comissão. Este organismo deve ser informado sempre que um serviço de ligação ou um funcionário competente envie ou receba um pedido ou resposta a um pedido de assistência (artigos 4.º e 5.º). Este Regulamento distingue dois tipos de trocas de informações possíveis: mediante pedido (artigos 7.º a 12.º) ou sem pedido prévio (artigos 13.º a 15.º), podendo estas últimas ser automáticas (artigo 14.º) ou espontâneas (artigo 15.º). Estas duas últimas submodalidades distinguem-se porque a primeira consiste numa comunicação sistemática de informações previamente definidas a outro Estado-Membro, sem pedido prévio, e, a segunda, numa comunicação de informações não sistemática, a qualquer momento e sem pedido prévio [alíneas *l)* e *m)*, do n.º 1, do artigo 2.º]. Estas trocas de informações sem que haja lugar a um pedido prévio ocorrem quando são consideradas necessárias para a eficácia do sistema de controlo do Estado de destino, quando existem razões para acreditar que foi ou terá sido cometida uma infração no outro Estado-Membro, ou se existir risco de perda de receitas fiscais no outro Estado-Membro (n.º 1, do artigo 13.º). Na eventualidade de um país terceiro comunicar informações à autoridade competente de um Estado-Membro, esta poderá transmiti-las às autoridades de outros Estados-Membros interessados ou que efetuem um pedido, no respeito pelos acordos de assistência com o país terceiro que possam existir (artigo 50.º).

Nos termos dos artigos 17.º e seguintes, os países abrangidos por estas regras deverão armazenar as informações, nos termos aí descritos, por um período de, pelo menos, 5 anos.

---

[13] Importa salientar que este documento legislativo foi já alterado pelo Regulamento (UE) n.º 2017/2454 do Conselho, de 5 de dezembro de 2017 e pelo Regulamento (UE) 2018/1541, do Conselho, de 2 de outubro de 2018.

O Regulamento ainda em análise faculta a possibilidade de serem efetuados controlos simultâneos pelos Estados-Membros, sempre que os mesmos forem considerados mais eficazes (artigos 29.º e 30.º), e cria o *Eurofisc* – "rede de troca rápida, de tratamento e de análise de informações específicas sobre fraude transfronteiriça entre Estados-Membros e de coordenação de todas as ações de acompanhamento" (n.º 9, do artigo 1.º do Regulamento (UE) 2018/1541, de 2 de outubro de 2018, que altera o artigo 33.º do Regulamento (UE) n.º 904/2010). É assim instaurado um mecanismo multilateral de alerta rápido de fraude, de troca, tratamento e análise conjuntos de informações específicas nas áreas de trabalho desta rede e de coordenação dos inquéritos administrativos dos Estados-Membros relativamente às fraudes identificadas pelos peritos antifraude (artigos 33.º e ss, com as alterações operadas pelo Regulamento (UE) 2018/1541, de 2 de outubro de 2018).

No âmbito do Relatório Especial n.º 13 do Tribunal de Contas Europeu[14], que avaliou o controlo da aplicação do procedimento aduaneiro 42, este Tribunal apresentou um modelo de controlo, do qual destacamos três medidas: as autoridades aduaneiras deverão levar a cabo controlos *a posteriori* através dos quais verificam se houve lugar ao efetivo transporte das mercadorias para o Estado-Membro de destino, se as mesmas foram entregues e coincidem com as mercadorias importadas, se o importador e o fornecedor são a mesma pessoa e se o valor aduaneiro e o valor de IVA tributável foram corretamente calculados. Caso não se verifiquem estes requisitos, é cobrado o IVA ou, se o valor tributável declarado é inferior ao real, requer-se a correção do valor respetivo no mapa recapitulativo. Em segundo lugar, deverá ser efetuada uma comparação das informações recebidas das autoridades aduaneiras com o mapa recapitulativo que o importador ou o seu representante fiscal exibem – se houver discrepâncias que o beneficiam, os fatores de risco identificados pelo sistema da administração determinarão a necessidade, ou não, de investigação mais aprofundada do caso. Por fim, a não apresentação, inexatidão ou incompletude dos mapas recapitulativos dará lugar à notificação do Estado Membro de destino ao abrigo das normas de cooperação administrativa em vigor.

[14] Tribunal de Contas Europeu, "Relatório Especial n.º 13 – O controlo da aplicação do procedimento aduaneiro 42 evita e deteta a evasão ao IVA?", Luxemburgo, 2011, Anexo II.

5. Conclusões

Sendo irrefutáveis as vantagens associadas à utilização do *procedimento aduaneiro 42*, o lado negro deste regime facilmente se descortina assim que descrevemos o seu modo de funcionamento. A necessidade de mecanismos de proteção das condições equitativas de concorrência no mercado único e dos orçamentos dos Estados-Membros e da própria UE foi rapidamente percebida no seio destes intervenientes, tendo surgido numerosas propostas, nomeadamente da Comissão Europeia e do Tribunal de Contas Europeu.

Aquilo em que todos se encontram é na necessidade do constante aperfeiçoamento das trocas de informações entre as autoridades aduaneiras e fiscais dos Estados-Membros. Importa, concomitantemente, que as autoridades aduaneiras consultem a base de dados VIES antes da aprovação das declarações aduaneiras de importação que recorrem ao Regime 42, para confirmação da validade dos números de identificação para efeitos de IVA, quer do importador, quer do destinatário final. Quanto aos restantes dados relevantes para a aplicação deste Regime, também eles deverão ser partilhados pelo Estado-Membro de importação, com o Estado-Membro de destino – esta troca de informações cruzada permite a deteção antecipada de operações suspeitas de envolvimento em algum tipo de fraude. No mesmo sentido segue a implementação de ações conjuntas de auditoria, contando, em todo o caso, com a colaboração e coordenação da rede *Eurofisc*.

O caminho a percorrer envolverá, por certo, o estrito cumprimento das disposições em vigor, garantindo a sua constante atualização de modo a acompanhar, nomeadamente, as evoluções tecnológicas e os novos desafios por elas criados, sabendo sempre que a mesma poderá estar a favor das administrações aduaneiras e fiscais no combate aos fenómenos da fraude no âmbito do comércio intracomunitário.

Da Relevância do Número de Identificação IVA na Isenção Aplicável às Entregas Intra-UE de Bens

SARA SOARES

1. Introdução

A relevância do número de identificação IVA nas entregas intra-UE de bens, concretamente no quadro da isenção de IVA de que à partida beneficiam as mesmas, pode ser visto no contexto mais vasto do regime transitório de tributação do comércio transfronteiriço intra-UE, que assenta no princípio de tributação no país destino e, por conseguinte, na isenção das transmissões intracomunitárias por contraponto à tributação das aquisições intra-UE.

Algumas das questões suscitadas pela permeabilidade do regime transitório à fraude e elisão fiscais têm vindo a ser abordadas na União Europeia através da adoção pacotes de medidas legislativas que visam implementar soluções ainda que provisórias para a perda de receitas de IVA originada por condutas fraudulentas. Incluídas nessas medidas, estão alterações referentes à relevância do número de identificação IVA no âmbito da isenção aplicável às entregas intra-UE de bens.

A delimitação das condições necessárias à qualificação de uma operação como transmissão ou aquisição intracomunitária e à aplicação ou recusa da isenção de IVA vinha sendo objeto de acórdãos sucessivos do TJUE emanados ao longo de mais de uma década. A interpretação que vinha sendo feita pelo TJUE a este respeito assentava, até à adoção da Diretiva (UE) 2018/1910 de 4 de dezembro de 2018, em pressupostos que se veem agora, pelo menos em parte, modificados: condições que antes revestiam natureza meramente formal – como o registo do adquirente noutro Estado-Membro distinto do Estado-Membro de origem no sistema VIES – tornam-se requisitos substantivos, sem os quais passa a poder ser recusada a isenção de IVA às entregas intra-UE de bens.

Tratando-se de alterações que apenas serão aplicadas pelos Estados-Membros a partir de 1 de janeiro de 2020, debruçar-nos-emos no presente texto sobre os seus antecedentes jurisprudenciais e doutrinais e, bem assim, sobre as implicações da adoção daquela Diretiva, algumas mais evidentes, outras surgindo sob a forma de questões cuja resposta poderá não ser imediata.

2. Do Enquadramento da Isenção das Entregas Intra-UE de Bens até à Diretiva (UE) 2018/1910 de 4 de dezembro de 2018

2.1. Na Legislação

Antes de ter sido introduzido o regime transitório referente ao comércio intracomunitário, as entregas de mercadorias entre dois países da Comunidade eram tratadas como as restantes entregas no comércio internacional: em princípio, seriam as mesmas tributadas no local de destino, onde ocorria a importação, ficando a exportação isenta no Estado-Membro de origem e devendo a transposição das fronteiras ser comprovada através da apresentação dos documentos alfandegários[1].

[1] Cfr. conclusões da Advogada-Geral Juliane Kokkot de 11 de janeiro de 2007, *Teleos e o.*, C-409/04, ponto n.º26.

Com a abolição das fronteiras na sequência da implementação do mercado interno em 1 de janeiro de 1993, impôs-se a reformulação das regras relativas ao IVA. Concluindo-se, contudo, não estarem reunidas as condições para aplicação do princípio da tributação no Estado-Membro de origem dissociada da violação do princípio da atribuição da receita fiscal ao Estado-Membro de consumo[2], a Diretiva 91/680/CEE do Conselho, de 16 de dezembro de 1991 veio introduzir na Sexta Diretiva um regime transitório de tributação das trocas comerciais entre Estados-Membros baseado num novo facto gerador de imposto: a aquisição intracomunitária de bens[3]. O mecanismo em que assenta este regime é o de isenção da entrega intracomunitária de bens no Estado-Membro de partida (completando-se esta isenção com o direito à dedução ou o reembolso do IVA suportado a montante), e de tributação da aquisição intracomunitária no Estado-Membro de chegada dos bens[4].

Esta medida pretendeu, designadamente, assegurar a livre circulação de mercadorias entre os Estados-Membros, atualmente prevista no artigo 28.º do Tratado sobre o Funcionamento da União Europeia ("TFUE"), clarificar a delimitação da soberania fiscal dos Estados-Membros envolvidos e garantir a neutralidade do imposto[5].

Assim, passou a determinar-se, no artigo 28.º-C, ponto A., alínea *a)*, da Sexta Diretiva, que, sem prejuízo de outras disposições comunitárias e nas condições fixadas pelos Estados-Membros para garantir uma aplicação correta e simples das isenções e a prevenir eventuais fraudes, evasões e abusos, os Estados-Membros isentariam as entregas de bens expedidos ou

---

[2] Neste sentido, cfr. acórdão TJUE, *Teleos e o.*, C-409/04, 27.09.2007, ponto n.º22.

[3] Assim, cfr. acórdãos TJUE, *EMAG Handel Eder*, C-245/04, 06.04.2006, ponto n.º40 e *Teleos e o.*, C-409/04, 27.09.2007, ponto n.º36.

[4] Neste sentido, cfr. Acórdãos TJUE, *EMAG Handel Eder*, C-245/04, 06.04.2006, pontos n.os 30 e 40; *Teleos e o.*, C-409/04, 27.09.2007, ponto n.º 24; *R.*, C-285/09, 07.12.2010, ponto n.º 38. Para mais, cfr. Emanuel Vidal Lima, *IVA – Imposto sobre o Valor Acrescentado – Comentado e Anotado*, Porto Editora, 9.ª edição, 1995/1996, 815; Sérgio Vasques, *Imposto sobre o Valor Acrescentado*, Almedina, Coimbra, , 2015, 365; Clotilde Celorico Palma/António Carlos dos Santos (coord.), *Código do IVA e RITI, Notas e Comentários*, Almedina, Coimbra, 2014, 596.

[5] Assim, cfr. Acórdãos TJUE, *Teleos e o.*, C-409/04, 27.09.2007, ponto n.º25; *Collée*, C-146/05, 27.09.2007, ponto n.º23; *R.*, C-285/09, 07.12.2010, ponto n.º38; *VSTR*, C-587/10, 27.09.2012, ponto n.º28.

transportados, pelo vendedor ou pelo adquirente ou por conta destes, para fora do território de um Estado-Membro que fizesse parte da Comunidade para outro Estado-Membro desta, efetuadas a outro sujeito passivo ou a uma pessoa coletiva que não fosse sujeito passivo, agindo como tal num Estado-Membro diferente do Estado de início da expedição ou do transporte dos bens.

A Diretiva 2006/112/CE do Conselho, de 28 de novembro de 2006 ("Diretiva IVA"), sucessora da Sexta Diretiva, por seu turno, estabelecia no seu 138.º (na versão em vigor até à alteração introduzida pela Diretiva (UE) 2018/1910 do Conselho, de 4 de dezembro de 2018, a que nos reportaremos *infra*), que os Estados-Membros isentam as entregas de bens expedidos ou transportados, para fora do respetivo território mas na Comunidade, pelo vendedor, pelo adquirente ou por conta destes, efetuadas a outro sujeito passivo ou a uma pessoa coletiva que não seja sujeito passivo agindo como tal num Estado-Membro diferente do Estado de partida da expedição ou do transporte dos bens.

Igualmente relevantes para enquadrar e analisar a questão de saber quais são as condições que afinal se impõem para se considere isenta de IVA determinada entrega intracomunitária de bens, são outras disposições atualmente contidas na Diretiva IVA. Em primeiro lugar, sendo não raras vezes invocado como indicador da existência de alguma liberdade dos Estados-Membros na concretização dos requisitos de que depende aquela isenção, importa atender ao disposto no artigo 131.º da Diretiva IVA, que preceitua que as isenções previstas nos Capítulos 2 a 9, nas quais se inclui a isenção prevista no artigo 138.º acima mencionada, aplicam-se sem prejuízo de outras disposições comunitárias e nas condições fixadas pelos Estados–Membros, a fim de assegurar a aplicação correta e simples das referidas isenções e de evitar qualquer possível fraude, evasão ou abuso.

Neste contexto, a relevância do número de identificação de IVA do adquirente e da respetiva utilização nas operações cuja isenção de IVA se pretende assegurar surge amiúde sustentada com base no disposto no artigo 214.°, n.º 1, alínea *b)*, da Diretiva IVA, que impõe aos Estados-Membros que tomem todas as medidas necessárias para que sejam identificados através de um número individual, nomeadamente, todos os sujeitos passivos ou pessoas coletivas que não sejam sujeitos passivos que efetuem aquisições intracomunitárias. No mesmo sentido, servindo o propósito de auxiliar a determinação dos elementos necessários para que possa aplicar-se a isenção a que se reporta o artigo 138.º da Diretiva IVA, é evocado o artigo 226.º, n.º 4 da Diretiva IVA, segundo o qual uma das menções obrigatórias que devem constar das faturas é justamente o número de identificação para efeitos de IVA do adquirente ou destinatário de uma entrega de bens referida no artigo 138.º.

Já no quadro do direito nacional[6], pretendeu-se transpor o artigo 28.º-C, ponto A., alínea *a)*, da Sexta Diretiva, atual artigo 138.º da Diretiva IVA, através do disposto no artigo 14.º, alínea *a)* do Regime do IVA nas Transações Intracomunitárias ("RITI"), o qual preceitua que estão isentas de imposto as transmissões de bens:

(i) efetuadas por um sujeito passivo de IVA;
(ii) expedidos ou transportados pelo vendedor, pelo adquirente ou por conta destes;
(iii) a partir do território nacional para outro Estado membro com destino ao adquirente;
(iv) quando este seja uma pessoa singular ou coletiva registada para efeitos do IVA em outro Estado membro;
(v) que tenha utilizado o respetivo número de identificação para efetuar a aquisição; e
(vi) aí se encontre abrangido por um regime de tributação das aquisições intracomunitárias de bens.

---

[6] A respeito das provas admitidas para demonstrar saída dos bens do território português, cfr. Ofício Circulado n.º 30009, de 10.12.1999, da autoria da Direção de Serviços de IVA, disponível em *www.portaldasfinancas.gov.pt*. Determina este Ofício que, em face da ausência a falta de norma que, na legislação do IVA, indique expressamente os meios considerados idóneos para comprovar a verificação dos pressupostos da isenção prevista na alínea *a)* do artigo 14.º do RITI, será de admitir que a prova da saída dos bens do território nacional possa ser efetuada recorrendo aos meios gerais de prova, nomeadamente através dos documentos comprovativos do transporte, os quais, consoante o mesmo seja rodoviário, aéreo ou marítimo, poderão ser, respetivamente, a declaração de expedição (CMR), a carta de porte (*Airwaybil I* – AWB) ou o conhecimento de embarque (*Bill of landing* – B/L); dos contratos de transporte celebrados; das faturas das empresas transportadoras; das guias de remessa; ou da declaração, no Estado-Membro de destino dos bens, por parte do respetivo adquirente, de aí ter efetuado a correspondente aquisição intracomunitária.

Igualmente de realçar será ainda o disposto no artigo 27.º, n.º 5 do RITI, em conformidade com o qual as faturas referentes a operações intracomunitárias devem conter o número de identificação fiscal do sujeito passivo do imposto, precedido do prefixo 'PT' e o número de identificação para efeitos do IVA do destinatário ou adquirente, que deve incluir o prefixo do Estado membro que o atribuiu, conforme a norma internacional código ISO-3166 alfa 2, bem como o local de destino dos bens.

Em suma, e no que releva para o tema que nos ocupa, existia – até à adoção da Diretiva (UE) 2018/1910 do Conselho, de 4 de dezembro de 2018 – uma divergência entre as exigências contidas no artigo 138.º da Diretiva IVA e as condições que ao abrigo do artigo 14.º, alínea *a)* do RITI teriam de verificar-se para poder uma entrega intracomunitária de bens ser isenta de imposto: de facto, à luz do texto da Diretiva, o registo do adquirente para efeitos de IVA noutro Estado-Membro, a utilização do respetivo número de identificação de IVA para efetuar a aquisição e o facto de aí estar abrangido por um regime de tributação das aquisições intracomunitárias de bens não se afiguravam necessários, nos termos do artigo 138.º, n.º 1, para que se aplicasse a isenção à transmissão intracomunitária em questão, tratando-se contudo de requisitos impostos para esse efeito pelo artigo 14.º do RITI. Interessante será, igualmente, indagar se esta divergência terá sido integralmente eliminada pelas alterações introduzidas pela Diretiva (UE) 2018/1910 do Conselho, questão sobre a qual nos debruçaremos adiante.

Antes, contudo, importará analisar a questão do alcance da exigência da legislação nacional em face do texto da Diretiva do ponto de vista da jurisprudência nacional e do Tribunal de Justiça da União Europeia ("TJUE"), a que nos referiremos de seguida.

2.2. Na Jurisprudência

2.2.1 Comunitária

Em resultado de uma transposição alargada, por alguns Estados-Membros, do disposto nos artigos 28.º-C da Sexta Diretiva e 138.º, n.º 1 da Diretiva IVA, o TJUE tem vindo, ao longo dos anos, a produzir diversos

Arestos em que se suscitou a interpretação dos elementos cuja verificação se impõe para que haja lugar a uma transmissão intracomunitária de bens isenta de IVA. De entre o considerável número de decisões sobre esta matéria[7] e, por facilidade de exposição, selecionámos três Acórdãos que nos parecem cobrir de forma completa as diferentes questões que a respeito das condições da isenção das transmissões intracomunitárias de bens têm vindo a ser analisadas pelo TJUE.

a) Teleos e o.

No caso *Teleos e o.*, processo C-409/04, foi analisada a questão de saber em que circunstâncias uma aquisição intracomunitária ou um fornecimento intracomunitário se consideram concluídos e se se pode recusar a aplicação da isenção ao fornecedor no caso em que posteriormente se prove ser falsa a prova da passagem pela fronteira fornecida pelo adquirente, sem que o fornecedor conhecesse ou devesse conhecer a irregularidade[8].

O caso referia-se à venda de telemóveis, pela Teleos e o. à Total Telecom España SA/Ercosys Mobil SA ("TT"), sendo que nos termos dos contratos o lugar de destino de bens situava-se, nuns casos, em França e, noutros, em Espanha. Na sua maioria, os referidos contratos incluíam uma cláusula *ex-works* ou *EXW*, de acordo com a qual a Teleos e o. se obrigavam a colocar os bens à disposição da TT num armazém localizado no Reino Unido, sendo a sociedade espanhola responsável pelo transporte dos bens para o Estado-Membro convencionado. Decorridos alguns dias após cada operação, a Teleos e o. recebiam da sociedade espanhola o exemplar original de uma carta de porte CRM assinado e carimbado, contendo a descrição dos bens e a indicação do destino de entrega, do nome do condutor e da matrícula do veículo. Era esta carta, assinada pela TT, que provava que os bens tinham abandonado o território do Reino Unido e chegado ao lugar de destino.

---

[7] Para além dos casos que *infra* analisaremos em maior detalhe, outros foram submetidos à apreciação do TJUE em que foram analisadas questões referentes às condições necessárias à aplicação da isenção de IVA a transmissões intracomunitárias de bens, tais como, entre outros, os acórdãos TJUE, *Collée*, C-146/05, 27.09.2007; *Mecsek-Gabona*, C-273/11, 06.09.2012; *VSTR*, C-587/10, 27.09.2012; *Plöckl*, C-24/15, 20.10.2016.

[8] Cfr. Acórdão TJUE, *Teleos e o.*, C-409/04, 27.09.2007.

Inicialmente, as autoridades fiscais do Reino Unido aceitaram estes documentos como prova da saída dos bens desse território, tendo enquadrado a operação como isenta de IVA.

No entanto, em sede de procedimento de inspeção, a administração fiscal britânica viria a detetar que, em alguns casos, a informação contida em algumas das cartas de porte CRM era falsa (os transportadores não existiam ou não efetuavam o transporte de telemóveis, as matrículas correspondiam a veículos inexistentes, etc.). Deste modo, concluiu a administração que os bens não haviam fisicamente saído do território do Reino Unido, pelo que liquidou IVA adicional à Teleos e o., muito embora reconhecesse que estas empresas não se encontravam envolvidas na fraude referente às cartas de porte.

Do despacho de reenvio resultava existirem provas de que a sociedade espanhola apresentou às autoridades competentes do seu Estado-Membro declarações fiscais referentes à aquisição intracomunitária de telemóveis, tendo igualmente declarado uma entrega intracomunitária dos mesmos bens e requerido o reembolso do IVA pago a montante.

Acresce que o órgão jurisdicional de reenvio considerou assente que na perspetiva da Teleos e o. inexistia qualquer motivo para duvidar das informações constantes das cartas de porte e que estas sociedades não haviam participado de qualquer fraude, tão-pouco tendo conhecimento do facto de os bens não terem abandonado o Reino Unido.

A primeira questão prejudicial estava diretamente relacionada com o significado do termo "expedido" constante dos artigos 28.º-A, n.º 3, primeiro parágrafo e 28.º-C, ponto A, alínea *a)*, primeiro parágrafo, da Sexta Diretiva. Na verdade, o que se pretendia que o TJUE analisasse era se a aquisição intercomunitária de um bem apenas se consideraria verificada e a isenção de IVA só seria aplicável à correlativa entrega intracomunitária de bens quando o direito de dispor do bem como proprietário tivesse sido transferido para o adquirente e o fornecedor provasse que esse bem fora expedido ou transportado para outro Estado-Membro e que, na sequência dessa expedição ou desse transporte, o bem saíra fisicamente do território do Estado-Membro de origem.

O TJUE refere, a título de enquadramento, que o artigo 28.º-A, n.º 3, da Sexta Diretiva faz depender a aquisição intracomunitária da reunião de duas condições:

(i) a transferência para o adquirente no poder de dispor, como proprietário, de um bem móvel corpóreo; e
(ii) a expedição ou transporte desse bem com destino ao adquirente, pelo vendedor ou pelo adquirente ou por conta destes, para um Estado-Membro diferente do Estado em que se iniciou a expedição ou transporte.

A este respeito, alegavam Teleos e o., numa interpretação literal do termo "expedido" constante das disposições da Sexta Diretiva, que existiria uma entrega intracomunitária de bens sempre que tivesse tido início o processo de expedição, não sendo necessário o transporte físico completo dos bens para fora do território do Estado-Membro de origem. Assim, num caso em que o fornecedor, em cumprimento de uma cláusula *ex works*, colocasse os bens à disposição do adquirente e que as provas apontassem no sentido de as partes terem intenção de transportar os bens para outro Estado-Membro, mesmo que os bens não tivessem ainda abandonado fisicamente o território do Estado-Membro de origem, haveria já uma entrega intracomunitária de bens.

Viria o TJUE a decidir que a qualificação de uma operação como entrega ou aquisição intracomunitária deve efetuar-se tendo por base elementos objetivos, de que é exemplo a deslocação física dos bens entre territórios de Estados-Membros. Com efeito, é o ultrapassar de fronteiras entre os Estados-Membros que confere o estatuto intracomunitário a uma operação e permite distingui-la de uma operação ocorrida no interior de um Estado-Membro. Assim, não bastará a mera intenção do fornecedor e do adquirente efetuarem uma operação intracomunitária para que uma transação possa qualificar-se como tal (e a averiguação dessa intenção pela administração fiscal sempre faz perigar, em regra, os objetivos do sistema comum do IVA[9]). Deste modo, estar-se-á perante uma operação considerada como transmissão intracomunitária de um bem, à qual se aplicará a isenção de IVA sempre que:

[9] Neste sentido, cfr. acórdão TJUE, *Optigen e o.*, C-354/03, C-355/03 e C-484/03, 06.04.1995, ponto n.º45.

(i) o direito de dispor do bem como proprietária haja sido transmitido para o adquirente; e
(ii) o fornecedor prove que:
   a. o bem foi expedido ou transportado para outro Estado-Membro; e
   b. após essa expedição ou transporte, se deu a saída física do bem do Estado-Membro de origem.

O TJUE analisou ainda a questão de saber se seria admissível, à luz da Sexta Diretiva, que um fornecedor que agira de boa-fé e apresentara provas que aparentemente justificavam que a entrega intracomunitária de bens fosse isenta de IVA, fosse posteriormente confrontado com a obrigação de pagar IVA quanto a essa mesma operação, no caso de se demonstrar que aquelas provas se afiguravam falsas, sem que contudo se demonstrasse a participação do fornecedor na fraude[10].

Sobre esta matéria, recordou-se a jurisprudência de acordo com a qual as medidas que os Estados-Membros têm a faculdade de adotar no sentido de receber o imposto efetivamente devido e evitar a fraude não podem pôr em causa a neutralidade do IVA[11]. Mais se referiu que o princípio da segurança jurídica ganha especial relevância sempre que esteja em causa regulamentação suscetível de implicar encargos financeiros, impondo-se assegurar que os sujeitos passivos conheçam as respetivas obrigações fiscais antes de realizarem uma operação. Assim, concluiu o Tribunal que contraria o princípio da segurança jurídica a situação em que um Estado-Membro que fixou as condições para aplicação de isenção de IVA a uma entrega intracomunitária de bens – estabelecendo, entre outros, uma lista de documentos que devem ser submetidos às autoridades competentes – e que aceitou os documentos apresentados pelo fornecedor como prova da verificação das condições de que depende essa isenção, vem posteriormente liquidar adicionalmente IVA a esse mesmo fornecedor quanto a essa entrega de bens, quando se de-

[10] Sobre a participação do fornecedor em fraude cometida pelo adquirente e a relevância das diligências que este deve adotar para evitar a sua implicação nessa fraude, cfr. Acórdão TJUE, *Mecsek-Gabona*, C-273/11, 06.09.2012, pontos n.ºs42 a 45, 48 a 55.

[11] Cfr. Acórdãos TJUE, *Gabalfrisa e o.*, C-110/98 a C-147/98, 21.03.2000, ponto n.º52; *Schmeink & Cofreth e Strobel*, C-454/98, 19.09.2000, ponto n.º59; *Halifax e o.*, C-255/02, 21.02.2006, ponto n.º92.

monstre que, em resultado de uma fraude cometida pelo adquirente e que o fornecedor não conhecia nem devia conhecer, os bens nunca chegaram a sair do território do Estado-Membro de origem.

b) Traum

O TJUE foi chamado a pronunciar-se, no âmbito do processo C-492/13, sobre o caso da Traum, que exercia a sua atividade na área da construção geral de edifícios e de obras de construção civil e que, nos meses de setembro e outubro de 2009, efetuou e declarou entregas intracomunitárias de porta-lâminas e peças em bruto, isentas de IVA, à sociedade Evangelos gaitadzis, sediada na Grécia[12]. Em conformidade com o que exigia a lei interna búlgara, a Traum emitiu duas faturas contendo o número de IVA grego da sociedade Evangelos gaitadzis e apresentou os protocolos de entrega, as guias de transporte internacionais e um recibo comprovativo da receção da mercadoria assinado. Em novembro de 2009, a administração fiscal búlgara emitiu uma nota de reembolso de IVA a favor da Traum, tendo confirmado que a sociedade grega se encontrava registada no Sistema de Intercâmbio de Informações sobre o IVA (adiante, "sistema VIES") e dispunha de um número de IVA válido.

Contudo, em controlo efetuado posteriormente, a administração fiscal búlgara constatou que a sociedade Evangelos gaitadzis já não estava registada para efeitos de IVA desde 2006. Nessa sequência, emitiu uma nota retificativa da nota de reembolso anteriormente emanada, liquidando IVA sobre as entregas intracomunitárias de bens efetuadas pela Traum à sociedade grega, com base no facto de esta não se encontrar registada para efeitos de IVA noutro Estado-Membro, o que significava que a condição para que se aplicasse a isenção de IVA não estava verificada.

A Traum interpôs recurso administrativo da nota retificativa, que foi indeferido por ausência de prova do transporte dos bens para fora do território búlgaro e falta de uma confirmação escrita, por parte do adquirente, da receção da mercadoria. Entendeu a administração fiscal búlgara que os documentos de apoio à declaração da Traum não continham informações

---

[12] Cfr. Acórdão TJUE, *Traum*, C-492/13, 09.10.2014.

relativas ao endereço exato de receção desta mercadoria, nem à identidade, função e poder de representação da pessoa que as recebeu na sociedade Evangelos gaitadzis, pelo que considerou não serem esses documentos suscetíveis de fazer prova.

Pretendia o órgão jurisdicional de reenvio apurar, através das primeira e segunda questões prejudiciais, se os artigos 138.°, n.° 1, e 139.°, n.° 1, segundo parágrafo, da Diretiva IVA devem ser interpretados no sentido de se oporem a que a Administração Fiscal de um Estado-Membro recuse o direito à isenção de IVA quanto a uma entrega intracomunitária com base no facto de o adquirente não estar registado para efeitos do IVA noutro Estado-Membro e o fornecedor não ter comprovado a autenticidade da assinatura constante dos documentos de suporte à sua declaração de entrega pretensamente isenta, nem o poder de representação da pessoa que assinou esses documentos em nome do adquirente.

Começou o TJUE por recordar que uma entrega intracomunitária de bens se encontra isenta de IVA preenchidos que estejam os requisitos do artigo 138.°, n.° 1 da Diretiva IVA, *i.e.*, se em causa estiver uma entrega de bens expedidos ou transportados para fora do respetivo território mas dentro da União, pelo vendedor, pelo adquirente ou por conta destes, efetuada para outro sujeito passivo ou para uma pessoa coletiva que não seja sujeito passivo agindo como tal num Estado-Membro diferente do Estado de partida da expedição ou do transporte dos bens.

Na linha de jurisprudência anterior, relembrou o TJUE as condições necessárias à aplicação da isenção de imposto a uma entrega de bens intracomunitária são (i) a transferência do direito de dispor do bem como proprietário para o adquirente, (ii) a prova pelo alienante de que (a) esse bem foi expedido ou transportado para outro Estado-Membro e que (b), na sequência dessa expedição ou desse transporte, o mesmo bem saiu fisicamente do território do Estado-Membro de entrega.

Quanto aos requisitos materiais constantes do artigo 138.°, n.° 1 da Diretiva IVA, concluiu-se estarem os mesmos verificados.

Recuperando as traves-mestras da jurisprudência do caso *Teleos e o.*[13], salientou o TJUE que seria contrário ao princípio da segurança jurídica que

---

[13] Cfr. acórdão TJUE, *Teleos e o.*, C-409/04, 27.09.2007, ponto n.°50.

um Estado-Membro que contemplou as condições para que uma entrega intracomunitária fosse isenta de IVA, estabelecendo uma lista de documentos a apresentar às autoridades competentes e que aceitou inicialmente os documentos apresentados pelo fornecedor como provas do direito à isenção, pudesse posteriormente obrigar este fornecedor a pagar o IVA relativo a essa entrega, quando se demonstre que, nomeadamente devido a uma fraude cometida pelo adquirente da qual o fornecedor não tinha nem devia ter conhecimento, os bens em causa não saíram, na realidade, do território do Estado-Membro de entrega. Nesta sequência, salientou o Tribunal que, à data em que as entregas intracomunitárias de bens em causa foram declaradas pela Traum, a administração fiscal búlgara aceitou os documentos apresentados em conformidade com o exigido pela lei interna, sem que nesse momento solicitasse qualquer prova de autenticidade da assinatura do adquirente ou comprovativo do poder de representação do signatário, o que apenas fez em sede de controlo posterior.

Considerou o TJUE que violaria o princípio da segurança jurídica entender-se que o direito à isenção de IVA quanto às entregas intracomunitárias de bens poderia ser excluído com base no facto de o fornecedor não ter apresentado as provas adicionais apenas exigidas pela administração fiscal em sede de controlo *a posteriori* das operações em causa, quando os documentos de suporte à declaração efetuada anteriormente pela Traum iam de encontro às exigências documentais estabelecidas pela lei búlgara e tinham sido aceites pela administração fiscal como prova do direito à isenção.

Por outro lado, no que concerne à recusa da isenção de IVA por não estar o adquirente registado para efeitos de IVA noutro Estado-Membro no momento da entrega, confirmou o TJUE que o facto de ser atribuído um número de identificação IVA faz prova do estatuto fiscal do sujeito passivo para efeitos de aplicação deste imposto[14] e facilita o controlo fiscal das operações intracomunitárias. No entanto, a obrigação de verificar a quali-

[14] O contrário, contudo, não será (pelo menos não automaticamente) verdade. Assim, de acordo com as guidelines do Comité do IVA, reunião de 13 de abril de 2018, a detenção de um número de identificação IVA não configura um pré-requisito para ser sujeito passivo de IVA, pelo que não pode a sua ausência automaticamente significar que uma entidade não tem o estatuto de sujeito passivo – cfr. "Guidelines Resulting From Meetings of the VAT Committee – Up until 8 January 2019", disponível em *ec.europa.eu*.

dade de sujeito passivo incumbe à autoridade nacional competente antes de atribuir um número de identificação IVA, o que significa que uma eventual irregularidade que afete o registo dos sujeitos passivos não pode ter como consequência privar um operador, que se baseou em dados que constam do referido registo, da isenção a que tinha direito. Assim, como anteriormente havia sido declarado pelo TJUE[15], seria contrário ao princípio da proporcionalidade o fornecedor ser considerado devedor de IVA apenas pelo facto de ter sido cancelado com efeitos retroativos o número de identificação para efeitos de IVA do adquirente. De mais a mais, no concreto caso da Traum, a administração fiscal búlgara confirmou, aquando da declaração das entregas intracomunitárias de bens, que a sociedade Evangelos gaitadzis se encontrava registada no sistema VIES e dispunha de um número de IVA válido.

Acresce que, dos elementos do processo principal, não constavam indicadores de a entrega estar envolvida numa fraude fiscal nem de a Traum ter agido de má-fé num cenário de fraude cometida pelo adquirente.

Sumariou o TJUE a sua posição afirmando que os artigos 138.°, n.° 1, e 139.°, n.° 1, segundo parágrafo, da Diretiva IVA devem ser interpretados no sentido de que se opõem a que, em circunstâncias como as do processo principal, a Administração Fiscal de um Estado-Membro recuse o direito à isenção de IVA quanto a uma entrega intracomunitária com base no facto de o adquirente não estar registado para efeitos do IVA noutro Estado-Membro e de o fornecedor não ter comprovado, nem a autenticidade da assinatura constante dos documentos de suporte à sua declaração de entrega pretensamente isenta, nem o poder de representação da pessoa que assinou esses documentos em nome do adquirente, quando as provas justificativas do direito à isenção apresentadas pelo fornecedor respeitavam a lista de documentos a apresentar à luz do direito nacional, e tinham sido por esta aceites, num primeiro momento, como provas justificativas[16].

---

[15] Cfr. acórdão TJUE, *Mecsek-Gabona*, C-273/11, 06.09.2012, pontos n.ºs63 e 64.

[16] Neste mesmo Acórdão, o TJUE reconheceu ainda o efeito direto do artigo 138.° da Diretiva IVA na medida em que, tratando-se de uma norma que impõe com caráter preciso e incondicional a obrigação de os Estados-Membros isentarem de imposto as transmissões intracomunitárias de bens, pode ser invocada pelos sujeitos passivos contra os respetivos Estados, no sentido de obterem essa mesma isenção.

c) *Euro Tyre BV*[17]

O TJUE viria ainda a pronunciar-se sobre a isenção aplicável às transmissões intracomunitárias no caso *Euro Tyre BV*, em que especificamente estava em causa a legislação portuguesa e o artigo 14.º, alínea *a)* do RITI por contraponto aos artigos 131.º e 138.º, n.º 1 da Diretiva IVA.

A Euro Tyre, que é uma sucursal portuguesa de uma sociedade de direito neerlandês, a Euro Tyre BV, exercia atividades de importação, exportação e comercialização de pneus de diferentes marcas destinados aos retalhistas estabelecidos em Portugal e em Espanha. O litígio resultou da correção em sede de IVA fixada pela Autoridade Tributária e Aduaneira (adiante, "AT") quanto a diversas entregas de bens efetuadas à Euro Tyre Distribución de Neumáticos, sociedade de direito espanhol, entre 2010 e 2012, período durante o qual aquela sociedade adquirente estava registada como sujeito passivo de IVA em Espanha, muito embora não estivesse ainda sujeita ao regime de tributação das aquisições intracomunitárias, nem registada no sistema VIES.

A Euro Tyre tinha conhecimento de todo este circunstancialismo, aguardando que os serviços fiscais espanhóis concedessem retroativamente o estatuto de operador intracomunitário à Euro Tyre Distribución de Neumáticos. Ora, apenas em março de 2013 viria aquela sociedade de direito espanhol a adquirir o estatuto de operador intracomunitário e a registar-se no sistema VIES, com efeitos a 1 de julho de 2012. É de realçar que, não obstante, o número de identificação de IVA da sociedade espanhola foi incluído em todas as faturas emitidas quanto às vendas em causa e, bem assim, nos respetivos mapas recapitulativos. A Euro Tyre enquadrou e declarou as vendas à sociedade espanhola como entregas intracomunitárias isentas ao abrigo do artigo 14.°, alínea *a)*, do RITI.

Em sede de inspeção, considerando que, à data das vendas em questão, a Euro Tyre Distribución de Neumáticos não estava registada para efeitos da realização de operações intracomunitárias em Espanha, nem inscrita no

---

[17] Cfr. Acórdão TJUE, *Euro Tyre*, C-21/16, 09.02.2017. O pedido de reenvio prejudicial que deu origem a este acórdão foi formulado pelo tribunal arbitral em matéria tributária, no âmbito do processo n.º 364/2015-T, cuja decisão arbitral se encontra disponível em *www.caad.org.pt*. – cfr. acórdão TJUE, *Traum*, C-492/13, 09.10.2014, pontos n.ºs44 a 48.

sistema VIES, entendeu a AT que não se aplicava a isenção a que se reporta o artigo 14.º, alínea *a)* do RITI às entregas intracomunitárias de bens realizadas, sendo devido IVA adicional.

Através da primeira questão prejudicial, o órgão jurisdicional nacional pretendia determinar se os artigos 131.º e 138.º, n.º 1 da Diretiva IVA se oporiam a que a Administração Fiscal de um Estado-Membro se recusasse a isentar de IVA uma entrega intracomunitária com base no facto de, no momento da referida entrega, o adquirente, sedeado no território do Estado-Membro de destino e titular de um número de identificação IVA válido para as operações nesse Estado, não se encontrar registado no sistema VIES nem estar abrangido por um regime de tributação das aquisições intracomunitárias.

Não obstante reconhecer a relevância do registo no sistema VIES para a confirmação dos números de identificação dos parceiros comerciais dos operadores e para a identificação de irregularidades pelas administrações fiscais[18], verificou o TJUE que, nem o artigo 131.º, nem o artigo 138.º, n.º 1 da Diretiva IVA, impunham, àquela data, como condição material para aplicação da isenção às entregas intracomunitárias de bens, que o adquirente tivesse um número de identificação IVA ou o estatuto de operador intracomunitário e estivesse registado no sistema VIES. Com efeito, considerou o TJUE que, à luz do que já afirmara em jurisprudência anterior[19], essas obrigações não podem extrair-se do requisito que determina que o adquirente deve ser um sujeito passivo agindo como tal num Estado-Membro diferente do Estado de partida da expedição ou do transporte dos bens. Na verdade, a verificação da qualidade de sujeito passivo de IVA, conforme definido no artigo 9.º, n.º 1 da Diretiva IVA, não depende de a entidade em causa dispor de um número IVA para a realização de operações intracomunitárias ou de estar registada no sistema VIES. Estes são na verdade requisitos meramente formais que não podem pôr em causa o direito do fornecedor à isenção de IVA, desde que os requisitos materiais de uma entrega intracomunitária estejam verificados.

---

[18] Sobre o registo VIES em Portugal, cfr. Ofício-Circulado n.º 30148, de 25.07.2013, da Direção de Serviços de IVA, disponível em *portaldasfinancas.gov.pt.*

[19] Cfr. acórdão TJUE, *VSTR*, C- 587/1, 27.09.2012, ponto n.º40.

Por outro lado ainda, sublinhou o TJUE que a interpretação do artigo 131.º da Diretiva de IVA tem de fazer-se de acordo com os princípios gerais do Direito da União Europeia[20]. Deste modo, uma medida fixada por um Estado-Membro ultrapassará o necessário para a cobrança rigorosa do imposto se fizer depender o direito à isenção de IVA do cumprimento de obrigações estritamente formais, desconsiderando os requisitos de fundo e abstendo-se de questionar se estes foram cumpridos[21]. Por outro lado, ainda, à luz do princípio da neutralidade, uma entrega intracomunitária de bens deve ser isenta de IVA desde que os requisitos materiais estejam verificados, ainda que os sujeitos passivos tenham incumprido algumas obrigações formais[22].

Assim, em regra, conforme concluiu o TJUE, a Administração de um Estado-Membro não pode recusar a isenção de IVA de uma entrega intracomunitária exclusivamente com base no facto de o adquirente não se encontrar inscrito no sistema VIES, nem ser abrangido por um regime de tributação das aquisições intracomunitárias.

Mais salientou o TJUE que, à luz de jurisprudência anterior, existirão apenas duas situações em que o incumprimento de uma obrigação meramente formal poderá implicar a perda do direito à isenção do IVA:

(i) o sujeito passivo ter intencionalmente participado numa fraude fiscal que pôs em perigo o funcionamento do sistema comum do IVA – no caso em apreço o TJUE entendeu que o simples facto de a Euro Tyre ter conhecimento que a sociedade adquirente ainda não dispunha de estatuto de operador intracomunitário e não estava registada no sistema VIES não seria suficiente para existir fraude fiscal;

(ii) a violação de uma obrigação formal ter por efeito impedir a produção da prova incontestável do cumprimento das exigências de fundo – no caso *sub judice* os requisitos materiais referidos no artigo 138.º, n.º 1 da Diretiva IVA estavam preenchidos, nada indicando que o incumprimento da obrigação formal impedia a prova da verificação daqueles.

---

[20] Cfr. acórdãos TJUE, *Mecsek-Gabona*, C-273/11, 06.09.2012, ponto n.º36 e *Traum*, C-492/13, 09.10.2014, ponto n.º27.

[21] Cfr. acórdão TJUE, *Plöckl*, C-24/15, 20.10.2016, ponto n.º37.

[22] Cfr. acórdão TJUE, *Plöckl*, *cit.*, 20.10.2016, ponto n.º38.

Considerando tudo quanto acima se expôs, respondeu o TJUE às questões prejudiciais afirmando que os artigos 131.° e 138.°, n.° 1, da Diretiva IVA devem ser interpretados no sentido de que se opõem a que a Administração Fiscal de um Estado-Membro recuse isentar de IVA uma entrega intracomunitária pelo simples motivo de, no momento dessa entrega, o adquirente, sedeado no território do Estado-Membro de destino e titular de um número de identificação IVA válido para as operações nesse Estado, não estar inscrito no sistema VIES nem se encontrar abrangido por um regime de tributação das aquisições intracomunitárias, desde que não exista nenhum indício sério que sugira a existência de fraude e que esteja demonstrado que os requisitos materiais da isenção estão verificados. Neste caso, o artigo 138.°, n.° 1, da Diretiva IVA, interpretado à luz do princípio da proporcionalidade, opõe-se igualmente a essa recusa quando o alienante tinha conhecimento das circunstâncias que caracterizavam a situação do adquirente tendo em conta a aplicação do IVA e tinha a expectativa de que, posteriormente, o adquirente seria registado, de forma retroativa, como operador intracomunitário.

2.2.2. Nacional

No quadro da jurisprudência nacional, pensemos na justiça arbitral ou na justiça estadual, a interpretação que recentemente tem sido feita do artigo 14.°, alínea *a)* do RITI afigura-se em linha, como cremos que seria expectável, com a jurisprudência do TJUE acerca da delimitação das condições de que depende a isenção de IVA de uma entrega intracomunitária de bens. De facto, conforme resulta do ponto anterior, o TJUE conta já com um considerável número de decisões nas quais se debruçou sobre o alcance da letra do artigo 138.°, n.° 1 da Diretiva IVA e princípios de Direito da União Europeia *versus* extensão da letra das legislações nacionais no tocante às condições que terão de reunir-se para que possa uma entrega intracomunitária de bens ser isenta de IVA, sendo dessa jurisprudência que têm vindo os tribunais nacionais a socorrer-se para proferir decisão em processos em que a questão é idêntica.

Um dos casos que suscitou a tarefa da interpretação do artigo 14.°, alínea *a)* do RITI e análise da sua conformidade com a letra e espírito do artigo 138.º da Diretiva IVA foi submetido ao crivo do Supremo Tribunal Administrativo ("STA") no âmbito do processo n.º 0696/17[23].

A sociedade impugnante tinha como atividade o comércio a retalho de relógios, artigos de ourivesaria e joalharia, tendo emitido um conjunto de faturas à sociedade B, no valor total de € 98.445,00, relativas à transmissão de relógios, nos meses de Janeiro, Fevereiro e Março de 2012. Os referidos relógios foram entregues em França a uma pessoa agindo na qualidade da representante da sociedade B, conforme resulta das guias da transportadora, muito embora das faturas emitidas constasse que o local de descarga se situaria na Letónia (Estado-Membro da sede da sociedade B). Esta sociedade, contudo, não se encontrava registada para efeitos de IVA em França. Por outro lado, essa mesma sociedade B declarou às autoridades fiscais da Letónia, aquisições intracomunitárias efetuadas à sociedade impugnante, no montante de € 71.365,00 no período de 2012/01, ou seja, num valor inferior ao montante total das faturas emitidas e apenas quanto a um dos períodos em causa.

De acordo com o entendimento da AT vertido no Relatório de Inspeção, seriam fortes os indícios de que o efetivo adquirente dos bens não seria a sociedade B mas antes um cidadão israelita que não se encontrava registado para efeitos de IVA em nenhum Estado-Membro. A AT considerou, ainda, que as provas apresentadas não eram suficientes para gerar a convicção de que os bens haviam sido expedidos para outro Estado-Membro. Assim, foi liquidado adicionalmente o IVA relativo a essas transmissões de bens, que foram consideradas como sujeitas e não isentas de imposto, porquanto, na perspetiva da AT, não se verificavam os requisitos previstos no artigo 14.º, alínea *a)* do RITI. De facto, a destinatária dos bens não se encontrava registada para efeitos de IVA em França (país onde foram descarregados os bens) e não se logrou provar a tributação da aquisição intracomunitária dos bens no Estado-Membro da sede da sociedade adquirente (Letónia).

Sustentou a sociedade impugnante a interpretação que o TJUE vem fazendo do regime previsto no artigo 138.º, n.º 1 da Diretiva IVA e o facto

---

[23] Cfr. acórdão do STA, de 03.05.2018, processo n.º 0696/187, disponível em *www.dgsi.pt.*, tal como todos os Arestos produzidos no quadro da justiça estadual a que se fizer referência no presente texto.

de a atribuição da isenção de IVA nas entregas intracomunitárias de bens estar dependente da verificação de apenas dois requisitos: (i) prova de que os bens saíram fisicamente do território português[24]; e (ii) comprovação da qualidade de sujeito passivo do adquirente noutro Estado-Membro.

Entendeu o STA, depois de perpassar em revista a jurisprudência do TJUE que a este respeito se encontra publicada, que a argumentação aduzida pela AT para liquidar adicionalmente imposto não poderia ser aceite, na medida em que o artigo 14.º, alínea *a)* do RITI deve ser interpretado à luz do artigo 138.º da Diretiva IVA.

Isto significa que o registo do adquirente dos bens como sujeito passivo noutro Estado-Membro, consubstanciando uma exigência formal, não pode por si só pôr em causa o direito do fornecedor à isenção de IVA quanto a uma transmissão intracomunitária de bens, verificados que estejam os requisitos materiais para que aquela isenção possa ter lugar. De facto, a definição de sujeito passivo constante do artigo 9.º, n.º 1 da Diretiva IVA não deixa de considerar-se preenchida por não ter a pessoa em causa um número de identificação IVA; apenas se exige que se trate de uma pessoa que executa, de forma independente e em qualquer lugar, uma atividade económica, seja qual for o fim ou o resultado dessa atividade.

A conclusão alcançada pelo STA foi a de que nem a obtenção pelo adquirente de um número de identificação IVA válido para a realização de transações intracomunitárias, nem o respetivo registo no sistema VIES, correspondem a requisitos materiais para que uma entrega intracomunitária seja isenta de IVA. Trata-se de requisitos meramente formais cujo incumprimento não pode, desde que se cumpram as condições materiais, impedir que uma transmissão intracomunitária de bens seja isenta de IVA.

De acordo com a apreciação a que procedeu o STA, no caso concreto aquelas condições materiais encontravam-se cumpridas, tendo sido demonstrado que os bens foram expedidos por conta do vendedor e saíram efetivamente do território português para outro Estado-Membro e que o adquirente é um sujeito passivo de imposto registado na Letónia, tendo

---

[24] Sobre a completude das provas exigidas para este efeito e referindo a possibilidade de recurso à prova testemunhal, cfr. Acórdão do Tribunal Central Administrativo Sul ("TCAS"), de 13.10.2016, processo n.º 07450/14.

agido nessa qualidade e utilizado o seu número de identificação fiscal nas operações em questão.

O STA aludiu ainda, de harmonia com a jurisprudência do TJUE, às duas circunstâncias em que o desrespeito pelas exigências formais pode pôr em causa a isenção de IVA aplicável a uma transmissão intracomunitária de bens: (i) o sujeito passivo ter participado intencionalmente numa fraude fiscal que tenha feito perigar o funcionamento do sistema comum do IVA e (ii) o desrespeito pelas condições formais impedir que seja produzida prova incontestável do cumprimento das condições de fundo.

Poderia afirmar-se – e esta realidade foi, de resto, constatada pelo STA – que a informação recolhida pela AT em sede de inspeção revelava algumas incoerências quanto ao valor dos bens declarado pela sociedade B às autoridades fiscais da Letónia e ao facto de os relógios terem sido entregues num Estado-Membro (França) distinto do Estado-Membro da sede da sociedade adquirente (Letónia). Contudo, da análise a que procedeu o STA resultou que nada apontava para que a sociedade impugnante tivesse agido de má-fé, nem revelava que esta conhecia ou devia conhecer que a operação em que participou fazia parte de uma alegada ou eventual fraude cometida pela sociedade adquirente e se absteve de tomar as medidas razoáveis ao seu alcance para evitar essa fraude.

Um último ponto de divergência em relação à decisão proferida em primeira instância foi ainda objeto de destaque pelo STA. De acordo com a sentença proferida em primeira instância, caberia à sociedade impugnante o ónus da prova de que as aquisições intracomunitárias correspondentes às entregas por si efetuadas tinham sido objeto de tributação no Estado-Membro da sede da sociedade adquirente (Letónia). Discordou porém o STA desta posição. Com efeito, muito embora determine o artigo 131.º da Diretiva IVA que compete aos Estados-Membros definir as condições em que isentam as entregas intracomunitárias, o que se aplica também às provas que os sujeitos passivos devem apresentar para efeitos de aplicação da isenção de IVA, é jurisprudência pacífica do TJUE que aqueles devem fazê-lo em respeito pelos princípios gerais da União, entre os quais se destacam os princípios da proporcionalidade e da segurança jurídica. Ora, também da jurisprudência do TJUE resulta que não se pode impor qualquer outra condição para qualificar uma operação como transmissão ou aquisição intracomunitária de bens além das que respeitam à qualidade do sujeito passivo, à transferência do poder de dispor de um bem como proprietário e à deslocação física de bens de um Estado-Membro para o outro. Deste modo, não pode acrescentar-se a estas condições a de o fornecedor demonstrar que a aquisição intracomunitária dos bens em causa foi tributada[25].

3. Da Recente Alteração Introduzida pela Diretiva (UE) 2018/1910 de 4 de dezembro de 2018

Em abril de 2016, através de uma comunicação referente a um plano de ação sobre o IVA[26], a Comissão Europeia apresentou uma proposta no sentido de determinar os elementos de um sistema definitivo de IVA para as trocas comerciais transfronteiriças entre empresas realizadas entre Estados-Membros, o qual assentaria no princípio da tributação das entregas transfronteiriças de bens no Estado-Membro de destino. Posteriormente, nas suas conclusões de novembro do mesmo ano, o Conselho convidou a Comissão a introduzir melhorias no sistema do IVA aplicáveis às operações transfronteiriças, nomeadamente no tocante ao número de identificação IVA do adquirente dos bens, que passaria a constituir uma condição substantiva adicional para aplicação da isenção de IVA a uma entrega intra-EU de bens[27].

Nessa sequência, foi publicada a Proposta de Diretiva do Conselho de 4 de outubro de 2017, de cuja Exposição de Motivos resulta que a isenção prevista no artigo 138.º, n.º 1 da Diretiva IVA aplicável às transmissões intracomunitárias de bens está na origem da chamada *fraude carrossel*[28].

---

[25] Neste sentido, cfr. acórdão TJUE, *VSTR*, C-587/2010, 27.09.2012, ponto n.º55.

[26] Cfr. "Comunicação da Comissão ao Parlamento Europeu, ao Conselho e ao Comité Económico e Social Europeu relativa a um plano de ação sobre o IVA – Rumo a um espaço único do IVA na UE – Chegou o momento de decidir", disponível em *eur-lex.europa.eu.*

[27] Cfr. considerandos 2 e 3 da Diretiva (UE) 2018/1910 do Conselho, de 4 de dezembro de 2018.

[28] Este tipo de fraude – também designada como *fraude intracomunitária do operador fictício* – ocorre nos casos em que o infrator adquire bens ou serviços a um fornecedor estabelecido noutro Estado-Membro com isenção de IVA e cobra IVA na sua revenda embora não o entregue nos cofres do Estado e o adquirente possa deduzi-lo. Estima-se que a fraude carrossel represente cerca de 40 a 60 mil milhões de euros de receita de IVA perdida anual-

Assim, até que o regime definitivo do IVA nas trocas comerciais entre Estados-Membros solucione esta questão, os Estados-Membros solicitaram a adoção de medidas provisórias, entre as quais, que a Diretiva IVA passasse a prever a exigência de um número de identificação IVA válido ao adquirente num Estado-Membro diferente daquele em que se inicia o transporte dos bens como uma condição substantiva – e já não meramente formal – da aplicação da isenção de IVA.

Por outro lado, o regime transitório das trocas intra-UE tal como se encontrava, baseava-se igualmente na obrigação do fornecedor de apresentar o mapa recapitulativo (ou a *listagem VIES*, que contém o n.º de identificação do adquirente), requisito este de natureza apenas formal, o que significava que o respetivo incumprimento não permitia justificar a recusa da isenção de IVA. Contudo, esta é uma parte essencial do funcionamento do sistema do IVA, na medida em que a informação constante dos mapas recapitulativos é carregada no sistema VIES, sendo acessível às autoridades fiscais do Estado-Membro adquirente, que passam a ter conhecimento, desta forma, da chegada de bens geralmente tributados como aquisições intra-UE ao seu território. O adquirente é obrigado a incluir estas aquisições intracomunitárias na sua declaração de IVA e as autoridades fiscais do seu Estado-Membro podem cruzar a informação daquela declaração com os elementos disponíveis no sistema VIES. Por este motivo, outra das propostas formuladas foi a de promover o correto preenchimento do mapa recapitulativo a condição substantiva da aplicação da isenção de IVA às entregas intracomunitárias de bens.

Posteriormente, a Diretiva (EU) 2018/1910 do Conselho, de 4 de dezembro de 2018, que altera a Diretiva IVA no que diz respeito à harmonização e simplificação de determinadas regras no sistema de IVA em matéria de tributação das trocas comerciais entre Estados-Membros, veio determinar que, diversamente do que sucedia até então, a inclusão do número de identificação IVA do adquirente dos bens no sistema VIES, atribuído por um Estado-Membro diferente do Estado de partida do transporte dos bens,

mente – cfr. Proposta alterada de Regulamento do Conselho que altera o Regulamento (UE) n.º 904/2010 no que diz respeito às medidas destinadas a reforçar a cooperação administrativa no domínio do imposto sobre o valor acrescentado, disponível em *eur-lex.europa.eu*.

passe a constituir uma condição substantiva para a aplicação da isenção e já não uma exigência meramente formal. Doutra banda, o devido preenchimento da listagem VIES pelo fornecedor, na medida em que se afigura essencial para informar o Estado-Membro de chegada do facto de estarem presentes no seu território os bens objeto da operação intracomunitária, passa também a ser uma condição substantiva, sem a qual a isenção de IVA poderá ser recusada. Excecionadas são as situações em que o fornecedor atue de boa-fé, *i.e.*, sempre que este possa justificar devidamente as falhas constantes do seu mapa recapitulativo perante as autoridades competentes.

Atentemos, assim, nas diferenças entre a redação anterior do artigo 138.º da Diretiva IVA e o texto desta disposição na sequência as alterações introduzidas pela Diretiva (UE) 2018/1910.

Artigo 138.º, n.º 1 da Diretiva IVA (redação anterior)	**Artigo 138.º, n.º 1 da Diretiva IVA (redação alterada)**
Os Estados –Membros isentam as entregas de bens expedidos ou transportados, para fora do respetivo território mas na Comunidade, pelo vendedor, pelo adquirente ou por conta destes, efetuadas a outro sujeito passivo ou a uma pessoa coletiva que não seja sujeito passivo agindo como tal num Estado-Membro diferente do Estado de partida da expedição ou do transporte dos bens	Os Estados-Membros isentam as entregas de bens expedidos ou transportados, para fora do respetivo território mas na Comunidade, pelo vendedor, pelo adquirente ou por conta destes, se estiverem reunidas as seguintes condições: *a)* os bens são fornecidos a outro sujeito passivo ou a uma pessoa coletiva que não seja sujeito passivo agindo nessa qualidade num Estado-Membro diferente do Estado de partida da expedição ou do transporte dos bens; *b)* o sujeito passivo ou a pessoa coletiva que não seja sujeito passivo a quem a entrega é efetuada está registado para efeitos do IVA num Estado-Membro diferente do Estado de partida da expedição ou do transporte dos bens e comunicou esse número de identificação IVA ao fornecedor.
N.A.	Foi inserido o seguinte parágrafo: 1-A. A isenção prevista no n.º 1 não se aplica caso o fornecedor não tenha cumprido a obrigação prevista nos artigos 262.º e 263.º relativa à apresentação de um mapa recapitulativo ou do mapa recapitulativo por ele apresentado não constem as informações corretas relativas a essa entrega exigidas no artigo 264.º, a menos que o fornecedor possa justificar devidamente essa falha a contento das autoridades competentes.

Temos, assim, que a posição não raras vezes sustentada pelas administrações fiscais de diferentes Estados-Membros, no sentido de a ausência de registo do adquirente dos bens objeto de uma entrega intracomunitária no sistema VIES impedir a aplicação da isenção de IVA vê-se, pela mão da Diretiva (UE) 2018/1910, vertida no texto da Diretiva IVA e eleita condição substantiva e já não meramente formal da aplicação daquela isenção. Deste modo, diversamente do que pôde até a esta data ser decidido pelas diferentes instâncias nacionais e comunitária a este respeito, de 1 de janeiro de 2020 em diante, a não verificação desta condição de registo do adquirente no sistema VIES pode, por si só, impedir que uma transmissão intracomunitária de bens seja isenta de imposto, não mais sendo necessário que para isso se verifiquem uma das duas condições a que aludiram inúmeros Acórdãos proferidos pelo TJUE e pelos tribunais nacionais a respeito desta matéria: existência de indícios de ter o fornecedor participado em fraude fiscal com o objetivo de pôr em causa o funcionamento do sistema comum do IVA ou incumprimento da condição formal em questão ter impedido a prova de se verificarem os requisitos materiais de que depende a aplicação da isenção de IVA.

Assim, o fornecedor numa entrega intra-UE de bens terá de continuar a verificar, à semelhança do que já sucedia anteriormente, o estatuto de sujeito passivo do adquirente e o n.º de identificação deste no sistema VIES. A grande diferença reside no facto de, uma vez iniciado o período de aplicação das disposições da Diretiva IVA na sua redação alterada, a não identificação do adquirente poder determinar a não aplicação da isenção de IVA à transmissão intracomunitária de bens.

Por outro lado, também, o rigoroso preenchimento do mapa recapitulativo pelo fornecedor de entregas intra-UE de bens e serviços apenas terá de manter-se, sendo contudo distinto o tipo de consequência associada à inobservância desta obrigação. É que, à semelhança do que sucede com o registo do adquirente no sistema VIES, este requisito deixa a sua anterior qualificação de requisito formal para revestir agora caráter substantivo, motivo pelo qual, se incumprido, ditará a não aplicação da isenção de IVA à transmissão intracomunitária em causa (em regra e desde que não se trate de uma situação em que o fornecedor consiga validamente justificar aquele incumprimento).

É de salientar que, de harmonia com o que estabelece o artigo 2.º da Diretiva (UE) 2018/1910, os Estados-Membros terão de adotar as disposições legislativas, regulamentares e administrativas necessárias para dar cumprimento à Diretiva até 31 de dezembro de 2019, devendo comunicar o texto dessas disposições à Comissão imediatamente. Mais se determina, nesse preceito, que os Estados-Membros deverão aplicar essas disposições a partir de 1 de janeiro de 2020.

Ora, a alteração introduzida no artigo 138.º, n.º 1 encontra-se já, no tocante ao registo do adquirente no sistema VIES, prevista no artigo 14.º, alínea *a)* do RITI. Se a alteração introduzida contendesse exclusivamente com esta condição, poderia admitir-se que Portugal entendesse não ser necessária a adoção de um ato legislativo de transposição da Diretiva (UE) 2018/1910 por já estar a efetiva aplicação da mesma assegurada pelo direito nacional[29]. Contudo, faltará incluir nesta disposição, como condição da aplicação da isenção de IVA, o correto preenchimento do mapa recapitulativo pelo fornecedor, pelo que deverá o texto da lei ser alterado em conformidade até ao final do prazo para o efeito estipulado pela Diretiva.

Não obstante a alteração trazida pela Diretiva (UE) 2018/1910 e os ajustamentos que o legislador nacional possa vir a introduzir, parece-nos de realçar que, caso o texto do artigo 14.º, alínea *a)* do RITI permaneça tal como está, apenas se aditando a parte referente ao preenchimento do mapa recapitulativo, poderá este preceito, dependendo da interpretação que se faça, continuar a conter uma condição que excede a redação do artigo 138.º, n.º 1 da Diretiva IVA (na sua versão alterada): a exigência de que o adquirente dos bens seja sujeito no respetivo Estado-Membro a um regime de tributação das aquisições intracomunitárias de bens.

Com efeito, caso se interprete este requisito nos mesmos termos que tem vindo a lê-lo a AT, *i.e.*, no sentido de ser necessário provar a tributação da aquisição intra-UE no Estado-Membro de destino[30], não está o mesmo contemplado pela Diretiva (UE) 2018/1910. Assim, dir-se-á que se mantém

---

[29] Assim, cfr. acórdão TJUE, *Comissão/Itália*, C-22/87, 02.02.1989, ponto n.º6 e *Comissão/França*, C-252/85, 27.04.1988, ponto n.º5.

[30] A este respeito, veja-se a posição assumida pela AT – e que obteve concordância do tribunal de primeira instância – no caso submetido ao STA, que levaria ao seu Acórdão de 03.05.2018, processo n.º 0696/17.

válido o entendimento do TJUE expresso em acórdãos como aqueles proferidos nos casos *Teleos e o.* e *VSTR*[31] a respeito da impossibilidade de se imporem mais condições do que aquelas previstas na Diretiva IVA quanto à qualificação de uma operação como intracomunitária e à aplicação da isenção de IVA a essa mesma operação. Deste modo, cremos ser defensável que, à exceção dos requisitos que respeitam à qualidade dos sujeitos passivos, à transferência do poder de dispor de um bem como proprietário e à deslocação física dos bens entre Estados-Membros (e, a partir de 1 de janeiro de 2020, do registo do adquirente no sistema VIES e do correto preenchimento do mapa recapitulativo pelo fornecedor), nenhuma outra exigência, designadamente que se prove que o adquirente seja sujeito no seu Estado-Membro a um regime de tributação das aquisições intracomunitárias, poderá impor-se para que uma entrega intracomunitária de bens beneficie da isenção de IVA.

4. Notas Conclusivas

O trabalho jurisprudencial do TJUE no que respeita à demarcação dos requisitos de que depende a aplicação da isenção de IVA às entregas intra-UE de bens surge em plena harmonia com o texto dos artigos 131.º e 138.º da Diretiva IVA que especificamente se dirigem a essa questão, bem como, de resto, com outros princípios que regem o Direito da União Europeia, como o da segurança jurídica e da proporcionalidade.

Numa visão distinta do mesmo quadro legislativo, compreende-se contudo que os Estados-Membros entendessem, antes ainda da adoção da Diretiva (EU) 2018/1910 do Conselho, de 4 de dezembro de 2018, e com base numa leitura sistemática da Diretiva IVA, que decorrendo da mesma a necessidade de os sujeitos passivos disporem de um número de identificação IVA e de ser esse número incluído nas faturas emitidas, esta fosse uma condição para que uma certa transmissão intracomunitária de bens beneficiasse da isenção de imposto.

---

[31] Cfr. acórdãos TJUE, *Teleos e o.*, C-409/04, 27.09.2007, ponto n.º70 e *VSTR*, C-587/10, 27.09.2012, ponto n.º55;

Debates interpretativos à parte, dir-se-á ser esta mais uma questão de combate à fraude fiscal do que de articulação de normas. Nesse sentido, muito embora fosse desejável, numa perspetiva de hiato de IVA e atendendo ao caráter pacífico da jurisprudência do TJUE, que aquela Diretiva tivesse sido adotada há mais tempo, é de aplaudir o reforço que a mesma traz à possibilidade de controlo e cruzamento de informação entre Estados-Membros quanto a operações intracomunitárias e, por consequência, quanto à correta aplicação da isenção de IVA.

Com efeito, será tanto mais desincentivada (ou pelo menos dificultada) a fraude quanto mais claro se revelar o texto da lei – a mesma ideia valendo para a harmonia entre as legislações nacionais e os limites resultantes da Diretiva IVA e do direito da União Europeia no que toca à liberdade dos Estados-Membros na concretização de certas obrigações que sobre si recaem, entre as quais a de isentar de IVA as entregas intra-UE de bens. Por outro lado, parece-nos que, ainda que possa afirmar-se que em termos práticos as obrigações do fornecedor (de verificação do n.º de identificação IVA do adquirente e de correto preenchimento do mapa recapitulativo) são as mesmas que eram antes, sempre se dirá que o empenho no respetivo cumprimento resulta igualmente incentivado pela Diretiva, por serem também distintas, de janeiro de 2020 em diante, as consequências da sua inobservância.

Desta forma, espera-se que saia reforçada a fiabilidade e completude da informação constante do sistema VIES, restando-nos aguardar pelo ajustamento da legislação Portuguesa e por apurar se a mesma será reformulada, de forma a ir de encontro não apenas às alterações implementadas pela Diretiva (EU) 2018/1910, como também à consolidada jurisprudência do TJUE, nomeadamente no que respeita ao requisito da sujeição do adquirente a um regime de tributação das aquisições intracomunitárias.

A Aplicação Selectiva de Taxas Reduzidas de IVA

SÉRGIO VASQUES

1. Introdução

A desagregação das operações tributáveis para efeitos de aplicação das taxas de IVA constitui uma prática frequente e que tem originado processos numerosos junto do TJUE. Por um lado, sucede os sujeitos passivos manipularem as operações tributáveis que realizam, desagregando as suas componentes por forma a aplicar uma taxa reduzida de IVA aí onde ela de outro modo não poderia ter lugar. Por outro lado, ocorre os estados-membros desagregarem certas operações tributáveis, determinando por via legislativa ou regulamentar que uma taxa reduzida de IVA se aplique a algumas das suas componentes apenas.

A jurisprudência do TJUE relativa a estas práticas é rica e variada, perdendo-se facilmente na sua leitura a referência do que aqui está em jogo.

Em particular, é fácil perder de vista que a desagregação das operações tributáveis acarreta problemas distintos conforme seja feita pelos sujeitos passivos ou pelos estados-membros, problemas aos quais o TJUE tem dado tratamento distinto também.

O propósito deste texto é precisamente o de traçar a fronteira entre esses casos em que a desagregação das operações é da iniciativa dos contribuintes e aqueles em que ela é promovida pelo legislador, ilustrar o modo como o TJUE tem vindo a controlar uma e outra práticas e, com maior atenção, precisar a liberdade de que os estados-membros gozam na aplicação selectiva de taxas reduzidas de IVA.

Começamos por olhar a algumas decisões recentes do TJUE, em que se discutia o problema da desagregação das operações por iniciativa dos sujeitos passivos, procurando recapitular a metodologia que o tribunal emprega no seu controlo.

2. Desagregação pelo Sujeito Passivo

2.1. Acórdão Bastova (C-432/15): instalações desportivas

O acórdão *Paulina Bastova*, de 10 de Novembro de 2016, constitui uma das mais recentes e interessantes decisões do TJUE sobre o problema da agregação e desagregação de operações tributáveis para efeitos da aplicação de taxas de IVA.

No caso, Paulina Bastova explorava um centro de equitação na República Checa em que treinava cavalos de corrida próprios e de terceiros. Quanto aos cavalos que lhe eram confiados por terceiros, seus clientes, Paulina Bastova remunerava-se cobrando um valor pela respectiva estabulação e treino, a isto acrescendo uma percentagem sobre os prémios que por eles fossem obtidos em corridas.

O sujeito passivo aplicou ao todo destas prestações uma taxa reduzida de IVA de 10%, qualificando os serviços como a "exploração de um centro equestre para cavalos de corrida", a enquadrar na categoria de "utilização de instalações desportivas" prevista no ponto 14 do Anexo III da Directiva

IVA e transposta para a legislação interna da República Checa.[1] A administração tributária checa discordaria, no entanto, de um tal tratamento, por entender que as prestações em causa iam além da mera utilização das instalações desportivas, razão pela qual ao todo dos serviços se deveria em vez disso aplicar a taxa normal de IVA.

As questões dirigidas pelo Supremo Tribunal Administrativo da República Checa ao TJUE estavam, portanto, e no que a esta matéria respeita, em saber se os serviços prestados aos proprietários dos cavalos – nas suas três componentes do *treino dos cavalos*, da *utilização das instalações* do centro de equitação e da *estabulação dos cavalos* – podiam ser considerados como uma operação única e complexa e, em caso afirmativo, se essa operação única podia beneficiar no seu todo da taxa reduzida de imposto em vigor para a utilização de instalações desportivas ou se devia antes ficar sujeita no seu todo à taxa normal de IVA.[2]

Quanto ao saber se os serviços prestados devem ser considerados uma operação única, o TJUE, retomando o quadro de tratamento das operações complexas de que tem feito uso, relembra dever-se considerar estar-se perante operação única sempre que as diferentes componentes de uma mesma operação estejam em relação de *subordinação* ou *interdependência*, aos olhos do consumidor médio.

No caso concreto, o TJUE admite estar-se perante uma operação única e complexa, na medida em que "os proprietários dos cavalos não pretendem apenas o treino dos seus cavalos ou autorização para utilizar as instalações desportivas (...) mas também garantir a esses animais alojamento permanente e cuidados completos". Dito de outro modo, "os vários serviços prestados estão de tal forma interligados que são considerados como elementos de um único e mesmo pacote tanto pelo prestador dos serviços (Paulina

---

[1] O Código do IVA da República Checa, de 2004, referia-se, no seu art.47.º, à "utilização de instalações cobertas e não cobertas para o exercício de actividades desportivas".

[2] Além destas questões discutia-se também no processo a existência de nexo directo entre a participação nas corridas e os prémios pagos pelos respectivos organizadores – Friederike Grube, "Kein Leistungsaustausch bei Überlassung von Pferden an Rennveranstalter gegen ausgelobtes Preisgeld/Voller Vorsteuerabzug des Rennstallbesitzers möglich – Pavlína Bastová", *Mehrwertsteuerrecht*, 2016, 998-999.

Bastova) como, o que é mais importante ainda, pelos seus clientes (os proprietários dos cavalos)".[3]

Quanto à importância relativa de cada uma das três componentes desta operação única, deixando embora ao tribunal de reenvio a apreciação da matéria de facto, o TJUE sugere que a componente da *estabulação* se revela acessória relativamente ao *treino dos cavalos* e à *utilização das instalações desportivas* mas que estas duas componentes revestem uma importância equivalente no todo da operação. A utilização das instalações desportivas não pode ser vista, portanto, como prestação principal que absorva e determine o tratamento das restantes.[4]

Isto assente, fica decidida a questão da aplicação da taxa reduzida de imposto.

Tal como nota o TJUE, só a componente relativa à *utilização das instalações* necessárias à prática da equitação pode ser reconduzida ao ponto 14 do Anexo III da Directiva IVA, não se podendo por conseguinte aplicar a taxa reduzida aí prevista a operações complexas em que a utilização das instalações desportivas não surja dominante. Afinal, normas como as do Anexo III da Directiva IVA possuem carácter excepcional, exigindo interpretação estrita e uma particular atenção à respectiva finalidade, que reside em "promover a prática de actividades desportivas e torná-las mais acessíveis aos particulares" – e não mais do que isso.[5] A operação única e complexa em que se traduzem os serviços prestados por Paulina Bastova não pode, pois, beneficiar como um todo de taxa reduzida.

2.2. Acórdão Stadion Amsterdam (C-463/16): estádios e museus

Com interesse e actualidade na matéria é também o acórdão *Stadion Amsterdam*, de 10 de Novembro 2016. Estava em causa no processo uma

---

[3] Acórdão TJUE, *Bastova*, C-432/15, 10.11.2016, ponto n.º 74 e ponto n.º 5 das conclusões apresentadas pelo Advogado-Geral Nils Wahl.

[4] Acórdão TJUE, *Bastova*, C-432/15, 10.11.2016, pontos n.º 74ss. O TJUE equaciona também a hipótese de o treino dos cavalos ser a componente principal, de que as outras seriam acessórias, o que excluiria igualmente a aplicação da taxa reduzida ao todo da operação.

[5] Acórdão TJUE, *Bastova*, C-432/15, 10.11.2016, ponto n.º66.

sociedade que explora o complexo desportivo do clube de futebol holandês Ajax e que aí comercializa um pacote de serviços que apelida de "World of Ajax Tour", englobando uma visita guiada ao estádio e uma visita livre ao museu do clube. Os visitantes são conduzidos por um guia através das instalações do estádio – acedendo à tribuna, ao terreno de jogo e à sala de imprensa – podendo, depois, no final desta visita guiada, visitar sem acompanhamento o museu do clube.[6]

Porque comercializados em pacote, não é possível aos visitantes adquirir um destes serviços sem adquirir o outro. O preço de € 10 era pago pelo "World of Ajax Tour" como um todo, embora se pudesse identificar o que correspondia a cada componente. A empresa entendia estarem em causa prestações no domínio da cultura ou actividades recreativas ou de lazer, aplicando por isso a todo o pacote a taxa reduzida de 6% em vigor para este tipo de serviços na Holanda, em correspondência com o Anexo H da Sexta Directiva.[7] No limite, entendia a empresa dever *ao menos* poder-se aplicar a taxa reduzida à componente da visita ao museu, lembrando que as diferentes componentes de uma operação única podem, em determinadas circunstâncias, ser sujeitas a diferentes taxas de IVA.

Olhando ao caso, o TJUE admitiu estar-se perante operação única, tal como o tinha reconhecido o tribunal de reenvio. O "World of Ajax Tour" representaria uma só operação complexa, em que a visita guiada ao estádio surge como a componente principal e a visita ao museu como componente acessória apenas. Estas prestações são interdependentes e indissociáveis, na medida em que não é possível visitar o museu sem visitar o estádio, mas não se encontram por isso no mesmo plano, sendo a visita guiada ao estádio a componente preponderante.

---

[6] Acórdão TJUE, *Stadion Amsterdam*, C-463/16, 18.01.2018. A propósito, Thibaut Boulangé/Lionel Van der Noot, "The CJEU Confirms that Composite Services Cannot be Artificially Split in order to Benefit from a Reduced VAT Rate", *Intertax*, 2018, 450-452.

[7] À data dos factos, a Sexta Directiva estava ainda em vigor. Era o n.º7 do seu Anexo H que se referia a "entradas em espectáculos, teatros, circos, feiras, parques de diversões, concertos, museus, jardins zoológicos, cinemas, exposições e outras manifestações e espaços culturais", tal como o faz o n.º7 do Anexo III da actual Directiva IVA. A lei holandesa fixava a taxa reduzida não só para a "entrada em museus" mas para "parques de diversões, jardins de recreio e ornamentais, e outros espaços semelhantes destinados, a título principal e permanente, ao lazer e à recreação diurna".

Estando em causa operação única, entende o TJUE dever-se aplicar taxa única de imposto também: "decorre da própria qualificação como prestação única de uma operação que comporta vários elementos que essa operação será sujeita a uma taxa de IVA única e idêntica".[8] Essa taxa única deve ser determinada em função do elemento principal, diz o TJUE, sempre que exista entre as componentes de uma operação única uma relação de acessoriedade, como sucedia no caso do "World of Ajax Tour". Mais, deve ser assim mesmo quando seja possível segregar o preço que corresponde às componentes principal e acessória, como sucedia no caso, pois de outro modo ficaria posto em causa o princípio da neutralidade, na medida em que duas operações únicas e complexas, com o mesmo conteúdo, acabariam por ficar sujeitas a taxas de IVA distintas consoante fosse ou não possível identificar o preço correspondente aos elementos que as compõem.

2.3. *Operações compostas, unbundling e abuso*

Em decisões como os acórdãos *Bastova* ou *Stadion Amsterdam*, o que está em causa é a agregação ou desagregação de operações tributáveis levada a cabo pelo próprio sujeito passivo, com vista a aproveitar uma taxa reduzida a que de outro modo não haveria lugar. A manipulação da operação tributável releva aí da autonomia privada dos contribuintes e do particular modo como configuram os serviços que prestam, na relação com os respectivos clientes. O problema que se coloca nestes casos, portanto, é na essência um problema de *abuso do direito*.

Quanto a estes casos, o TJUE tem firmado desde há bom tempo – em decisões como os acórdãos *CPP*, *Levob*, *Don Bosco, Field Fisher Waterhouse* ou *Everything Everywhere* – que cada prestação deve por princípio ser considerada distinta e independente para efeitos de aplicação do IVA, qualquer que seja o seu número. A autonomização das prestações deve ser afastada, porém, quando as circunstâncias a tornem impraticável ou quando ela se mostre artificiosa.[9]

---

[8] Acórdão TJUE, *Stadion Amsterdam*, C-463/16, 18.01.2018, ponto n.º26.

[9] Acórdãos TJUE, *Field Fisher Waterhouse*, C-392/11, 27.09.2012; *Everything Everywhere*, C-276/09, 2.12.2010; *Don Bosco*, C-461/08, 19.11.2009; *Levob*, C-41/04,

É neste sentido que o TJUE tem sustentado dever-se considerar haver operação única sempre que exista uma relação de subordinação ou de interdependência entre os elementos constitutivos de uma qualquer operação tributável.

Haverá *relação de subordinação* quando um elemento deva ser considerado a prestação principal e outro apenas acessório, no sentido em que não constitui para o consumidor um fim em si mesmo mas apenas o meio de beneficiar nas melhores condições da prestação dita principal. Quando se verifiquem estas condições, estamos perante uma operação única em que as prestações acessórias perdem autonomia e partilham do tratamento fiscal da prestação principal.[10]

Haverá *relação de interdependência* sempre que duas ou mais prestações estejam tão estreitamente ligadas que objectivamente surjam como uma só operação económica aos olhos do consumidor. Estes são casos em que não se consegue identificar uma prestação principal à qual se devam subordinar as demais mas em que encontramos prestações com o mesmo valor, interdependentes porém, cuja desagregação só pode ser feita de modo artificioso – razão pela qual há-de ser dado ao todo da operação o tratamento que como um todo lhe caiba.[11]

O saber se existe subordinação ou de interdependência entre as prestações que dão corpo a uma operação composta é exercício que se deve fazer adoptando o ponto de vista do "consumidor médio ou típico" e atendendo a todos os elementos que caracterizem uma transacção, na sua importância

---

27.10.2005; *CPP*, 349/96, 25.02.1999. Sobre estas, Ben Terra/Julie Kajus (Amsterdam, 2018) *A Guide to the European VAT Directives*, vol.I, 527ss, com indicação de jurisprudência adicional na matéria. Sobre os critérios de que se serve o TJUE na qualificação e tratamento das operações compostas, Sérgio Vasques (Coimbra, 2015) *O Imposto sobre o Valor Acrescentado*, 216ss.

[10] Nas palavras do tribunal, está-se perante uma prestação única "quando uma ou várias prestações constituem uma prestação principal e a outra ou as outras prestações constituem uma ou várias prestações acessórias", devendo considerar-se acessória uma prestação "quando não constitua para a clientela um fim em si mesmo, mas um meio de beneficiar, nas melhores condições, do serviço principal do prestador" – acórdão TJUE, *CPP*, C-349/96, 25.02.1999, ponto n.º30.

[11] Nas palavras do tribunal, está-se perante uma prestação única "quando dois ou vários elementos ou actos fornecidos pelo sujeito passivo ao cliente estão tão estreitamente ligados que formam, objectivamente, uma única prestação económica indivisível, que seria artificial separar" – acórdão TJUE, *Levob*, C-41/04, 27.10.2005, ponto n.º22.

quantitativa e qualitativa, ponto para o qual o TJUE chamava a atenção no acórdão *Bastova*. Entre esses elementos está o modo como se estruturam os preços de uma transacção, sendo que a exigência de um preço único não exclui para o TJUE que estejamos perante operações autónomas para efeitos de IVA, do mesmo modo que a autonomização dos preços não obsta à qualificação como única de uma operação tributável, ponto que o TJUE analisa no caso *Stadion Amsterdam*.[12]

Em suma, quando são os sujeitos passivos quem desagrega os elementos de uma operação composta, para lhes aplicar diferentes taxas de imposto, *o problema que está em causa é na substância um problema de abuso de direito e o teste do consumidor médio serve precisamente para fixar os limites do que é abusivo*.

Em vez disso, quando são os estados-membros a desagregar uma operação composta, por via legislativa ou regulamentar, para aplicar taxas diferenciadas aos elementos que a integram, o problema que se coloca não tem os mesmos contornos nem o TJUE tem empregue a mesma metodologia no seu controlo. Para o compreendermos melhor, começamos por olhar em seguida a duas decisões do TJUE em que estava em causa a desagregação por via legislativa e regulamentar das prestações de fornecimento de água, gás e electricidade.

3. Desagregação por via legislativa

3.1. Acórdão Comissão vs. França (C-384/01): gás e electricidade

No acórdão *Comissão vs. França*, de 8 de Maio de 2003, discutia-se a aplicação das taxas reduzidas de IVA aos fornecimentos de gás e electricidade.[13]

---

[12] Sobre este ponto, veja-se o acórdão TJUE, *Madgett e Baldwin*, C-308/96 e C-94/97, 22.10.1998; e também Holger Stadie (Köln, 2012) *Umsatzsteuergesetz-Kommentar*, 271.

[13] Acórdão TJUE, *Comissão vs. França*, C-384/01, 8.05.2003. Quanto à decisão vejam-se as recensões breves de Adolfo Martín Jiménez, "Jurisprudencia del Tribunal de Justicia de las Comunidades Europeas", *Revista Española de Derecho Financiero*, 2004, 471-473; e

A Sexta Directiva, em vigor à data dos factos, previa, no seu artigo 12.º, n.º3, alíneas *a)* e *b)*, que os estados-membros podiam aplicar uma taxa reduzida de IVA ao fornecimento de gás natural, electricidade e aquecimento urbano, desde que daí não resultasse qualquer risco de distorção da concorrência. Trata-se de disposição em tudo semelhante à que hoje figura no artigo 102.º da Directiva IVA, exigindo-se actualmente a consulta prévia da Comissão Europeia para o efeito.

O legislador francês aproveitou a liberdade facultada por esta norma e fixou uma taxa reduzida de 5,5% no *Code Général des Impôts*, aplicável à componente fixa de ligação às redes públicas de distribuição de gás e electricidade. Ao consumo variável destes produtos, pelo contrário, era aplicável a taxa normal de 19,6%.

A opção do legislador francês suscitou dúvidas à Comissão. Primeiro, a Comissão perguntava-se se a ligação às redes de distribuição podia dizer-se em si mesma parte do "fornecimento de gás natural e de electricidade" a que se referia o artigo 12.º da Sexta Directiva ou se, em vez disso, constituía uma prestação específica e autónoma, representativa dos custos fixos associados à instalação e exploração das redes públicas e à qual deveria por isso corresponder a taxa normal do imposto. Admitindo que integrasse o fornecimento, perguntava-se a Comissão se a taxa reduzida podia ser aplicada de modo selectivo, o que poderia levar a uma distorção das escolhas dos consumidores: aqueles que optassem por planos tarifários com taxas de ligação mais elevadas e tarifas de consumo mais reduzidas acabariam por aproveitar uma taxa efectiva de imposto inferior; aqueles que escolhessem um plano tarifário com taxas de ligação mais reduzidas e tarifas de consumo mais elevadas, acabavam por sofrer taxa efectiva mais alta.

Em suma, estava em causa saber se esta operação devia ser considerada única e se às componentes desta operação única se podem aplicar taxas diferentes.

Quanto a saber se a ligação às redes públicas integra o próprio fornecimento de gás ou de electricidade, dando corpo a uma operação única, o TJUE seria muito sumário. Nas suas conclusões, o Advogado-Geral Alber

---

Barbara Slawitsch, "Ermässigter Steuersatz für die Anschlussgrundgebühren bei der öffentlichen Energieversorgung", *European Law Reporter*, 2003, 266-267.

tinha feito notar que a ligação à rede apenas poderia ser tratada como prestação autónoma, distinta do fornecimento, se os consumidores pudessem solicitar a ligação a um operador distinto do que depois lhes fornecesse o gás ou a electricidade e se o preço da ligação mantivesse relação efectiva com os custos fixos de exploração da rede. [14]

Aparentemente, à data dos factos, o mercado francês não se encontrava plenamente liberalizado e as famílias e muitos clientes institucionais apenas podiam obter gás e electricidade através das empresas EDF e GDF, responsáveis também pela ligação às redes de distribuição. Os montantes então cobrados pela ligação às redes não tinham relação evidente com os custos fixos associados à sua exploração. Deste modo, a "(...) divisão da contrapartida pelo fornecimento de gás e de electricidade numa parte fixa e noutra variável assume, nestas circunstâncias, o carácter de uma medida tomada pelas empresas fornecedoras no âmbito da livre fixação dos preços de uma prestação integrada. Não se trata de dois pagamentos distintos devidos por duas prestações separáveis."[15]

Uma vez que a Comissão Europeia não tinha comprovado a autonomia desta prestação, o TJUE acabaria por desvalorizar a questão, acompanhando implicitamente a posição do Advogado-Geral e tratando a ligação às redes como parte do "fornecimento" previsto no artigo 12.°, n.°3, alínea *b)*, da Sexta Directiva.

Quanto a saber se as componentes fixa e variável desta operação única podem ser sujeitas a taxas diferentes de imposto, o TJUE notaria que a taxa reduzida possui natureza excepcional e que, por isso, "o facto de se limitar a sua aplicação a aspectos concretos e específicos, como a subscrição que dá direito a uma quantidade mínima de electricidade para os clientes, é coerente com o princípio segundo o qual as isenções ou derrogações devem ser interpretadas restritivamente". Seja como for, acrescenta, nada há na redacção do artigo 12.°, n.°3, alínea *b)*, da Sexta Directiva que imponha a aplicação da taxa reduzida de IVA ao todo destas prestações, devendo admitir-se a sua aplicação selectiva "desde que essa interpretação não crie um risco de distorção da concorrência".[16]

---

[14] Conclusões do Advogado-Geral Siegbert Alber, ponto n.°71.

[15] Conclusões do Advogado-Geral Siegbert Alber, ponto n.°78.

[16] Acórdão TJUE, *Comissão vs. França*, C-384/01, 8.05.2003, ponto n.°27. O risco de distorção da concorrência era melhor explorado pelo Advogado-Geral que, nas suas conclusões,

E porque esse risco não foi demonstrado pela Comissão, atentos os contornos muito particulares do mercado do gás e da electricidade, o TJUE acabaria por julgar a acção improcedente, sentenciando que a aplicação selectiva da taxa reduzida de IVA era admissível, ainda que estivesse em causa operação única.

3.2. Acórdão Zweckverband (C-442/05): abastecimento de água

Problema idêntico encontramo-lo no acórdão *Zweckverband*, de 3 de Abril de 2008. Neste processo estava em causa uma associação intermunicipal que assegurava o abastecimento de água e o saneamento de águas residuais num conjunto de circunscrições locais da Alemanha. Era a própria Zweckverband que assegurava a instalação dos ramais de ligação à rede pública de abastecimento e esgotos, mediante solicitação dos seus clientes e pagamento de uma taxa fixa em contrapartida do serviço, ficando os ramais de ligação na sua propriedade.[17]

A Sexta Directiva, em vigor à data dos factos, permitia a aplicação de uma taxa reduzida ao "abastecimento de água", previsto no ponto n.º2 do seu Anexo H. O legislador alemão tinha aproveitado esta permissão e, em consequência, o §12 da *Umsatzsteuergesetz* contemplava uma taxa de 7% para o fornecimento de água.

A administração tributária alemã, por via interpretativa, considerava porém que a instalação dos ramais de ligação não podia ser reconduzida à noção de abastecimento, constituindo uma prestação autónoma, a sujeitar

observaria que "a aplicação de duas taxas distintas de imposto sobre o valor acrescentado, efectivamente, faz com que a prestação fique sujeita a uma taxa de imposto sobre o valor acrescentado que corresponde à média ponderada das taxas de imposto sobre o valor acrescentado que recaem sobre ambos os componentes do preço. O fornecimento de gás natural e de electricidade fica efectivamente sujeito a uma pluralidade de taxas de imposto sobre o valor acrescentado cujo valor depende da proporção, no preço final, entre o montante da subscrição e o valor variável a pagar em função do consumo". A Comissão não tinha explorado estes argumentos, contudo.

[17] Acórdão TJUE, *Zweckverband*, C-442/05, 3.04.2008. Sobre a decisão, Yolande Sérandour, "Eau, tuyaux et taux de TVA", *Revue de Droit Fiscal*, 2008, n.º16, 29-32; e Joan Pagés i Galtés, "La tributación por IVA de las acometidas de agua (Comentario a la STJCE de 3 de abril de 2008)", *Noticias de la Unión Europea*, 2009, n.º289, 145-148.

à taxa normal. Ainda que do ponto de vista do "consumidor médio" as duas prestações sirvam o mesmo propósito, entendia a administração não se poder considerar estar em causa uma operação única visto que as duas componentes não estão interligadas a ponto de não se distinguirem entre si, sendo possível aos consumidores solicitar um ramal de ligação sem que houvesse lugar ao abastecimento de água.

Ao invés, a Zweckverband sustentava que a ligação ao ramal devia ficar sujeita à mesma taxa reduzida que valia para o abastecimento de água, na medida em que a instalação dos ramais de ligação tem como único objectivo garantir a distribuição da água até cada imóvel, tendo por isso apenas carácter acessório:

> *"A recorrente considera que a instalação do ramal de ligação não constitui um fornecimento separado da distribuição de água. Do ponto de vista dos clientes, o ramal de ligação da água só serve para permitir a distribuição de água e não tem outra finalidade. Isto é realçado pelo facto de, por razões legais e práticas, os clientes não poderem obter água de outra empresa. A recorrente considera que o facto de a instalação do ramal de ligação da água ser cobrada de uma determinada forma ou uma única vez não é relevante na perspectiva do IVA. O facto de os custos relativos à instalação do ramal de ligação serem deduzidos da tarifa mensal relativa aos custos fixos e a tarifa associada ao consumo efectivo de água indicam que existe um único preço para a distribuição de água, parte do qual é calculado de uma forma específica. Além disso, embora a ligação só seja feita uma vez, é indispensável para a distribuição de água de forma continuada e, portanto, não pode ser considerada um fornecimento independente. Não é apenas a ligação, mas também a presença do fornecimento da água, que aumenta o valor do local em causa de forma continuada. Ao contrário do alegado pelo recorrido, a presunção de que, nos edifícios com ligação, pode não ser consumida água, não reflecte a realidade. Além disso, o montante (elevado) cobrado pelo ramal de ligação não constitui um fundamento válido para concluir que se trata de um fornecimento independente. Embora uma ligação possa custar mil euros, o consumo de água numa residência poderá ser de oito a doze mil euros num período de quarenta a cinquenta anos."* [18]

[18] Conclusões do Advogado-Geral Ján Mazák, ponto n.º28.

Olhando ao caso, o TJUE sentenciaria que, não estando a noção de "abastecimento de água" concretizada na própria Sexta Directiva e sendo a instalação dos ramais de ligação até junto de cada imóvel indispensável para que a água seja distribuída aos clientes, a ligação dever-se-ia considerar abrangida pelo abastecimento de água, tal como prevista no Anexo H da Sexta Directiva.

Estando embora em causa uma operação que deve ser considerada única, o TJUE reconheceria às autoridades alemãs o poder de aplicar a taxa reduzida prevista no Anexo H de modo selectivo, fazendo-a abranger uma componente apenas do abastecimento de água. Na linha do que decidira no processo *Comissão vs. França*, relativo ao fornecimento de gás e electricidade, o TJUE insistiria na ideia de que a natureza única de uma operação é irrelevante e que os estados-membros podem sujeitar os seus elementos componentes a taxas diferentes de IVA desde que com isso não se gere um risco de distorção da concorrência.[19]

Sintéticos embora nos argumentos, os acórdãos *Comissão vs. França* e *Zweckverband* mostram-se de particular interesse no enquadramento das questões de que aqui nos ocupamos. Primeiro, porque as prestações aqui em causa – a ligação às redes públicas de distribuição e o fornecimento da água, gás ou electricidade – são prestações com uma relação de subordinação muito marcada, a primeira claramente instrumental da segunda, e que o tribunal não hesita em reconhecer como operação única para efeitos de IVA, ainda que uma e outra sejam por regra cobradas separadamente aos consumidores, através de "taxas" ou "tarifas" distintas. Depois, porque apesar de reconhecer como única a operação, o TJUE deixa claro que os estados-membros não estão obrigados a dar-lhe um tratamento uniforme e

[19] Vale a pena registar que a conclusão do TJUE, constante da súmula da decisão, vai no sentido de que "os estados-membros podem aplicar uma taxa reduzida de IVA a aspectos concretos e específicos do abastecimento de água, como a operação de instalação do ramal de ligação individual em causa no processo principal", quando o que sucedia no caso era precisamente o inverso, com a aplicação da taxa normal a este elemento. É de admitir que o equívoco se deva à argumentação do Advogado-Geral quanto a este ponto em concreto, onde se sente alguma hesitação entre a aplicação da doutrina relativa às operações compostas nos casos de desagregação pelos sujeitos passivos e o tratamento que o TJUE procura ensaiar com estas primeiras decisões quanto aos casos, diferentes, de aplicação selectiva determinada por via legislativa ou regulamentar.

que a liberdade que a Directiva IVA lhes confere na concretização das taxas reduzidas comporta o poder de a desagregarem por via legislativa ou regulamentar, posto que assim não distorçam a concorrência.

Em face destas decisões torna-se claro, pois, que a desagregação das operações por iniciativa dos contribuintes e a sua desagregação por determinação do legislador são problemas distintos e que o TJUE entende deverem ter tratamento distinto também. Os argumentos aqui avançados pelo tribunal seriam melhor desenvolvidos e afinados em decisões suas posteriores, algo mais complexas, tais como as que exploramos em seguida, relativas à aplicação de taxas reduzidas de IVA a serviços funerários em França e a produtos alimentares na Polónia.

3.3. Acórdão Comissão vs. França (C-94/09): serviços funerários

No acórdão *Comissão vs. França*, de 6 de Maio de 2010, estava em causa a aplicação de taxas diferenciadas de IVA aos serviços das agências funerárias.[20]

A Directiva IVA, no n.º16 do seu anexo III, permite a aplicação de uma taxa reduzida às "prestações de serviços realizadas pelas agências funerárias e cremações, bem como [à] entrega de bens relacionados com essas actividades". O legislador francês, contudo, desagregou estas operações e determinou que a taxa reduzida de IVA de 5,5% prevista no *Code Général des Impôts* se aplicasse unicamente ao transporte do cadáver em veículos funerários, ficando os demais serviços prestados pelas agências funerárias sujeitos à taxa normal de imposto.

Neste contexto, a Comissão Europeia pediu então ao TJUE que declarasse que França não cumpria com as obrigações que lhe cabiam nos termos da Directiva IVA, em virtude de não aplicar uma taxa única de IVA a todas as prestações de serviços realizadas pelas agências funerárias. Entendia a Comissão que estes serviços constituem uma operação única e complexa, na medida em que os seus elementos são indissociáveis para o consumidor médio. Estando em causa uma operação única, dever-se-á aplicar-lhe uma

---

[20] Acórdão TJUE, *Comissão vs. França*, C-94/09, 6.05.2010.

taxa única de imposto, sem a decompor artificialmente nem pôr em causa o funcionamento do sistema IVA.

Acrescentava ainda a Comissão Europeia que a aplicação de taxas diferentes às diferentes componentes desta operação levaria a que os serviços funerários ficassem sujeitos a uma taxa efectiva média inferior à taxa normal aplicável em França mas que variaria de caso para caso, conforme o peso relativo que nesses serviços assumisse o transporte dos cadáveres, o que violaria o artigo 98.º da Directiva IVA. Além disto, a diferenciação das taxas incentivaria as agências funerárias a aumentar artificialmente a componente do preço correspondente ao transporte dos cadáveres e a reduzir a componente do preço relativa às restantes prestações, de modo a maximizar a aplicação da taxa reduzida do IVA, com sacrifício evidente do princípio da neutralidade e da livre concorrência.

O TJUE veria as coisas de outro modo, porém. No entendimento do tribunal, a taxa reduzida prevista no Anexo III da Directiva IVA não tem necessariamente que aplicar-se ao todo dos serviços prestados pelas agências funerárias, podendo ser aplicada apenas a alguns dos seus elementos componentes. Assim, os estados-membros podem desagregar as categorias de bens e serviços tipificadas no Anexo III, desde que esteja em causa um *elemento concreto e específico* da prestação e desde que com isso não gerem um risco de *distorção da concorrência*.

Para o TJUE, este poder de modelação justifica-se em face do próprio princípio da neutralidade. A possibilidade reconhecida aos estados-membros de aplicar selectivamente a taxa reduzida de IVA justifica-se "pela consideração de que, sendo esta taxa a excepção, o facto de se limitar a sua aplicação a elementos concretos e específicos é coerente com o princípio de que as isenções e as derrogações devem ser interpretadas restritivamente".[21] Dito de outro modo, *à neutralidade é preferível que uma parcela apenas das categorias previstas no Anexo III fiquem sujeitas a taxa reduzida do que o fiquem no seu todo*, pois que dessa maneira se alarga o universo dos bens e serviços sujeitos a taxa normal.

Assim, nos casos em que a desagregação de uma operação tributável é feita pelo próprio estado-membro, por via legislativa ou regulamentar, é ir-

[21] Acórdão TJUE, *Comissão vs. França*, C-94/09, 6.05.2010, ponto n.º29.

relevante que a operação surja como única aos olhos do consumidor médio. Afinal, o que aqui está em causa é fixar a margem de apreciação concedida pela Directiva IVA aos estados-membros na aplicação das taxas reduzidas e esse é exercício que não pode depender da avaliação casuística dos contornos que as operações revestem:

> *"estes critérios, como a expectativa do consumidor médio a que se refere a Comissão, têm por objectivo proteger a funcionalidade do sistema do IVA face à diversidade das transacções comerciais. Todavia, o próprio Tribunal de Justiça reconheceu a impossibilidade de dar uma resposta exaustiva a este problema (...) e sublinhou a necessidade de tomar em consideração todas as circunstâncias em que se desenvolve a operação em questão (...). Conclui-se daí que, se os critérios se prestam a uma aplicação casuística, para evitar, nomeadamente, que a articulação contratual montada pelo sujeito passivo e pelo consumidor conduza a uma separação artificial, em várias operações fiscais, de uma operação que, do ponto de vista económico, deve ser considerada uma única operação, tais critérios não podem considerar-se determinantes para o exercício, pelos Estados-Membros, da margem de apreciação que lhes é consentida pela Directiva 2006/112 quanto à aplicação da taxa reduzida do IVA."* [22]

O que deve relevar ao efeito, pois, são "critérios gerais e objectivos" – primeiro, saber se está em causa um elemento concreto e específico da prestação, depois, se a aplicação selectiva da taxa reduzida gera ou não um risco de distorção da concorrência. No caso concreto, está em causa saber se o transporte de cadáveres se compreende na categoria de bens e serviços prevista no Anexo III e se a aplicação da taxa reduzida apenas a estes serviços prejudica a oferta e consumo de serviços semelhantes que se encontrem sujeitos à taxa normal de imposto.

Quanto ao primeiro ponto, o TJUE reconhece o transporte de cadáveres em veículos funerários como um elemento concreto e específico das prestações de serviços realizadas pelas agências funerárias. Estaria em causa uma prestação de serviços identificável em si mesma e que se distingue de outras prestações de serviços funerários como os cuidados somáticos, a utilização de câmaras funerárias, a organização das exéquias ou as operações de en-

[22] Acórdão TJUE, *Comissão vs. França*, C-94/09, 6.05.2010, pontos n.º32-33.

terro ou cremação, estando sujeita a regulamentação específica e apenas podendo ser realizada por prestadores autorizados e com veículos específicos para o efeito. Dito de outro modo, é inquestionável que este é um de vários serviços que são tipicamente assegurados pelas agências funerárias e que se podem dizer abrangidos pela categoria mais ampla prevista no ponto n.º16 do Anexo III da Directiva IVA.

Quanto ao segundo ponto, entende o TJUE não estar demonstrado que da aplicação da taxa reduzida a esta concreta prestação resulte lesão do princípio da neutralidade. Afinal, o transporte do cadáver em veículos funerários não está em concorrência com o transporte que seja realizado por pessoas próximas do falecido, via de regra em distâncias mais curtas e possuindo carácter cerimonial. A isto acresce que nos casos excepcionais em que o transporte de um cadáver seja realizado independentemente de qualquer prestação de serviços funerários, por operador devidamente autorizado, esse serviço é reconhecido pela lei francesa como "transporte de pessoas", na acepção do n.º5 do Anexo III da Directiva IVA, ficando em consequência sujeito à mesma taxa reduzida de 5,5%.

Por tudo isto, o TJUE acabaria por sentenciar que a aplicação de taxa reduzida apenas ao transporte de cadáveres em veículos é conforme ao direito da UE. [23]

3.4. Acórdão AZ (C-499/16): produtos alimentares

Outra decisão recente que vai nesta mesma linha é o acórdão *AZ*, de 9 de Novembro de 2017, sobre a aplicação de taxa reduzida a produtos alimentares.[24]

A Directiva IVA, através do n.º1 do Anexo III, permite a aplicação de taxa reduzida à generalidade dos "produtos alimentares (...) destinados ao consumo humano".[25] O legislador polaco recortava esta categoria de for-

[23] A propósito, Karin Bosche, "Selektive Anwendung des ermässigten Steuersatzes – Überlegungen zu Konsequenzen für Organschaft und Steuerbefreiungen", *Umsatzsteuer-Rundschau*, 2011, n.º17, 641-648.

[24] Acórdão TJUE, *AZ*, C-499/16, 9.11.2017.

[25] A categoria é definida pela Directiva IVA em termos algo mais amplos ainda, referindo-se o n.º1 do Anexo III a "produtos alimentares (incluindo bebidas, com excepção das be-

ma mais estreita, porém, e determinava que a taxa reduzida de 8% ali em vigor se aplicasse apenas aos produtos de padaria e pastelaria com prazo de validade não superior a 45 dias. A AZ era uma sociedade polaca que se dedicava precisamente à produção e venda de *croissants* e pãezinhos com um prazo de validade superior a 45 dias e que alegava que semelhante distinção não possuía fundamento na Directiva IVA.

O Supremo Tribunal Administrativo da Polónia perguntaria, assim, ao TJUE se a limitação da taxa reduzida de IVA a produtos de padaria e pastelaria com dado prazo de validade viola ou não os princípios da neutralidade fiscal e da proibição do tratamento desigual dos bens, "no sentido do artigo 98.º da Directiva IVA".

O TJUE começa por relembrar que, tal como resulta da sua jurisprudência, os estados-membros têm a faculdade de desagregar as categorias de bens e serviços previstas no Anexo III da Directiva, aplicando selectivamente uma taxa reduzida de IVA, desde que esteja em causa um elemento concreto e específico dessas operações e não se gere com isso um risco de distorção da concorrência.

Quanto ao primeiro ponto, no caso concreto, o TJUE reconheceu que os produtos frescos de padaria e de pastelaria, com prazo de validade não superior a 45 dias, representam um elemento concreto e específico da categoria dos "produtos alimentares destinados ao consumo humano" a que se refere o Anexo III da Directiva IVA, delimitado com precisão em função dos dias de conservação.

Quanto ao segundo ponto, e lembrando embora que a apreciação da matéria de facto cabe ao tribunal de reenvio, o TJUE firmou que o risco de distorção da concorrência pode gerar-se sempre que a aplicação selectiva da taxa reduzida leve a que "produtos semelhantes" fiquem sujeitos a taxa mais elevada de IVA:

> *"No que diz respeito à apreciação da semelhança dos bens ou das prestações de serviços em causa, que cabe sem dúvida ao juiz nacional, resulta da*

---

bidas alcoólicas) destinados ao consumo humano e animal, animais vivos, sementes, plantas e ingredientes normalmente destinados à preparação de alimentos, bem como produtos normalmente destinados a servir de complemento ou de substituto de produtos alimentares". O mesmo sucedia no quadro do Anexo H da Sexta Directiva IVA.

jurisprudência do Tribunal de Justiça que há que ter principalmente em conta o ponto de vista do consumidor médio. Os bens ou prestações de serviços são semelhantes quando apresentam propriedades análogas e satisfazem as mesmas necessidades do consumidor, em função de um critério de comparabilidade na utilização, e quando as diferenças existentes não influenciem de forma considerável a decisão do consumidor médio de recorrer a um ou a outro dos referidos bens ou prestações de serviços." [26]

Assim, se para o consumidor típico polaco, ao escolher produtos de padaria e pastelaria, for determinante que o seu prazo de conservação não exceda 45 dias, então os produtos com esse prazo de validade não podem ser considerados "semelhantes" aos demais nem com eles estarão em concorrência. Só haverá risco de distorção se no mercado polaco estiverem presentes lado a lado produtos de padaria e pastelaria com prazo de validade inferior e superior a 45 dias e puder dar-se um efeito de substituição no consumo de uns e outros. Só nestas circunstâncias é que a escolha do consumidor poderia ser influenciada por uma taxa reduzida de IVA, favorecendo um produto em detrimento do outro.

Por tudo isto, o TJUE conclui que a legislação polaca que limita a aplicação da taxa reduzida do IVA aos produtos de padaria e pastelaria em função do seu prazo de validade estará em conformidade com a Directiva IVA, posto que não haja risco de distorção da concorrência, o que cabe ao tribunal nacional apurar.[27]

---

[26] Acórdão TJUE, *AZ*, C-499/16, 9.11.2017, ponto n.º31.

[27] Foi neste sentido que se inclinou o tribunal de primeira instância, o Tribunal Administrativo do departamento de Varsóvia, que deu razão à empresa alegando que que os aditivos que entram na composição dos produtos de pastelaria e pastelaria como conservantes e que prolongam o seu período de conservação, influenciam a decisão do consumidor médio. Sobre a decisão, Thomas Meurer, "Selektive Anwendung des ermässigten Steuersatzes auf feine Backwaren grundsätzlich zulässig – EuGH, Urt. v. 9.11.2017 – C-499/16, AZ", *Mehrwertsteuerrecht,* 2018, 123; e Ad van Doesum/Frank Nellen, "Taxable Amount and VAT Rates", in Michael Lang et. Al. (Wien, 2018) *CJUE Recent Developments in Value Added Tax*, 251-280, chamando a atenção para as dificuldades que esta análise casuística sempre traz aos tribunais nacionais a quem cabe levá-la a cabo.

3.5. Aplicação selectiva, Aufteilungsgebote e concorrência

Olhando a estes casos, facilmente vemos quão diferentes são os problemas em jogo quando a desagregação das operações tributáveis é da iniciativa dos sujeitos passivos, no exercício da sua autonomia privada, e quando em vez disso é levada a cabo pelos próprios estados-membros, por via legislativa ou regulamentar.

Quando os sujeitos passivos agregam ou desagregam uma operação tributável, manipulando os elementos que a compõem, com o fito de aproveitar uma taxa reduzida de imposto que de outro modo não teria aplicação, o problema que se nos coloca é na substância um problema de abuso de direito. Do que se trata, nas palavras do TJUE, é de "proteger a funcionalidade do sistema do IVA face à diversidade das transacções comerciais", limitando a autonomia privada a partir do ponto em que o *bundling* ou *unbundling* das prestações se revele "artificial".

Nestes casos, o teste do TJUE passa por perguntar se a operação é vista como única pelo consumidor médio. Se, aos olhos do consumidor médio, existir uma relação de interdependência ou de subordinação entre as componentes de uma operação tributável, então a operação tratada como única para efeitos de IVA.

Quando são os estados-membros quem desagrega uma operação tributável, por via legislativa ou regulamentar, contudo, o problema é de "natureza distinta", como bem nota o TJUE no acórdão *Stadion Amsterdam.*[28] Do que se trata então não é de proteger a "funcionalidade do sistema" face a uma estruturação abusiva das "transacções comerciais" por parte dos sujeitos passivos mas de balizar a liberdade que os estados-membros têm na fixação das taxas reduzidas de IVA.

Nestes casos, é irrelevante que a operação seja única aos olhos do consumidor médio, pois que não há definição artifício na sua desagregação. O teste do TJUE está então em perguntar se ao aplicar de modo selectivo uma taxa reduzida os estados-membros isolam prestações que se possam ainda reconduzir às categorias de bens e serviços tipificadas no Anexo III da Directiva IVA ou em sua norma avulsa – e, sobretudo, em perguntar se

---

[28] Acórdão TJUE, *Stadion Amsterdam*, C-463/16, 18.01.2018, ponto n.º35.

com essa aplicação selectiva geram um risco de distorção da concorrência, limite último da sua liberdade.

A doutrina exposta pelo TJUE quanto ao tratamento de operações compostas em decisões como os acórdãos *Bastova* ou *Stadion Amsterdam* não tem, por isso, qualquer alcance no tocante à aplicação selectiva de taxas reduzidas de IVA pelos estados-membros e às normas legais que imponham a autonomização deste ou daquele elemento de uma operação única para efeitos de aplicação da taxa reduzida – essa prática que a doutrina alemã designa de *Aufteilungsgebote* e de que encontramos ilustração no Código do IVA português, destacando do alojamento hoteleiro todas as prestações acessórias, com excepção do pequeno-almoço; ou dos serviços de restauração as bebidas alcoólicas e os refrigerantes.[29]

O tratamento que o TJUE dá aos casos de aplicação selectiva das taxas reduzidas pelos estados-membros justifica, ainda assim, duas notas em jeito de conclusão.

Primeiro, para questionar se a *aplicação que o tribunal aqui faz do princípio da neutralidade é a melhor forma de o salvaguardar*. Ao permitir que os estados-membros apliquem as taxas reduzidas a uma fracção apenas das categorias tipificadas no Anexo III da Directiva IVA alarga-se o universo de bens e serviços sujeitos à taxa normal, contribuindo em tese para a neutralidade do imposto. Olhando à prática dos estados-membros e ao recorte muito diferente que fazem destas categorias, contudo, não parece evidente que esta leitura do princípio traga melhores resultados que se exigíssemos que os estados-membros aceitassem ou rejeitassem as categorias previstas na Directiva como um todo.

Depois, para registar que *o casuísmo que o tribunal pretende evitar no controlo da aplicação selectiva das taxas reduzidas acaba por infiltrar-se no momento de aferir da distorção da concorrência*. É certo que nos casos de desagregação pelo sujeito passivo o juízo do consumidor médio serve para

[29] Não acompanhamos por isso Matthias Oldiges, "Das Ende der Aufteilungsgebote im UStG? – Konsequenzen aud dem EuGH-Urteil Stadion Amsterdam CV zur einheitlichen Leistung und zum einheitlichen Steuersatz", *Der Betrieb*, 2018, 541-544, na análise que faz do acórdão *Stadion Amsterdam* e do seu alcance. A propósito, veja-se ainda Sascha Gieseler,"Einheitliche Leistungen im Umsatzsteuerrecht – ein Ausblick auf die Auswirkungen des EuGH-Urteils 'Stadion Amsterdam'", *Betriebs-Berater*, 2018, 734-737.

aferir se uma operação é única, ao passo que nos casos de aplicação selectiva se trata de saber se a diferenciação feita pelo legislador pode distorcer a concorrência, seja ou não única a operação. Mas se são diferentes os testes em jogo, os critérios de que nos servimos não são muito mais "gerais e objectivos" num caso ou noutro. Olhando à jurisprudência, vemos que tudo acaba por convergir sobre o juízo do consumidor médio – com todo o particularismo que reveste o treino e estabulação de cavalos na República Checa ou os hábitos de consumo de pãezinhos e *croissants* na Polónia.

A (Des)conformidade do Artigo 16.º n.º 3 do Regime do IVA nas Transações Intracomunitárias com o Código Aduaneiro da União

SOFIA RIJO & JOSÉ RIJO

1. Introdução

A localização geográfica e os recursos naturais deste *cantinho à beira-mar plantado*, a par naturalmente do princípio da livre circulação de mercadorias que impera em qualquer união aduaneira, fazem de Portugal uma porta de entrada de excelência para as mercadorias provenientes de países terceiros e que se destinam aos diversos países da Europa, sobretudo no que respeita a mercadorias transportadas pela via marítima. Em conformidade, proliferam as linhas regulares de transporte marítimo provenientes de África, da América e, mais recentemente, até da Ásia, que descarregam as suas mercadorias em portos portugueses (com destaque natural dos Portos de Setúbal, Sines, Leixões e Lisboa), colocando assim Portugal na rota da globalização e da competitividade. Neste cenário, multiplicam-se as situações em que operadores económicos sedeados noutros Estados-Membros da União importam as suas mercadorias através de estâncias aduaneiras portuguesas, tendo em vista o posterior transporte das mesmas para os seus países, onde serão então objeto de transações.

Ora, é evidente que tais operações assentam (ou pretendem assentar) diretamente no mecanismo da isenção de Imposto sobre o Valor Acrescentado (IVA) conferido às importações de mercadorias que se destinam a ser posteriormente enviadas para outro Estado-Membro, mecanismo este previsto na Diretiva IVA[1] e, no que toca ao ordenamento jurídico português, no Código do IVA[2] e no Regime do IVA nas Transações Intracomunitárias, vulgarmente conhecido como "RITI"[3].

Dito isto, o presente estudo pretende precisamente analisar o teor do artigo 16.º do RITI, que se debruça sobre as isenções de IVA na importação de mercadorias destinadas a serem expedidas para outro Estado-Membro, em particular no que respeita ao facto de o n.º 3 de tal artigo exigir que os sujeitos passivos não residentes e sem estabelecimento estável em Portugal que pretendam beneficiar daquela isenção se façam representar junto das autoridades aduaneiras, e para efeitos de cumprimento das formalidades inerentes à mencionada importação, de um representante indireto, que assumirá o papel de declarante nessa operação.

2. O IVA Devido pela Importação de Mercadorias que são Objecto de Transmissão Intracomunitária

2.1. O IVA na importação

A introdução em livre prática de uma mercadoria e a respetiva introdução no consumo são conceitos diferentes e que não podem ser confundi-

[1] Aprovada pela Diretiva 2006/112/CE do Conselho, de 28 de novembro de 2006, na versão dada pelas sucessivas alterações de que tem sido objeto.

[2] Aprovado pelo Decreto-Lei n.º 394-B/84 de 26 de dezembro, na versão dada pelas sucessivas alterações de que tem sido objeto.

[3] Aprovado pelo Decreto-Lei n.º 290/92, de 28 de dezembro, na versão dada pelas sucessivas alterações de que tem sido objeto.

dos[4], desde logo porque a primeira daquelas operações consiste apenas no cumprimento das formalidades aduaneiras inerentes à importação de bens (incluindo o pagamento dos direitos aduaneiros e a aplicação de medidas de política comercial) e na atribuição do estatuto de *mercadoria UE* a produtos provenientes de países terceiros, sendo apenas com a realização da segunda, em particular com o pagamento de outros tributos também relacionados com a importação de mercadorias que resultam do direito interno de cada país (nomeadamente o IVA e, se aplicável, os Impostos Especiais de Consumo), que um produto proveniente de um país terceiro passa a integrar os circuitos de distribuição nacionais.

Assim e no que ao concerne ao IVA, sabemos que a importação de mercadorias (definida, para efeitos de IVA, como sendo a entrada no território aduaneiro da União de bens originários ou provenientes de um país terceiro onde não se encontram em livre prática ou de bens procedentes de territórios terceiros onde se encontram em livre prática, correspondendo o conceito de livre prática ao cumprimento das formalidades inerentes à importação e ao pagamento dos direitos aduaneiros eventualmente devidos) é uma operação, em regra, tributada em sede IVA ao abrigo do princípio da tributação no destino[5] e em cumprimento do princípio da neutralidade do imposto, tendo em vista precisamente a igualdade de tratamento fiscal entre os bens importados e os bens de natureza idêntica que são transacionados em cada país. Dito isto, o IVA na importação é devido e torna-se exigível no momento determinado pela legislação aduaneira, o que equivale a dizer que caso os bens importados sejam colocados num qualquer regime aduaneiro suspensivo[6], o IVA só será devido no momento que o referido regime seja 'apurado' e os bens sejam declarados para consumo[7].

---

[4] Cf., a propósito, Sara Armella, *EU Customs Code*, 2017, 45.

[5] Cf . refere Sérgio Vasques, *O Imposto sobre o Valor Acrescentado*, Almedina, Coimbra, 2015, 117, o IVA é "um imposto assente no princípio do destino onera apenas os bens e serviços consumidos em dada jurisdição e onera-os do mesmo modo, qualquer que seja a respetiva origem".

[6] Nomeadamente, em depósito temporário, numa zona franca ou entreposto franco, ou declarados para os regimes aduaneiros especiais de importação temporária, trânsito, entreposto aduaneiro ou aperfeiçoamento ativo.

[7] Cf. Sérgio Vasques, *ob. cit.*, pp.360.

Finalmente, note-se que o IVA na importação é devido pela pessoa ou pessoas designadas ou reconhecidas como devedores pelo Estado-Membro de importação, independentemente da sua qualidade de sujeito passivo[8].

2.2. As regras da União Europeia sobre o regime do IVA aplicado à importação de mercadorias que são objeto de uma transmissão intracomunitária

Sem prejuízo de, como se referiu anteriormente, a regra ser a da tributação das importações em sede de IVA, cumpre referir que o artigo 143.º da Diretiva IVA estabelece um conjunto de situações em que se verifica uma isenção daquele imposto, seja em função de determinadas qualidades subjetivas do importador, de qualidades objetivas dos bens importados ou das circunstâncias em que ocorre a importação. Conforme refere a doutrina, as isenções de IVA na importação visam assegurar quatro objetivos, designadamente (i) assegurar um tratamento fiscal semelhante das importações e das operações internas mediante a isenção das importações definitivas de bens cuja transmissão no território nacional seja isenta de imposto; (ii) permitir uma aproximação entre as isenções fiscais e as isenções aduaneiras; (iii) reconhecer os benefícios fiscais previstos em acordos e convénios internacionais sobre relações diplomáticas e consulares e de organizações internacionais; e (iv) estabelecer isenções técnicas para evitar situações de dupla tributação[9].

Dito isto, uma das isenções mais relevantes previstas naquela norma é precisamente a que se encontra prevista alínea *d)* do seu n.º 1, a qual vem determinar uma isenção de IVA na (i) importação de bens provenientes de um país terceiro; (ii) ocorrida num determinado Estado-Membro diferente do Estado-Membro de destino final dos mesmos, (iii) desde que a entrega daqueles bens que vai ser efetuada pelo importador esteja também isenta de imposto ao abrigo do disposto no artigo 138.º da Diretiva IVA, sendo

[8] Cf. artigo 201.º da Diretiva IVA.

[9] Patrícia Noiret Cunha, *Imposto sobre o Valor Acrescentado, Anotações ao Código do Imposto sobre o Valor Acrescentado e ao Regime do IVA nas Transações Intracomunitárias*, 2004, 224; e Clotilde Celorico Palma, "Introdução ao Imposto sobre o Valor Acrescentado", *Cadernos do IDEFF*, n.º 1, 6.ª Edição, Almedina, Coimbra, 305.

que nos termos deste normativo, estarão isentos de IVA (i) os envios de bens provenientes de um certo Estado-Membro com destino a um outro Estado-Membro, (ii) podendo esses envios ser realizados pelo vendedor, pelo adquirente ou por outrem em representação daqueles, (iii) desde que o adquirente seja um sujeito passivo ou um sujeito não passivo mas que age enquanto tal no Estado-Membro de destino (que obviamente será diferente do Estado-Membro de partida).

Por outras palavras, resulta da conjugação do disposto nos artigos 143.º n.º 1 alínea *d)* e 138.º n.º 1 da Diretiva IVA, que estão isentas de imposto as importações de bens efetuadas num determinado Estado-Membro, sempre que esses bens tenham por destino um outro Estado-Membro, no qual serão recebidos por um sujeito passivo ou por um sujeito não passivo agindo enquanto tal nesse mesmo Estado-Membro.

Ora, para além destas condições que se acabam de referir, a isenção de IVA na importação de mercadorias destinadas a uma entrega intracomunitária está ainda condicionada à verificação dos requisitos previstos no n.º 2 do mesmo artigo 143.º, o qual estabelece que a isenção só poderá operar se e quando o importador forneça às autoridades competentes determinadas informações, como sendo:

a) Número de identificação para efeitos de IVA do importador (ou do seu representante fiscal) no Estado-Membro de importação;
b) Número de identificação para efeitos de IVA do adquirente a quem os bens serão entregues no Estado-Membro de destino final dos mesmos; e
c) A prova inequívoca de que aqueles bens se destinam efetivamente a serem enviados ou expedidos do Estado-Membro de importação para um outro Estado-Membro,

Sobre a responsabilidade pelo pagamento do IVA na importação de mercadorias que se destinam a ser posteriormente expedidas para outro Estado-Membro, note-se que, não obstante o regime aplicável à apreciação da responsabilidade do importador no âmbito da dívida aduaneira[10], esta responsabilidade deverá sempre ser apreciada sob a égide do princípio da

[10] A este propósito, vide Ponto 3.1. *infra*.

culpa. Por outras palavras, e tal como tem sido uniformemente decidido pelo TJUE, não é contrário ao direito da União exigir que o operador tenha agido de boa-fé e tenha tomado as medidas que possam razoavelmente ser exigidas para se certificar de que a operação que está a realizar não o leva a participar numa fraude fiscal, sendo também certo que no caso de o sujeito passivo em causa saber ou dever saber que a operação que efetuou estava implicada numa fraude cometida pelo adquirente e não ter tomado todas as medidas razoáveis ao seu alcance para evitar essa fraude, lhe deve ser recusado o benefício da isenção[11].

2.3. A transposição da Diretiva IVA para o artigo 16.º do RITI

O IVA é um imposto de natureza europeia, o que significa que todo e qualquer país que integre e/ou adira à União Europeia deverá adotar este imposto para efeitos de tributação do consumo ou das transações. Não obstante ser considerado como o expoente máximo da harmonização fiscal da União[12], isto não equivale a dizer que o IVA é um imposto europeu, consistindo antes num imposto interno cujas regras se encontram, na medida do possível, harmonizadas ao nível do Direito da União Europeia, sem prejuízo da margem de discricionariedade que é dada aos Estados-Membros para regulamentar determinados aspetos daquele imposto. Nesta medida, as regras europeias do IVA que atualmente se encontram previstas na vulgarmente conhecida Diretiva IVA são objeto de transposição para o direito interno de cada um dos Estados-Membros da União, o que em Portugal, como se sabe, aconteceu através do Código do IVA e do Regime do IVA nas Transações Intracomunitárias, vulgarmente conhecido como "RITI".

Dito isto e no que concerne ao tema em análise no presente estudo, cumpre referir que o artigo 16.º do RITI debruça-se sobre as isenções de IVA nas importações, determinando o seu n.º 1 que "estão isentas do imposto as importações de bens efetuadas por um sujeito passivo, agindo como tal, quando esses bens tenham como destino um outro Estado-Membro e a respetiva transmissão, efetuada pelo importador, seja isenta do imposto nos

[11] Cf Acórdão TJUE, C-528/17, *Božičevič Ježovnik*, 28.10.2018.

[12] Cf. Clotilde Celorico Palma, *ob. cit.*, pp. 33.

termos do artigo 14.º", o qual, por sua vez, isenta de IVA as transmissões de bens, efetuadas por um sujeito passivo, expedidos ou transportados pelo vendedor, pelo adquirente ou por conta destes, a partir do território nacional para outro Estado-Membro com destino ao adquirente, sempre que este seja uma entidade registada para efeitos de IVA em outro Estado-Membro onde se encontre abrangido por um regime de tributação das aquisições intracomunitárias de bens. O n.º 2 do artigo 16.º do RITI estabelece ainda que a isenção prevista no n.º 1 só é aplicável se a expedição ou transporte dos bens para um adquirente situado noutro Estado-Membro for consecutiva à importação[13] e o sujeito passivo fizer prova de que os bens importados se destinam a ser transportados ou expedidos com destino a outro Estado-Membro.

Se é verdade que, aqui chegados, não se vislumbram grandes diferenças entre o conteúdo do artigo 16.º n.ºs 1 e 2 do RITI e o disposto sobre a mesma matéria no artigo 143.º da Diretiva IVA, o mesmo não se poderá dizer relativamente ao disposto nos n.ºs 3 a 6 do mencionado artigo 16.º. Ora, estipula então o n.º 3 do artigo 16.º do RITI que os sujeitos passivos não residentes e sem estabelecimento estável em território nacional, que não se encontrem registados para efeitos do IVA em Portugal mas que disponham de um registo para efeitos desse imposto noutro Estado-Membro e utilizem o respetivo número de identificação para efetuar a importação, apenas poderão beneficiar da isenção prevista no n.º 1 desde que "(...) a importação seja efetuada através de um representante indireto devidamente habilitado para apresentar declarações aduaneiras nos termos da legislação aplicável e que seja um sujeito passivo dos referidos na alínea *a)* do n.º 1 do artigo 2.º do Código do IVA, com sede, estabelecimento principal ou domicílio em território nacional", considerando-se que, nesse caso, o representante indireto devidamente habilitado para apresentar declarações aduaneiras será o devedor do imposto que se mostre devido, sobre ele recaindo a obrigação de comprovar que os requisitos de que depende a concessão da isenção estão cumpridos, bem como a obrigação de incluir, nas respetivas declaração periódica de imposto e declaração recapitulativa, a subsequente transmissão intracomunitária isenta nos termos do artigo 14.º.

[13] Isto é, a expedição deverá ocorrer imediatamente após a importação.

Adicionalmente, refere ainda o n.º 5 do artigo 16.º do RITI que sempre que não se mostrem cumpridos os citados requisitos, a Autoridade Tributária e Aduaneira exigirá uma garantia com valor correspondente ao IVA que seria devido caso não operasse a isenção em análise, exigindo-se o pagamento do imposto caso tais requisitos não se venham a mostrar cumpridos no prazo de 30 dias.

Em suma, resulta das citadas normas que os representantes aduaneiros (despachantes oficiais e outros representantes legalmente habilitados para o efeito) que prestem serviços de desalfandegamento de mercadorias por conta daqueles seus clientes devem (i) atuar como representantes indiretos, (ii) ficando ainda obrigados a comprovar os requisitos da isenção em causa e a (iii) incluir na sua declaração periódica e na declaração recapitulativa a subsequente transmissão.

Analisando-se o disposto nos n.ºs 3 a 6 do artigo 16.º do RITI, facilmente se conclui que o legislador português, ao arrepio do legislador europeu, pretendeu aqui munir a administração tributária com uma segurança adicional relativamente às importações de mercadorias com isenção de IVA, realizadas por sujeitos passivos não residentes em Portugal, os quais, por natureza, são obviamente de difícil acesso em caso de recusa do benefício da isenção, designadamente em sede de controlo *a posteriori* da operação[14]. Todavia e salvo melhor opinião, exigir-se que, para efeitos de atribuição do benefício da isenção de IVA na importação de mercadorias que se destinam a ser objeto de uma entrega intracomunitária realizada por um sujeito passivo não residente e sem estabelecimento estável em Portugal, o dito sujeito passivo delegue poderes para apresentação da declaração da importação num representante indireto, tendo em vista precisamente o alargamento dos responsáveis pelo pagamento do IVA (e, consequentemente, dos demais encargos relacionados com a importação), parece configurar, como se escalpelizará de seguida, uma violação das normas europeias em matéria de representação aduaneira, extrapolando claramente o âmbito de aplicação do artigo 143.º da Diretiva IVA.

Importa ainda notar que, nos termos do artigo 16.º do RITI, tanto a isenção aplicável aos sujeitos passivos ou com estabelecimento estável em

[14] Permitida ao abrigo do disposto no artigo 48.º do CAU.

território nacional (artigo 16.º n.º 1), como a isenção prevista para os sujeitos passivos não residentes e sem estabelecimento estável em território nacional (artigo 16.º n.º 3), estão sujeitas à produção de prova dos elementos que fundamentam tais isenções, designadamente, o facto de os bens se destinarem a um adquirente situado noutro Estado-Membro, bem como da expedição ou transporte das mercadorias que deverá ter ocorrido logo depois da importação, sendo que o ónus de tal prova recai sobre o sujeito passivo ou sobre o representante aduaneiro, conforme em causa esteja, respetivamente, a isenção prevista no n.º 1 do artigo 16.º do RITI, ou a isenção prevista no n.º 3 da mesma norma[15].

3. O Regime de Responsabilidade pelo Pagamento da Dívida Aduaneira em Geral

3.1. *A definição de dívida aduaneira e sua constituição*

A noção de dívida aduaneira está expressamente prevista no artigo 5.º n.º 18 do Código Aduaneiro da União[16] ("CAU"), que define tal conceito como *a obrigação de uma pessoa pagar o montante dos direitos de importação ou de exportação que se aplicam a determinadas mercadorias ao abrigo da legislação aduaneira em vigor*. Parece resultar que o conceito de dívida aduaneira inclui apenas os direitos de importação, os quais, ao contrário de outros tributos que em certos casos são liquidados no mesmo momento em que o são os direitos de importação (nomeadamente o IVA e os Impostos Especiais de Consumo), constituem recursos próprios da União Europeia[17].

O CAU agrupa os factos geradores de dívida aduaneira em dois blocos distintos: as dívidas constituídas de forma regular, por um lado, e as dívidas constituídas por incumprimento da legislação aduaneira, por outro.

Assim sendo e no que concerne às dívidas nascidas de forma regular, estabelece o artigo 77.º n.º 1 do CAU que a dívida aduaneira na importa-

[15] Cf. Patrícia Noiret Cunha, *ob. cit.*, pp. 601.

[16] Aprovado pelo Regulamento (UE) n.º 952/2013 do Parlamento Europeu e do Conselho de 9 de outubro de 2013, e respetivas alterações.

[17] Cf. Sara Armella, *ob. cit.*, pp. 105.

ção pode ser gerada quer pela introdução das mercadorias em livre prática (aqui se incluindo as disposições relativas ao destino especial), quer pela sua sujeição ao regime de importação temporária com franquia parcial de direitos de importação, referindo o artigo 81.º que, no que toca à exportação, a dívida se constituirá com a sujeição de mercadorias passíveis de direitos de exportação ao regime de exportação ou de aperfeiçoamento passivo. No que toca ao momento em que a dívida aduaneira é constituída, não faria qualquer sentido considerar-se que a dívida aduaneira se constitui com a introdução em livre prática da mercadoria propriamente dita (cujo processo apenas se conclui com a autorização de saída dada pela alfândega), pelo que estipula o n.º 2 do mesmo artigo 77.º do CAU que o facto gerador da dívida aduaneira ocorre no momento em que a declaração aduaneira é aceite pela autoridade aduaneira competente. Esta questão reveste particular importância pois aquela data é relevante não só para efeitos de aplicação de todas as disposições que regem o regime aduaneiro para o qual as mercadorias são declaradas[18], como também para efeitos de contagem de diversos prazos, incluindo o prazo para pagamento da dívida aduaneira e o prazo para que seja requerido o reembolso dos valores entretanto pagos.

Já no que respeita à dívida aduaneira constituída por incumprimento, considera-se que a mesma se constitui no momento em que a obrigação cujo incumprimento dá origem à dívida aduaneira não é cumprida ou deixa de ser cumprida, ou no momento em que é aceite uma declaração aduaneira para a sujeição das mercadorias a um regime aduaneiro, se em sede de fiscalização *a posteriori* vier a ser estabelecido que uma das condições fixadas para a sujeição das mercadorias a esse regime ou para a concessão de uma isenção de direitos ou de uma redução da taxa do direito de importação em função da sua utilização específica não foi efetivamente respeitada.

Resulta do artigo 77.º n.º 3 do CAU que a pessoa obrigada ao pagamento da dívida aduaneira é a pessoa em nome de quem a declaração de importação foi feita. A responsabilidade pela dívida aduaneira é, assim e ao contrário do que sucede com a responsabilidade pelo pagamento do IVA[19],

---

[18] Cf. Nuno Aleixo/Pedro Rocha/Ricardo de Deus, *Código Aduaneiro Comunitário, Anotado e Comentado*, Editora Rei dos Livros, 2007, 804.

[19] Vide Ponto 2.2. supra.

uma responsabilidade objetiva[20], independente de qualquer avaliação da (i) licitude dos atos praticados pelo importador, sendo certo que, como referiu o TJUE, o facto de o importador estar de boa fé não o desonera da responsabilidade de pagamento da dívida aduaneira, uma vez que ele é o declarante da mercadoria importada[21], competindo aos operadores económicos, no quadro das suas relações contratuais, tomar as precauções necessárias para se precaverem contra os riscos de uma ação de cobrança *a posteriori*[22]. Equivale isto a dizer que, no âmbito da dívida aduaneira, o declarante será sempre responsável pela mesma perante as autoridades aduaneiras, mesmo quando tal dívida resulte de uma fraude ou infração cometida por um terceiro, aqui se destacando o exportador que, como se sabe, é responsável por fornecer ao importador toda a informação e documentação que servirá de base à importação da mercadoria (nomeadamente, fatura comercial, declaração de origem, etc).

3.2. As modalidades de representação e a responsabilidade solidária

A entrada e a saída de mercadorias do território aduaneiro da União implica o cumprimento de uma série de formalidades que vão desde a declaração da entrada ou saída das mercadorias à obtenção de autorização das alfândegas para essa entrada e saída, pagamento de impostos e encargos, etc. A este respeito, prescreve o Considerando 21 do CAU que, tendo em

---

[20] De acordo com o Acórdão do TJUE, *Božičevič Ježovnik*, C-528/17, 28.10.2018, a responsabilidade do fornecedor pelo pagamento do IVA a posteriori deve ser apreciada de forma diferente da do importador pelo pagamento dos direitos aduaneiros. Assim, o importador está obrigado a pagar os direitos aduaneiros devidos pela importação de uma mercadoria relativamente à qual o exportador tenha cometido uma infração aduaneira, mesmo quando o importador esteja de boa-fé e não tenha tido qualquer participação nessa infração (Vide., neste sentido, o Acórdão TJUE, *Pascoal & Filhos v Fazenda Pública*, C-97/95, 17.07.1997). Em contrapartida, esta jurisprudência não é transponível para a apreciação da questão de saber se o fornecedor, no quadro de uma operação intracomunitária viciada por fraude, pode ficar obrigado ao pagamento do IVA a posteriori (Vide, neste sentido, o Acórdão TJUE, *Teleos and Others*, C-409/04, 27.09.2007).

[21] Cf. Acórdão TJUE, *Pascoal & Filhos v Fazenda Pública*, C-97/95, 17.07.1997.

[22] Cf. Acórdão TJUE, *Faroe Seafood and Føroya Fiskasøla*, C-153/94 e C-204/94, 14.05.1996.

vista a facilitação do comércio, toda e qualquer pessoa tem o direito de se fazer representar para o cumprimento de atos e formalidades aduaneiras. Esta ideia é confirmada pelo disposto no artigo 18.º n.º 1 do CAU, sendo certo que o representante aduaneiro consistirá precisamente na pessoa designada por outrem para executar junto das autoridades aduaneiras os atos e formalidades exigidos pela legislação aduaneira. Isto equivale a dizer que as formalidades aduaneiras inerentes à entrada e saída de mercadorias do território da União podem ser realizadas quer pelos donos/consignatários das mercadorias, quer por alguém que aqueles donos/consignatários indiquem como seu representante para efeitos aduaneiros, nomeadamente um Despachante Oficial, um funcionário da empresa ou qualquer outra pessoa que cumpra os requisitos necessários ao exercício da atividade de representação aduaneira a título profissional[23].

No que concerne ao tipo de representação em causa, o mesmo artigo 18.º n.º 1 do CAU determina que a representação aduaneira poderá revestir a modalidade direta, caso em que o representante aduaneiro age em nome e por conta de outrem, ou a modalidade indireta, caso em que o representante age em nome próprio, mas por conta de outrem.

Antes, todavia, de nos debruçarmos sobre a caracterização de cada uma das modalidades de representação aduaneira prescritas na legislação e até para melhor compreensão das mesmas e da questão em análise no presente estudo, importa tecer algumas considerações sobre a evolução históricas destes conceitos[24].

Sem prejuízo de o conceito de representação aduaneira ter surgido ainda na idade média, a Reforma Aduaneira (tal como aprovada pelo Decreto-lei n.º 46311, de 27 de abril de 1965) veio regulamentar esta figura, estabelecendo que as formalidades aduaneiras poderiam ser realizadas pelos (i) donos/consignatários das mercadorias; (ii) pelos despachantes privativos; (iii) pelos agentes aduaneiros das empresas de caminhos-de-ferro e navegação aérea; ou (iv) por despachantes oficiais.

[23] Os quais, a título de curiosidade, são (i) a prestação de uma garantia no valor equivalente a 10.000.000$00 e (ii) a inscrição como Despachante Oficial na respetiva Ordem profissional ou o registo como representante aduaneiro junto da alfândega competente.

[24] Sobre esta temática *vide* José Rijo, "Representação e Mandato: A questão do direito de representação no âmbito da atividade aduaneira exercida pelos despachantes oficiais", 2003.

Note-se que, já nesta altura, em resultado das dificuldades e complexidade inerentes à tramitação dos processos aduaneiros e também em virtude do facto de, em Portugal, apenas os Despachantes poderem exercer a atividade de representante aduaneiro a título profissional e nessa medida representar mais do que um operador, a verdade é que já nessa altura se observava uma clara predominância das situações em que os proprietários das mercadorias optavam por designar como seu representante aduaneiro um despachante oficial, verificando-se que aqueles profissionais eram, via de regra, a alternativa escolhida pelos importadores e exportadores de mercadorias para o cumprimento das formalidades aduaneiras. Todavia, tendo em consideração o Regulamento (CEE) n.º 3632/85 do Conselho, de 12 de Dezembro de 1985[25], o qual embora permitisse a reserva de uma das duas modalidades de representação (direta ou indireta) para os Despachantes Oficiais, igualmente possibilitava, no domínio da modalidade não reservada, o livre acesso à referida atividade profissional, de qualquer operador interessado, certo é que o Estado português veio, na sequência de uma queixa apresentada pela Associação dos Transitários de Portugal (APAT), a ser condenado pelo Tribunal de Justiça das Comunidades Europeias (assim designado, à época) por incumprimento das obrigações que lhe incumbiam por força daquele Regulamento[26]. Nesta sequência foram então publicados o Decreto-lei n.º 89/92, de 21 de maio de 1992, o qual visou precisamente alterar o disposto na referida Reforma Aduaneira, passando então a permitir-se que qualquer pessoa pudesse exercer a atividade profissional de representante aduaneiro, e, posteriormente, o Decreto-lei n.º 73/2001, de 26 de fevereiro, que, por seu turno, introduziu uma nova alteração na Reforma Aduaneira, reservando para os despachantes a modalidade de representação direta, permitindo que qualquer outra pessoa agisse na qualidade de representante indireto, o que aliás resultava também do artigo 5.º do entretanto revogado Código Aduaneiro Comunitário. Trata-se, assim, de uma concessão legalmente estabelecida a favor dos Despachantes Oficiais, traduzida na possibilidade

[25] Publicado no Jornal Oficial das Comunidades Europeias L – 350 de 27 de dezembro de 1985, e que definia as condições segundo as quais uma pessoa era admitida a apresentar uma declaração aduaneira.

[26] Cf. Acórdão TJUE, *Comissão das Comunidades Europeias c. República Francesa*, C – 323/90, 11.03.1992.

destes profissionais, no quadro da relação negocial previamente empreendida com os respetivos clientes, optarem pela modalidade de representação que melhor servir os seus interesses, hipótese esta que se encontrava fechada aos demais declarantes, aos quais se permitia unicamente o recurso à representação indireta.

Acontece que, tendo em vista a criação da Ordem dos Despachantes Oficiais, foi aprovada a Lei n.º 112/2015, de 27 de agosto, que estabelece que só podem usar o título de despachante oficial as pessoas inscritas na Ordem, os quais, nos termos daquele normativo, gozam do direito de praticar em exclusivo os atos próprios dos despachantes oficiais perante quaisquer autoridades públicas ou privadas[27]. Ora, o disposto neste normativo, a todos títulos surpreendente em face dos antecedentes históricos a que sinteticamente nos referimos, estará, de acordo com a Procuradoria-Geral da República, em desconformidade com o disposto no CAU[28], o qual, apesar de apenas se ter passado a aplicar no dia 1 de maio de 2016, deu mais um passo no sentido de se instituir a integral liberalização da atividade, prevendo expressamente que qualquer pessoa estabelecida na União pode agir na qualidade representante aduaneiro, em qualquer uma das modalidades[29]. Em conformidade e não obstante o teor da Lei n.º 112/2015, de 27 de agosto, com a entrada em vigor do CAU, as alfândegas passaram a aceitar que a modalidade da representação direta (até então reservada para os Despachantes) fosse utilizada por qualquer pessoa, sendo que a prática comum é a de se exigir procuração apenas para efeitos de representação direta[30].

---

[27] Que incluem a representação dos agentes económicos no cumprimento de formalidades aduaneiras; a apresentação de declarações; a entrega de requerimentos para obtenção de regimes simplificados ou especiais; a prestação de garantias, etc.

[28] E a nosso ver, também em desconformidade com o, à data em vigor, Código Aduaneiro Comunitário, que no seu artigo 5.º previa a estabelecia a possibilidade de os Estados-Membros reservarem, em exclusividade, para os seus Despachantes Oficiais uma das modalidades de representação.

[29] Sobre esta matéria, *vide* Parecer n.º 39/201, de 17 de julho de 2018, da Procuradoria-Geral da República, publicado no Diário da República n.º 140, 2.ª Série, em 23 de julho de 2018.

[30] Na falta de apresentação de uma procuração que confira poderes ao representante aduaneiro, entende-se que aquele representante está a atuar na modalidade de representação indireta, tal como resulta do artigo 19.º n.º 1 do CAU.

Feito um brevíssimo enquadramento histórico do conceito de representação aduaneira, vejamos então em que consiste cada uma das suas modalidades e qual o impacto que as mesmas possuem no que concerne à responsabilidade pela dívida aduaneira.

Tal como supramencionado, age na modalidade de representação direta qualquer pessoa que submeta declarações aduaneiras em nome e por conta de outrem. Significa isto que, de uma perspetiva jurídica, a representação direta corresponde a um mandato com representação de poderes, em que o mandatário/representante aduaneiro pratica atos por conta e em nome do mandante/proprietário das mercadorias. Em conformidade, facilmente se vislumbra um certo paralelismo entre esta figura e o contrato de mandato com representação (também denominado de mandato representativo) previsto no artigo 1178.º do Código Civil. Ou seja, para além de se encontrar contratualmente obrigado a praticar um certo ato jurídico por conta do mandante (obrigação esta que naturalmente se funda no contrato de mandato), o mandatário, munido da competente procuração, deve também praticar tal ato em nome do mandante[31]. Tendo em vista o exercício da representação direta perante as autoridades aduaneiras, o representante deverá sempre estar munido de uma procuração que lhe confira poderes para atuar por conta e em nome do importador. O CAU não contempla quaisquer exigências acerca da forma e conteúdos deste instrumento de habilitação, pelo que se aplicarão as regras internas de cada Estado-Membro[32]. Assim sendo e no caso das procurações utilizadas junto das autoridades aduaneiras portuguesas, tais documentos (que podem ser globais ou relativos a uma ou mais determinadas declarações) devem ser escritos e especificar os limites e o alcance dos poderes de representação, as alfândegas onde o representante vai atuar e sua validade temporal. Ademais, tratando-se de uma procuração global, o documento deverá ficar depositado na alfândega de jurisdição do domicílio do representante. Ao contrário do que sucede na representação indireta em que, como adiante melhor se explicitará, os efeitos jurídicos repercutem-se na esfera jurídica do representante, que é também o declarante, a representação direta acarreta um risco muito menor (mas não

[31] José Rijo, "Representação e Mandato ...", *cit.*, 36 e 37.

[32] Cf. Sara Armella, *ob. cit.*, 98.

inexistente) para o representante, uma vez que não sendo o declarante, não é consequentemente o devedor (cf. artigo 77.º n.º 3 do CAU, *a contrario*).

Por outro lado, a representação indireta tem lugar sempre que o representante age em nome próprio mas por conta de outrem, verificando-se assim a correspondência desta figura com o mandato sem representação de poderes, em que o mandatário/representante aduaneiro pratica atos por conta do mandante/proprietário das mercadorias mas em nome próprio, aplicando-se assim o regime jurídico do mandato sem representação de poderes previsto no artigo 1180.º do Código Civil[33]. A este propósito, cumpre relembrar o disposto no já citado artigo 77.º n.º 3 do CAU, que determina que o declarante é o devedor, sendo que em caso de representação indireta, será considerada como igualmente devedora a pessoa por conta de quem é feita a declaração aduaneira.

Por outras palavras, serão considerados devedores tanto o declarante, isto é, a pessoa que entrega a declaração aduaneira, como também a pessoa por conta de quem essa declaração é apresentada sempre que essa pessoa se faça representar junto das autoridades aduaneiras por um representante indireto. No caso da representação indireta, os efeitos jurídicos repercutem-se na esfera jurídica do próprio representante que assume a qualidade de declarante: o mandatário é simultaneamente representante (na medida em que atua por conta do seu cliente) e declarante (na medida em que submete a declaração aduaneira em seu próprio nome). Por este motivo, o representante indireto é responsável pela exatidão das informações constantes na citada declaração aduaneira, bem como pela autenticidade dos documentos que a ela anexa e pela rigorosa observância de todos os trâmites e formalidades exigidas pela regulamentação aduaneira, responsabilidade essa que não se limita ao momento de apresentação da declaração, subsistindo até que se verifique o prazo de caducidade do direito à liquidação. Dito isto, assim se evidencia a responsabilidade solidária que recai sobre o representante indireto, o qual adquire para si os direitos e assume as obrigações decorrentes dos atos que pratica por conta do mandante, ao contrário do que sucede na representação direta, caso em que os efeitos jurídicos, por força dos poderes outorgados na procuração, repercutem-se diretamente na esfera jurídica do mandante.

[33] José Rijo, "Representação e Mandato ...", *cit.*, 40.

4. Considerações Finais

Conjugando-se a análise das diversas normas que acabamos de fazer, rapidamente chegamos à conclusão de que o disposto no artigo 16.º do RITI, muito em particular no que toca às isenções na importação concedidas a sujeitos passivos não residentes e sem estabelecimento estável em território nacional, levanta diversas questões relacionadas com a sua conformidade ao Direito da União (em particular ao Direito Aduaneiro) de resposta, no mínimo, dúbia.

Em primeiro lugar, a exigência constante do n.º 3 daquele normativo, de acordo com a qual apenas poderão beneficiar de isenção de IVA na importação de mercadorias destinadas a serem expedidas para outro Estado-Membro os sujeitos passivos não residentes e sem estabelecimento estável em Portugal que se façam representar junto das autoridades aduaneiras por um representante aduaneiro a atuar na modalidade indireta, é em toda a linha contrária ao disposto na legislação aduaneira sobre a livre escolha do representante aduaneiro na escolha, em conjunto com o seu cliente, da modalidade de representação pretendida. Em concreto, a opção levada a cabo pelo legislador português no sentido de limitar a realização daquelas operações aos representantes indiretos, os quais, em consequência de tal limitação, assumem a veste de declarante, passando a ser solidariamente responsáveis pelo pagamento dos direitos aduaneiros que sejam eventualmente devidos, contraria ostensivamente aquela que terá sido a intenção do legislador europeu ao não contemplar no CAU qualquer limitação ao exercício da atividade de representação aduaneira[34], intenção esta que parece ser acolhida pelo acima mencionado considerando 21 do CAU, onde se indica que "tendo em vista facilitar o comércio, todas as pessoas deverão continuar a ter o direito de se fazerem representar para o cumprimento de atos e formalidades perante as autoridades aduaneiras. Contudo, esse direito de representação não deverá continuar a poder ser reservado ao abrigo da legislação de um Estado-Membro". Esta violação do direito aduaneiro

[34] Ao contrário, aliás do que sucedia no Código Aduaneiro Comunitário, que estabelecia no respetivo artigo 5.º n.º 2, que permitia que os Estados-Membros optassem pela reserva de uma das modalidades de representação aduaneira para os despachantes oficiais.

da União será ainda mais evidente se atendermos à evolução histórica do conceito de representante aduaneiro, não só na Europa, mas também em Portugal[35], não sendo de aceitar que um qualquer representante aduaneiro fique privado de exercer a sua atividade através da representação direta, a qual, tal como anteriormente referido, comporta um risco muitíssimo menor para aquele profissional.

Por outro lado, e no que toca à abertura conferida aos Estados-Membros pelo artigo 131.º da Diretiva IVA[36] em relação à fixação pelos respetivos direitos internos das condições em que operam as isenções de IVA, sempre se dirá que a jurisprudência do TJUE tem vindo a entender que compete aos Estados-Membros fixar, em conformidade com o artigo 131.º da Diretiva IVA, as condições em que isentam as importações seguidas de uma entrega intracomunitária, a fim de garantir a aplicação correta e simples da isenção na importação prevista por esta diretiva e evitar qualquer possível fraude, evasão ou abuso, *sendo certo que no exercício dos seus poderes, os Estados-Membros devem respeitar os princípios gerais de direito que fazem parte da ordem jurídica da União*[37]. Por outras palavras, não obstante a liberdade que recai sobre os Estados-Membro no que se refere à determinação das condições em que as isenções de IVA podem operar, tais condições deverão sempre estar alinhadas com o Direito da União[38], o que não será o caso do disposto no artigo 16.º n.º 3 do RITI, nomeadamente se o confrontarmos com as normas do direito aduaneiro referentes à liberalização da atividade de representante aduaneiro.

---

[35] Recorde-se a este propósito o supracitado Acórdão do TJUE de 11 de março de 1992, que, na sequência de uma queixa apresentada pela APAT, condenou o Estado Português por incumprimento do Regulamento (CEE) n.º 3632/85, o qual embora permitisse a reserva de uma das duas modalidades de representação (direta ou indireta) para os Despachantes Oficiais, igualmente possibilitava, no domínio da modalidade não reservada, o livre acesso à referida atividade profissional, de qualquer operador interessado.

[36] Nos termos do qual "As isenções previstas nos Capítulos 2 a 9 aplicam-se sem prejuízo de outras disposições comunitárias e nas condições fixadas pelos Estados–Membros a fim de assegurar a aplicação correta e simples das referidas isenções e de evitar qualquer possível fraude, evasão ou abuso".

[37] Cf. Acórdão TJUE, *Enteco Baltic*, C-108/17, 20.06.2018, no qual se remete para os Acórdãos TJUE, *Mecsek-Gabona*, C-273/11, 06.09.2012, ponto n.º36 e jurisprudência referida; *Traum*, C-492/13, 09.10.2014, ponto n.º27; *Euro Tyre*, C-21/16, 09.02.2017, ponto n.º33).

[38] Que, de resto, prevalece sempre sobre o direito interno.

Por fim, cumpre notar que a desconformidade do disposto no artigo 16.º n.º 3 do RITI face ao Direito da União fica ainda evidente se tivermos em conta a também acima citada jurisprudência do TJUE que evidencia a necessidade de se avaliar a responsabilidade pelo pagamento do imposto com base em elementos subjetivos do próprio importador (designadamente, a culpa), não se vislumbrando que esta avaliação possa ser efetuada em conformidade com aquela jurisprudência se em causa estiver um representante aduaneiro (i.e., solidariamente responsável) e não apenas o importador[39]

[39] Note-se que de acordo com o Acórdão do TJUE, *Boži evi Ježovnik*, C-528/17, 28.10.2018, "recusar automaticamente a um sujeito passivo importador e fornecedor, sem atender à sua diligência, o direito à isenção de IVA na importação em caso de fraude cometida pelo adquirente no âmbito de uma entrega intracomunitária subsequente equivaleria a romper o nexo entre a isenção na importação e a isenção da entrega intracomunitária subsequente", resultando ainda claro do Acórdão do TJUE, *Vetsch Int. Transporte*, C-531/17, 14.02.2019, que o benefício da isenção de IVA na importação "não deve ser recusado ao importador designado ou reconhecido como devedor desse imposto, na aceção do artigo 201.° da Diretiva 2006/112, [...] o destinatário da transferência intracomunitária consecutiva a essa importação comete uma fraude relacionada com uma operação que é posterior a essa transferência e não está relacionada com ela, e, por outro, nenhum elemento permite considerar que o importador sabia ou deveria saber que essa operação subsequente estava implicada numa fraude cometida pelo destinatário.".

Indemnização por Resolução do Contrato e IVA: O Acórdão *MEO* do TJUE

SOFIA SARAIVA DE MENEZES

1. Introdução

No âmbito de um contrato de prestação de serviços com um período mínimo de vinculação, caso o cliente pretenda ou motive a resolução antecipada do referido contrato, o montante eventualmente devido ao operador económico por esse mesmo facto, remunera ou não uma prestação de serviços? Afinal, é consabido que o conceito de prestação de serviços é, para efeitos de IVA, residual e abrangente, podendo inclusive consistir numa obrigação negativa[1].

Se parece evidente que a prestação de serviços inicialmente contratada tem assim o seu termo inesperadamente antecipado, menos clara parece ser a resposta à dúvida enunciada, a qual, por sua vez, será determinante para

[1] Como, por exemplo, a obrigação de não fazer ou de tolerar um ato ou uma situação. Cf. Artigos 24.º, n.º 1 e 25.º, al. *b)* da Diretiva 2006/112/CE, de 28 de novembro de 2006 (Diretiva IVA).

concluir ou não pela sujeição do montante em questão ao IVA que é, afinal, um imposto sobre o consumo.

Neste tipo de circunstâncias, dois tipos de enquadramento em IVA, com resultados opostos, vêm sendo ponderados. Por um lado, aquele que se baseia no facto de o serviço contratado não ter sido efetivamente prestado para concluir que o montante devido pelo cliente constitui uma indemnização não sujeita a IVA na medida em que não lhe subjaz qualquer operação tributável, imputando-se o seu pagamento ao ressarcimento de um dano. E, por outro lado, aquele que sustenta que a prestação de serviços deve considerar-se realizada quando o cliente tem a faculdade de usufruir dos serviços em questão, independentemente de o ter realmente feito ou não[2].

Recentemente, o Tribunal de Justiça da União Europeia (TJUE) veio trazer novos contributos ao esclarecimento da questão enunciada ao concluir, no denominado Acórdão *MEO*, de 22 de Novembro de 2018[3], que os pagamentos realizados em virtude da resolução antecipada de um contrato de telecomunicações, denominados como indemnizações por incumprimento do período de fidelização contratual, verificadas determinadas circunstâncias, não são qualificáveis como indemnizações e estão sujeitos a IVA.

Importa ver então em que termos.

2. O Acórdão *MEO* do TJUE (C-295/17)

2.1. Factos

Antes de mais, atentemos aos factos que serviram de pressuposto à decisão proferida pelo TJUE.

A MEO é uma empresa com sede em Portugal cuja atividade compreende a prestação de serviços na área das comunicações, sendo por isso sujeito passivo de IVA. No exercício da sua atividade, a MEO celebra com os seus

---

[2] Yanitsa Radeva, "VAT Implications of Cancellation Charges: New Substance-over-Form Rule'", *International VAT Monitor*, 2019, Volume 30, n.º 1, 11-15.

[3] Acórdão TJUE, *Meo – Serviços de Comunicações e Multimédia*, C-295/17, 22.11.2018.

clientes contratos de prestação de serviços, como por exemplo, contratos de acesso à internet em banda larga ou contratos de prestação de serviços de televisão e multimédia. Alguns destes contratos preveem períodos mínimos de fidelização bem como condições mais vantajosas, tais como mensalidades de valor mais reduzido. Nas mensalidades pagas pelos clientes durante o período em que os serviços foram prestados, a MEO liquidou IVA que entregou ao Estado.

Segundo os termos contratuais, ocorrendo a desativação dos produtos e serviços em momento anterior ao término do período de fidelização convencionado, seja devido a um pedido dos clientes, seja por outro motivo que lhes seja imputável (como, por exemplo, em caso de falta de pagamento), a MEO tem direito a ser indemnizada por um valor equivalente ao montante da mensalidade contratada, multiplicado pela diferença entre a duração do período mínimo de fidelização previsto e o número de meses em que o serviço foi prestado. Ou seja, num cenário de resolução antecipada de contrato por motivo imputável ao cliente, e ainda que haja uma interrupção dos serviços prestados, a MEO receberá o mesmo que lhe caberia caso os serviços fossem prestados durante todo o período inicialmente contratado. Ocorrendo a resolução antecipada pelo cliente, a MEO procede à desativação dos serviços e emite uma fatura com o valor da indemnização e a menção "Não sujeito a IVA".

Sucede, porém, que, na sequência de um procedimento de inspeção tributária, a Autoridade Tributária e Aduaneira (AT) concluiu que a MEO deveria ter liquidado o IVA sobre o valor faturado aos clientes com origem na resolução antecipada dos contratos de prestação de serviços na medida em que essas indemnizações representariam a contrapartida de uma prestação de serviços sujeita e não isenta de imposto. A MEO, por seu turno, por entender que o montante em questão não remunera uma prestação de serviços, defendia a sua qualificação como uma indemnização não sujeita a IVA, estando, portanto, fora do âmbito do imposto. Como tal, a empresa apresentou meios graciosos contra as liquidações adicionais de IVA. Do respetivo indeferimento foi apresentado pela MEO um pedido de pronúncia arbitral junto do Tribunal Arbitrário Tributário (CAAD – Centro de Arbitragem Administrativa) que, por sua vez, realizou um pedido de reenvio prejudicial ao TJUE.

Conforme referido na decisão do TJUE, o órgão jurisdicional de reenvio considerou que os montantes devidos à MEO na sequência do incumprimento do período mínimo de vigência do contrato, consistem, para efeitos de IVA, na contrapartida de uma prestação de serviços, e, como tal, configuram uma remuneração[4]. Segundo o tribunal de reenvio, esse carácter remuneratório advém do facto de os valores devidos permitirem garantir o mesmo nível de lucro que seria obtido caso o contrato não tivesse sido antecipadamente resolvido – não havendo assim lugar a quaisquer lucros cessantes por parte da MEO.

Considerado o exposto, o Tribunal Arbitral Tributário colocou ao TJUE as seguintes questões prejudiciais:

"1) Os artigos 2.º, n.º 1, alínea c), 64.º, n.º 1, 66.º [primeiro parágrafo,] *a)*, e 73.º, todos da Diretiva [IVA], *devem ser interpretados no sentido de que o [IVA] é devido por um operador de telecomunicações* (televisão, internet, rede móvel e rede fixa) pela cobrança aos seus clientes, *no caso de termo de contrato com obrigação de permanência por uma duração determinada* (período de fidelização), por *causa imputável ao cliente, antes de completada tal duração, de um valor predeterminado, equivalente ao valor da mensalidade base devida pelo cliente nos termos do contrato, multiplicado pelo número de mensalidades em falta até ao termo do período de fidelização*, sendo que quando é faturado o referido valor, e independentemente da sua efetiva cobrança, *cessou já a prestação de serviços pelo operador*, e caso:

a) o valor faturado tenha *como finalidades contratuais dissuadir o cliente de incumprir o período de fidelização* a que se obrigou e *ressarcir prejuízos que o operador sofreu*, com o incumprimento do período de fidelização, designadamente pela privação do lucro que auferiria se o contrato vigorasse até ao final do referido período, bem como pela contratação de tarifas mais baixas, pelo fornecimento de equipamentos ou outras ofertas, gratuitamente ou a preço reduzido, bem como com despesas de publicidade e angariação do cliente;

b) os contratos com período de fidelização que foram angariados tenham uma *remuneração, para os angariadores, superior à dos contratos sem fidelização por eles angariados*, sendo que o valor da remuneração dos

[4] Cf. par. 20.

angariadores, num e noutro caso (ou seja, nos contratos com e sem fidelização) era calculad[o] com base no valor das mensalidades fixado nos contratos angariados;

c) o *valor faturado seja qualificável,* face ao direito nacional, *como uma cláusula penal[?]*

2) A eventual não verificação de alguma, ou algumas, das alíneas da primeira questão, é suscetível de alterar a resposta à mesma?"

2.2. *A decisão do TJUE*

O caso em apreço decompõe-se em duas questões fundamentais.

Mediante a primeira, o TJUE é chamado a qualificar o valor recebido por um operador económico numa situação de resolução antecipada do contrato de prestação de serviços, pelo seu cliente ou por causa que lhe é imputável, numa situação em que aquele montante corresponde àquele que o operador receberia no período remanescente, ou seja, caso o período mínimo de vinculação fosse cumprido. Está assim em causa saber se esse valor corresponde ou não à remuneração de uma prestação de serviços realizada a título oneroso.

O TJUE, em consonância com jurisprudência anterior[5], sublinha que uma prestação de serviços deve considerar-se realizada a título oneroso, na aceção do artigo 2.º, n.º 1, alínea *c)*, da Diretiva IVA, caso exista entre o prestador e o beneficiário uma relação jurídica que implique a transação de prestações recíprocas, correspondendo a retribuição recebida pelo operador económico à contraprestação de um serviço individualizável prestado ao beneficiário. Tal sucederá quando existe um nexo direto entre o serviço prestado e a contraprestação recebida. Segundo o TJUE, tal nexo não é afetado pela circunstância de o cliente não fazer uso do direito que tem de beneficiar do cumprimento das obrigações de um contrato[6].

O TJUE parte então do valor devido pela resolução antecipada – que, no caso concreto, permitiria à MEO obter, em princípio, os mesmos rendimentos caso o contrato tivesse sido normalmente cumprido – para concluir

[5] V. Acórdão TJUE, *Société thermale d'Eugénie-les-Bains*, C-277/05, 18.07.2007.

[6] V. Acórdãos TJUE, *Air France-KLM*, C-250/14, 23.12.2015.

que a realidade económica entre a MEO e o cliente não é alterada. O direito do cliente a beneficiar do cumprimento do contrato constitui, assim, a contraprestação do valor que é devido à MEO, não sendo tal conclusão prejudicada pelo facto de o cliente não querer ou não poder exercer tal direito devido a um motivo que lhe é imputável. Caso o montante em questão fosse qualificado como uma indemnização, então a natureza da contraprestação realizada pelo cliente, segundo o Tribunal, seria alterada conforme este utilizasse ou não o serviço durante o período inicialmente contratado.

Assim, o TJUE considera que o valor devido pelo incumprimento do período mínimo de vinculação ao contrato é a contrapartida de uma prestação de serviços individualizável, remunerando as prestações realizadas pela MEO independentemente do facto de o cliente beneficiar ou não dos serviços até ao termo do período contratado. Esse valor deverá ser considerado como parte do preço total a pagar, dividido em mensalidades, tornando-se imediatamente exigível no caso de incumprimento da obrigação de pagamento.

O TJUE responde assim à primeira questão colocada dizendo "que o artigo 2.º, n.º 1, alínea *c)*, da Diretiva IVA, deve ser interpretado no sentido de que se deve considerar que o *montante predeterminado*, recebido por um operador económico em caso de resolução antecipada do contrato pelo seu cliente, ou por causa que lhe é imputável, de um contrato de prestação de serviços que prevê um período mínimo de vinculação ao contrato, *montante esse que corresponde ao montante que esse operador teria recebido no resto do referido período se essa resolução do contrato não se tivesse verificado*, o que cabe ao órgão jurisdicional de reenvio verificar, é a *remuneração de uma prestação de serviços* efetuada a título oneroso e, como tal, sujeita a esse imposto".

Relativamente à segunda questão, está em causa saber se determinadas circunstâncias são ou não determinantes para a qualificação do montante devido em caso de resolução antecipada do contrato – tais como: o facto de o montante fixo ter como finalidade dissuadir os clientes de incumprirem o período mínimo de vinculação ao contrato e ressarcir o prejuízo sofrido pelo operador; o facto de a remuneração recebida por um agente comercial pela celebração de contratos que estipulem um período mínimo de vinculação ser superior; ou o facto de, no direito nacional, o valor faturado ser qualificado como cláusula penal. A resposta do TJUE é negativa em toda a sua extensão, concluindo que as particularidades apontadas não relevam para a qualificação em causa.

No que concerne à finalidade do montante em questão, que seria a de dissuadir os clientes a não respeitarem o período mínimo de vinculação e também a de ressarcir o prejuízo sofrido em caso de resolução antecipada do contrato, o TJUE relembra que o conceito de prestação de serviços, nos termos da Diretiva IVA, deve ser interpretado independentemente das finalidades e dos resultados das operações em causa[7]. O que também decorre do facto de, ao considerar-se a realidade económica da transação, a conclusão a retirar é a de que o valor em causa garante à MEO, por regra, rendimentos similares aos que esta auferiria caso o contrato fosse inteiramente cumprido.

Quanto à característica da remuneração do agente comercial neste tipo de contratos, o Tribunal reputa desembaraçadamente de irrelevante.

Por fim, no que se refere à qualificação enquanto cláusula penal à luz do direito nacional, o TJUE reitera que os termos utilizados pelo Direito da União Europeia devem ser objeto de interpretação autónoma e uniforme, exceto se existir uma remissão expressa para o direito nacional dos Estados-Membros[8].

Neste caso, o TJUE acaba assim por perfilhar o entendimento que aponta como irrelevante o gozo efetivo dos serviços contratados para concluir pela sujeição a IVA, mas não sem incluir como pressuposto de tal conclusão o facto de o montante devido pela resolução antecipada do contrato corresponder ao exato montante que o operador económico teria recebido caso a resolução antecipada do contrato não se tivesse verificado (o que cabe ao órgão jurisdicional de reenvio verificar). E, uma vez verificada esta circunstância (de natureza quantitativa), não só resultará a inexistência de um prejuízo a ressarcir como também não existirá uma alteração da realidade económica da relação entre a MEO e o cliente.

[7] V. Acórdão TJUE, *Newey*, C-653/11, 20.06.2013.

[8] V. Acórdão TJUE, *Kozuba Premium Selection*, C-308/16, 16.11.2017, e jurisprudência aí citada.

2.3. *Conclusões da Advogada-Geral Juliane Kokott*

A Advogada-Geral Juliana Kokott inicia as conclusões apresentadas no âmbito do Acórdão *MEO* com a seguinte premissa: o IVA não incide sobre qualquer pagamento em dinheiro, mas apenas sobre o pagamento de uma transmissão de bens ou de uma prestação de serviços a um sujeito passivo.

Depois, relembra aquele que é o (amplo) entendimento do TJUE sobre o conceito de prestação de serviços para efeitos da Diretiva IVA: designadamente, a necessidade da existência de um nexo direto entre o serviço prestado e o valor recebido bem como a configuração dos montantes pagos como a contraprestação efetiva de um serviço individualizável que é prestado no âmbito de uma relação jurídica em que são trocadas prestações recíprocas. Na medida em que não se verifica uma vantagem consumível, ficariam assim de fora, por exemplo, o pagamento a uma empresa motivado por outras razões que não a transmissão de um bem ou uma prestação de serviços (como a compaixão), ou ainda dos pagamentos que visem a compensação de um prejuízo financeiro, como os juros de mora.

Segundo a Advogada-Geral – e de acordo também com aquela que foi a decisão tomada pelo TJUE no caso em concreto –, a forma como o direito nacional trata a indemnização é irrelevante em sede de IVA. Quando estejam em causa pagamentos como indemnizações, compensações ou reparações de prejuízos, de forma a constatar se se verifica ou não uma operação tributável, a Advogada-Geral aponta a necessidade de ser esclarecido o motivo e a finalidade desses pagamentos[9].

No caso em apreço, também a Advogada-Geral, à semelhança da posição adotada pelo TJUE, vai no sentido de não considerar a indemnização em apreço como o ressarcimento de um dano. O preço a pagar pelo serviço seria antes considerado como estando fracionado em mensalidades apenas para efeitos do respetivo pagamento sendo que, no caso de inadimplência, seria desencadeado o vencimento das demais mensalidades. Com efeito, também aqui a Advogada-Geral faz uma análise económica da relação estabelecida entre a MEO e o cliente ao apontar que a existência de um dano a indemnizar é questionável na medida em que o alegado dano é de valor

[9] Cf. par. 35.

idêntico ao da prestação de serviços, afinal, o contrato celebrado entre a MEO e o cliente fixa o montante que a empresa recebe durante o período mínimo de contrato independentemente da efetiva duração da prestação de serviços.

Seguindo esta lógica, a denominada indemnização consubstancia-se somente no último dos pagamentos mensais até então realizados, remunerando os serviços prestados até à data. Deste modo, o tipo de pagamento, seja ele imediato ou fracionado, não teria por efeito a alteração da natureza da prestação de serviços.

3. Os Acórdãos do TJUE *Société Thermale d'Eugénie-les Bains* e *Air-France KLM* e *Hop!Brit Air*

O enquadramento em sede de IVA dos denominados *custos de cancelamento* (*cancellation or no show charges*) tem sido objeto de escrutínio por parte do TJUE nos últimos anos, com diferentes contornos e resultados.

Com o Acórdão *MEO*, o TJUE teve a oportunidade de aprofundar a distinção, a realizar para efeitos de IVA, entre o pagamento devido pela realização da prestação de um serviço (tributável e sujeita a imposto) e o pagamento de uma indemnização por um dano financeiro (não tributável e não sujeita a imposto). Importa então conhecermos dois acórdãos icónicos que o antecedem tanto mais que, como refere a Advogada-Geral Juliane Kokott nas suas conclusões, a situação em apreço encontra-se a meio caminho entre ambos, sendo por isso inevitável alguma comparação.

No Acórdão *Société Thermale d'Eugénie-les Bains* foi colocada ao TJUE a questão de saber se os montantes pagos a título de sinal por um cliente à entidade que explora um estabelecimento hoteleiro, quando o cliente exerce a faculdade que lhe assiste de resolver o contrato e esses montantes são conservados pela referida entidade, devem ser considerados como a contrapartida de uma prestação de reserva, sujeita a IVA ou, antes, como uma indemnização pela rescisão do contrato, não sujeita a imposto. *Quid iuris?*

Perante a questão, o TJUE relembra que só haverá sujeição a IVA se existir um nexo direto entre o serviço prestado e o contravalor recebido, de forma que seja possível concluir que os montantes em questão configuram a contrapartida de um serviço individualizável fornecido no âmbito de uma relação jurídica em que existem prestações recíprocas. Começa então por colocar a tónica no facto de a relação jurídica entre as partes não depender, por norma, do pagamento de um sinal e, na medida em que ao fornecer a prestação de serviços acordada, a entidade hoteleira estaria simplesmente a cumprir com o acordado, segundo o TJUE, o sinal não poderia ser qualificado como uma contrapartida, não existindo assim uma ligação direta entre o serviço prestado e a contrapartida recebida. Adicionalmente, o Tribunal invoca ainda outro argumento relacionado com a formação do preço no sentido de fundamentar a inexistência de um nexo direto entre o sinal recebido e uma prestação de serviços autónoma e identificável: o facto de o valor do sinal, em caso de ocupação do quarto reservado, ser imputado no preço do mesmo seria uma confirmação de que esse sinal não constituiria a contrapartida de uma prestação autónoma e individualizável.

Em seguida, o TJUE debruça-se sobre a questão de saber se tal sinal constitui uma indemnização de rescisão paga para reparar o prejuízo sofrido na sequência da resolução do contrato pelo cliente, começando por atender às particulares finalidades do sinal, isto é: *i)* o sinal constitui o indício da celebração de um contrato, *ii)* o sinal incita as partes a cumprirem o contrato porquanto a parte que o pagou pode perder o montante correspondente, devendo a outra parte restituir esse montante em dobro se o incumprimento lhe for imputável e *iii)* o sinal constitui uma indemnização fixa dado que o seu pagamento dispensa uma das partes de provar o montante do prejuízo sofrido quando a outra parte não cumpre o acordado.

Como no caso em apreço a conservação do sinal é a consequência do exercício pelo cliente da faculdade que lhe assiste de resolver o contrato, servindo para indemnizar a entidade hoteleira na sequência da desistência, a conclusão do TJUE vai no sentido de esta indemnização não constituir a remuneração de uma prestação[10].

Por fim, o TJUE conclui que tais montantes devem ser considerados como não tendo qualquer nexo direto com um serviço prestado a título

[10] Conclusão que sairia reforçada pela regra de que, quando o incumprimento do contrato é imputável à entidade que explora o estabelecimento, a restituição consiste no dobro do montante dos valores pagos a título de sinal visto que o cliente não fornece manifestamente qualquer prestação.

oneroso (não estando, por isso, sujeitos a IVA), numa situação em que o cliente exerce a faculdade de resolver o contrato e esses montantes são conservados pela entidade que explora um estabelecimento hoteleiro como indemnizações de rescisão pagas para reparar o prejuízo sofrido na sequência da desistência do cliente.

Assim, e em suma, o TJUE conclui que só haverá sujeição a IVA do sinal pago quando este represente a contrapartida de um serviço identificável e autónomo, fornecido no âmbito de uma relação jurídica, e ainda quando este sinal não vise fornecer uma indemnização fixa pelo prejuízo que o operador económico possa ter sofrido em resultado do cancelamento da prestação de serviços.

O TJUE distancia-se, deste modo, na sua decisão, e não isento de críticas[11], das conclusões apresentadas pelo Advogado-Geral M. Poiares Maduro, para quem a sociedade em questão terá fornecido uma prestação aos respetivos clientes: garantiu-lhes um quarto ou uma cura termal na data acordada, abstendo-se de contratar em sentido contrário com outros interessados e respeitando o direito de anulação dos clientes[12].

Posteriormente, no Acórdão *Air-France KLM* e *Hop!Brit Air*, o TJUE teve a oportunidade de apreciar se a emissão de bilhetes por uma companhia aérea está sujeita a IVA numa circunstância em que esses bilhetes não sejam utilizados pelos passageiros e estes últimos não possam obter o seu reembolso.

Uma vez considerado o conceito de prestação de serviços a título oneroso[13], bem como o momento em que ocorre o facto gerador, o TJUE refere que o transporte aéreo de passageiros encontra-se sujeito a IVA quando a

[11] Seja, por exemplo, porque não foi ponderado o disposto no artigo 65.º da Diretiva IVA nos termos do qual, em caso de pagamentos por conta antes da entrega de bens ou da prestação de serviços, o imposto torna-se exigível no momento da cobrança e incide sobre o montante recebido; seja porque, à luz do disposto no artigo 25.º, alínea *b)*, da Diretiva IVA, qualquer montante recebido pela parte que aceita o cancelamento do contrato seria bastante para poder identificar uma prestação de serviços. Neste sentido, v. Joep Swinkels, "Cancellation Charges and Compensations under EU VAT", *International VAT Monitor*, 2008, 431-432.

[12] V. pars. 19 a 26.

[13] Tal conceito requer, segundo jurisprudência firmada pelo TJUE, a existência de uma relação jurídica entre o prestador e o beneficiário, mediante a qual são transacionadas prestações recíprocas, constituindo a retribuição recebida pelo prestador a contra-

quantia paga por um passageiro à companhia aérea, no âmbito de um contrato de transporte, está diretamente relacionada com um serviço individualizável, relativamente ao qual aquela constitui a respetiva remuneração, e quando o serviço é prestado.

Complementarmente, o TJUE esclarece que os serviços cuja prestação corresponde ao cumprimento das obrigações decorrentes de um contrato de transporte aéreo de pessoas são: o registo, o embarque dos passageiros e o seu acolhimento a bordo do avião no lugar de descolagem estipulado, a partida à hora prevista, o transporte dos passageiros e das suas bagagens, o acompanhamento dos passageiros durante o voo e, por fim, o desembarque, em condições de segurança, no lugar de aterragem e à hora acordados. A realização de tais prestações só será, no entanto, possível se o passageiro se apresentar na data e no local de embarque previstos, sendo-lhe reservado o direito de beneficiar das mesmas até à hora do embarque.

Assim sendo, segundo o TJUE, a contraprestação do preço pago no momento da compra do bilhete é constituída pelo direito que o passageiro tem de beneficiar da execução das obrigações decorrentes do contrato de transporte, independentemente do facto de exercer ou não esse direito, considerando que a companhia aérea realiza a prestação a partir do momento em que o passageiro passa a estar em condições de beneficiar dessas prestações.

O TJUE contribui, deste modo, para o esclarecimento da questão de saber quando é que uma prestação de serviços deve considerar-se realizada: estando em causa um contrato de transporte, os serviços contratados devem considerar-se fornecidos não no momento em que o transporte acontece, mas antes no momento em que o passageiro passa a ter o direito de beneficiar destes serviços, independentemente do seu gozo efetivo.

Como tal, neste contexto, o preço pago não constitui uma indemnização que se destina a reparar o prejuízo sofrido pela companhia aérea. Como sublinha o TJUE, o conceito de *prestação de serviços* deve ser interpretado independentemente dos objetivos e dos resultados das operações em causa, sendo também relevante o facto de as companhias aéreas terem direito de revender o serviço não utilizado a outro passageiro sem que tenham que

prestação efetiva do serviço fornecido. Por sua vez, o facto gerador ocorre aquando da entrega do bem ou prestação de serviços.

reembolsar o preço ao passageiro inicial, pois que, não havendo prejuízo, o TJUE conclui que a atribuição de uma indemnização seria injustificada.

Certamente atendendo à existência de alguma similitude entre os factos que contextualizam os processos supra preferidos e na medida em que aquela pode dar lugar a dúvidas quanto à compatibilidade do entendimento resultante do Acórdão *Air-France KLM* e *Hop!Brit Air* com aquele que resulta do Acórdão *Société Thermale d'Eugénie-les Bains*, em que se determinou a não sujeição a IVA das quantias pagas a título de sinal, o TJUE tenta distinguir os dois acórdãos em questão, sublinhando as respetivas diferenças. Afinal, neste caso, o preço pago pelo passageiro corresponde à totalidade do preço a pagar, sucedendo que, a partir do momento em que o passageiro faz o pagamento do bilhete, a companhia aérea confirma a reserva de um lugar e a venda é vinculativa e definitiva. Ademais, conforme já referido, na medida em que as companhias aéreas se reservam o direito de revender o serviço não utilizado a outrem, sem que para isso tenham que reembolsar o passageiro inicial, uma indemnização pela existência de um prejuízo não teria qualquer justificação[14]. Deste modo, o TJUE parece visar compatibilizar os diferentes resultados a que chegou, sublinhando a necessidade de considerar as particulares circunstâncias do caso concreto, nomeadamente, as respetivas condições contratuais.

Termos em que o TJUE conclui que, nos casos em que os bilhetes aéreos emitidos não sejam utilizados pelos passageiros e estes últimos não possam obter o seu reembolso[15], a emissão daqueles por uma companhia aérea está sujeita a IVA visto que o montante pago não visa indemnizar um prejuízo eventualmente sofrido pela não comparência de um passageiro, constituindo antes uma remuneração, independentemente do facto de o passageiro ter ou não beneficiado do transporte.

---

[14] Cf. par. 33.

[15] Note-se que, quanto à questão de saber qual o momento em que o IVA se torna exigível, o TJUE conclui que o IVA pago aquando da compra do bilhete de avião pelo passageiro que não utilizou o seu bilhete torna-se exigível no momento em que o preço do bilhete é recebido – v. par. 43.

4. Conclusões

O Acórdão *MEO* traz alguns contributos importantes à problemática de determinar quando é que os montantes devidos, em caso de serviços contratados mas não utilizados, estão ou não sujeitos a IVA.

Na medida em que o Direito da União Europeia não prevê disposições específicas aplicáveis à questão em apreço, a jurisprudência do TJUE assume particular relevância[16]. Assim, no que respeita ao respetivo enquadramento em sede de IVA, o entendimento resultante deste acórdão deve ser ponderado conjuntamente com outra jurisprudência do TJUE, em particular, com os Acórdãos *Société Thermale d'Eugénie-les Bains* e *Air-France KLM* e *Hop!Brit Air,* cujos diferentes contornos e resultados, apesar de poderem indiciar uma contradição aparente, parecem acentuar a necessidade de atender às particulares condições contratuais que se verificam em cada caso concreto.

Com efeito, o Acórdão *MEO*, por um lado, esclarece que a qualificação e o tratamento que o direito nacional oferece aos custos de cancelamento, seja como cláusula penal, indemnização ou remuneração, ou outra, é irrelevante para efeitos do respetivo enquadramento em sede de IVA, importando antes atender aos termos utilizados pelo Direito da União Europeia, salvo se existir uma remissão expressa para o direito nacional dos Estados-Membros.

Adicionalmente, confirma também que os montantes devidos por força da resolução antecipada de um contrato não estão automaticamente fora do âmbito do IVA devido ao facto de o cliente já não usufruir dos serviços inicialmente contratados.

Por outro lado, em linha com o entendimento perfilhado no *Acórdão Air-France KLM* e *Hop! Brit Air*, o TJUE conclui que o operador económico efetua a prestação de serviços quando coloca o cliente em condições de beneficiar da mesma, pelo que o nexo direto existente entre o serviço prestado ao beneficiário e a efetiva contraprestação recebida não é afetado pelo facto de o cliente não fazer uso do referido direito.

Last but not least, o Acórdão *MEO* enfatiza a perspetiva económica da relação estabelecida entre as partes. Afinal, a conclusão sufragada pelo

[16] V. Joep Swinkels, 2008, 430.

TJUE, no sentido de considerar o montante pago pela resolução antecipada do contrato como estando sujeito a IVA na medida em que remunera uma prestação de serviços, tem como pressuposto o facto de tal montante corresponder ao exato valor a que o operador económico teria direito caso o contrato tivesse sido normalmente cumprido, pois que, a ser assim, não há nem prejuízo a indemnizar, nem alteração da realidade económica do contrato celebrado entre as partes. Como tal, a conclusão do TJUE no Acórdão *MEO* parece deixar em aberto a questão de saber em que medida o veredicto poderia ser diferente no caso de o montante devido pelo cliente não corresponder ao montante que o operador económico teria recebido, no resto do referido período, se a resolução do contrato não se tivesse verificado.

A Dedução do IVA na Esfera das Sucursais com Limitações no Direito à Dedução

SUSANA CLARO & MARIANA MAGALHÃES RAPOULA

1. Introdução

O direito à dedução está no coração do sistema comum do IVA e é o mecanismo através do qual se assegura o princípio fundamental deste imposto: o princípio da neutralidade.

Este princípio estrutural do sistema, decorrente do Tratado de Roma, foi afirmado logo nos preâmbulos das duas primeiras Diretivas do IVA e apontado como justificação da adoção deste imposto em detrimento dos impostos em cascata.

Precisamente por isso, o princípio da neutralidade tem vindo a ser sistematicamente invocado pelo Tribunal de Justiça da União Europeia (doravante "TJUE") como critério determinante de apreciação da compatibilidade das legislações nacionais com as regras europeias.

Determina este corolário do sistema que o IVA, enquanto imposto geral de consumo, deve procurar ter um impacto neutro no que concerne às cadeias de produção e distribuição, tributando a generalidade dos atos de consumo, preferencialmente de modo idêntico (uma vez que se tributa o consumo independentemente da atividade em causa) de forma a não afetar as escolhas dos agentes económicos.

A natureza plurifásica do imposto, que determina que os vários operadores na cadeia económica estejam igualmente sujeitos a tributação, devendo liquidar IVA sobre as vendas, e podendo deduzir a esse imposto liquidado o imposto que onerou as aquisições que realizaram, garante igualmente a neutralidade do sistema, permitindo minimizar ou eliminar o impacto financeiro do IVA (que, idealmente, não deveria representar um custo para os operadores).

A aplicação do princípio da neutralidade deverá, pois, nortear sempre a vida e o comportamento do imposto, bem como a interpretação e delimitação de regras de incidência, de isenções e do exercício do direito à dedução.

O princípio da neutralidade é concretizado quando se estabelece que existe direito à dedução do IVA incorrido na aquisição de prestações de serviços e transmissões de bens utilizados para fins de uma atividade tributável.

No entanto, esta neutralidade nem sempre é conseguida pelo sistema, existindo normas que a quebram ou limitam, designadamente as que concedem isenções[1] ou restrições no direito à dedução.

Para os sujeitos passivos que pratiquem simultaneamente operações que conferem o direito à dedução e operações que não conferem tal direito (os designados *sujeitos passivos mistos*), e por forma a garantir que o princípio da neutralidade não é quebrado, a Diretiva prevê que a dedução do IVA seja admitida relativamente à parte do IVA proporcional ao montante respeitante à primeira categoria de operações.

A determinação do cálculo desta proporção, o designado *pro-rata*, é, no entanto, problemática, e tem, por isso, justificado extensa doutrina e jurisprudência sobre o assunto.

Neste tipo de sujeitos passivos tem vindo a colocar-se outra dimensão ao problema, relacionada com as operações entre sede e sucursal, uma questão muito comum, sobretudo, no sector financeiro.

---

[1] A este título veja-se Rita de La Feria, "VAT: A new dawn for the principle of fiscal neutrality?", 2011.

A questão do enquadramento jurídico fiscal das relações entre sede e sucursal foi abordada diretamente na jurisprudência europeia, pela primeira vez, no acórdão *FCE Bank plc*[2].

A decisão do TJUE no acórdão *FCE Bank* contribuiu de forma marcante para a teorização do tratamento em sede de IVA das relações estabelecidas entre a sede de uma sociedade e as suas sucursais localizadas em Estados-membros diferentes; todavia, o tema da dedução do imposto incorrido a montante de tais operações não foi alvo de apreciação.

Decorridos doze anos, no caso *TGE Gas Engineering GmbH*[3], o Tribunal veio, pela primeira vez, pronunciar-se sobre o direito à dedução no âmbito das relações entre sede e sucursal. A abordagem do tribunal neste processo foi, uma vez mais, decisiva para o desenvolvimento desta problemática. No entanto, o caso subjacente ao acórdão *TGE* ficava ainda aquém das possibilidades que o tema oferecia, uma vez que o sujeito passivo ali em causa tinha uma capacidade de dedução integral do imposto.

Só agora em 2019, com o acórdão *Morgan Stanley*[4], foi o Tribunal de Justiça chamado a pronunciar-se concretamente sobre o impacto das operações entre a sede e sucursal no direito à dedução, oferecendo finalmente as primeiras respostas para o tema quando estamos perante entidades com limitações nesse direito.

No presente artigo, pretende-se, então, efetuar uma análise crítica à posição assumida pelo TJUE, restituindo os passos prévios avançados na jurisprudência do Tribunal.

Procuraremos, igualmente, no presente estudo, percorrer os normativos europeus e nacionais, bem como a doutrina administrativa relevante, de forma a tentar antecipar as repercussões e consequências que tal decisão terá no ordenamento jurídico interno e no modo de aplicação do direito à dedução em sucursais cá estabelecidas.

---

[2] *Vide* Acórdão TJUE, *FCE Bank*, C-210/04, de 23.03.2006.

[3] *Vide* Acórdão TJUE, *TGE Gas Engineering*, C-16/17, de 07.08.2018

[4] *Vide* Acórdão TJUE, *Morgan Stanley & Co International*, C-165/17, de 24.01.2019.

2. O Cálculo do *Pro-Rata* de Dedução

Nos artigos 167.º e seguintes da Diretiva IVA, trata-se do direito à dedução. De acordo com este instrumento legislativo, tal direito surge no momento em que o imposto dedutível se torna exigível. Ou seja, de acordo com o prescrito na legislação europeia, é no momento da exigibilidade do imposto que é conferida a possibilidade a qualquer sujeito passivo de beneficiar do direito à dedução do imposto que lhe foi cobrado a montante (*ex ante*).

Não obstante tal possibilidade existir, regra geral, na esfera de todos os intervenientes da cadeia, importa distinguir o tipo de capacidade de dedução do sujeito passivo em causa, de acordo com a natureza de operações que este pratica, de modo a aferir que operações poderão beneficiar do direito à dedução nos termos prescritos no texto da Diretiva.

No que diz respeito aos bens e aos serviços utilizados por um sujeito passivo para efetuar tanto operações que conferem o direito à dedução, como operações que não concedem tal direito, os chamados bens e serviços de utilização mista, determina a Diretiva IVA no seu artigo 173.º que "a dedução só é admitida relativamente à parte do IVA proporcional ao montante respeitante à primeira categoria de operações".

A Diretiva refere, ainda, no seu artigo 174.º que o *pro-rata* de dedução resulta de uma fração que deve incluir, no seu numerador, "o montante total do volume de negócios anual, líquido de IVA, relativo às operações que confiram direito à dedução" e no seu denominador, "o montante total do volume de negócios anual, líquido de IVA, relativo às operações incluídas no numerador e às operações que não confiram direito à dedução", isto é, o montante relativo ao volume de negócios anual, excluído de IVA.

No número 2 do preceito acima referido, a Diretiva indica que estão excluídos do cálculo do *pro-rata* os montantes relativos às entregas de bens de investimento utilizados, às operações acessórias imobiliárias e financeiras e, ainda, às operações financeiras referidas nas alíneas *b)* a *g)* do n.º 1 do artigo 135.º, se acessórias.

Por fim, determina o artigo 175.º, n.º 1, da referida diretiva que o *pro-rata* de dedução é determinado anualmente e fixado em percentagem, arredondada para a unidade imediatamente superior.

Neste Âmbito, a Diretiva permite aos Estados–Membros que:

- Autorizem ou obriguem o sujeito passivo a determinar um *pro-rata* para cada sector de atividade, se tiver contabilidades distintas para cada um desses sectores;
- Autorizem ou obriguem o sujeito passivo a efetuar a dedução com base na afetação da totalidade ou de parte dos bens e dos serviços; ou
- Autorizem ou obriguem o sujeito passivo a efetuar a dedução, em conformidade com a regra estabelecida no primeiro parágrafo do n.º 1, relativamente a todos os bens e serviços utilizados nas operações aí referidas.

A Diretiva não contém nenhuma regra que defina o conceito *volume de negócios anual*, para efeitos de aplicação do artigo 174.º da Diretiva, ao contrário do que sucede, por exemplo, com as regras do regime simplificado de tributação e cobrança. Esta omissão é geradora de controvérsia, designadamente quando estamos perante entidades que realizam operações do tipo sede-sucursal.

Nestes casos colocam-se, em concreto, as questões de saber se:

(i) O conceito *operações* referido no normativo deve incluir as imputações de rendimentos da Sede à sucursal?
(ii) Em caso de resposta negativa, como pode deduzir-se o IVA das despesas incorridas pela sucursal na execução de tarefas realizadas para os fins das operações da sua Sede?

Podemos encontrar reflexões e eventualmente resposta a estas questões em dois acórdãos – *FCE Bank* e *TGE Gas Engineering GmbH* – que ajudam a desbravar caminho e a encontrar uma linha de raciocínio para concluir sobre o impacto das operações do tipo sede-sucursal no direito à dedução.

2.1. O conceito de operações e o Caso FCE Bank

Para compreender o conceito de *operações* para o qual o artigo 174.º da Diretiva remete, não sendo este definido nos textos legislativos, é útil recorrer às construções jurisprudenciais que têm vindo a ser avançadas pelo TJUE.

Neste sentido, resulta da jurisprudência constante do Tribunal de Justiça, nomeadamente do acórdão *Skandia*[5], o qual faz uma clara alusão ao conceito de sinalagma, que, para efeitos do IVA, é necessário existir um intercâmbio de prestações recíprocas, entre duas partes independentes[6].

Ora, as sucursais são, nos termos da legislação societária *formas locais de representação*, ou seja, a instalação de sucursais é uma forma de permitir que sociedades estrangeiras que desejem exercer em Portugal (ou em Estado-Membro distinto daquele onde está sedeada) a sua atividade, o possam fazer.

A instituição de uma representação permanente (sucursal) nada mais é que uma extensão da sede/sociedade original com o objetivo de exercer a atividade desta em territórios de outros Estados-Membros.

Estas figuras jurídicas, embora careçam de autonomia face à sua casa-mãe (seja por não suportarem o risco da atividade ou por não disporem de capital próprio), podem desenvolver uma multiplicidade de tarefas e atuar em diferentes modelos de negócio. Se por vezes estas sucursais assumem uma relação direta com os clientes, podendo beneficiar da estrutura de *backoffice* da sede, pela qual pagam uma remuneração; noutras cumprem funções de angariação de clientes, prospeção de mercado ou acompanhamento pós-venda, funções essas que concorrem diretamente para as operações da sua sede, pelas quais recebem uma remuneração.

Nestes casos, coloca-se a questão de saber se os valores eventualmente recebidos ou pagos entre a sede e a sua sucursal qualificam como *operações* tributáveis para efeitos de IVA passíveis de conferir o direito à dedução.

---

[5] *Vide* Acórdão TJUE, *Skandia*, C-240/99, 08.03.2001.

[6] Aliás, a própria definição geral de sujeito passivo da Diretiva IVA, que resulta do seu atual artigo 9.º, refere-se a qualquer pessoa que exerça, de modo independente e em qualquer lugar, uma atividade económica, seja qual for o fim ou o resultado dessa atividade. Infelizmente, e embora este artigo remeta para o conceito de atividade económica, o qual a Diretiva define como qualquer atividade de produção, de comercialização ou de prestação de serviços, incluindo as atividades extrativas, agrícolas e as das profissões liberais ou equiparadas, referindo ainda que é em especial considerada atividade económica a exploração de um bem corpóreo ou incorpóreo com o fim de auferir receitas com carácter de permanência, não oferece qualquer resposta relativamente ao alcance do conceito de "operações".

O primeiro passo no sentido de clarificar e uniformizar a interpretação e aplicação desta questão foi dado no já referido caso *FCE Bank*, onde o TJUE foi chamado a pronunciar-se sobre se uma sucursal, FCE IT, que tinha como objeto social o exercício de atividades financeiras isentas de IVA, podia ser considerada um sujeito autónomo da sua casa-mãe, FCE Bank.

Ora, no caso em análise, a sucursal tinha beneficiado de prestações de serviços efetuadas pela sua sede, FCE Bank, (nomeadamente em matéria de consultoria, gestão, de formação de pessoal, tratamento de dados e de fornecimento de serviços informáticos) tento pedido o reembolso do IVA referente a estas prestações.

Tal pedido de reembolso foi indeferido pela administração tributária italiana, por esta entender que tais operações não poderiam qualificar como prestações de serviços, dado não serem feitas contra a realização de contrapartidas pela sociedade-mãe.

Discutia-se, então, a sujeição a IVA das prestações efetuadas pelo FCE Bank e a pretensa autonomia fiscal da sua sucursal, ou seja, a existência de uma personalidade jurídica autónoma e independente, de acordo com a qual o IVA das operações se tornaria exigível relativamente às prestações efetuadas entre as duas entidades ou, a existência de um único sujeito passivo.

Em suma, pedia-se ao TJUE que se pronunciasse sobre a existência de uma relação jurídica entre sede e sucursal e, consequente sujeição a IVA das prestações efetuadas pela sociedade mãe à sua filha e se, nesse sentido, poderia a imputação dos custos desses serviços à sucursal ser considerada a contrapartida por serviços prestados na aceção da Diretiva.

O Tribunal recorre, para determinação da existência de uma relação jurídica entre uma sociedade não residente e a sua sucursal, ao conceito de independência para o qual remete o texto da Diretiva (Sexta Diretiva à data) na sua definição de sujeito passivo. De acordo com o prescrito na legislação europeia, considerar-se-á sujeito-passivo uma pessoa que exerça *de modo independente* uma atividade económica.

Assim, refere o Tribunal, alguém que atue com vínculos de subordinação deverá estar excluída desta definição.

Para determinar se uma sucursal como o FCE IT poderia ser considerada como uma entidade autónoma enquanto banco, o Tribunal começou por aferir a quem competia suportar o risco económico decorrente da sua atividade, concluindo que se a sucursal não suporta ela mesma os riscos inerentes ao exercício da atividade, recaindo integralmente o risco sobre a sua sede, então a sucursal não pode considerar-se um sujeito passivo independente desta[7].

Nesse sentido, concluiu o TJUE, uma sucursal não é uma entidade jurídica distinta da sociedade em que se integra (situada noutro Estado-Membro) e à qual fornece prestações de serviços, não devendo, deste modo, ser considerada um sujeito passivo em função dos custos que lhe são imputados por estas prestações. Assim, de acordo com o Tribunal, a imputação dos custos dos serviços do FCE Bank à FCE IT representam uma mera afetação de custos no interior de uma mesma entidade jurídica, não qualificável como operação tributável para efeitos de IVA.

Em Portugal, depois de anos de litígio, a Autoridade Tributária e Aduaneira ("AT") veio, finalmente, assumir o entendimento do TJUE no acórdão *FCE Bank*, referindo que haverá sempre que ajuizar casuisticamente se a sucursal suporta sozinha os riscos económicos da sua atividade, de tal modo que a permita assumir a qualidade de sujeito passivo nos termos definidos na Diretiva e na legislação interna. Assim, não sendo uma entidade jurídica distinta da sociedade que integra estabelecida noutro Estado-membro, a sucursal não deve ser considerada sujeito passivo pelos custos que lhe são imputados pelas referidas prestações[8].

Considerando o exposto, entendemos que o conceito de *operações* referido no artigo 174.º da Diretiva não deve também incluir as imputações de rendimentos da sede à sucursal na medida em que a qualificação de *prestação de serviços* não pode ser acolhida no que toca a operações realizadas sem contrapartida pela sociedade-mãe a favor de uma sua representação.

Em suma, para efeitos do artigo 9.º e, consequentemente, do artigo 174.º da Diretiva do IVA, a imputação de custos, ou de rendimentos, entre sucursal e sede não qualificam como operações tributáveis por não se verificar,

---

[7] Esta conclusão só é válida para casos em que, como no caso *sub judice*, as transações digam respeito a uma sociedade residente num Estado-Membro e uma sucursal estabelecida noutro Estado-Membro.

[8] Note-se que este enquadramento não será de aplicar às transmissões de bens com destino a outro Estado membro, as quais deverão seguir as regras previstas no Regime do IVA nas Transações Intracomunitárias de Bens.

em relação a estas, as condições objetivas para a sua aplicação (como seja a existência de duas entidades jurídicas distintas).

2.2. *O Direito à Dedução nas Sucursais e o Caso TGE Gas Engineering GmbH*

Depois de o Tribunal ter confirmado, no caso *FCE Bank*, que uma sucursal não pode considerar-se um sujeito passivo independente da sua casa-mãe, abriram-se portas para questões relacionadas com a capacidade e atividade destas sucursais e seu correto enquadramento em sede de IVA.

É nesse contexto que surge o caso *TGE*[9]. Neste acórdão, o TJUE reiterou o seu entendimento no caso *FCE Bank*, mas foi forçado, pelas circunstâncias do caso, a desenvolvê-lo, como veremos, abordando o tema do direito à dedução na esfera das sucursais.

A questão central do litígio prendia-se com a eventual violação das normas europeias e do princípio da neutralidade no caso em que se recuse o direito à dedução do IVA de uma sucursal de uma sociedade estabelecida noutro Estado-membro numa situação em que essa sociedade *i)* obtenha um número de identificação fiscal ("NIF") no Estado-membro da sucursal para a realização de um ato isolado, *ii)* a sucursal seja registada, posteriormente, com NIF próprio, *iii)* a sede, com recurso ao primeiro NIF, celebre com outra empresa um contrato de constituição de um Agrupamento Complementar de Empresas (ACE) e *iv)* através do seu NIF, a sucursal celebre com o ACE um contrato de subempreitada.

Como bem refere o TJUE, o tribunal de reenvio pretendia saber se uma sociedade que tem a sua sede noutro Estado-Membro e a sua sucursal em Estado-membro distinto, devem considerar-se dois sujeitos passivos distintos por força de disporem de um número de identificação fiscal distinto e se, por isso, seria válido recusar à sucursal o direito de deduzir o IVA liquidado nas notas de débito emitidas por um ACE do qual a sua sede é membro.

Em rigor, perguntava o órgão jurisdicional de reenvio se o texto da Diretiva IVA e o princípio da neutralidade se opunham a que uma Administração tributária, na situação em que uma sociedade com sede em determi-

[9] *Vide* Acórdão TJUE, *TGE Gas Engineering*, C-16/17, 07.08.2018.

nado Estado-Membro detém noutro Estado-Membro uma sucursal, recuse à sucursal o direito à dedução do IVA liquidado relativamente a operações com um ACE, do qual a sociedade, e não a sucursal, é parte, em razão de cada uma dessas entidades deter um número de identificação fiscal próprio e, por isso, se entender consubstanciarem entidades distintas.

Em concreto, pretendia-se saber se uma sucursal que incorre em IVA, usando o seu próprio número de identificação fiscal, com operações que digam respeito às operações ativas da sua casa-mãe, com número de identificação fiscal distinto e registada em diferente Estado-membro, podia deduzir aquele IVA.

O caso *TGE Gas Engineering GmbH* – Sucursal em Portugal, põe-nos novamente perante a questão de saber se uma sucursal deverá considerar-se um sujeito passivo distinto da sua sede, mas vai mais longe ao pronunciar-se sobre o direito à dedução que esta pode ter em função de operações que realize com a sua sede.

À semelhança do que tinha sido decidido já no *FCE Bank*, veio o Tribunal enunciar que o critério determinante para aferição da existência de duas entidades jurídicas distintas é o exercício de uma atividade económica de modo independente, designadamente por suportar o risco económico que decorre da sua atividade

Refere ainda o Tribunal, em consonância com muita jurisprudência constante, "o direito a dedução previsto nos artigos 167. ° e 168. ° da Diretiva IVA faz parte integrante do mecanismo do IVA e não pode, em princípio, ser limitado" pelo que, se o sujeito passivo, enquanto destinatário das operações, for considerado devedor do IVA, não pode uma legislação nacional impor, no que se refere ao direito à dedução deste, condições adicionais que podem ter por efeito a impossibilidade absoluta do exercício desse direito.

Em conclusão, considerou o Tribunal que os normativos europeus devem ser interpretados no sentido de que uma sucursal, não sendo uma entidade jurídica distinta da sociedade que integra, situada noutro Estado-Membro, à qual fornece prestações de serviços, não deve ser considerado sujeito passivo em razão dos custos que lhe são imputados pelas referidas prestações.

Assim, se uma sucursal incorrer em IVA com o seu próprio número de identificação fiscal relativamente a operações ativas realizadas pela sua sede, por via de um número de identificação fiscal distinto, tem de poder deduzir o IVA incorrido, dado tratar-se do mesmo sujeito passivo para efeitos do imposto.

Isto é, constituindo sucursal e sede uma única pessoa coletiva, o facto de IVA ser incorrido com um número de identificação fiscal distinto daquele que realiza as operações ativas não obsta a que o IVA incorrido possa ser deduzido relativamente a estes custos.

3. O Caso *Morgan-Stanley*

Conforme vimos atrás, no acórdão *FCE Bank* o TJUE apreciou, pela primeira vez, o tema do regime de IVA aplicável às operações sede-sucursal, concluindo que estas não são relevantes para efeitos do imposto por uma sucursal ser desprovida de personalidade jurídica.

No caso *TGE Gas Engineering GmbH* – Sucursal em Portugal o tribunal veio reiterar a posição assumida no *FCE Bank*, pronunciando-se, ainda, sobre a possibilidade de dedução do IVA na esfera das sucursais, vindo a concluir que o IVA incorrido por uma sucursal relativamente a operações ativas realizadas pela sua sede é suscetível de dedução.

Mas nunca o TJUE tinha tratado de um caso que envolvesse a dedução do IVA por sujeitos passivos mistos, em sede de operações sede-sucursal.

Até agora.

No início de 2019, surge o Acórdão *Morgan Stanley & Co International plc* (Processo C-165/17) no qual o TJUE foi finalmente chamado a pronunciar-se diretamente sobre:

(i) Que procedimento adotar na dedução do IVA das despesas suportadas por uma sucursal registada num determinado Estado-membro, exclusivamente afetas à realização de operações que conferem o direito à dedução e operações que não conferem tal direito realizadas pela sua sede, estabelecida noutro Estado-membro; e

(ii) Que regras devem ser aplicadas, na hipótese de as despesas suportadas pela sucursal terem contribuído para a realização de operações próprias, no Estado-membro onde esta se encontra registada, e para a realização de operações da sede, tendo em conta o conceito de despesas gerais e de *pro-rata* de dedução?

Importa referir, para efeitos de uma correta delimitação do caso concreto, que se estava uma situação fáctica na qual se tinha exercido a opção pela tributação em IVA de operações bancárias e financeiras (regime de opção vigente em França), e que tais operações ficariam isentas desse imposto caso tal opção não tivesse sido exercida.

O caso concreto convidava o tribunal a apreciar o direito à dedução e a aplicação feita do método de dedução por parte de uma sucursal parisiense sujeita a IVA em França, que deduziu integralmente o IVA que incidiu sobre despesas respeitantes tanto a *i)* operações bancárias e financeiras para os seus clientes locais, relativamente às quais tinha optado pelo regime de sujeição ao IVA, como a *i)* serviços prestados à sua sede situada noutro Estado-membro, pelos quais recebia contrapartidas.

Entendia a Administração Fiscal local, relativamente ao IVA incidente sobre a aquisição de bens e serviços utilizados exclusivamente para as operações com a sede, que o mesmo não podia dar direito a dedução, por estas não se enquadrarem no âmbito de aplicação do imposto. Admitia, porém, esta Administração fiscal, relativamente ao IVA destes bens e serviços, a dedução de uma fração do imposto em causa, por aplicação do *pro-rata* de dedução da referida sede.

Já relativamente às despesas mistas (decorrentes de operações realizadas tanto com a sede como com os clientes da sucursal), entendia a Administração local que apenas seriam parcialmente dedutíveis, mediante aplicação do *pro-rata* de dedução da referida sede, corrigido pelo volume de negócios da sucursal que dava direito a dedução.

Neste contexto, o órgão jurisdicional de reenvio coloca uma primeira questão, a de saber se, para a dedução do IVA das despesas suportadas por uma sucursal registada num determinado Estado-membro exclusivamente afetas à realização de operações que conferem o direito à dedução e operações que não conferem tal direito, realizadas pela sua sede, estabelecida noutro Estado-membro, deve recorrer-se:

i) Ao *pro-rata* de dedução da referida sucursal, determinado em função das operações que esta realize no seu Estado-Membro de registo e das regras aplicáveis nesse Estado;

ii) Ao *pro-rata* de dedução da sua sede; ou

iii) A um *pro-rata* de dedução específico que combine as regras aplicáveis no Estado-Membro da mesma sucursal e no Estado-Membro da sede (por efeito de esta ter optado por sujeitar ao IVA as operações realizadas no seu Estado-Membro de registo, que teriam ficado isentas deste imposto caso essa opção não tivesse sido exercida).

O Tribunal começa por delimitar, e bem, o âmbito da primeira questão, na medida em que esta respeita ao *pro-rata* de dedução que a sucursal deve aplicar às despesas suportadas para a realização de operações da sede, às despesas de utilização mista.

Conforme aqui já referido, e neste caso sublinhado pelo Tribunal, para o IVA ser dedutível, as operações efetuadas a montante devem apresentar uma relação direta e imediata com as operações a jusante que confiram o direito à dedução.

Como bem nota o Tribunal de justiça, o artigo 168.° da Diretiva IVA refere que quando os bens e os serviços sejam utilizados para os fins das suas operações tributadas, o sujeito passivo tem direito, no Estado-Membro em que efetua essas operações, a deduzir do montante do imposto de que é devedor, o IVA devido ou pago nesse Estado-Membro em relação aos bens que lhe tenham sido ou venham a ser entregues e em relação aos serviços que lhe tenham sido ou venham a ser prestados por outro sujeito passivo.

Por sua vez, a alínea *a)* do artigo 169. °, da referida Diretiva determina que o sujeito passivo tem ainda direito a deduzir o IVA devido ou pago em relação a esses bens e serviços, desde que os bens e os serviços sejam utilizados para os fins de operações relacionadas com as atividades referidas no segundo parágrafo do n.° 1 do artigo 9.°, efetuadas fora do Estado-Membro em que esse imposto é devido ou pago, que teriam conferido direito a dedução se tivessem sido efetuadas nesse Estado-Membro.

Recorda, ainda, o Tribunal que, no caso das operações realizadas entre uma sede e as suas sucursais que possam considerar-se um único sujeito passivo (v. Caso *FCE Bank infra*), as prestações recíprocas trocadas entre estas entidades constituem fluxos internos não tributáveis.

É com base nestes princípios que conclui o Tribunal, na esteira das suas anteriores decisões que uma "sucursal registada num Estado-Membro tem o direito de deduzir, nesse Estado, o IVA que onera os bens e os serviços adquiridos que tenham uma relação direta e imediata com a realização das operações tributáveis, incluindo as da sua sede estabelecida noutro Estado-Membro, com a qual esta sucursal forma um único sujeito passivo, desde que estas últimas operações deem igualmente direito a dedução quando efetuadas no Estado de registo da referida sucursal.".

Isto é, o Tribunal, no que respeita a despesas de utilização mista, realizadas por uma sucursal situada num Estado-Membro diferente do da sede, entendeu que há que aplicar um *pro-rata* de dedução resultante de uma fração cujo denominador é composto pelo volume de negócios, líquido de imposto sobre o valor acrescentado, constituído apenas por estas operações e cujo numerador é composto pelas operações tributáveis que também dariam direito a dedução se tivessem sido efetuadas no Estado-Membro de registo da referida sucursal (onde se inclui o regime de opção).

A este propósito cumpre referir que a conclusão segundo a qual o *pro-rata* de dedução não pode qualificar-se (conforme proposto pelo órgão jurisdicional de reenvio) *como pro rata de dedução da sede, estando apenas em causa as operações realizadas pela sede, às quais foram afetadas as despesas de utilização mista da sucursal,* é particularmente interessante no caso português uma vez que este *pro-rata* sectorial (previsto nas alíneas *a)* e *b)* do artigo 173.º da Diretiva) não foi devidamente transposto para a legislação interna.

Este acórdão oferece, por isso, uma oportunidade de reflexão e uma dificuldade de implementação e interpretação acrescida no caso nacional, na medida em que pode, eventualmente, ser sustentada uma interpretação que vai *além da letra da lei*[10].

Relativamente à segunda questão prejudicial, o Tribunal começa por fazer referência à necessidade de existência de uma relação direta e imediata entre determinadas operações a montante e uma, ou mais, operações a jusante com direito a dedução para o consequente exercício do direito à dedução do IVA. Isto é, o "direito a dedução do IVA que incidiu sobre a aquisição de bens ou serviços a montante pressupõe que as despesas efetu-

[10] A questão ganha outra dimensão na esfera da atuação administrativa, uma vez que a AT se encontra adstrita ao princípio da legalidade em toda a sua atuação nos termos dos artigos 266.º, n.º 2 da CRP, 55.º da LGT e 3.º, n.º 1 do CPA, e que o legislador português não previu esta possibilidade de dedução no artigo 23.º do CIVA.

adas com a sua aquisição façam parte dos elementos constitutivos do preço das operações tributadas a jusante com direito a dedução.".

Continua o Tribunal, ao dizer que tal sinalagma entre operações poderá dispensar-se se os custos dos serviços em causa devam considerar-se elementos constitutivos do preço dos bens, ou serviços, fornecidos por se entender terem uma relação direta *com o conjunto da atividade económica do sujeito passivo*.

Nesse sentido, vem então dizer o Tribunal de Justiça que, relativamente ao *pro-rata* de dedução a aplicar às despesas gerais de uma sucursal registada num Estado-Membro, quando o esta realize operações tanto nesse Estado como no Estado em que se situa a sua sede, "devem figurar no numerador da fração que compõe este pro rata de dedução, além das operações tributáveis efetuadas por essa sucursal, apenas as operações tributáveis realizadas por essa sede que também dariam direito a dedução se tivessem sido efetuadas no Estado de registo da referida sucursal".

Ou seja, as regras referentes ao cálculo do *pro-rata* de dedução, devem ser interpretadas no sentido de este dever ter em conta, no denominador da fração, tanto as operações realizadas pela sucursal como pela sede, e, no seu numerador, as operações tributáveis da sucursal e, ainda, as despesas tributáveis da sua sede que dariam direito à dedução do imposto, caso tivessem sido efetuadas no Estado de registo da sucursal (representado este o montante total do volume de negócios anual, líquido de IVA, relativo às operações incluídas no numerador e às operações que não confiram direito à dedução).

4. Conclusão

A decisão vertida no acórdão *Morgan Stanley & Co International plc* representa um marco crucial para a doutrina do direito à dedução em sede de IVA, nomeadamente no âmbito de operações sede-sucursal. Fundamentando a sua posição nas suas anteriores decisões, o TJUE repudiou expressamente um entendimento suscetível de conduzir a uma restrição do direito à dedução na esfera de uma sucursal relativamente às operações realizadas pela sede, estabelecida noutro Estado-membro.

Esta decisão tem ainda a virtude de oferecer, finalmente, uma resposta concreta ao tema do direito à dedução na esfera de sucursais com restrições no direito à dedução.

A abordagem prosseguida pelo TJUE foi de encontro àquela que era a nossa expectativa no seguimento da recente jurisprudência e permitiu ao Tribunal concluir, de forma cabal, pela necessária inclusão, no cálculo do *pro-rata* de dedução de uma sucursal com limitações no direito à dedução registada num Estado-membro diferente do da sua sede, das operações realizadas pela sua sede.

Esta decisão veio, assim, ajudar a clarificar e sedimentar a tese segundo a qual não se pode negar o direito à dedução do IVA incorrido por uma sucursal relativamente a operações ativas realizadas noutro Estado-membro pela sua sede.

Assim, diríamos que o acórdão *Morgan Stanley*, sendo precursor de uma nova tese, acompanha igualmente a tendência jurisprudencial recente ao reconhecer, na esfera das sucursais, o direito à dedução do IVA incorrido com operações imputáveis à sua casa-mãe, por estas deverem ser consideradas um único sujeito passivo do ponto de vista jurídico.

Em suma, a interpretação feita pelo tribunal, ainda que inegavelmente relevante, não é inesperada, dada a prévia apreciação feita por este órgão dos pressupostos do direito à dedução do IVA nestas operações.

Não será, no entanto, de modo algum surpreendente que o TJUE venha a ser chamado novamente, e muito em breve, a pronunciar-se sobre o âmbito de aplicação destes normativos na esfera das sucursais e acerca das operações a considerar-se para efeitos de cálculo do *pro-rata*; sendo previsível que esta questão continue a gerar dúvidas e a pedir maior densificação e reflexão, não podendo de modo algum ser resolvida numa única decisão jurisprudencial relativa a um caso concreto, principalmente tendo em conta a reconhecida complexidade e pluralidade de operações possíveis de ser assumidas por estes operadores.

No caso de Portugal, no entanto, as conclusões do tribunal no caso *Morgan Stanley & Co International plc* revelam-se particularmente úteis, dado a Autoridade Tributária ainda continuar a negar o direito à dedução, em Portugal, de IVA incorrido por sucursais ou por registos de IVA com operações realizadas noutro Estado-Membro, pela sua casa-mãe.

É, por isso, expectável que se assista, a curto prazo, a uma alteração da posição da Autoridade Tributária congruente com a doutrina fixada pelo TJUE neste acórdão, no sentido de se aceitar o direito de uma sucursal deduzir IVA com base nas operações tributadas da sua sede. Assim, tudo indica que a tese preconizada no acórdão *Morgan Stanley* conduza a uma redução da litigiosidade entre os operadores económicos que pretendam deduzir IVA incorrido com operações realizadas noutro Estado-Membro pela sua sede, e a Autoridade Tributária Portuguesa.

Da Forma à Substância na Locação de Bens Imóveis

TERESA ROQUE*

ÍNDICE: 1. Introdução 2. Enquadramento e Âmbito da Isenção 2.1. Delimitação do conceito de *locação de bens imóveis* para efeitos de IVA 2.2. Sistematização da doutrina administrativa 3. Critérios Interpretativos Definidos pelo Tribunal de Justiça da União Europeia 3.1. Caso *Mailat* 3.2. Caso *Sequeira Mesquita* 4. Tipologia 5. Prevalência da Substância sobre a Forma ou Abuso de Direito 6. Conclusões.

1. Introdução

O tema deste artigo parte de uma alusão evidente ao princípio do primado da substância dos contratos sobre a sua forma[1], não exclusivo mas típico do direito tributário, refletido na lei geral tributária[2], e que se revela de especial acuidade na tributação das operações imobiliárias em sede de Imposto sobre o Valor Acrescentado (IVA), uma vez que se verifica ser usa-

---

* As posições assumidas no presente artigo são pessoais e não refletem, necessariamente, a posição da Autoridade Tributária e Aduaneira (AT).

[1] Sobre a evolução da doutrina da substância sobre a forma em matéria de IVA na jurisprudência europeia, veja-se Radeva "VAT Implications of Cancellation Charges: New Substance-over-Form Rule?", *International VAT Monitor* (21 de janeiro de 2019).

[2] "A qualificação do negócio jurídico efectuada pelas partes, mesmo em documento autêntico, não vincula a administração tributária". – Artigo 36.º, n.º 4 da Lei Geral Tributária (LGT). Esta norma distingue-se do n.º 3 do artigo 11.º da mesma lei: "Persistindo a dúvida sobre o sentido das normas de incidência a aplicar, deve atender-se à substância económica dos factos tributários".

do amiúde como critério de auxílio à fundamentação dos atos tributários, como corolário do princípio da justiça material.

A sua prevalência tem na base a conceção de que as normas tributárias visam, em grande medida, tributar determinadas realidades económicas, que se revelam através da capacidade contributiva[3] dos sujeitos passivos.

E a sua aplicação é ainda mais visível no domínio do IVA, sabendo que, por regra, neste imposto, tem primazia o sentido económico dos factos sobre os conceitos jurídicos, ou seja, impõe-se a natureza objetiva das operações realizadas pelos sujeitos passivos, independentemente da qualificação contratual que lhe foi atribuída.

O universo das operações imobiliárias tem-se revelado fértil em situações em que os sujeitos passivos se desdobram numa multiplicidade de variações contratuais de natureza atípica ou inominada, forma muitas vezes utilizada para tornear a lei[4], no sentido de afastar a designação típica de arrendamento, o que, legitimamente, conduz, no âmbito de uma intervenção administrativa, à interrogação sobre se certos modelos refletem, ainda, uma locação de imóveis isenta de IVA ou já uma operação tributada.

Concretamente, no cerne da presente análise encontram-se determinados contratos mistos[5], celebrados para efeitos da exploração de um imóvel, direta ou indiretamente, com características de mero arrendamento e que, concomitantemente, estipulam a obrigação da prestação de serviços complementares ou conexos.

A sua qualificação tem suscitado dificuldades práticas no respetivo tratamento em sede de IVA, por exemplo, no plano de saber se os diversos serviços formam em conjunto, a par da locação, uma "operação complexa única" e, por esse motivo, obedecem ao regime da prestação principal,

---

[3] Sobre o tema, veja-se Sérgio Vasques, em "Capacidade Contributiva, Rendimento e Património", *Fiscalidade N.º 23*, julho-setembro 2005.

[4] J.L. Saldanha Sanches, "Se a lei pode ser rotineiramente contornada, o ordenamento jurídico não atinge os objetivos que o legitimam, quer se trate da segurança jurídica, ou mesmo, em termos mais amplos, do bom funcionamento do mercado, já que este exige o respeito pelos contratos livremente celebrados e a sua violação, por meio de meras habilidades ou artifícios, pode pôr em causa o sistema no seu todo", em *Os Limites do Planeamento Fiscal – Substância e Forma no Direito Fiscal Português, Comunitário e Internacional*, Coimbra Editora, 2006, 99.

[5] Que reúnem regras de dois ou mais negócios, total ou parcialmente regulados na lei – n.º 2 do artigo 405.º do Código Civil.

ou, se, diferentemente, constituem prestações cindíveis, individualmente tributáveis.

A relevância do tema surge da constatação de que, nestas operações imobiliárias, os sujeitos passivos, através da escolha de entre as diferentes espécies contratuais, conseguem moldar o respetivo enquadramento em sede de IVA[6], colocando-se por vezes em causa, até que ponto incumbe à administração tributária ir além da vontade das partes revelada no contrato e apurar a realidade económica dos factos, com base nos elementos adicionais de que dispõe, dando efetividade ao primado da substância sobre a forma, no uso de poderes estritamente vinculados, submetida ao princípio da legalidade.

Nesta senda, tendo por referência o histórico do Tribunal de Justiça da União Europeia (TJUE), do qual se destacam os critérios jurisprudenciais que devem nortear a identificação de locações isentas, propomo-nos transpor esses elementos de interpretação úteis [e limitações] para alguns casos concretos, que representem situações de fronteira, sem descurar a reflexão sobre as implicações práticas do princípio em referência.

Nesse prisma, importa descortinar ferramentas de orientação perante modelos contratuais passíveis de originar dúvidas sobre a sua correspondência com a realidade fáctica.

Em suma, o universo de *facti species* abrangidas pela isenção de locação de bens imóveis, cada vez mais complexas, levanta questões cuja resposta está, impreterivelmente, dependente de uma análise casuística, prévia ao enquadramento a conferir em sede de IVA, tendo em conta o conjunto das circunstâncias, o conteúdo do próprio contrato e o modo como o mesmo é implementado.

2. Enquadramento e Âmbito da Isenção

A locação de bens imóveis é uma operação isenta do imposto ao abrigo da alínea *l)* do n.º 1 do artigo 135.º da Diretiva 2006/112/CE, do Conselho,

---

[6] Sobre os modelos de negócio a desenvolver no imóvel ou empreendimento imobiliário, com vista a garantir o direito à dedução do IVA suportado a montante na construção, veja-se Conceição Gamito/Joana Branco Pires, em "O IVA no Imobiliário: Dedução do IVA Suportado na Construção", *Cadernos IVA 2018*, Almedina, Católica Tax.

de 28 de novembro de 2006 ("Diretiva IVA"), com exceção das situações expressamente afastadas da isenção pelo legislador comunitário no n.º 2 daquele dispositivo: as operações de alojamento, tal como definidas na legislação dos Estados-Membros, realizadas no âmbito do setor hoteleiro ou de setores com funções análogas, incluindo as locações de campos de férias ou de terrenos para campismo; a locação de áreas destinadas ao estacionamento de veículos; a locação de equipamentos e de maquinaria de instalação fixa; a locação de cofres-fortes.

A Diretiva IVA concede ainda uma margem de discricionariedade aos Estados-Membros para prever outras exceções à aplicação da isenção na locação, para além das fixadas pelo legislador comunitário.

É o que acontece no ordenamento jurídico português, no qual a isenção se encontra transposta na alínea 29) do artigo 9.º do Código do IVA, e as exceções constam das suas subalíneas, tendo sido acrescentada expressamente a exclusão de "qualquer outra locação de bens imóveis de que resulte a transferência onerosa da exploração de estabelecimento comercial ou industrial".

As razões que justificam a isenção são, essencialmente, de ordem técnica, económica e social. Em termos práticos, por ser realizada, maioritariamente, por particulares que não estão em condições de aplicar um imposto com a complexidade que o IVA tem, há vantagens em deixá-los fora do sistema[7]. Também do ponto de vista administrativo, pois levantam maiores dificuldades no que toca à tributação em sede de IVA, pertencendo ao grupo das isenções técnicas *hard to tax activities*[8], devido à dimensão dos operadores e a dificuldade em fazer corresponder alguns conceitos à lógica subjacente ao IVA.

Os serviços expressamente excluídos da isenção, que respeitam, por exemplo, a espaços comerciais ou a empreendimentos hoteleiros, embora próximos da locação, não geram, por um lado, as dificuldades de ordem técnica que justificam a isenção, e por outro, correspondem já a uma exploração ativa dos imóveis.

---

[7] Sérgio Vasques, *O Imposto Sobre o Valor Acrescentado*, Almedina, 2015, p. 321.

[8] Xavier de Basto, "A tributação do consumo e a sua coordenação internacional: lições sobre harmonização fiscal na Comunidade Económica Europeia", 1991 – *Cadernos de Ciência e Técnica Fiscal*, vol. 164, 134.

2.1. Delimitação do conceito de locação de bens imóveis para efeitos de IVA

No quadro da determinação do âmbito de aplicação da isenção da alínea *l)* do n.º 1 do artigo 135.º da Diretiva IVA, o TJUE vem definindo, em numerosos acórdãos[9], a locação de bens imóveis como *o direito, conferido pelo proprietário de um imóvel ao locatário, de ocupar esse imóvel e de excluir qualquer outra pessoa do benefício desse direito, por um período acordado e mediante remuneração.*

Embora apresente semelhanças com a noção que nos é dada pelo direito civil português[10], aquela figura constitui um conceito autónomo do direito da União.

O TJUE já teve oportunidade de precisar que a aplicação da isenção na operação de locação se explica pelo facto de, embora abrangida pela noção de atividade económica, constituir normalmente uma atividade relativamente passiva, não gerando um valor acrescentado[11].

Tal atividade deve, assim, distinguir-se de outras que tenham a natureza de negócios industriais e comerciais, ou que tenham um objeto que se caracteriza melhor pela realização de uma prestação de serviços do que pela simples colocação à disposição de um bem, como o direito de utilizar um campo de golfe, o direito de atravessar uma ponte mediante o pagamento de uma portagem ou ainda o direito de instalar máquinas de venda automática de tabaco num estabelecimento comercial.

Nesta esfera restrita, em que medida poderá um contrato de locação de bens imóveis ser suscetível de comportar ainda a prestação de outros serviços e manter a qualificação como operação isenta de IVA? É o que iremos ver à luz da mais recente doutrina administrativa e jurisprudência do TJUE.

---

[9] V.g. Acórdãos TJUE, *Goed Wonen*, C-326/99, 04.10.2001, ponto n.º55; *Cantor Fitzgerald International*, C-108/99, 09.10.2001, ponto n.º21; *Seeling*, C-269/00, 08.05.2003, ponto n.º4; *Sinclair Collins*, C-257/01, 12.06.2003, ponto n.º25; *Mirror Group*, C-409/98, 18.11.2004, ponto n.º31; *Temco Europe*, C-284/03, 18.11.2004, ponto n.º19; *Walderdorff*, C-451/06, 06.12.2007, ponto n.º17.

[10] "Locação é o contrato pelo qual uma das partes se obriga a proporcionar à outra o gozo temporário de uma coisa, mediante retribuição" – Artigo 1022. º do Código Civil.

[11] V. acórdão *Goed Wonen cit.*, ponto n.º52, e *Temco Europe, cit.* pontos n.º19 e 20.

2.2. *Sistematização da doutrina administrativa*

Respeitando o evoluir das decisões proferidas pelo TJUE sobre a matéria, a Autoridade Tributária e Aduaneira (AT) tem mantido uma posição constante e uniforme sobre a qualificação dos contratos de locação de bens imóveis.

Não obstante, numa fase muito inicial[12], perante contratos mistos, ou seja, aqueles que reúnem elementos do contrato de arrendamento e elementos de prestações de serviços, complementares à atividade a desenvolver, que se acham contratualmente definidos, era concedido um tratamento autónomo em sede de IVA.

Com o fundamento de que entre as diferentes espécies contratuais não existe uma relação de subordinação, mas eventualmente uma relação de complementaridade procedia-se a uma qualificação autónoma do arrendamento do imóvel, por um lado, e dos serviços a prestar, por outro, daqui resultando a aplicação de diferentes tratamentos fiscais.

Atualmente, é informado de forma regular e unívoca que, perante prestações de serviços *indissociáveis* – caso em que os elementos essenciais (e, deste modo, vinculativos) do arrendamento e da prestação de serviços não podem ser afastados – a operação é tratada como *operação única* ou *prestação económica integrada*[13].

Constituem prestações de serviços *indissociáveis* da cedência/utilização dos espaços pelos utilizadores locatários, os *serviços de limpeza, manutenção, segurança*[14], *fornecimento de água, energia elétrica ou de quaisquer outras*[15].

Nesse caso, a *operação única* fica toda ela excluída da isenção da alínea 29) do artigo 9.º do Código do IVA, apesar da característica predominante do contrato ser a colocação passiva do imóvel à disposição do locatário,

---

[12] Por exemplo, informação n.º 1662, de 25 de maio de 1988, da ex-Direção de Serviços de Concepção e Administração (ex-DSCA), com despacho de 31 de maio de 1988 do Subdiretor-Geral dos Impostos.

[13] *Cf.* n.º 8 da informação vinculativa n.º 1986, de 2011-04-28.

[14] V. n.º 8 da informação vinculativa n.º 3778, de 2012-07-16, e n.º 6 da informação n.º 1986 *cit.*

[15] V. n.º 36 da informação vinculativa n.º 12791, de 2018-03-07.

uma vez que a mera existência de características provenientes de outros contratos que proporcionem ao locatário qualquer valor acrescentado assim o determina, afetando, dessa forma, a aplicação da isenção[16].

Em termos gerais, o conceito restrito e limitado de *paredes nuas*[17], que consta das instruções do Ofício-Circulado n.º 30022, de 2000-06-16, da Direção de Serviços do IVA, continua a servir de critério de distinção do estado em que deve ser efetuada a locação, no caso de prédios urbanos ou de parte urbana em prédios mistos (ou apenas ao solo, no caso de prédios rústicos), de maneira a que não proporcione qualquer valor acrescentado.

Com base neste critério, para uma determinada locação, para fins habitacionais e não habitacionais – comerciais, industriais ou agrícolas -, ser designada de *pura* ou *simples* (*mero arrendamento*) tem de ter por objeto imóveis completamente livres e devolutos, e como requisitos negativos, a cedência do gozo do espaço deve ser desacompanhada de[18]:

- quaisquer bens ou equipamentos, ainda que fixos[19], caso em que o *apetrechamento* não pode conferir aptidão produtiva ao imóvel e preparação adequada ao exercício [início ou continuidade] de uma atividade empresarial (imóvel vazio)[20];
- prestação de serviços *indissociáveis* à utilização dos espaços/do imóvel (são também usados os termos *associados*[21], *conexos*, ou *acessórios*[22].)

Assim, de forma generalizadora, porque direcionada a abranger as situações mais típicas, tem sido posição administrativa de que basta a verificação

[16] V. n.º 24 da informação vinculativa n.º 12837, de 2018-03-21, e n.º 7 da informação vinculativa n.º 10078, de 2016-03-04.

[17] Sobre o conceito de "paredes nuas", veja-se a definição da informação referente ao processo n.º L201 2006049, de 2007-07-24, n.º22.

[18] V. n.º 22.3 da informação vinculativa n.º 12793, de 2018-06-19.

[19] V. n.º 11 da informação vinculativa n.º 1986, *cit.*

[20] "As licenças, utensílios, mercadorias, e outros elementos análogos, que possam integrar o estabelecimento, integram o conjunto normal dos elementos da locação ainda que, por acordo das partes, um ou mais destes elementos possam não vir integrar possam não integrar o conjunto dos elementos objeto da locação mantida que seja a característica essencial: o gozo e a fruição de uma unidade comercial" – n.º 13 da informação n.º 12793, *cit.*

[21] A informação n.º 10078, *cit.*, refere-se a "prestações de serviços associadas".

[22] Sobre a acessoriedade deste tipo de serviços veja-se a informação vinculativa n.º 13153, de 2018-02-16, e a informação n.º 12475, de 2017-11-29, no âmbito das *prestações de serviços de estabelecimento hoteleiro.*

de uma destas condições para se considerar que um imóvel encontra-se *apetrechado com um mínimo de condições*[23], como é o caso dos equipamentos destinados ao exercício de uma atividade[24], de modo que a operação não possa beneficiar da isenção.

Por outras palavras, a isenção em apreço "apenas inclui o mero arrendamento", ficando excluída da sua aplicação as situações em que estão englobados no mesmo contrato *outros serviços*[25] que proporcionem ao locatário um determinado valor acrescentado.

A leitura desta doutrina deve ser cautelosa, no sentido de que não pode levar a crer que sempre que aquelas condições não se verifiquem, a operação está necessariamente no seu conjunto submetida a tributação[26].

Com efeito, embora não pareça haver dúvida de que a cessão de exploração (locação) de um estabelecimento não se encontra abrangida pela isenção, tal não significa que em toda e qualquer locação de bens imobiliários que também inclua bens móveis ou outros elementos se esteja perante a referida cessão de exploração.

E que dizer relativamente a uma locação imobiliária que prevê o pagamento, por parte da sublocatária, da renda e despesas de condomínio, de forma perfeitamente individualizada?

A esta questão a AT responde, na informação vinculativa n.º 12124, de 2017-08-28[27], que a locação do imóvel e as prestações de serviços relacionadas com a gestão e manutenção das partes comuns do imóvel, constituem operações *autónomas e dissociáveis* uma da outra, ainda que os valores sejam faturados em conjunto. Se estiverem devidamente individualizados, o valor relativo ao mero arrendamento de imóvel, é abrangido pela isenção da alínea 29) do artigo 9.º do CIVA; e o valor referente ao condomínio constitui uma prestação de serviços autónoma, sujeita a IVA.

---

[23] V. n.º 37 da informação vinculativa n.º 12791, com despacho de 2018-03-07.

[24] V. n.º 8 e 9 da informação vinculativa n.º 13774, de 2018-06-14, a respeito da operação de subarrendamento de um pavilhão industrial equipado para a atividade de produção de moldes de aço.

[25] V. informação vinculativa n.º 12837, de 2018-03-21: "Outros serviços adicionados".

[26] Veja-se, Rui Laires, *Ciência e Técnica Fiscal do Centro de Estudos Fiscais e Aduaneiros da AT*, 2013, p. 218.

[27] Que reitera o entendimento antigo, proferido, por exemplo, na vinculativa n.º 3626, de 2012-10-09.

Ainda assim, é reconhecido que, para determinar a natureza de uma operação tributável, devem tomar-se em consideração todas as circunstâncias em que se desenvolve a operação em questão para apurar os seus elementos característicos e não atender apenas à denominação do contrato[28], o que acarreta a apreciação dos elementos objetivos do negócio para a caracterização da operação em sede de IVA[29]. Bem como, que a qualificação jurídica dos negócios não pode decorrer da designação dos documentos, que as partes lhe deram ou vieram a dar, mas antes da análise dos seus elementos essenciais [30].

Em síntese, tem resumido o contrato de locação de imóvel enquadrado na alínea 29) do artigo 9.º do Código do IVA, *independentemente, da natureza jurídica do negócio e do estatuto do locador*[31], quando a característica predominante da operação económica consiste *na colocação passiva* do imóvel à disposição do locatário, em aproximação ao conceito civil de locação.

3. Critérios Interpretativos Definidos pelo TJUE

A doutrina da substância sobre a forma tem estado em evidência na jurisprudência recentemente emanada do TJUE, essencialmente nas decisões em matéria de direito à dedução (v.g. *Barlis 06*[32]), e de isenções intracomunitárias (v.g. *Euro Tyre*[33]), nas quais é concedida manifesta prioridade aos requisitos substantivos em detrimento dos formais, o que tem gerado alguma celeuma. Tal também se verifica no processo recente e particular da decisão de sujeição a IVA das "indemnizações" (*Meo – Serviços de Comunicações e Multimédia*[34]), cuja decisão é fundamentalmente focada na realidade económica subjacente à prestação do serviço em prejuízo da designação jurídica do contrato e das suas cláusulas.

---

[28] V. n.º 31 da informação vinculativa n.º 12837, *cit.*

[29] V. n.º 13 da informação vinculativa n.º 12097, de 2017-08-24.

[30] V. informação vinculativa n.º 14031, de 2018-11-19.

[31] Informação referente ao processo n.º L201 2006049 e mais recente informação vinculativa n.º 12793, *cit.*

[32] Acórdão TJUE, *Barlis 06 – Investimentos Imobiliários e Turísticos*, C-516/14, 15.09.2016.

[33] Acórdão TJUE, *Euro Tyre*, C-21/16, 9.02.2017.

[34] Acórdão TJUE, *Meo – Serviços de Comunicações e Multimédia*, C-295/17, 22.11.2018.

Esta linha jurisprudencial vem demonstrar que o princípio em apreço continua a ter expressão, essencialmente com o intuito de garante da neutralidade em que se alicerça o sistema comum do IVA. Resulta dela essencialmente que, verificando-se os requisitos objetivos, as operações tributáveis não devem ser desconsideradas, tendo obviamente em atenção eventuais situações abusivas.

Como avançado, a matéria de locação de bens imóveis é suscetível de representar um largo subjetivismo no que concerne à interpretação do âmbito da isenção, o que tem originado tratamentos díspares quer nas operações ativas quer passivas, face às mesmas situações, atentando contra a segurança e certeza jurídica deste imposto. Daí que este Tribunal continue a ser frequentemente requisitado pelos órgãos jurisdicionais de reenvio a responder sobre a problemática no âmbito da Diretiva IVA.

Pese embora o TJUE remeta ao órgão nacional o exercício específico de determinar se o sujeito passivo fornece uma prestação única num caso concreto em particular e de fazer todas as apreciações de facto definitivas quanto a isso, não deixa de fornecer todos os *elementos de interpretação úteis para dirimir o litígio*[35], aplicáveis a qualquer operação, mas que no contexto da locação de bens imóveis assumem um papel crucial:

a) Interpretação estrita/restrita

Tem definido, no que respeita à determinação do conteúdo das normas que estabelecem as isenções do IVA, que as mesmas, ao constituírem derrogações ao princípio de tributação geral do consumo visado pelo sistema comum do imposto, devem, por via de regra, ser objeto de uma interpretação *estrita*[36]. Porém, a necessidade de, em princípio, se interpretar estritamente as normas de isenção não significa que se recorra forçosamente a uma interpretação *restrita* destes preceitos[37].

---

[35] Acórdão TJUE, *RR Donnelley Global Turnkey Solutions Poland*, C-155/12, 27.06.2013, ponto n.º23 e jurisprudência aí referida.

[36] Acórdão *Walderdorff*, *cit.*, ponto n.º18 e jurisprudência aí referida.

[37] Veja-se Rui Laires, "O IVA nas Atividades Culturais, Educativas, Recreativas, Desportivas e de Assistência Médica ou Social", *Cadernos IDEFF*, N.º 14, Almedina, 2012, 127 e 128 e jurisprudência referida pelo autor.

Tal aceção deve ser entendida no sentido de se adotar, preferencialmente, uma interpretação declarativa ou literal, ou seja, uma interpretação que tem em conta o sentido próprio e exato (o estrito sentido) das palavras que o texto compreende[38].

b) Prestações de serviços distintas e independentes

Como resulta da jurisprudência deste Tribunal, para efeitos de IVA, cada prestação deve, normalmente, ser considerada *distinta e independente*[39], tal como resulta do segundo parágrafo do n.º 2 do artigo 1.º da Diretiva IVA.

Quando uma operação é constituída por um conjunto de elementos e de atos, para determinar se essa operação dá lugar, para efeitos do IVA, a duas ou mais prestações distintas ou a uma *prestação única*, além da averiguação dos seus elementos característicos, há que tomar em consideração todas as circunstâncias em que se desenvolve a operação em questão, o seu objetivo económico e o interesse dos destinatários das prestações[40].

São independentes as prestações que não podem ser objetivamente consideradas indissociáveis ou acessórias relativamente à prestação principal de locação de bens imóveis, apresentando apenas um nexo artificial com a referida operação principal isenta de IVA[41].

c) *Operação única*

A inclusão de prestações de serviços num contrato de locação milita a favor da existência de uma prestação única. No entanto, importa sublinhar que o mero facto de uma prestação ser incluída num contrato de

---

[38] A este respeito, Sérgio Vasques, *O Imposto sobre o Valor Acrescentado*, Almedina, 2015, 326.

[39] Acórdão TJUE, *Field Fisher Waterhouse*, C-392/11, 27.09.2012, ponto n.º14; Acórdão TJUE, *BGŻ Leasing*, C-224/11, 17.01.2013, ponto n.º29, e acórdão TJUE, *Wojskowa Agencja*, C-42/14, 16.04.2015, ponto n.º30 e jurisprudência referida.

[40] V. Acórdão TJUE, *Volkswagen Financial Services (UK)*, C-153/17, 18.10.2018, ponto n.º29; Acórdão TJUE, *Stadion Amsterdam*, C-463/16, 18.01.2018, ponto n.º21; e Acórdão TJUE, *Stock '94*, C-208/15, 08.12.2016, pontos n.ºs28 e 29.

[41] Acórdão *Field Fisher Waterhouse*, *cit.*, ponto n.º25.

locação não pode, em si mesmo, constituir o fator determinante nesse sentido[42].

No acórdão de 19 de dezembro de 2018, processo C-17/18, caso *Mailat* – é dito que, em certas circunstâncias, quando há várias prestações formalmente distintas que possam ser fornecidas em separado e, assim, dar lugar, em separado, a tributação ou a isenção, devem ser consideradas uma *operação única*, sempre que não sejam independentes (que, por sua vez, remete para o Acórdão de 27 de junho de 2013, RR *Donnelley Global Turnkey Solutions Poland*, C-155/12, n.º 20 e jurisprudência aí referida[43]).

A este respeito, o TJUE tem decidido no sentido de que uma prestação deve ser considerada única quando dois ou vários elementos ou atos fornecidos pelo sujeito passivo estão tão estreitamente ligados que formam, objetivamente, uma *única prestação económica indissociável* cuja divisão revestiria caráter artificial (Acórdão de 27 de junho de 2013, *RR Donnelley Global Turnkey Solutions Poland*, C-155/12, n.º 20 e jurisprudência aí referida[44] e acórdão de 16 de abril de 2015, *Wojskowa Agencja* C-42/14, n.º 30 e jurisprudência citada).

É dado como exemplo de uma decomposição artificial de uma operação económica única a situação do locador, proprietário de uma parte de um imóvel coletivo, ter de *recorrer aos prestadores designados pelo conjunto da copropriedade e de pagar uma quota-parte dos encargos coletivos relativos a tais prestações que ele transfere, posteriormente, ao locatário*.

É inerente ao conceito de *operação única composta* a possibilidade de os elementos de uma prestação única serem fornecidos isoladamente, não sendo determinante o facto de os serviços poderem ser prestados por terceiro, ou haver opção de escolha por parte do locatário (n.º 26 do acórdão *Field Fisher*, reiterado no n.º 43 do *Wojskowa Agencja*).

A faculdade atribuída ao locador no contrato de locação de o rescindir no caso de o locatário não pagar os encargos locativos constitui um indício

[42] *Idem, ibidem*.

[43] Acórdãos TJUE, *Part Service*, C-425/06, 21.02.2008, ponto n.º51; *Field Fisher Waterhouse*, *cit.*, ponto n.º15.

[44] Acórdão TJUE, *Levob Verzekeringen e OV Bank*, C-41/04, 27.10.2005, ponto n.º22; acórdão *Field Fisher Waterhouse*, *cit*, n.º 16; *Everything Everywhere*, C-276/09, 02.12.2010, pontos n.os 24 e 25.

que milita a favor da existência de uma prestação única, embora não seja, necessariamente, o fator determinante para os fins da apreciação da existência de tal prestação (n.º 28 do acórdão *Field Fisher*).

No acórdão *Wojskowa Agencja*, já se entendeu que a simples circunstância de o não pagamento dos encargos locativos permitir ao locador resolver o contrato de locação não impede, de forma nenhuma, que as prestações em relação às quais esses encargos se referem constituam prestações distintas da locação.

Finalmente, caso se afigure objetivamente, no plano económico, que um bem imóvel dado para locação forma um todo com as prestações que o acompanham, estas últimas podem ser consideradas uma prestação única junto com a locação.

d) Prestações de serviços principais e acessórias

Tal acontece igualmente [operação única] quando uma ou várias prestações constituem uma prestação principal e as outras prestações constituem uma ou várias prestações *acessórias* que partilham da sorte fiscal da prestação principal[45].

Uma prestação deve ser considerada acessória de uma prestação principal, quando constitui para a clientela não um fim em si, mas um meio de beneficiar do serviço principal do prestador, nas melhores condições (acórdão de 16 de abril de 2015, *Wojskowa Agencja*, C-42/14, n.º 31 e Acórdão de 27 de junho de 2013, *RR Donnelley Global Turnkey Solutions Poland*, C-155/12, n.º 22 e jurisprudência aí referida[46]).

No que toca à relevância que os serviços acessórios à locação poderão assumir na descaracterização ou não da mesma, o TJUE pronunciou-se que não é a existência dessas prestações de serviços que, por si só, se mostra apta a descaracterizar o arrendamento (Field Fisher n.º 24).

[45] Acórdão *BGŻ Leasing*, *cit.*, ponto n.º30.

[46] Acórdãos TJUE *CPP*, C-349/96, 25.02.1999, ponto n.º30; *Bog* C-497/09, 10.03.2011 *e Outros*, C-499/09, C-501/09 e C-502/09, ponto n.º54, e acórdão *Field Fisher Waterhouse*, *cit.*, ponto n.º17.

e) O interesse das partes contratantes[47] *e razão económica do contrato*[48]

No âmbito de cada locação de bens imóveis importa procurar os elementos que refletem os interesses do locatário e do locador, nomeadamente apurar, antes de tudo, se tencionam, respetivamente, obter e oferecer a locação de um bem imóvel, e só subsidiariamente, obter e fornecer outras prestações, mesmo se estas são necessárias ao gozo do bem, colocando-nos no ponto de vista de um locatário médio.

Essa aferição passa pela análise do conteúdo do contrato, suscetível de constituir um indício importante da *razão económica*.

As modalidades diversas de prestação dos serviços, refletidas na *faturação* e no preço podem também proporcionar pistas sobre a unicidade de uma prestação. Porém, não reveste uma importância decisiva o facto de ser faturado um *preço único*, que equivale a uma pista meramente indiciária[49], devendo prevalecer em qualquer caso o interesse das partes. Assim, a circunstância de as partes pretenderem adquirir duas prestações distintas, sobrepõe-se ao pagamento de um preço único, havendo nesse caso que apurar a parcela do preço global respeitante a cada uma delas, de modo a determinar a parte isenta e a parte tributada.

Quanto à incidência de ser um terceiro a prestar certos serviços, ou o locador através de refaturação, o TJUE não tem decidido de forma uniforme. Com efeito, este fator (faturação de serviços separada da renda) originou mesmo conclusões contrárias.

No acórdão de 11 de junho de 2009, caso *RLRE Tellmer Property*, C-572/07[50], a faturação, pelo locador, do serviço de limpeza dos espaços comuns, de forma distinta da locação foi decisiva para considerar que, se essa prestação podia ser dissociada da prestação de locação, *não podiam ser consideradas uma prestação única*, mas sim *operações autónomas, dis-*

---

[47] Acórdão *BGŻ Leasing*, *cit.*, pontos n.os 44 e 45.

[48] Acórdão *Field Fisher*, *cit.*, ponto n.º23.

[49] V. Ponto n.º31 do acórdão *CPP*, *cit.*; e pontos n.ºs45 e 46 do acórdão TJUE, *Madgett e Baldwin*, C-308/96 e C-94/97, 22.10.1998.

[50] Reenvio prejudicial – IVA – Isenção da locação de imóveis – Limpeza dos espaços comuns conexos à locação – Prestações acessórias.

sociáveis uma da outra, não integrando o serviço de limpeza o âmbito da isenção[51].

Desvalorizando esse facto, decidiu posteriormente, em sentido diverso, no acórdão de 27 de setembro de 2012, caso *Field Fisher Waterhouse*, C-392/11,[52] que a existência da possibilidade de um terceiro fornecer certas prestações de serviços não é determinante por si mesma.

Neste, o TJUE fez antes uso dos critérios do interesse das partes e da razão económica da celebração do contrato, parecendo induzir a uma solução díspar da formulada em 2009 (à qual, estranhamente, não fez referência), em circunstâncias similares (os serviços incluíam a limpeza de espaços comuns), embora na situação particular de se tratar de um escritório de advogados.

A obtenção das prestações de serviços não pode ser considerada um fim em si mesmo para um locatário médio de instalações como as que estão em causa no processo principal, mas constitui o meio de beneficiar, nas melhores condições, da prestação principal, isto é, da locação de superfícies comerciais (n.º 23).

Destarte, declarou que uma locação de bens imóveis e as prestações de serviços a ela ligadas, como as que estavam em causa no processo principal, podem constituir uma *prestação única* para efeitos de IVA.

Decorre desta jurisprudência que estas prestações – úteis, e mesmo necessárias, ao gozo do bem imóvel arrendado – podem existir independentemente da locação de um bem imóvel. Todavia, consoante as circunstâncias particulares, nomeadamente consoante o conteúdo do contrato, podem constituir prestações acessórias ou serem indissociáveis da referida locação e formar com esta uma prestação única.

A aceção de que os serviços complementares assegurados pelo locador também podem beneficiar da isenção atribuída à locação de bens imóveis, desde que sejam de qualificar como operações acessórias dessa locação não foi devidamente fundamentada pelo TJUE, como era exigido dado que dificilmente se compadece com uma interpretação estrita da norma de isenção

[51] *Cf.* pontos n.º 22 a 24.

[52] IVA – Isenção da locação de bens imóveis – Locação de superfícies comerciais – Serviços relacionados com a referida locação – Qualificação da operação para efeitos de IVA – Operação constituída por uma prestação única ou por várias prestações independentes.

contida na alínea *l)* do n.º 1 do artigo 135.º da Diretiva do IVA, na medida em que esta não se estende às prestações acessórias, ao contrário de outras disposições que o fazem expressamente ("estreitamente relacionadas")[53].

Pese embora estes acórdãos não possam servir de guia, dado que em matéria de facto idêntica encaminha para duas soluções potencialmente diferentes, e não clarifica, de modo entendível, quais os elementos distintivos, tidos como relevantes, a decisão tomada no caso Field Fisher veio enfatizar a necessidade de uma análise casuística com as dificuldades e incertezas daí decorrentes.

O elemento *refaturação* viria, posteriormente, a ter especial ênfase no caso decidido em 16 de abril de 2015, *Wojskowa Agencja*, C-42/14,[54], com um alcance mais detalhado, sendo perentório em afirmar que no âmbito da locação de um bem imóvel, o fornecimento de eletricidade, aquecimento e água bem como a gestão de resíduos, assegurados por operadores terceiros ao locatário que utiliza diretamente estes bens e serviços, devem ser considerados efetuados pelo locador quando este é parte nos contratos de fornecimento destas prestações e apenas transfere para o locatário as correspondentes despesas (n.º 28).

Por conseguinte, respondeu que, se o montante devido a título da gestão dos resíduos e a título da locação aparecem em posições diferentes na fatura (e há faturação em função da utilização), há que considerar que o locador não fornece uma prestação única que compreende a locação e a referida prestação (n.º 45).

O TJUE procedeu a uma apreciação mais detalhada num sentido que se pode afirmar que não contradiz os referidos arestos mas os conjuga, e a ambos faz referência, chegando a uma conclusão aberta de que em princípio estão em causa várias prestações distintas e independentes que devem ser

---

[53] Veja-se Rui Laires, *Ciência e Técnica Fiscal do Centro de Estudos Fiscais e Aduaneiros da AT*, 2013, 167 a 245 (ponto 5.2.).

[54] Reenvio prejudicial – Fiscalidade – Sistema comum do imposto sobre o valor acrescentado – Locação de um bem imóvel – Fornecimento de eletricidade, aquecimento e água bem como gestão de resíduos – Contratos entre o locador e os fornecedores destes bens e serviços – Prestações fornecidas ao locatário consideradas como efetuadas pelo locador – Encargos locativos – Determinação do valor tributável – Possibilidade de incluir os encargos locativos no valor tributável dos serviços de locação – Operação constituída por uma prestação única ou por várias prestações independentes.

apreciadas em separado do ponto de vista do IVA, a menos que elementos da operação, incluindo os que indicam a razão económica da conclusão do contrato, estejam tão estreitamente ligados que formem, objetivamente, uma única prestação económica indissociável cuja decomposição revestiria um caráter artificial.

3.1. Caso Mailat, de 19 de dezembro de 2018[55]

Com origem num processo penal por evasão fiscal, foram submetidas à apreciação do TJUE, duas questões prejudicais: sobre o conceito de *transmissão de uma universalidade de bens ou de parte dela*; e sobre a natureza das prestações de serviços.

Para o Tribunal, o conceito de *transmissão de uma universalidade de bens ou de parte dela* não abrange uma operação pela qual um bem imóvel utilizado como estabelecimento comercial é arrendado, com todos os bens de equipamento e consumíveis necessários para a sua exploração, mesmo que o locatário prossiga a atividade do locador sob a mesma denominação – *in casu* um restaurante. Nesse conspecto, a irrelevância da não transmissão da propriedade de um imóvel apenas acontece no caso de a prossecução de uma atividade económica não carecer de instalações especiais ou fixas.

Quanto a saber se um contrato de locação de um bem imóvel utilizado como estabelecimento comercial incluindo todos os bens de equipamento e consumíveis necessários para a sua exploração constitui uma «locação de bens imóveis», ou se um tal contrato é uma prestação de serviços complexa, respondeu que, por não se poder dissociar a locação do bem móvel da locação do bem imóvel, esta devia ser considerada a prestação principal relativamente à qual as outras prestações, isto é, a locação de bens de equipamento e de bens consumíveis, são meramente *acessórias*, configurando a operação como *única*.

[55] Acórdão TJUE, *Mailat*, C-17/18, 19.12.2018, Reenvio prejudicial – Fiscalidade – Imposto sobre o valor acrescentado (IVA) – Diretiva 2006/112/CE – Artigo 19.°, 29.° e 135.°, n.° 1, alínea *l)* – Transmissão de uma universalidade total ou parcial de bens – Isenção da locação de bens imóveis – Contratos de arrendamento de um imóvel afeto a uma exploração comercial e de aluguer dos bens moveis necessários para essa exploração – Prestações relativas ao imóvel que deram origem a dedução do IVA – Regularização.

3.2. Caso Sequeira Mesquita, de 28 de fevereiro de 2019

Neste litígio, que opôs Manuel Mesquita à Fazenda Pública, o Supremo Tribunal Administrativo interrogou-se sobre se o contrato em causa, de cedência de exploração agrícola de prédios rústicos constituídos por vinhas, estava ainda abrangido pelo conceito de locação de bens imóveis, dado que este se limita a uma atividade relativamente passiva e as operações implicavam uma exploração ativa por parte do locatário/cessionário, alegadamente de natureza comercial (viticultura).

O TJUE não teve dúvidas em responder que a isenção aplica-se a este contrato, na medida em que a natureza passiva da locação de um bem imóvel, que justifica a isenção do IVA de tais operações prende-se com a natureza da própria operação e não com a forma como o locatário utiliza o bem em causa (n.º 20), pois confere ao locatário ou cessionário um direito de ocupação do bem imóvel em causa como se fosse o proprietário. O facto de o locatário de um bem imóvel o explorar, utilizando-o para fins comerciais, em conformidade com os termos do contrato de locação, não é suscetível de, por si só, excluir o proprietário desse bem do benefício da isenção. A duração e as referidas condições de renovação também não podem ser consideradas incompatíveis com uma locação (n.º 25).

Não identificou, além da locação, o fornecimento de outras prestações com a natureza de atividades comerciais. No entanto, o contrato de cedência implicava a transferência de certos bens e direitos incorpóreos. Dando continuidade à jurisprudência do caso *Mailat*, observa que a cedência em causa no processo não constitui uma transmissão de uma universalidade de bens, pois os bens imóveis cedidos ao abrigo do contrato só foram objeto de uma locação e não de uma transmissão de direitos de propriedade (n.º 29). E certos bens e direitos incorpóreos transferidos não podem ser dissociados da cedência dos referidos bens imóveis, antes fazendo parte integrante da mesma, pelo que o referido contrato de cedência constitui uma prestação única na qual a colocação à disposição dos bens imóveis é a prestação principal, abrangida pela isenção (n.º 31).

4. Tipologia

A liberdade de conformação do conteúdo contratual ou do tipo negocial concretiza-se na liberdade de celebrar contratos do tipo previsto (contratos típicos e nominados); na liberdade de celebrar negócios diferentes dos previstos na lei (contratos atípicos ou inominados); e na liberdade de reunir no mesmo negócio elementos de dois ou mais negócios previstos na lei (contratos mistos)[56].

Ao interligar os mencionados elementos interpretativos úteis do TJUE, pode concluir-se que, para uma operação, que se desdobre na prestação de vários serviços, constituir uma "prestação única complexa para efeitos de IVA" ou "operação económica única" e, por conseguinte, ser aplicado o regime correspondente à prestação principal, os serviços integrantes têm de revestir as seguintes características: *Dependência* (*estreitamente ligados*); *Indissociabilidade*, e *Acessoriedade*.

Inversamente, são características das várias prestações de serviços constitutivas da operação que obedece a um tratamento distinto, a *autonomia* e dissociabilidade.

Em termos sistemáticos, parece possível recensear dois tipos de «operações únicas» abrangidas pela isenção do IVA da locação de bens imóveis:

i. as prestações contratuais formam uma *única prestação económica indissociável* cuja decomposição revestiria um caráter artificial (*Field Fisher Waterhouse*);
ii. a operação é constituída por uma prestação principal relativamente à qual as outras prestações têm caráter acessório, que são de desvalorizar porque absorvidas pela principal (*Mailat, Sequeira Mesquita*).

---

[56] Veja-se Isabel Vieira dos Reis, em "A Renúncia à Isenção do IVA nas Operações Imobiliárias: Uma Perspetiva Prática", *Cadernos IVA 2013*, Almedina, Católica tax, 252: "É relevante que os investidores imobiliários dominem os diversos regimes jurídico-tributários que têm à sua disposição para efeitos de avaliação do seu investimento, quer ao nível dos gastos que o mesmo possa envolver, entre os quais poder-se-á incluir o IVA suportado caso não seja dedutível, quer quanto ao modelo contratual a adotar para efeitos de exploração do imóvel, se diretamente ou através de uma terceira entidade por simples locação, pela celebração de um contrato atípico com elementos de arrendamento e de prestação de serviços, por contrato de utilização de loja, por cessão de exploração, por contrato de gestão imobiliária, entre outros".

Não estão abrangidas as operações autónomas, cujos serviços são dissociáveis, distintos e independentes da locação (*RLRE Tellmer Property*), devendo ser apreciados em separado do ponto de vista do IVA. Correspondem, portanto, a contratos mistos puros em que não há elemento preponderante/predominante da prestação principal (que absorve as restantes que têm com ela um nexo de subordinação), caso que cada uma segue o seu regime.

São modelos contratuais paradigmáticos de «operação única», a locação de escritórios «chave na mão», prontos a funcionar com o fornecimento de bens de base e de algumas outras prestações, e a locação de bens imóveis de *curta duração*, nomeadamente para férias ou por motivos profissionais, que é oferecida com estas prestações sem que as mesmas possam dela ser separadas (*Wojskowa Agencja*, n.º 42).

Nestes, há que distinguir entre a locação de bens imóveis para escritórios, consultórios, oficinas etc., meramente acompanhada de serviços relacionados com os próprios imóveis (vigilância e limpeza) ou de um acervo mínimo de bens ou serviços ligados à sua utilização (como mobiliário e fornecimentos de água, gás ou eletricidade[57]), da realidade diferente de locação para escritórios, oficinas etc. complementada por bens e serviços que não tenham elo relevante aos imóveis mas à atividade profissional exercida nesses locais (apoio técnico e administrativo).

No primeiro caso, se os referidos serviços forem elementos acessórios não autonomizáveis da locação, é possível o enquadramento da operação única na isenção do IVA que abrange a locação de bens imóveis, o que só pode ser asseverado considerando todas as circunstâncias em que se realiza, *maxime* com base nos respetivos contratos, articulando com as ilações retiradas pela jurisprudência do TJUE.

No segundo, não podem seguir a regra da isenção da locação por constituírem um fim em si mesmo para os destinatários.

Apresentam-se, de seguida, alguns tipos de contratos mistos ou mesmo atípicos, que extravasam o âmbito convencional de um modelo tradicional de arrendamento, e, portanto, o critério da "razão económica" revela-se decisivo para a descoberta da verdade material.

---

[57] A energia elétrica, o gás, o calor, o frio e similares são considerados bens corpóreos, nos termos do n.º 2 do artigo 3.º do Código do IVA, configurando-se os respetivos fornecimentos, para efeitos deste imposto, como operações qualificadas de transmissões de bens.

Pretendem também ser elucidativos da ideia de que pode ser redutor retirar a conclusão, *tout court*, de que o imóvel não é afeto a uma operação isenta de IVA, sempre que, conjuntamente com a disponibilização do espaço são prestados serviços de limpeza, manutenção, restauro, ou gestão de condomínio, por exemplo, uma vez que como é sublinhado pelo TJUE, embora a inclusão de prestações de serviços no contrato de locação em causa milite a favor da existência de uma prestação única, o mero facto de uma prestação ser incluída num contrato de locação não pode, em si mesmo, constituir o fator determinante neste sentido.

Contrato de Cedência de Espaço

(Decisão arbitral n.º 137/2017-T, de 2018-01-29 do Centro de Arbitragem Administrativa – CAAD)

Neste processo, o coletivo de árbitros do tribunal arbitral tributário considerou que o que releva para efeitos da alínea *d)* do n.º 1 do artigo 2.º do "Regime da renúncia à isenção do IVA nas operações relativas a bens imóveis", é a afetação do imóvel (dada como provada nos autos), aquando da transmissão ou locação, a atividades que confiram direito à dedução do IVA suportado nas aquisições e não a utilização posterior que se venha a verificar.

Deste modo, o tribunal não logrou apurar se tinha sido dada, ou não, pela locatária uma *utilização* distinta daquela que, contratualmente, tinha sido conferida e autorizada ao imóvel locado, o que rotulou de *vicissitudes posteriores à outorga do contrato* e que "se reconduziam à qualificação e enquadramento jurídico do relacionamento da arrendatária com os seus clientes".

Ora, quanto ao tema que nos ocupa, reveste de algum interesse analisar a utilização efetivamente dada pelo locatário, sabendo que o *Contrato de Cedência de Espaço* relativo a 2 lotes com 2 armazéns, previa, nos seus termos, que estes se encontravam devidamente preparados para o desenvolvimento da atividade de armazenagem e de logística, na medida em que os imóveis cedidos compreendiam espaços amplos e eram munidos de serviços de vigilância e limpeza. Logo, para a locadora[58], o *apetrechamento* dos es-

[58] Que assume simultaneamente a qualidade de locatária, por estar em causa um *subarrendamento*.

paços (referindo-se aos serviços *inerentes* ao imóvel) afasta expressamente a aplicabilidade da isenção.

Para as partes, trata-se de um modelo contratual complexo porque revestido de características atípicas e inominadas, que não permite inferir que a operação de cedência do imóvel assume um carácter primordial e prevalecente em detrimento das restantes prestações que integram o contrato, pelo que devia ser tratada como um todo uma operação tributável em IVA.

À luz dos critérios do TJUE, o facto de se prever no contrato a disposição de outros serviços indicia que estamos perante um contrato com natureza não coincidente com a locação pura. Além disso, a natureza passiva da locação de um bem imóvel, que justifica a isenção do IVA de tais operações prende-se com a natureza da própria operação e não com a forma como o locatário utiliza o bem em causa.

No exame do interesse das partes, pela forma de remuneração, foi apurado que a faturação referente aos serviços de limpeza, água, eletricidade e segurança era emitida de forma separada, (afastando-se do clausulado no contrato, que previa uma renda única mensal) pelos exatos valores dos *inputs*, correspondendo a uma mera refaturação de despesas de gestão e manutenção dos edifícios (encargos com as áreas comuns).

Como vimos, quanto a este fator o TJUE não tem decidido de forma uniforme. Aplicando a jurisprudência do caso *Wojskowa Agencja*, a AT considerou que estavam em causa dois serviços distintos, designadamente a cedência de espaço (prestação principal) e o redébito de despesas (prestação acessória) e, atendendo à razão económica do contrato, chegou à conclusão de que a prestação dos demais serviços designados por *inerentes*, através da repercussão por quantia igual à suportada, não constituía um fim em si mesmo, mas um meio de disponibilizar a prestação principal nas melhores condições, sendo o elemento preponderante do negócio a locação.

De qualquer modo, caso a AT viesse a constatar que o direito à dedução foi exercido de forma fraudulenta ou abusiva, poderia reclamar com efeitos retroativos a restituição das quantias deduzidas[59].

---

[59] V. Acórdão TJUE, *Imofloresmira – Investimentos Imobiliários*, C-672/16, 28.02.2018, ponto n.º52.

Contrato de Utilização de Loja em Centro Comercial[60]

(Decisão arbitral n.º 324/2015-T, de 2015-11-24 do CAAD)

Neste caso, foi igualmente entendido pela AT estar em causa ainda contratos de locação abrangidos pela isenção, de espaços comerciais (lojas e escritórios), não sendo, designadamente, equiparáveis a *contratos de utilização de loja em centro comercial*, o que originou liquidações por dedução indevida do imposto.

Para a AT "a realidade comercial dos centros comerciais, assenta num espaço estruturado para uma determinada clientela e cuja seleção de utilizadores dos espaços encontra-se coadunante com toda essa conceptualização. Trata-se assim de um centro de negócios em que o gozo do espaço vem acompanhado de uma pluralidade de serviços de interesse comum ao centro comercial como sejam: segurança, publicidade, locais de diversão, condições de funcionamento, serviços de limpeza, consultadoria e acesso às áreas comuns". Da leitura dos contratos decorre que os mesmos apenas se referiam complementarmente à prestação de serviços acessórios e indissociáveis do imóvel, tais como a limpeza e segurança dos espaços comuns, e que as verbas pagas se dividiam em renda e condomínio (correspondente à quota parte nestes custos comuns).

Todavia, o CAAD deu como provado que o espaço tinha funcionalidades idênticas às que usualmente se encontram nos centros comerciais, que ultrapassam as que advêm da mera locação dos espaços, tais como promoção de eventos nos espaços comuns e serviços gratuitos aos visitantes, e que são suportados encargos inerentes com a gestão de todo o espaço comercial, como vigilância permanente, concluindo que não se está na presença de contratos de locação para efeitos da alínea 29) do artigo 9.º do Código do IVA.

Parece-nos, contudo, que este contrato se aproxima mais do esquema angular de um contrato misto de locação e prestação de serviços do que da realidade muito mais complexa de um contrato atípico ou inominado que caracteriza o *contrato de utilização de loja em centro comercial*. Não

---

[60] Sobre este tipo de contratos vejam-se as informações vinculativas n.º 14031, de 2018-11-19 e n.º 13928, de 2018-10-31.

obstante, é um exemplo de um caso em que não é claro determinar o interesse das partes, entendendo o CAAD por um lado que era pretendido um estatuto dinâmico, que foi o estabelecimento e não apenas o imóvel que as partes quiseram negociar, enquanto que para a AT os termos e o objeto do contrato não permitiam atribuir-lhe a natureza de locação de estabelecimento comercial.

Contratos de Locação Financeira[61] *[Mobiliária e Imobiliária]*

Uma sociedade com a atividade de construção de edifícios residenciais e não residenciais, celebra, com uma sociedade de locação financeira, em determinada data, um contrato de locação financeira imobiliária e, em data posterior, um contrato de locação financeira mobiliária. O primeiro com o objetivo de aquisição de um lote de terreno para construção, onde foi implantada uma unidade fabril. O segundo, celebrado posteriormente, teve por finalidade o fornecimento e instalação de equipamentos diversos na unidade fabril, tendentes à conclusão da obra, respeitantes ao fornecimento e montagem de equipamentos de sinalização, ventilação, proteção e segurança no trabalho.

A questão que se coloca é a de saber se apenas o primeiro contrato é isento de IVA nos termos da alínea 29) do artigo 9.º do Código do IVA, ficando o segundo sujeito a imposto, como atos jurídicos distintos e independentes entre si, e portanto, sem qualquer relação, podendo a sociedade construtora deduzir o IVA que suportou nas rendas semestrais contratuais debitadas pela sociedade financeira, ou se, pelo contrário, as operações subjacentes a ambos os contratos de locação financeira são indissociáveis do edifício locado, para efeitos de aplicação daquela isenção (contrato misto ou contrato coligado com relação de interdependência?).

Poderá também questionar-se se a locação mobiliária fica abrangida pela exceção da subalínea *c)* da alínea 29) do artigo 9.º do Código do IVA, que exclui as operações de locação de máquinas e outras instalações fixas.

---

[61] Sobre o conceito de locação financeira e o seu tratamento como transmissão de bens pelo TJUE veja-se Alexandra Coelho Martins, em "Locação, cedências, IVA e Contabilidade", *Cadernos IVA* 2018, Almedina, Católica Tax.

No entanto, os bens e serviços que respeitam ao fornecimento e montagem de equipamentos de sinalização, ventilação, proteção e segurança não podem ser considerados como equipamentos de instalação fixa, por ausência de utilização individualizada, como partes componentes, pelo que à respetiva locação não se aplica a referida exclusão, uma vez que visam que o imóvel fique apto à sua fruição, não estando em causa a instalação de *máquinas e outros equipamentos de instalação fixa* que habilitem o imóvel à exploração ou desenvolvimento de qualquer atividade, de índole comercial ou industrial.

Aparentemente num quadro destes, as operações em causa estão de tal modo interligadas que devem ser qualificadas como uma prestação única de locação de bens imóveis, partilhando os contratos da *mesma função económica,* devendo o negócio em apreço ser submetido, por inteiro à aplicação da isenção do IVA, dado o seu carácter relevante e indissociável para a utilização do imóvel, e não representar um fim em si mesmo, mas uma forma de beneficiar das melhores condições da prestação principal.

Contrato de arrendamento para fim não habitacional no âmbito da atividade hoteleira

Trata-se de um caso prático à semelhança do exemplo anterior, em que se verifica a necessidade de junção de contratos perante a realidade de uma única operação económica. Também nesta hipótese cumpre apreciar se está em causa uma locação simples, "mero arrendamento", para efeitos de aplicação da norma ou uma *locação de bens imóveis de que resulte a transferência onerosa da exploração de estabelecimento comercial*, situação que não é suscetível de beneficiar da isenção, nos termos da subalínea *c)* da alínea 29) do artigo 9.º do CIVA.

Imagine-se a celebração de *Contratos de arrendamento com prazo certo para fim não habitacional* a dar de arrendamento prédios urbanos nos quais estavam instaladas unidades hoteleiras, com designação de *resort*, que tinham sido objeto de um *contrato de trespasse de estabelecimento comercial*, e o seu *recheio*[62]/ativo fixo tangível foi faturado separadamente, embora na mesma data.

---

[62] Decoração, mobiliário, louças, talheres, utensílios de cozinha, etc.

São unidades hoteleiras destinadas, de acordo com as cláusulas do contrato de compra e venda, exclusivamente ao exercício da atividade de hotelaria e turismo e ao exercício da atividade de venda de bebidas para a qual os imóveis têm as indispensáveis *Licenças de Utilização* (contemplada a *intenção* de que os mesmos vão ser afetos à exploração de atividades económicas: atividade de hotelaria e turismo e venda de bebidas).

Segundo o contrato de compra e venda, os prédios urbanos adquiridos e, posteriormente arrendados, têm a seguinte composição: hall de entrada, salas de reunião, restaurantes, clube de crianças, campo de squash, acesso ao mar por corredor subterrâneo e elevador, solário, piscina para adultos e crianças junto ao mar, cinco elevadores e um monta cargas, bem como sistema de climatização, num total de cento e quarenta e sete quartos com banho privativo, distribuídos pelos vários pisos.

Deve considerar-se que os imóveis adquiridos já se encontravam aptos para o exercício da atividade de exploração hoteleira, quer a nível estrutural, quer ao nível das próprias licenças de utilização turística, ou que o foram sem qualquer recheio, em *paredes nuas*?

Parece-nos que da operação resulta claramente uma transferência onerosa da exploração de um estabelecimento comercial, designadamente da unidade hoteleira, na medida em que há a cedência de um espaço não apenas destinado ao desenvolvimento de uma determinada atividade de natureza comercial, mas preparado e apetrechado para o exercício da mesma, o que configura uma exceção à isenção da locação de imóveis, que deve ser tributada em IVA.

À luz da jurisprudência do TJUE (caso *Mailat*), por não se poder dissociar a locação do bem móvel da locação do bem imóvel, esta deve ser considerada a prestação principal relativamente à qual as outras prestações, isto é, a locação de bens de equipamento e de bens consumíveis, são meramente *acessórias*, desenhando a operação como *única*.

5. Prevalência da Substância sobre a Forma ou Abuso de Direito[63]

O princípio da prevalência da substância sobre a forma, de raiz contabilística, no âmbito do direito tributário permite às administrações fiscais ignorar a forma legal de um contrato e olhar para a sua verdadeira substância de modo a prevenir o uso de estruturas artificiais com o propósito de elisão fiscal.

Este método alternativo de redução da relevância da vontade do sujeito passivo, granjeou recentemente especial destaque com a ATAD (*Anti Tax Avoidance Diretive*), Diretiva (UE) 2016/1164 do Conselho, adotada em 12 de julho de 2016[64], e a subsequente proposta de transposição para a ordem interna, com a alteração significativa e controversa da cláusula geral antiabuso (CGAA), devido à sua amplitude, uma vez que, ao invés de fazer depender a sua aplicação do recurso abusivo a certas formas jurídicas passou a dirigir-se a quaisquer *construções* ou séries de *construções* que sejam realizadas com abuso das formas jurídicas ou que não sejam consideradas genuínas, tendo em conta todos os factos e circunstâncias relevantes, ou seja, *esquemas ou transações* que não sejam realizadas por razões económicas válidas que reflitam a sua substância económica.

À vista disso, devem ser desconsideradas para efeitos tributários, efetuando-se a tributação de acordo com as normas aplicáveis aos negócios ou atos que correspondam à substância ou realidade económica.

Na União, as regras gerais antiabuso deverão ser aplicadas a montagens que não sejam genuínas, caso contrário, o contribuinte deverá dispor do direito de optar pela estrutura mais vantajosa do ponto de vista fiscal para as suas atividades comerciais. Ao avaliar se uma montagem deverá ser considerada não genuína, poderá ser dada aos Estados-Membros a possibilidade

---

[63] Veja-se J.L. Saldanha Sanches, "Abuso de direito em matéria fiscal: natureza, alcance e limites", *Ciência e Técnica Fiscal, n.º 398 – 2.º Trimestre 2000*, 30-35.

[64] Que estabelece, na sequência do "pacote de regras anti elisão fiscal" propostas pela Comissão, medidas a aplicar pelos Estados Membros, desde 1 de janeiro de 2019 contra o planeamento fiscal agressivo, como resposta da União Europeia ao plano de ações BEPS (*Base Erosion and Proft Shifting*) da OCDE que revolucionou a fiscalidade e o planeamento fiscal internacional.

de analisarem todas as razões económicas válidas, incluindo as atividades financeiras[65].

Deste modo, as dúvidas suscitadas devem ser sempre refreadas pelo reconhecimento de que os sujeitos passivos têm liberdade para estruturar a sua atividade, designadamente, no sentido de "limitar a sua dívida fiscal"[66] e, nesse âmbito, podem optar entre realizar operações isentas de IVA ou operações tributadas, de modo a escolher a opção mais favorável[67].

Nos casos concretos analisados, na esmagadora maioria das vezes, não é percetível uma intenção de comportamento abusivo, mas uma intenção de tornear a lei por via da manipulação da liberdade de conformação dos negócios jurídicos que conduz ao conveniente afastamento da isenção, cuja vantagem fiscal pretendida dirige-se à possibilidade de dedução dos *inputs*, numa hipótese de eventual inviabilidade de renúncia à isenção, ou ao tratamento como locação isenta, em situações que extrapolam o alcance legal da isenção, e desviando-se da realidade económica.

A invocação da prevalência da substância sobre a forma ocorre inevitavelmente perante a prova da existência de uma situação em que exista abuso de direito, cuja reação ocorre em casos extremos que se enquadrem nos parâmetros de uso de esquemas negociais artificiosos com o objetivo de obter ganhos que chocam com os objetivos da lei.

Não obstante, como vimos, a mais recente jurisprudência europeia caminha no sentido de validar o recurso à doutrina da substância sobre a forma no domínio do IVA mesmo na ausência de indícios de abuso.

6. Conclusões

As dificuldades inerentes à subjetividade que caracteriza esta matéria advêm muito do facto de o TJUE, embora forneça os elementos interpretativos essenciais, não ser tão perentório nas suas respostas como noutras matérias, ("não há regras absolutas"), endossando ao órgão nacional a de-

---

[65] Considerando n.º 11 da ATAD.

[66] Acórdão TJUE, *Halifax*, C-255/02, 21.02.2006, ponto n.º73.

[67] Acórdão TJUE, *Part Service*, C-425/06, 21.02.2008, pontos n.ºs47-55.

terminação, à luz dos seus critérios e das circunstâncias particulares, se as operações estão de tal modo interligadas que devem ser qualificadas de uma prestação única de locação de bens imóveis.

Como salienta o advogado-geral nas conclusões aduzidas no caso *Mirror Group*, para avaliar quais são os elementos predominantes num determinado contrato, não nos podemos limitar a um exame abstrato ou puramente formal do mesmo, sendo necessário identificar a *função económica* do contrato. Isto é, a função concreta que o mesmo é objetivamente chamado a desempenhar para satisfazer os interesses das partes. Por outras palavras, é necessário identificar aquilo que é definido como a *causa* do negócio jurídico, que é precisamente entendida como a função económica do mesmo, destinada à composição dos interesses em jogo.

Ora, de acordo com o entendimento sucessivamente sufragado pela jurisprudência do TJUE, caso se afigure objetivamente, no plano económico, que um bem imóvel dado para locação forma um todo com as prestações que o acompanham, estas últimas podem ser consideradas uma prestação única junto com a locação.

Em caso de contradição entre a forma jurídica e o respetivo substrato económico de um facto, deve prevalecer o segundo, sendo a fronteira, muitas vezes esbatida, difícil de traçar. E qualquer alteração de circunstâncias pode ser relevante.

Bibliografia

Abreu, Jorge Manuel Coutinho de, *Curso de Direito Comercial*, Vol.1, 5.ª edição, Almedina

Aleixo, Nuno/Rocha, Pedro/Deus, Ricardo de, *Código Aduaneiro Comunitário, Anotado e Comentado*, Editora, Rei dos Livros, 2007

Alexy, Robert, *A Theory of Constitutional Rights*, Oxford University Press, Oxford, 2002

Alonso González, Luis Manuel, *Fraude y delito fiscal en el IVA: fraude carrusel, truchas y otras tramas*, 2008

Amand, C., "The Impossible Proof of Intra-Community Supplies of Goods", *International VAT Monitor*, 2016

Armella, Sara, *EU Customs Code*, 2017

Arnaldo, Afonso/Dias, Tiago Albuquerque, "Afinal qual o prazo para deduzir o IVA? Regras de caducidade e (in)segurança jurídica", *Cadernos IVA 2014*, Almedina, 2014

Ascenção, José Oliveira, *Lições de Direito Comercial*, Vol. 1, 1986/87

Ashworth, Elisabeth/Duparc, Marie-Odile/Retureau, Amélie, "E-commerce: the EU revises the VAT system", *Taxation of the digital economy*, CMS, 2019

Bailey, Kenneth D., "Typologies and taxonomies: An introduction to classification techniques", *Sage University Paper series on Quantitative Applications in the Social Sciences*, 07-102, Thousand Oaks, Sage, 1994

Bal, Aleksandra, "EU VAT proposals to stimulate electronic commerce and digital publishing", *International VAT Monitor*, 2017

Basto, Xavier de, "A tributação do consumo e a sua coordenação internacional: lições sobre harmonização fiscal na Comunidade Económica Europeia", *Cadernos de Ciência e Técnica Fiscal*, vol. 164, 1991.

Basto, Xavier de, "O direito à dedução do IVA em jurisprudência recente do TJUE", *Contabilista*, n.º 203, fevereiro de 2018

Beretta, G., "VAT and the Sharing Economy", *World Tax Journal*, IBFD, 2018

Bobos-Radu, Daniel, "Os conceitos autónomos de direito da União Europeia na interpretação das normas e isenção do IVA", *Estudos em Homenagem ao Professor Doutor Alberto Xavier*, Vol. 1, Eduardo Paz Ferreira, Clotilde Celorico Palma, Heleno Taveira Torres (eds.), Almedina, Coimbra, 2013

Bosche, Karin, "Selektive Anwendung des ermässigten Steuersatzes – Überlegungen zu Konsequenzen für Organschaft und Steuerbefreiungen", *Umsatzsteuer-Rundschau*, , n.º17, 2011.

Botsman, Rachek/Rogers, Roo, *What's Mine Is Yours: The Rise of Collaborative Consumption*, Harper Business, New York, 2010

Boulangé, Thibaut/Noot, Lionel Van der, "The CJEU Confirms that Composite Services Cannot be Artificially Split in order to Benefit from a Reduced VAT Rate", *Intertax*, 2018

Buxbaum, M., "Is 'Network' a Legal Concept?", *Journal of Institutional and Theoretical Economics*, Vol. 149, 1993.

Cabral, Helena Costa, "Os redébitos em sede de IVA: débitos sem valor acrescentado", *Cadernos IVA 2013*, Almedina, 2013

Campos, Diogo Leite de, "Repercussão e abuso de confiança em IVA", *Ciência e Técnica Fiscal*, n.º 404

Coelho, Francisco Manuel de Brito Pereira, "Coligação negocial e operações negociais complexas. Tendências fundamentais da doutrina e necessidade de uma reconstrução unitária", *Boletim da Faculdade de Direito* [da Universidade de Coimbra] – *Volume comemorativo do 75.º tomo*, Coimbra, 2003.

Craig, Paul/Búrcia, Gráinne de, *EU Law. Text, Cases and Materials*, 6.ª ed., Oxford University Press, Oxford, 2015

Cristas, Assunção, Transmissão Contratual do Direito de Crédito, Almedina

Cunha, Patrícia Noiret, *Imposto sobre o Valor Acrescentado, Anotações ao Código do Imposto sobre o Valor Acrescentado e ao Regime do IVA nas Transações Intracomunitárias*, 2004

Deakin, Simon, "The Return of the Guild? Network Relations in Historical Perspective", in Marc Amstutz / Gunther Teubner (eds.), *Networks Legal Issues of Multilateral Co-operation*, Hart Publishing, 2009

Doesum, Ad Van, *Contractuele samenwerkingsverbanden in de BTW*, Tilburg University, policop., 2009

Doesum, Ad Van/Kesteren, Herman Van/Norden, Gert-Jan Van, *Fundamentals of EU VAT Law*, Kluwer Law International, Alphen aan den Rijn, 2016.

Doesum, Ad van/ Nellen, Frank, "Taxable Amount and VAT Rates", *CJUE Recent Developments in Value Added Tax*, Michael Lang et. Al., Linde Verlag, Wien, 2018.

Duro, João Canelhas, "Dedução de IVA, regularizações e revisão da autoliquidação", *Cadernos IVA 2015*, Almedina, 2015

Elgaard, Karine Kim Eghom, "The effect of the Charter of Fundamental Rights of the European Union on substantive law", *CJEU Recent Developments in Value Added Tax 2017, Series on International Tax Law*, Michael Lang (Ed), Linde Verlag

Enneccerus/Lehmann, *Recht der Schuldverhältnisse*, Tübingen, 1958

Fatela, Conceição Soares, "A Locação financeira e o pro rata", *Cadernos IVA 2014,* Almedina, 2014

Fatela, Conceição Soares, "O IVA na locação financeira de aeronaves", *Cadernos IVA 2013*, Almedina, 2014

Fernandes, Nuno Pinto/Fernandes, Francisco Pinto, *Código do Imposto sobre o Valor Acrescentado e Regime do IVA nas Transacções Intracomunitárias Anotado e Comentado*, Rei dos Livros, 1997

Feria, Rita de La, "EU VAT Principles as Interpretative Aids to EU VAT Rules: The Inherent Paradox", SSRN, 2016

Feria, Rita de La, "VAT: A new dawn for the principle of fiscal neutrality?", 2011.

Ferri, G. B., *Causa e tipo nela teoria del negozio giuridico*, Giuffrè, 1966

Fikentscher, W., *Schuldrecht*, 8 Aufl., Berlin – New York, 1992

Gabrielli, Enrico, *Contratto e Contratti. Scritti*, UTET, 2010

Gabrielli, Enrico, "Il contratto e l'operazione economica", *Rivista di diritto civile*, n.º 2, 2003

Galgano, F., *Diritto Privato*, CEDAM, 2.ª ed., 1983

Gamito, Conceição/Belim, Catarina/Chambel, Rita, "Localização dos serviços de telecomunicações, dos serviços de radiodifusão e televisão e dos serviços eletrónicos", *Cadernos do IVA 2014*, Almedina

Gamito, Conceição/Costa, Ana Raquel/Pires, Joana Branco, "IVA e Economia Digital", *Cadernos do IVA 2017*, Almedina

Gamito, Conceição/Pires, Joana Branco, "O IVA no Imobiliário: Dedução do IVA Suportado na Construção", *Cadernos IVA 2018*, Almedina, 2018

Gernhuber, J., "Austausch und Kredit im rechtsgeschaftlichen Verbund. Zur Lehre der Vertragsverbindungen", *Festschrift für Karl Larenz: zum 70. geburtstag,* München, Beck, 1973

Gernhuber, J., *Das Schuldverhältnis: Begründung und Änderung, Pflichten und Strukturen, Drittwirkungen*, Mohr Siebeck, Tübingen, 1989

Gieseler, Sascha, "Einheitliche Leistungen im Umsatzsteuerrecht – ein Ausblick auf die Auswirkungen des EuGH-Urteils 'Stadion Amsterdam'", *Betriebs-Berater*, 2018

Giorgianni, M., "Causa del negozio giuridico (Diritto privato)", *Enciclopedia del Diritto*, IV, Giuffrè, 1960

Gomes, M. Januário, "Contrato de mandato comercial – questões de tipologia e regime", *Direito Comercial*, Almedina, Faculdade de Direito de Lisboa, Curso de Mestrado 1983-84

Grlica Ivo, "How the Sharing Economy is Challenging the EU VAT System", *International VAT Monitor*, IBFD, 2017

Grundmann, Stefan, "Die Dogmatik der Vertragsnetze", *Archiv für die civilistische Praxis*, 207, 2007

Guastini, Riccardo/Velluzzi, Vito, *Filosofia del diritto positivo. Lezioni*, Giappichelli, Torino, 2017

Habersack, M., *Münchener Kommentar zum BGB*, 6. Aufl., 2012.

Henkow, O., "Vogtländische Strassen-, Tief- und Rohrleitungsbau GmbH Rodewisch (VSTR) v Finanzamt Plauen: intra-community EU supplies of goods – substantive conditions v formal obligations", *in British Tax Review*, n.º1, 2013

Kennedy, Jenny, "Conceptual boundaries of sharing", *Information, Communication & Society*, 19(4), 2016

Kesteren, H. Van, "Taxable supply of goods and services", *CJEU – Recent Developments in Value Added Tax 2017*, Michael Lang (Ed.)., Viena, 2018

Kofler, Georg/Mayr, Gunter/Schlager, Christoph, "Taxation of the Digital Economy: 'Quick Fixes' or Long-Term Solution?", *European Taxation*, IBFD, 2017

Kollmann, J., "Taxable Supplies and their consideration in European VAT", *IBFD Doctoral Series*, n.º46, 2019

Laires, Rui, "O IVA nas Atividades Culturais, Educativas, Recreativas, Desportivas e de Assistência Médica ou Social", *Cadernos IDEFF*, n.º 14, Almedina, 2012

Lamensch, Marie, "European Commission's new package of proposals on e-commerce: A critical assessment", *International VAT Monitor*, 2017.

Lamensch, Marie, "Rendering platforms liable to collect and pay VAT on B2C imports: A silver billet?", *International VAT Monitor*, 2018

Leite, Inês Pinto, "A Caducidade do Direito à Dedução do IVA", *Cadernos IVA 2013*, Almedina, 2013

Lejeune, Ine/Vermeire, Liesbeth, "Analysis of the case law of the European Union on VAT regarding Arts. 47 to 50 of the Charter and the use thereof in national case law", *CJEU Recent Developments in Value Added Tax 2017, Series on International Tax Law,* Michael Lang (Ed), Linde

Lenaerts, Koen/Maselis, Ignace/Gutman, Kathleen, *EU Procedural Law*, Oxford University Press, Oxford, 2014

Lima, Pires de/Varela, Antunes, *Código Civil Anotado*, Volume I, Coimbra

Lima, Emanuel Vidal, *IVA – Imposto sobre o Valor Acrescentado – Comentado e Anotado*, Porto Editora, 9.ª edição, 1995/1996

Lima, Emanuel Vidal, "Transmissões "B2B" de bens intra-EU isentas de IVA – A Jurisprudência do Tribunal de Justiça da União Europeia", *Revista de Finanças Públicas e de Direito Fiscal*, ano VI, n.º 3, 2013

Lopes, Maria da Conceição Costa, "Imposto sobre o valor acrescentado – Contrato de consórcio, Parecer n.º C 283 A", *Ciência e Técnica Fiscal n.º 340/342*

Martín Jiménez, Adolfo, "Jurisprudencia del Tribunal de Justicia de las Comunidades Europeas", *Revista Española de Derecho Financiero*, 2004

Martins, Alexandra/Areias, André, "Os prazos para a regularização de erros: análise à luz dos princípios da efetividade e da equivalência", *Cadernos IVA 2017*, Almedina, 2017

Martins, Alexandra, "Locação, Cedências, IVA e Contabilidade", *Cadernos IVA 2018*, Almedina, 2018

Martins, Alexandra/Moreira, Pedro, "Regularizações de IVA: a alteração superveniente dos elementos da operação, o erro material ou de cálculo e o erro de enquadramento ou de direito", *Cadernos IVA 2014*, Almedina, 2014

Mason, Peter, "There is no such thing as a 'Transfer of a Going Concern'", *ECJ – Recent Developments in Value Added Tax: Schriftenreihe IStR Band 84*, Michael Lang, Pasquale Pistone, Josef Schuch, Claus Staringer, Donato Raponi (eds.), Linde Verlag, Wien, 2014.

Mattes, Laura, "VAT aspects of cross-border transactions in the BEPS era", *International VAT Monitor*, 2016

Maunz, S./Marchal, H., "Zero Rating Cross-Border Triangular Transactions under EU VAT", *International VAT Monitor*, 2012

Maurício, Olívia, "O Mini Balcão Único (MOSS) – Um passo em frente na simplificação do cumprimento das obrigações do IVA a nível da União Europeia", *Cadernos do IVA 2014*

Melan, N./Wecke, B., "Umsatzsteuerpflicht von ‚kostenlosen' Internetdiensten und Smpartphone-Apps", *Deutsches Steuerrecht*, 41, 2015

Monteiro, Pedro Costa, "Interpretação de Normas de Isenção e de Taxas Reduzidas: Neutralidade Fiscal vs. Interpretação Estrita", *Cadernos IVA 2018*, Almedina, 2018

Möschel, W., "Dogmatische Strukturen des bargeldlosen Zahlungsverkehrs", *Archiv für die civilistische Praxis*, 186, 1986

Nathoeni/Wit, W de, "VAT exemption of intra-community supplies of goods: state of play after VSTR", *EC Tax Review*, 2013

Neto, Serena Cabrita/Santos, Leonardo Marques dos/Santos, Priscila, "A regularização do IVA em caso de erro no apuramento do *pro rata*: questões processuais", *Cadernos IVA 2015*, Almedina, 2015

Neto, Serena Cabrita/Trindade, Carla Castelo, *Contencioso Tributário*, Vol. I, Almedina, 2017

Oldiges, Matthias, "Das Ende der Aufteilungsgebote im UStG? – Konsequenzen aud dem EuGH-Urteil Stadion Amsterdam CV zur einheitlichen Leistung und zum einheitlichen Steuersatz", *Der Betrieb*, 2018

Ortigão, Diogo Ramos/Costa, Mário Silva, "Operações Intracomunitárias em IVA: O Caso das Transmissões em Cadeia", *Cadernos IVA 2016*, Almedina, 2016

Pagés i Galtés, Joan, "La tributación por IVA de las acometidas de agua (Comentario a la STJCE de 3 de

abril de 2008)", *Noticias de la Unión Europea*, n.º289, 2009
Palma, Clotilde Celorico, "Introdução ao Imposto sobre o Valor Acrescentado", *Cadernos do IDEFF*, n.º1, 6.ª Edição, Almedina, Coimbra
Palma, Clotilde Celorico, "Enquadramento das Operações Financeiras em Imposto sobre o Valor Acrescentado", *Cadernos IDEFF*, n.º 13, Almedina, 2011.
Palma, Clotilde Celorico, "O IVA e o Mercado Interno – Reflexões Sobre o Regime Transitório", *Cadernos de Ciência e Técnica Fiscal*, n.º 178, Centro de Estudos Fiscais, , Lisboa, 1998
Palma, Clotilde Celorico/Santos, António Carlos do, *CIVA e RITI: Notas e Comentários*, Almedina, 2014
Pfeiffer, Sebastian, "VAT on 'Free' Electronic Services?", *International VAT Monitor*, IBFD, 2016
Pfordten, Dietmar Von Der, "About Concepts in Law", *Concepts in Law*, Jaap C. Hage/Dietmar von der Pfordten (eds.), Springer, 2009.
Radeva, Yanitsa, "VAT Implications of Cancellation Charges: New Substance-over-Form Rule'", *International VAT Monitor*, Vol. 30, n.º1, 2019.
Reis, Isabel Vieira dos, "A Renúncia à Isenção do IVA nas Operações Imobiliárias: Uma Perspetiva Prática", *Cadernos IVA 2013*, Almedina, 2013
Rijo, José, "Representação e Mandato: A questão do direito de representação no âmbito da atividade aduaneira exercida pelos despachantes oficiais", Curso de Pós-Graduação em Direito dos Contratos, Universidade Católica Portuguesa, 2003
Rohe, M., *Netzverträge – Rechtsprobleme komplexer Vertragsverbindungen*, Tübingen, 1998.
Sanches, J.L. Saldanha, "Abuso de direito em matéria fiscal: natureza, alcance e limites", *Ciência e Técnica Fiscal*, n.º398, 2.º trimestre 2000
Sanches, J.L. Saldanha, *Os Limites do Planeamento Fiscal – Substância e Forma no Direito Fiscal Português, Comunitário e Internacional*, Coimbra Editora, 2006
Santiago, Bruno/Pereira, Andreia Gabriel, "O Iva na Transmissão de Dívidas: Algumas Notas", Cadernos IVA 2016, Almedina, 2016
Sérandour, Yolande, "Eau, tuyaux et taux de TVA", *Revue de Droit Fiscal*, n.º16, 2008
Silva, Adérito/Carmo, Luís/Carmo, Sara, *Código Aduaneiro da União – Anotado e Remissivo*, Almedina, 2018
Slawitsch, Barbara, "Ermässigter Steuersatz für die Anschlussgrundgebühren bei der öffentlichen Energieversorgung", *European Law Reporter*, 2003
Swinkels, Joep, "Cancellation Charges and Compensations under EU VAT", *International VAT Monitor*, 2008
Swinkels, Joep, "Zero rating cross-border supplies of goods under EU VAT – Triangular Takeway Transactions", *International VAT Monitor*, 2012

Tardivon-Lorizon, Elvire/Quenette, Amanda Z., "Indirect taxation of e-commerce – Significant recent changes in the United States and the European Union", *International VAT Monitor*, 2018

Terra, Ben/Kajus, Julie, *A Guide to the European VAT Directives, Introduction to European VAT* , Vol. 1, 2018

Terra, Ben/Kajus, Julie, *A Guide to the European VAT Directives*, Vol. 1, IBFD, Amsterdam, 2019

Terra, Ben/Kajus, Julie, "Comission proposes new VAT rules for vales", *IBFD*

Terra, Ben/Kajus, Julie, "Introduction to European VAT (Recast)", Online Books *IBFD*, acedido em 15.03.2019.

Teubner, G, "Den Schleier des Vertrags zerreißen? Zur rechtlichen Verantwortung ökonomisch 'effizienter' Vertragsnetzwerke", *Kritische Vierteljahresschrift für Gesetzgebung und Rechtswissenschaft*, 8, 1993

Teubner, G, *Netzwerk als Vertragsverbund: Virtuelle Unternehmen, Franchising, just-in-time in sozialwissenschaftlicher und juristischer Sicht*, Nomos, Baden-Baden, 2004

Teubner, G., "«So ich aber die Teufel durch Beelzebub austreibe, ...»: Zur Diabolik des Netzwerkversagens", *Ungewissheit als Chance. Perspektiven eines produktiven Umgangs mit Unsicherheit im Rechtssystem*, Ingo Augsberg (ed.), Mohr Siebeck, Tübingen, 2009

Teubner, G, "Verbund, Verband oder Verkehr? Zur Außenhaftung von Franchising-Systemen", *Zeitschrift für das gesamte Handelsrecht und Wirtschaftsrecht*, 154, 1990

Tzenova, L., "Protection of VAT Revenues May Infringe Human Rights", *International VAT Monitor*, 2010.

Vasconcelo, Pedro Pais de, *Contratos Atípicos*, 2.ª ed., Almedina, Coimbra, 2009

Vasques, Sérgio, "Capacidade Contributiva, Rendimento e Património", *Fiscalidade N.º 23*, julho-setembro 2005

Vasques, Sérgio, O Imposto sobre o Valor Acrescentado, Almedina, Coimbra, 2015

Wolf, R., "Mecsek-Gabona: The Final Step of the ECJ's Doctrine on Reliance on EU Law for Abusive or Fraudulent Ends in the Context of Intra-Community Transactions", *International VAT Monitor*, 2013

Wolf, R., "VAT Pitfalls in Intra-EU Commodity Trade", *EC Tax Review*, Ano 21, 2012

Índice